Werner Kügel

GESCHICHTE UND GEDICHTE
DES PEGNESISCHEN BLUMENORDENS

W. Tümmels Buchdruckerei und Verlag GmbH

Werner Kügel

GESCHICHTE UND GEDICHTE DES PEGNESISCHEN BLUMENORDENS

Erstes Buch: 1699 bis 1794

*In Dankbarkeit für die freie Zeit, die sie mir so freundlich gönnten,
den Angehörigen meiner Familie gewidmet*

Verlag: W. Tümmels Buchdruckerei und Verlag GmbH, Nürnberg
© 1998 Dr. Werner Kügel, Nürnberg
ISBN 3-921590-59-0

Gesamtherstellung: W. Tümmels Buchdruckerei und Verlag GmbH, Nürnberg

Inhalt

Teil I: Die dritten Gründer..1
Erster Abschnitt: Galante Epoche und Frühaufklärung........................67
Teil II: Der Blumenorden zur Zeit der deutschen Frühaufklärung......117
Zweiter Abschnitt: Aufklärung und Empfindsamkeit.......................145
Teil III: Der rettende Umsturz...185
Dritter Abschnitt: Engel und Barden...253
Personenverzeichnis..nach 274:..i
Sachregister...ix
Literaturverzeichnis...xiii
Plan der Fortführung..xix

Die als „Teile" bezeichneten Kapitel betreffen einen Abriß der Geschichte des Pegnesischen Blumenordens anhand seiner Satzungen, während die als „Abschnitte" bezeichneten Kapitel von der Poesie der Pegnesen handeln.

Anmerkungen finden sich als Endnoten nach den einzelnen Kapiteln.

GESCHICHTE UND GEDICHTE DES PEGNESISCHEN BLUMENORDENS
Erstes Buch: 1699 bis 1794

VORBEMERKUNG

Eine Geschichte des Pegnesischen Blumenordens zu schreiben, würde Zusammenarbeit mehrerer Fachwissenschaftler unterschiedlicher Ausrichtung erfordern. Wir können aber nicht warten, bis dieser Glücksfall einmal eintritt. Die alten Quellen vergilben und zerbröckeln, und als eine weitere äußere Veranlassung mag gelten, daß der Orden 1994 sein 350jähriges Bestehen gefeiert hat. Schon zur 300-Jahr-Feier von 1944 hätte eine Geschichte des Ordens in Form einer Festschrift erscheinen sollen. Die Vorarbeiten waren schon sehr weit fortgeschritten; man kann sagen, bis auf die Drucklegung war alles schon fertig. Der Verfasser der erhaltenen Blätter, WILHELM SCHMIDT[1], hatte eine jahrelange, überaus fleißige Tätigkeit im Archiv entfaltet. Er war lange Zeit der einzige Kenner unserer Archivbestände. Leider jedoch schien all die Mühe zunächst einmal umsonst gewesen zu sein: Das Papier zur Drucklegung wurde nicht bewilligt, und der Orden hatte bald ganz andere Schwierigkeiten und Verluste zu überstehen. WILHELM SCHMIDT ergänzte die maschinenschriftliche Fassung seines Werks mit handschriftlichen Zettelchen und Einschüben immer weiter, bis 1951, dann gab er, kurz vor seinem Tode, auf.

Wenn man WILHELM SCHMIDTs Arbeiten einfach abdrucken wollte, wäre ein museales Lese-Erlebnis die Folge. Wir sehen heute manche Dinge anders. Das betrifft nicht die wenigen Urteile über Dichtungen und Personen, die sich SCHMIDT bei seiner positivistischen Einstellung nur gelegentlich erlaubte. (Er war von Beruf Mathematiker, nicht Literaturhistoriker, und lebte wohl in dem Glauben, man könne wertfreie Zusammenstellung reinen Faktenmaterials als Geschichtsdarstellung treiben.) Doch die Beschränkung auf personenbezogene Daten, Fakten aus Sitzungsberichten, die Zusammenstellung von Tabellen zum Mitgliederbestand und dergleichen bedeutet eine gar nicht so wertfreie, sondern höchstens wertarme und daher auch wesenlose Behandlung einer Sprach- und Literaturgesellschaft. Inwieweit solche Magerkeit daher kommt, daß er die in der Nazizeit geläufigen Denkschablonen anders nicht umgehen konnte, stelle ich dahin. Wo Ästhetik in den Dienst der Politik gestellt wird, kann man keine neutralen ästhetischen Wertungen mehr vornehmen; die Abwesenheit politischer Ausagen bleibt jedoch als Verhaltensweise innerhalb politischer Bezüge und paßt wohl unter das Schlagwort 'innere Emigration'.

Wir dürfen, ja müssen heute dem Freund der Dichtung und der Sprache mehr Anhaltspunkte für sein eigenes Urteil über den Orden geben. Vor allem wünscht man, die Verflechtung des Ordens in die unterschiedlichen Entwicklungsvorgänge des literarisch-gesellschaftlichen Lebens zu mehreren Zeiten verfolgen zu können. Wenn also auch an WILHELM SCHMIDT, seiner wertvollen Stoffsammlung wegen, kein Weg einer Geschichtsschreibung des Pegnesischen Blumenordens mehr vorbeigeht, so kommt man doch nicht mit Arbeiten im Umfang der geplanten Festschrift von 1944 aus. Doch auch 1994 war eine Festschrift dieser Art nicht zu leisten.

Ursprünglich hatte ich[2] vorgehabt, einige kleine Beiträge zur fälligen Festschrift zu verfassen, aber der Sog, der von geahnten Zusammenhängen ausgeht, ließ mich nicht los, bis die von mir aus leicht erreichbaren Quellen erschöpft schienen. Von 1989 bis 1991 ging ich dabei den Aufzeichnungen WILHELM SCHMIDTS, die zum Teil im Ordensarchiv lagern, erst einmal aus dem Wege. Es schien mir bedenklich, etwas Fertiges bloß zu vervollständigen. Als am 17. 12. 1991 Herr Dr. VON HERFORD, der jetzige Präses[3], in eine seiner Schubladen griff und sagte: „Hier habe ich noch etwas für Sie", stand mir allerdings ein großes Erstaunen und eine nicht geringere Bewunderung der Leistung bevor, auf die jene verhältnismäßig wenigen Blätter zurückgehen. Sie enthalten vieles von dem, was ich als Frage noch offenlassen hatte müssen. Leider wies SCHMIDT selten oder nie seine Fundstellen nach. Wer ihn zitiert, bleibt dem Leser die eigentliche Quelle schuldig, wenn man sich auch, allem Anschein nach, auf SCHMIDTs Genauigkeitsliebe verlassen kann. Aber mir wurde klar, daß eine saubere Erfassung der Quellen mehr Zeit als die bis 1994 noch verfügbare beanspruchen würde. Einen Teil meiner Vorstudien enthält immerhin die tatsächlich zustandegekommene Festschrift als Aufsatz.[4]

Es gibt durchaus einen inneren, in der Sache selbst begründeten Anlaß, weswegen eine Geschichte des Pegnesischen Blumenordens zu wünschen ist. Wenn eine solche Gesellschaft als einzige so lange weiterbesteht, dann liegt schon darin eine gewisse Einzigartigkeit, der man nachspüren sollte. Zu leicht gibt man sich sonst mit den Verallgemeinerungen der üblichen Literaturgeschichtsschreibung zufrieden, die nach 1700 an diesem Orden nichts Bemerkenswertes mehr fand, obwohl sein Weiterleben erst von da an seltsam zu werden anfängt. Ich habe jedenfalls vergebens nachgeschlagen bei: «Werner Kohlschmidt, Geschichte der deutschen Literatur vom Barock bis zur Klassik, Bd. 2»; bei: «Richard Newald, Die deutsche Literatur vom Späthumanismus zur Empfindsamkeit»; beim grundlegenden Bibliographen GOEDEKE, der von den Pegnesen sowieso nicht viel hielt und HARSDÖRFER wohl nur darum, weil er bei der Fruchtbringenden Gesellschaft „Der Spielende" hieß, für verspielt erklärte; in der «Literaturgeschichte der deutschen Stämme und Landschaften, 3. Bd. 1912-18» von JOSEF NADLER, bei dem auch nichts zu holen ist außer der etwas weit hergeholten Behauptung, die Pegnitzschäfer seien die außerböhmische Literatur Deutschböhmens gewesen;[5] außerdem endet vor 1700 auch die Darstellung in dem Standardwerk von MARIAN SZYROCKI. Daneben heißt es im Kommentar zu einer der größten Sammlungen barocker Drucke, «Curt von Faber du Faur, German Baroque Literature, a Catalogue of the Collection in the Yale University Library, Vol. I»[6], LILIDOR, der fünfte Präses des Ordens, sei der letzte echte Dichter des Ordens gewesen; darüberhinaus werden noch der erste RIEDERER und HERDEGEN erwähnt, und damit ist der Blumenorden aus dem Horizont des Barockforschers verschwunden. Freilich, wer seine Sammlung nicht in eine nachfolgende Epoche fortführen will, kann von späteren Dichtern des Ordens nichts erwähnen. Die Übergangserscheinungen kommen bei dieser Art epochenbezogener Literaturgeschichtsschreibung zu schlecht weg.

Es kann keine Frage sein, ob und wie der Barockforschung im Hinblick auf den Blumenorden auf die Sprünge zu helfen wäre. Das hat sie nicht nötig. Gerade im Zusammenhang mit dem Jubiläum häuften sich die Anfragen auswärtiger Forscher an den Präses, das Archiv benutzen zu dürfen, und es sind eine ganze Reihe wissenschaftlicher Vorhaben in Angriff genommen worden. (Das Bedeutendste scheint mir der von Prof. Dr. JOHN ROGER PAAS[6], Minnesota, mit Unterstützung durch den Orden einberufene Barockforscherkongreß im Alten Rathaussaal Nürnbergs vom 23. bis 26. 8. 1994 gewesen zu sein, dessen Beiträge — mit Ausnahme meines sehr frei gehaltenen Vortrags — neuerdings im Harrassowitz-Verlag veröffentlicht worden sind, nicht ohne daß der Blumenorden sich wieder hilfreich gezeigt hat.) Dagegen bleibt es vorerst den nicht ganz unkundigen, aber nicht als Literaturwissenschaftler tätigen Ordensmitgliedern vorbehalten, die Lücken auffüllen zu helfen, die sich in der Geschichtsschreibung des Ordens auftun zwischen der in allen Einzelheiten immer wieder umgewendeten Barockzeit, den verschiedenen Festschriften und Einzelveröffentlichungen und dem Jetzt. Indem ich Beiträge dazu vorlege, hoffe ich, fruchtbaren Widerspruch zu ernten, der vielleicht bald in die eingangs angedeutete Zusammenarbeit mündet. Allen Nichtfachleuten jedoch, denen Literaturgeschichte nicht völlig gleichgültig ist, wollte ich nach Möglichkeit das Vertraute im Fremden zeigen — und umgekehrt.

Nürnberg, 17. 5. 1998 Werner Kügel

Anmerkungen:

[1] 1916 als Mitglied Nr. 1100 in den P.Bl.O. aufgenommen, 1944 Ehrenmitglied

[2] 1987 als Mitglied Nr. 1615 in den P.Bl.O. aufgenommen

[3] 1951 als Mitglied Nr. 1425 in den P.Bl.O. aufgenommen, Präses seit 1953

[4] Pegnesischer Blumenorden in Nürnberg — Festschrift zum 350jährigen Jubiläum. Wilhelm Tümmels Verlag, Nürnberg 1994, S. 57-68: Werner Kügel, Vom Dichterkränzlein zur Hochburg patriotischer Bürger. Überlebenskünste und Wandel des Blumenordens im 18. Jahrhundert.

[5] Damit setzt sich auseinander: Renate Jürgensen, „Utile cum dulci — Die Blütezeit des Pegnesischen Blumenordens in Nürnberg 1644 bis 1744", Harrassowitz-Verlag Wiesbaden 1994, S. 201. — Frau Dr. Renate Jürgensen wurde 1995 als Mitglied Nr. 1665 in den P.Bl.O. aufgenommen.

[6] Yale University Press, 1958, p. 158

[7] Herrn Prof. Paas wurde am 26. 8. 1994 das Ehrenkreuz des P.Bl.O. verliehen.

ABRISS DER GESCHICHTE DES PEGNESISCHEN BLUMENORDENS ANHAND SEINER SATZUNGEN

Teil I: Die dritten Gründer

Am 29. Juli 1700 schwankten ein paar Kutschen aus dem Tiergärtnertor zu Nürnberg und rollten nordwärts auf der Landstraße nach Bamberg dahin. Eine Dreiviertelstunde Weges später, in der Ortschaft Buch, blieb eine zurück; den alten Herrn, der darin gesessen war (ANDREAS INGOLSTÄTTER), hatte eine Übelkeit befallen. Man kümmerte sich wohl in einem Gasthof um ihn.

Es muß ein heißer Tag gewesen sein. INGOLSTÄTTEr traute sich nicht zu, so lange durchzuhalten, bis die Fahrt, eine gute Viertelstunde später, vor einem verhältnismäßig schattigen Waldstück zuende gewesen wäre, in dem er **POLIANDER** genannt worden wäre und sich in seiner belaubten Hütte beim Gespräch mit seinen „Blumengenossen" hätte erholen können. Die geplante Sitzung des Pegnesischen Blumenordens im Irrhain sollte eigentlich nichts Anstrengendes sein: Gerade darum, weil man die Freude an der freien Natur mit der Freude an der Dichtkunst verbinden wollte, hatte man sich in den ersten Zeiten des Ordens in den Auen des Pegnitzflusses ergangen (der auch im Namen der Vereinigung zu finden ist) und seit 1676 das verwilderte, aus dem Rand des Sebalder Reichswaldes nahe Kraftshof sich hervorschiebende Dickicht als labyrinthischen Rückzugsort ausgebaut. Aber INGOLSTÄTTER war nun schon zu alt für solche Ausflüge.

Er war 1633 geboren, bekleidete das einträgliche Amt des Marktvorstehers in Nürnberg, war Mitglied der „Blumengenoßschaft" seit 1672, Ordensrat; „ein sonderbarer [besonderer] Liebhaber der Astronomie", machte Merkverse auf Ordnung und Namen von Sternbildern, stiftete nicht nur dem Orden freigiebig, sondern auch einmal der Universität Altdorf zur Erwerbung einer Armillarsphäre 300 fl.; hatte immerhin noch elf Jahre zu leben[1]. In seiner und ASTERIOS Hütte, einer der größten[2], fand die Versammlung statt.

ASTERIO zog ein Stück Papier aus der Tasche und legte Tintenglas und Federkiel zurecht. Er hatte das Protokoll zu führen: GEORG ARNOLD BURGER, einundfünfzig Jahre alt, kein unwichtiger Mann in der Stadt (wenn auch keiner von denen, die wirklich die Fäden in der Hand hielten). Er hatte in Jena auf derjenigen Universität, die im naturwissenschaftlichen Bereich damals führend war, Mathematik bis zum Magistergrad studiert, trieb aber auch Theologie, hielt nach seiner Rückkehr Privatvorlesungen vor Liebhabern der Mathematik, deren es in Nürnberg auch unter Nichtakademikern seit des REGIOMONTANUS Zeiten etliche gab, und es wurde ihm erlaubt, dazu die Stadtbibliothek samt ihren Globen zu benützen; 1675 wurde er Schreiber in der Registratur der Stadt und Mitglied des Ordens, 1693 „älterer Rath-Schreiber"; mit der Erfahrung aus diesem Amte diente er dem Orden natürlich auch als Schriftführer und Ordensrat und ist ohne Zweifel Abfasser des vorliegenden Schriftstücks[3], aus dem wir über den Verlauf der Sitzung unterrichtet sind. (Er starb 1712.)

Eine Sitzung beginnt mit der Begrüßung durch den Vorsitzenden. DAMON II. erhebt sich. Auf der Abbildung, die ihn, Professor MAGNUS DANIEL OMEIS, als den zum zweitenmal amtierenden Rektor der Altdorfer Universität zeigt, trägt er eine lange, gepuderte Perücke. Ob er sie auch an jenem Julitag getragen hat, ist fraglich; das wäre er sich kaum als Präses des Blumenordens schuldig gewesen, denn hier spielte man eigentlich die Rollen einer poetischen Schäfergesellschaft. Schäferkostüme sind jedoch im Archiv des Pegnesischen Blumenordens nicht überliefert, lediglich weißseidende Armbänder[4]. Man darf den Herren aber gönnen, daß die Kleiderordnung bei einer Versammlung im Irrhain nicht allzu streng war; an breitkrempige Hüte und offene Hemdkragen nach den Abbildungen von dichtenden Schäfern in den damals veröffentlichten Gemeinschaftswerken des Ordens wäre zu denken.

Auch DAMON nimmt nun ein Papier zur Hand, daraus trägt er eine vorbereitete Rede vor, in der er beklagt, daß seit dem Ableben des MYRTILLUS II. kein Werk aus der Mitte dieser Dichtergesellschaft mehr erschienen sei „und man also in der Fremde fast nicht wisse, ob solche noch in aufrechtem Stand wäre". Außerdem habe die Gesellschaft die entworfene Satzung nicht in die Tat umgesetzt. Man müsse nun aber zur Erhaltung des Blumenordens etwas beschließen. Daraufhin wird der Satzungsentwurf verlesen, ein Beschluß aber ausgesetzt, bis die Satzung an die übrigen Mitglieder weitergereicht sei. Zum zweiten wird an den Jahresbeitrag von einem Taler erinnert.

Magnus Daniel Omeis
(Ausschnitt)
Original 30,5 x 20 cm

Hier sind zwei Rückgriffe notwendig: Bei dem erwähnten MYRTILLUS handelt es sich um den acht Jahre vorher verstorbenen Präses und Kraftshofer Pfarrer MARTIN LIMBURGER, gemäß dessen Einfall der Irrhain eingerichtet worden war. Und zweitens sollten wir uns einmal vorstellen, wir hörten der Verlesung der Ordenssatzung zu. Wir haben sie nämlich hier, obwohl es lange Zeit hieß, sie sei verschollen.[5] WILHELM SCHMIDT, Mitglied des Pegnesischen Blumenordens in seiner schwersten Zeit, machte am 9. Juli 1942 eine Entdeckung, die für ihn trotz der Zeitumstände erfreulich gewesen sein muß (ich sehe ihn wie Serenus Zeitblom aus THOMAS MANNS «Doktor Faustus»): Er fand an unerwarteter Stelle (wie es bei dem Zustand des Pegnesenarchivs immer noch im Bereich des Möglichen liegt) die Urschrift der Satzung, die sich der Orden 1699 gegeben hatte, die älteste erhaltene[6]. Nun sind Satzungen zwar keine literarischen Texte im engeren Sinne, doch sie erhalten durch den

Bezug auf die Bedingungen, unter denen gedichtet und Sprachpflege betrieben wurde, eigene Bedeutsamkeit. Der dahinter stehende Wille einer Gruppe hat in einer Weise Ausdruck gesucht, die der Verständigung über ganz bestimmte, zeitgebundene Verhältnisse dienen sollte, und die Zwecke greifen über diese Gruppe hinaus in den Sprachraum der betreffenden Zeit. So werden selbst kleine Änderungen am Wortlaut von Satzung zu Satzung aussagekräftig. Darüber hinaus kommt diesen Dokumenten auch rechtliche Verbindlichkeit zu — alles Eigenschaften, die eine geschichtliche Deutung oder wenigstens Einordnung geradezu herausfordern. Die Satzungen legen solcher Deutung auch weniger Hindernisse in den Weg als poetische Texte und unterstützen dadurch mittelbar die Deutung der Poesie. Aus diesen Gründen erscheint es mir gar nicht so unsinnig, sich einmal darum zu kümmern.

Wenige Übriggebliebene versuchen, die erste Satzung zu erstellen

Wohlgemeinte Satzung und Verordnungen worauf sich der Löbl. Kayserl. gekrönte Blumen-Orden an der Pegnitz, im Jahre Christi 1699 unter der Preiswürdigsten Vorstehung Damons, auf hochvernünftiges Einrathen der Neu-erkohrnen Zweyer Nürnbergischen Consiliariorum, Poliander und Asterio, wie auch der itziger Zeit Zweyen Altdorfischer, Irenians und Cherisons, freywillig verglichen hat.[7]

Was hier derartig überschrieben ist, besteht aus 18 Punkten, die in der Tat teils Grundsätzliches, teils Verwaltungstechnisches regeln. Innerhalb der Paragraphen gehen diese Gesichtspunkte ineinander über; man scheint weniger der in der Überschrift angedeuteten Aufteilung als vielmehr einer inhaltlichen Rangfolge stattgegeben zu haben.

Von den in der Überschrift benannten Altdorfer „Consiliarii" oder Ordensräten hatte zumindest IRENIAN den etwa 50 km weiten Weg zum Irrhain nicht gescheut. Er hieß sonst CHRISTOPH WEGLEITER, war 1659 geboren, hatte in Altdorf die Theologie bis zur Magisterwürde studiert, wurde 1679 in den Orden aufgenommen und Poeta Laureatus Caesareus, also Kaiserlicher Gekrönter Poet. Diesen Titel konnte man anläßlich akademischer Graduierung von einem Kaiserlichen Pfalzgrafen, einem Comes Palatinus, wie der seinerzeitige Präses SIGMUND VON BIRKEN einer war, ziemlich leicht erhalten, wenn man ein wenig gedichtet hatte. Wegleiter unternahm zwei weite Bildungsreisen, auf denen er unter anderen den Erzpietisten SPENER traf und Englisch wie seine Muttersprache sprechen lernte; zurückgekehrt, Dr. theol. und bald Professor in Altdorf, wurde er Ordensrat. Er starb 1706; an veröffentlichten Werken gibt es von ihm außer theologischen Schriften ein paar Gedichte in der Form der Hirtengespräche.

Der andere Altdorfer, CHERISON, jedoch ist für uns zunächst durchsichtig wie ein Geist. Dieser Hirtenname taucht nämlich nur im Titel der Satzung von 1699 auf und nicht in den späteren Mitgliederlisten, auch nicht in der Abwesenheitsliste der Sitzung im Irrhain. Unter den Altdorfern, die zur fraglichen Zeit Mitglieder des Ordens waren, wird in der Stammliste allerdings ein THEMISON geführt, der als einziger auch Ordensrat gewesen sein soll. Von diesem später mehr. Könnte der ersterwähnte Name auf einen Hör- oder Abschreibefehler zurückgehen, oder hat eine Umbenennung stattgefunden? Aber nun zur Verlesung des Satzungsentwurfes:

Erstens, Ordensziele:

Verehrung des Göttlichen Nahmens, Vermehrung der Teutschen Treue, und [...] das Wachsthum unserer Mutter-Sprache nach ihrer Zierde und Lieblichkeit.

Von einer Aussprache über diesen Punkt oder die folgenden ist in der Niederschrift nichts erwähnt. Möglicherweise war den Herren nicht ganz danach, während sie im flimmernden Halbschatten einer aus Ruten zusammengebogenen, von Latten gestützten Laubhütte eng beieinandersaßen oder -standen. (Gab es Mobiliar im Irrhain? Bänke allenfalls.) Es war aber auch kaum nötig, die allgemein anerkannten, längst praktizierten Grundsätze denen zu erläutern, die damals anwesend waren.

Heutigen Lesern allerdings könnten die trügerisch vertrauten Worte schon etwas aufstoßen, wenn sie nicht in ihrer tatsächlichen Fremdheit erkannt und vor dem Hintergrund dessen, was wir über die damalige Kultur wissen, in unsere ganz anders gewordene Sprache umgesetzt werden.

Die religiöse Wendung hatte SIGMUND VON BIRKEN, der ja auch mit namhaften Pietisten der ersten Generation in Briefwechsel stand (z.B. mit dem erwähnten PHILIPP JAKOB SPENER), dem Orden gegeben. Davon zeugt die aus dieser Zeit überkommene Devise „Alles zur Ehre des Himmels". In der lateinischen Fassung, die AMARANTES[8] angibt, heißt sie: „Divini germen honoris", was wörtlich übersetzt lauten würde: „Keim göttlicher Ehre". Damit ist aber ausgedrückt, daß der Orden auf seinem Gebiet Gottes Ehre zum Wachsen bringen solle, also nicht etwa, daß alles, was der Orden unternehme, nur um der Ehre Gottes willen zu geschehen habe. So scheint es aber um die Mitte des 18. Jahrhunderts verstanden worden zu sein! Die Generation der Gründer war auch nicht unfromm gewesen, aber für so vorrangig hatten sie das bei einer Schäfergesellschaft nicht gehalten.[9]

In der Festschrift von 1894 stellt THEODOR BISCHOFF die Vermutung auf, als Vorbild für die ursprüngliche Zielsetzung des Blumenordens sei die Satzung der „Intronati" zu Siena anzusehen. HARSDÖRFERS Wiedergabe findet sich in seiner Vorrede zum Teil V der «Frauenzimmer-Gesprächspiele»[10]. Das erscheint mir stimmig angesichts der Gleichzeitigkeit der Gesprächspiele mit den Anfängen des Ordens[11]. Wenn wir diesem Hinweis folgen, so war wohl in den ersten Jahren die Empfehlung zur geistigen Haltung der Mitglieder etwa folgende: „Die Feinde der Tugend und der Teutschen Helden Sprache, sollen hier nicht zugelassen werden. [...] Du aber bet andächtig, studiere fleissig, sey fröliches Gemüts, beleidige niemand. Frage nicht nach frembden Händeln. Glaub Deinem Wahn nicht. [D.h. Halte deine Anschauungen nicht für die einzig richtigen, bilde keine fixen Ideen aus, sei tolerant; wie leicht das einseitige Wähnen zum Verfolgungswahn werden kann, deutet der folgende Satz an:] Laß Dich ein fröliches Schertzwort nit betrüben."[12]

Wie es von hier aus zur „deutschen Treue" kommt, ist nicht ohne weiteres verständlich. Es handelt sich aber wahrscheinlich um einen Gegenbegriff zu dem im Hofleben dieser Zeit gängigen Leitbegriff des „Politischen". Darunter verstand man nicht etwa öffentliche Angelegenheiten — eine Öffentlichkeit, die sich um Staatsdinge hätte kümmern dürfen, gab es im heutigen Sinne ja noch nicht — sondern die Kunst des Karrieremachens, oft auch auf Kosten der weniger durchtriebenen Mitmenschen. Bezeichnend für diesen Sprachgebrauch ist der Sinnspruch «Heutige Welt-Kunst»:

> *Anders sein und anders scheinen;*
> *anders reden, anders meinen;*
> *alles loben, alles tragen,*
> *allen heucheln, stets behagen,*
> *allem Winde Segel geben,*
> *Bös' und Guten dienstbar leben;*
> *alles Tun und alles Dichten*
> *bloß auf eignen Nutzen richten:*
> *Wer sich dessen will befleißen,*
> *kann Politisch heuer heißen.*

Sein Verfasser ist FRIEDRICH VON LOGAU, ein schlesischer Dichter (1604-1655), der übrigens zur selben Zeit wie HARSDÖRFER am selben Ort, nämlich in Altdorf, studierte. Diese Studenten waren sehr wohl darüber im Bilde, daß besagte Leitvorstellungen politischer Klugheit aus MACCHIAVELLIS amoralischem Buch vom Fürsten sowie aus den an Höfen absoluter Könige ausgebildeten Überlebenstaktiken stammten. Ein anderer Vertreter der gegenhöfischen Tendenz war JOHANN MICHAEL MOSCHEROSCH, dessen Bruder QUIRIN als **PHILANDER** das 49. Mitglied des Ordens war.[13] Als weitere Beispiele für Schriftsteller, die sich nicht eben um die Verbreitung absolutistischen oder kriecherischen Gedankenguts verdient machten, kann man JUSTUS GEORG SCHOTTEL und JOHANN RIST erwähnen. Beide, obwohl Auswärtige, gehörten schon unter HARSDÖRFER dem Orden an.[14]

Man fragt sich, was eine Sprachgesellschaft mit solchen Grundsätzen bezweckt. Auf den zweiten Blick aber kann man nicht übersehen, daß die Kultur der Sprache mit der Möglichkeit, die Wahrheit sagen zu dürfen und auch beim Wort genommen werden zu können, aufs engste verbunden ist.

Die Sprachenvermengung der damaligen Zeit war eben auch Ausdruck sowie Mittel der Spitzbüberei und Verstellung. Bevor man sich also um den moralischen Hintergrund der Sprachverderbnis gekümmert hatte, brauchte man mit der Zierde und Lieblichkeit gar nicht erst anzufangen. Diese zu fördern war allerdings wichtig, um den Anschluß an die überlegene Kultur der anderen europäischen Staaten nicht zu verpassen. Man konnte nicht erwarten, gebildete Leute zum Gebrauch des Deutschen anzuregen, wenn diese Sprache sich höchstens zum Umgang mit den Pferden eignete, wie Kaiser KARL V. der Anekdote nach ein gutes Jahrhundert früher gesagt haben soll.[15]

Zweitens, die spärlicheren Dichtungen des Ordens:

Dieser Punkt der 1699 errichteten Satzung ist vermutlich ein Hinweis darauf, daß im Orden ein halbes Jahrhundert nach seiner Gründung der dichterische Schwung nachzulassen begann. Dementsprechend mußte man jedes Ordensmitglied bei Strafe eines Talers dazu anhalten, wenigstens einmal im Jahr dem Orden etwas selbst Gedichtetes einzuschicken.

Drittens, eine Wende in der Sprachpflege der Pegnesen:

Jedes Mitglied wird aufgefordert, sich neuer, unbekannter Wörter und „verworfener Konstruktionen" zu enthalten, wobei mit den ersteren nicht einmal unbedingt Fremdwörter gemeint sind.

Sollte etwa die Warnung vor neuartigen Wörtern bereits ein Zeichen dafür sein, daß man sich von den oft recht gesuchten Kunstwörtern der barocken Dichtkunst abwandte, obwohl gerade die Nürnberger auf diesem Gebiet viel Erfindungsreichtum bewiesen hatten? Um diese Zeit legten sie damit jedenfalls wenig Ehre mehr ein. Der „galante" Schriftsteller MENANTES äußert sich verächtlich: „[...] Denn mancher Maul-Affe stehet in der Ketzerey, er könne vor keinen Poeten passiren, oder seine Verse würden sich bey den Leuten nicht beliebt machen, wenn er sie nicht durch und durch mit neugebackenen Worten ausfüttert. Darum zerkauet er wohl manchmal ein halb Mandel[16] Federn, ehe eine solche Gebuhrt zur Welt kömmt. [...] Vor allen Nationen suchen die Nürnberger etwas sonderliches hierinnen. Ob aber ihre Inventiones durchgehends solten approbiret werden, darüber mögen Teutschverständige urtheilen."[17] Spätere „Deutschverständige", wie um 1730 GOTTSCHED, führten einen ausdrücklichen Kampf gegen den „Schwulst der Lohensteinischen Manier" (der dem MENANTES noch teuer war), und was sie an Vertretern der sogenannten Zweiten Schlesischen Dichterschule tadelten, traf mittelbar auch die zweite Generation der Pegnesen zu BIRKENS Zeit. Der vorliegende Satzungspunkt konnte jedoch nicht hindern, daß die Nürnberger auch später nach jener Epoche beurteilt wurden.

Eine zweite Quelle des Vorurteils: Es gab um 1700 zahlreiche und vielbelächelte Wortneuschöpfungen auf dem Gebiet religiösen Schrifttums, gerade bei den Pietisten — und die Pegnesen dieser Jahre waren dem Pietismus geneigt[18]. Man sollte die Warnung vor Wortneubildungen zum Hinweis nehmen, den Blumenorden als Sprachgesellschaft und die religiöse Orientierung seiner Mitglieder besser auseinanderzuhalten, als es die Zeitgenossen taten. Hierzu diene ein Blick auf den Hintergrund solch neuartiger Bestrebungen bei MAGNUS DANIEL OMEIS (einen Hintergrund, von dem MENANTES zunächst nichts wußte).

OMEIS las für interessierte Studenten in seiner Eigenschaft als Altdorfer Professor auch Kollegia über Poesie und gab als Frucht dieser Vorlesungsreihe — und als Stütze für weitere derartige Veranstaltungen — eine «Gründliche Anleitung» heraus. Hierin finden sich[19] fast wörtlich die Bestimmungen aus der zitierten Satzung. Das heißt aber auch, daß die Grundsätze, die Omeis mit seinen Ordensgenossen ausarbeitete, in der damaligen Zeit durchaus nach draußen und in die Weite der deutschen gelehrten Welt wirken konnten. Es lohnt sich schon einmal, den überaus weitschweifigen Titel des Werkes anzusehen, der geradezu eine Inhaltsangabe darstellt. So wollte man also um 1700 der Aufgabe nachkommen, Sprache und Dichtung zu pflegen:

Gründliche Anleitung Zur Teutschen accuraten Reim- und Dicht-Kunst/ durch richtige Lehr-Art/ deutliche Reguln und reine Exempel vorgestellet: worinnen erstlich von den Zeiten der Alten und Neuen Teutschen Poësie geredet/ hernach/ nebst andern Lehr-Sätzen/ auch von den Symbolis Heroicis oder Devisen, Emblematibus, Rebus de Picardie, Romanen/ Schau-Spielen/ der Bilder-Kunst/ Teutschen Stein-Schreib-Art u.a. curieusen Materien gehandelt wird; samt einem Beitrage von der T.[eutschen] Recht-Schreibung/ worüber sich der Löbl. Pegnesische Blumen-Orden verglichen. Hierauf folgt eine Teutsche Mythologie/ darinnen die poëtische Fabeln klärlich erzehlet/ und derer Theologisch- Sittlich- Natürlich- und Historische Bedeutungen überall angefüget werden; wie auch eine Zugabe von etlich- gebundenen Ehr- Lehr- und Leich-Gedichten. Welches alles zu Nutzen und Ergetzen der Liebhaber T.[eutscher] Poësie verfasset Magnus Daniel Omeis/ Comes Palat. Cæs. Moral. Orator. und Poës. Prof. P.[20] zu Altdorff/ der im Pegnesischen Blumen-Orden so benannte Damon. Andere Auflage.[21] Nürnberg/ in Verlegung Wolfgang Michahelles/ Buchhändl. Gedruckt bey Joh. Michael Spörlins seel. Wittib. 1712.

In diesem Werk wird mit voller Absicht zwischen den sprachlichen Regeln für Poesie und denen für Prosa kein Unterschied gemacht. (Der Grammatiker MORHOF hatte in dieser Hinsicht BIRKEN und seine Freunde sehr kritisiert.) „Wir haben uns nemlich die ungezwungene natürliche Schreib-Art in den Reim-Gedichten des Herrn von Rosenroth/ Herrn Morhofs selbsten/ Herrn Weisens und dero Erinnerungen[22]/ bestens gefallen lassen/ und unsers hochverdienten Herrn Harsdörfers auch hierinnen gantz richtige- und ungezwungene Schreib-Art nach und nach wiederum eingeführet."[23] Man möchte provinzielle Eigenheiten nicht geradezu pflegen, obwohl OMEIS sich in diesen Dingen für mehr Duldsamkeit ausspricht, als der Orden von seinen Kritikern erwarten durfte: „Was aber Herr Morhof hiedurch verstehe/ daß bei den Schrifften der Pegnitz-Hirten etwas fremdes sey/ so in den Ohren der Schlesier und Meißner nicht wol klinge/ kan ich fast nicht errathen. [...] Es klinget auch in unsern Ohren hier zu Lande nicht wol/ wann sie ihre diminutiva Kindgen/ Liebgen u.a.m. allzuviel gebrauchen; auch wenn sie reimen und schreiben z.E. Können und Sinnen/ Marter-Wochen und Bisem-Kuchen/ Durchlauchtig/ Guttes/ Bluttes und dergleichen. Wir lassen sie aber nichts desto weniger bei ihrem Werth/ und erwarten von ihnen gleiche Gedult und Höflichkeit."[24]

Das half dem Orden keineswegs gegen auswärtige Polemik. Er war, wie man dem entschuldigenden Ton dieser Ausführungen anmerkt, in einem Rückzugsgefecht begriffen. Einzelne Seltsamkeiten bei anderen aufzuspüren, konnte in allen Lagern der damaligen Auseinandersetzung zum Sport werden, doch man gewann nicht viel dabei. Die allgemeine Entwicklungstendenz ließ sich weder zugunsten noch zuungunsten des Ordens in wenigen Beispielen fassen. Es fällt freilich auf, wenn in dem „Register vieler T.[eutscher] gleichlautender Wörter", das OMEIS seinem Buch beigab,[25] derart unreine Paarungen auftreten wie „Bahn — Bann, Eiter — Euter, Kriegen — kriechen, Spielen — ausspülen", und diese sind schwer aus dem Nürnberger Dialekt erklärbar. (Freilich hat er sich seit damals sehr verändert.) Aber die Hauptfrage muß doch lauten: Ging die Entwicklung der deutschen Literatursprache an den Nürnbergern vorbei, oder verlief sie gar im Gegensatz zu ihnen?

Jedenfalls war dem Orden zu diesem Zeitpunkt gewiß nicht mehr vorzuwerfen, daß er auf gewaltsame Weise Eindeutschungen von Fremdwörtern vorgenommen hätte, wie das Sprachgesellschaften vormals zu tun pflegten. Mäßiger Gebrauch von Fremdwörtern wird zugestanden; ausgeschlossen werden allerdings „Die aus der Französischen/ Italienischen/ und andern fremden Sprachen entlehnte Wörter/ welche in unserer Mutter-Sprache das Burgerrecht noch nicht überkommen [...] Müßen auch allzuhohe/ oder vielmehr hartgezwungene/ obscure und affectirte Wörter [...] vermieden werden; als wie jener sagte: Ich erdrache mich/ ich erbasiliske mich. d.i. ich werde zornig."[26] Das heißt: Neubildungen, Neologismen, haben auch im Blumenorden keine Konjunktur mehr.

Damit folgen OMEIS und seine Ordensmitglieder eigentlich dem Fluß der Dinge. Auch die Trennung verschieden poesietauglicher Stilebenen erfolgt in seinem Buch ganz nach Auffassung der immer ständischer denkenden Zeit: „Man soll durchgehend in einem T.[eutschen] Reim-Gedicht solche rein-Teutsche Wörter gebrauchen/ die bei gelehrten und vornehmen Leuten im Gebrauch sind."[27] Unzeitgemäß erscheint allenfalls die Zusammenkoppelung von „vornehmen" und „gelehrten" Leuten, denn weniger die allmählich nach unten gedrängten Professoren, sondern die aristokratischen Vorbilder gaben den Ton der guten Gesellschaft an — so dachten jedenfalls diejenigen Gelehrten, die sich unter Geringachtung ihrer „schulfüchsischen" Standesgenossen nach oben orientierten, die „Galanten". Daß dabei mehr das Ausland als der Zustand der „guten Gesellschaft" in Deutschland Anlaß gab, sei beiläufig angemerkt.

Etwas bedenklich muß auch erscheinen, daß OMEIS selber oft nicht beherzigt, was er lehrt — beziehungsweise, daß sein Setzer sich nicht daran hält. So heißt es zwar[28], daß fremdsprachige Eigennamen — „nomina propria" — in deutschen Buchstaben zu schreiben seien und[29] daß sie nicht in der Weise der fremden Sprache dekliniert werden sollten. Doch selbst in den wenigen bisherigen Zitaten können wir Gegenbeispiele finden. Ähnliches gilt für die Machart der mitgeteilten Gedichte: die Praxis läuft hinter der Theorie her. Immerhin erscheint die Sprache dieses Buches der heutigen näher — und auch HARSDÖRFERS Schreibweise näher — als Texte aus dem damaligen Sachsen, das Vorbildwirkung beanspruchte. Wir sehen es an dem oben zitierten Text von HUNOLD-MENANTES, und weitere Beispiele werden folgen. Was sich ungefähr bestätigen läßt, ist allerdings, daß OMEIS die Entwicklung der Schriftsprache wieder auf den in Nürnberg ziemlich folgerichtigen Pfad brachte. Im Gegensatz dazu zeigen die handschriftlichen Blätter aus dem Ordensarchiv, daß man sich zumindest im Alltag nicht sehr um Sprachreinheit bemühte.

In Gedichten sah das jedoch anders aus. Es scheint, der Punkt 3 der ersten Satzung sei vor allem auf die von der Poesie zu fordernde Richtigkeit zu beziehen. Damals wurde nämlich gerade die poetische Freiheit im Satzbau diskutiert; hier wird sie erwähnt als die „verworfenen Konstruktionen"[30]. Es handelt sich wohl um eine mehr ästhetische als sprachpflegerische Maßgabe, die für die deutsche Dichtung als erster MARTIN OPITZ aufgestellt hatte und die in der Literaturtheorie der Aufklärung unter französischem Einfluß erneut stark betont wurde. OMEIS hob den sächsischen Schulmann und Dichter CHRISTIAN WEISE lobend hervor wegen der Natürlichkeit der Wortstellung in dessen Gedichten, „secundum constructionem prosaicam"[31].

Viertens, was anständig sei:

Der „galant" genannte Zeitstil mit seiner überhöflichen, geschraubten Ausdrucksweise und manchen Anspielungen der Art, die man heute noch „galant" nennen würde, war den Nürnbergern wohl in mehrfacher Beziehung ein Dorn im Auge, obwohl man nicht umhinkonnte, Dichtern aus den eigenen Reihen die Möglichkeit zu lassen, nach der Mode zu gehen. Jedenfalls deutet darauf die seltsame Gespaltenheit der einschlägigen Bestimmung hin.

Zunächst heißt es da, ein Ordensmitglied habe alle Erzeugnisse seiner Feder, die es unter seinem Ordensnamen veröffentlichen wolle, vorher der Gesellschaft vorzulegen, die sich in einem „freyen, doch wolgegründeten Gutachten" darüber äußern werde. Das heißt wohl, daß man kein Blatt vor den Mund nahm, aber ganz sachlich argumentierte. Es ging darum, ob der Dichter in Anspruch nehmen dürfe, das Werk nach den Maßstäben des Blumenordens verfaßt zu haben. War dem nicht so, durfte er das Werk zwar in Druck geben, aber nicht unter seinem Ordensnamen. Es ging dann den Orden nichts an, und die übrigen Mitglieder wollten ihm auch nicht zur Seite stehen in irgendwelchen literarischen Streitereien, die er vielleicht damit auf sich zöge.

Es kann durchaus sein, daß die damals so beliebten Hochzeitsscherze, die mehr und mehr zu einer derb erotischen Textart geworden waren, unter diese Bestimmung gefallen sein könnten. Jedenfalls geschah es im Januar 1703, daß von einem Mitglied ein unzensiertes „Tractätlein" herauskam, „davon die sämtliche Gesellschaft den geringsten Antheil nicht genommen; sondern des Verfassers Verantwortung alles, so wol den Inhalt, als die Schreib-Art, überlassen."[32]

Übrigens hatte ein jeder von Werken, die unter dem Namen des Ordens gedruckt wurden, 12 Exemplare unentgeltlich an den Orden zu liefern. Dies entspricht dem heute noch geübten Brauch von Universitätsbibliotheken bei Doktorarbeiten.

Fünftens, Sammelveröffentlichungen:

Auch diese Bestimmung läßt leider den Schluß zu, daß der ungezwungene Fluß der Beiträge zur dichterischen Ordenstätigkeit am Versiegen war. Man machte sich zur Pflicht, wenigstens alle drei Jahre ein größeres Werk im Namen des gesamten Ordens zu veröffentlichen, entweder aus den unter der Zeit eingelaufenen Arbeiten, oder ein zu diesem Zwecke eigens neuverfaßtes Werk. Sehr originell wird so etwas ja selten, aber Originalität als Vorbedingung und Maßstab dichterischer Leistung war zu jener Zeit noch nicht erfunden.

Sechstens, Hauptversammlung:

Dieser Punkt regelt den Zeitpunkt der alljährlichen Versammlung aller in „und bey" Nürnberg wohnenden Mitglieder. Sie soll entweder am Jakobi-Fest (25. Juli) oder in der Woche stattfinden, in die das Fest fällt, und kann in Nürnberg selbst, bei Nürnberg (namhafte Familien besaßen in der Umgebung Landsitze), zu Altdorf (wo die Nürnberger Universität war), Feucht (dem Ort des Zeidlergerichts und mehrerer Patriziersitze) oder an entsprechenden Orten stattfinden. Bei der Mahlzeit möchte man sich aller „Weitläufftigkeit und Überflußes" enthalten — angesichts der Eßfreudigkeit damaliger Zeiten ein sympathischer Zug ins Geistige.

Siebtens, äußere Zeichen der Zugehörigkeit:

Das Führen von Hirtennamen griechischer Herkunft, die Wahl einer Blume und das Tragen eines weißen Seidenbandes, auf dem beide eingestickt zu sehen sind, brauchte den Pegnesen von 1699 nur in Erinnerung gerufen zu werden. Dies waren längst eingeführte Gebräuche. Man könnte höchstens Verdacht schöpfen, daß sie nicht mehr so selbstverständlich oder gerne ausgeübt wurden. Andererseits blieb trotz zunehmend rationalistischer Zeitstimmung dem Pegnesischen Blumenorden eigentlich keine Wahl: Er mußte bei den Attributen einer literarischen Schäfergesellschaft bleiben, wenn er nicht seine Eigenart verlieren wollte.

Achtens, Anwendungsgebiete dieser Zeichen:

Hier wird geregelt, daß der Name innerhalb, aber auch außerhalb der Versammlungen zu gebrauchen sei, insbesondre als Verfassername. Wer bei Versammlungen das Ordensband anzulegen vergessen hat, zahlt einen Gulden Strafe an die Kasse.

Neuntens, Hütten im Irrhain:

Jeder darf im Irrhain auf eigene Kosten, jedoch nur mit Vorwissen der Gesellschaft, eine Hütte errichten. Vor deren Tür darf er seine Blume gemalt als Sinnbild anbringen, aber ohne seinen Ordensnamen. (Vermutlich sollte das dazu anhalten, die Sinnbilder der anderen Mitglieder im Gedächtnis zu behalten. Auch eine Art mönchischer Bescheidenheit, als Einzelner hinter der Gesellschaft und ihren Leitsätzen zurückzutreten, konnte sich darin ausdrücken.) Übernimmt einer die Hütte eines verstorbenen Mitglieds, so hängt er dessen Sinnbild, aber diesmal samt Namen, in der Hütte auf. So wird die Erinnerung wachgehalten.

Zehntens, Zeichen des Zusammenhalts der Gesellschaft:

In diesem Punkt heißt es: Wenn ein Mitglied sterbe, heirate oder zu neuen „ansehnlichen Würden" gelange, solle man Gelegenheitsgedichte darauf verfassen und auch drucken lassen. Darüberhinaus wird die Ehrung der Toten in der Weise betrieben, daß man den Namen des Verstorbenen auf eine schwarze Tafel schreibt — ohne Zweifel eine Holztafel — und im Irrhain oder unter einem sonstigen „Schwiebogen" aufhängt. In diesem Zusammenhang ist vom „Kirchhof" des Irrhains die Rede. Dies kann nur ein uneigentlicher Ausdruck für eine bestimmte Gegend innerhalb des Irrhains sein, die der Totenehrung zugedacht war — vermutlich dieselbe, die es jetzt noch ist. „Schwibbogen" ist ein anderer Ausdruck für einen Bogengang oder eine Blendarkade an einem Gebäude. Rätselhaft erscheint allerdings, an welche Gebäude dabei gedacht worden sein kann.

Elftens, Nachrufe für Außenstehende:

Wohltätern des Ordens wird ebenfalls ein Gedicht anläßlich ihres Ablebens zugesichert. Wiewohl darin ein Anreiz zu erkennen ist, dem Blumenorden finanziell unter die Arme zu greifen, haben sich auf die Dauer die literarischen Nachrufe auf Mitglieder und Freunde des Ordens, aufwendig mit Kupferstichen ausgestattet, gegenteilig auf die Kasse ausgewirkt, wie noch zu sehen sein wird.

Zwölftens bis vierzehntens, Geldangelegenheiten:

Die Aufnahmegebühr für Neumitglieder wird auf 6 Reichstaler festgesetzt, der Jahresbeitrag auf einen Reichstaler. Wenn man bedenkt, daß noch fünfzig Jahre später zehn Reichstaler der Jahreslohn für eine Köchin waren und ein Pfund Rindfleisch für etwa den zehnten Teil eines Talers zu haben war[33], so kommt der Jahresbeitrag etwa den heutigen Kosten für das jahrweise Beziehen einer Wochenzeitung gleich und die Aufnahmegebühr der Anschaffung eines Farbfernsehgerätes. Man hatte damals mit ebensolcher Selbstverständlichkeit Personal, unglaublich schlecht bezahltes, wie man heute bestimmte Geräte hat, und daher hatte ein Mitglied wohl das zufriedene Gefühl standesgemäßen Aufwands bei seinen Auslagen für den Orden. Im übrigen legte die Gesellschaft die Hand auf die Hälfte der Einkünfte, die jemand aus Veröffentlichungen unter seinem Ordensnamen bezog. So war es jedenfalls geplant.

Fünfzehntens, großzügige Handhabung von Neuzugängen:

Kirchturmpolitik drückt sich darin jedenfalls nicht aus[34], und Standesdünkel ebensowenig, ja nicht einmal Gelehrtenstolz, wenn es heißt: „In die Gesellschafft selbst soll man die, so es begehren, sowohl von hohem, als niederem Stande, Sie mögen gleich frembde oder einheimische seyn, und von der Gelehrsamkeit profession machen, oder doch die guten Künste und Wissenschafften hoch achten, insonderheit aufgeweckte und scharffsinnige Gemüther, die zumahln in oder nahe bey Nürnberg sich aufhalten, willig einnehmen." So niedrig durfte der Stand der Bewerber freilich nicht sein, daß etwa die erwähnte Köchin hätte aufgenommen werden können. Aber es wird bereits deutlich, wie die Aufgeschlossenheit für Dichtung bestehende Standesschranken einebnet, sofern nur die gemeinsame Voraussetzung einer gewissen Schulbildung erfüllt ist — was allerdings auch in gewissem Grade an Besitz gebunden war. Eine bürgerliche Klasse innerhalb der alten Oberschichten zeichnet sich ab.

Sechzehntens, Vereinsämter:

Das Amt des Präses oder Vorstehers entspricht dem 1. Vorsitzenden heutiger Vereine. Zwei bis vier „Consiliarii" und ein „Secretarius" sind ihm beigeordnet (heute sagt der Blumenorden dazu „Ordensräte" und „Schriftführer"). Wählbar sind ältere Mitglieder, die in Nürnberg oder „nahe bei der Pegnitz" (d.h. innerhalb des wirtschaftlichen und politischen Einflußgebietes der Stadt, im Gebiet ihrer Pflegämter) oder in Altdorf wohnen.[35] Bemerkenswert für diese Zeit ist, daß die Amtsträger in „freier" Wahl ermittelt werden; das heißt wohl, daß keine Absprachen oder Bündnisse zwischen Familien oder Interessengruppen in Betracht kommen sollen und daß auch von oben, etwa von städtischen Behörden, kein Einfluß anerkannt werden solle. Nähere Angaben zur Durchführung fehlen jedoch.

Siebzehntens, Befugnisse des Präses:

Es war mehr an ein kollegiales Prinzip als an eine Alleinherrschaft gedacht. Der Präses kümmert sich zusammen mit mindestens einem seiner Räte um die Angelegenheiten des Ordens und beruft die Gesellschaft ein. Er übt die Zensur eingegangener Werke aus und besorgt, unter Umständen zusammen mit einem Rat, „Zusammentragung und Verlag der Schriften, welche im Nahmen der Gesellschaft herauskommen". Das heißt, er muß wohl selbst hinreichend bewandert sein, um den Herausgeber abgeben zu können[36]. Er trägt einem oder zwei Mitgliedern auf, die „Verfertigung" (das ist wohl die Redaktion) der größeren Veröffentlichungen zu besorgen, um Ungleichheiten in der „Schreibart" zu vermeiden. (Man hatte damals ja noch keine einheitliche Rechtschreibung und Zeichensetzung, ja kaum Übereinstimmung in gewissen Fragen der grammatischen Endungen; somit lag die Aufgabe einer Gesellschaft wie des Pegnesenordens gerade darin, durch das eigene, möglichst weit verbreitete Beispiel gewissen Schreibgewohnheiten zu allgemeiner Verbindlichkeit zu verhelfen.) Seine Schriften zeigt der Präses zur Endabstimmung den Räten, diese ihm die ihren. Von den 12 Exemplaren jeder Veröffentlichung behält er zwei, die Räte bekommen je eines, den Rest legt man zum Grundstock der Ordensbibliothek.

Wenn das wirklich so gehandhabt wurde, dann muß in der Tat der größte Teil der alten Drucke mit der Zeit verlorengegangen sein, vielleicht erst am 2. Januar 1945, als die Stadtbibliothek zerbombt wurde, in der diese Bestände nach Auskunft des damaligen Schatzmeisters Wilhelm Schmidt lagerten. Unter Umständen ist noch ein Teil, der eigentlich in die Ordensbibliothek gehörte, in Altdorf zurückgeblieben oder bei der Verlegung der alten Universitätsbestände in die Erlanger Universitätsbibliothek gelangt.

Es ist ferner der Präses, heißt es weiter, der den neuen Mitgliedern nach einiger Bekanntschaft ihre Hirtennamen gibt. Er läßt auch das Ordensband für sie fertigen. Dafür bekommt er vier von den sechs Talern der Aufnahmegebühr. Er nimmt auch andere Gelder für den Orden in Empfang — ein eigenes Schatzmeisteramt ist hier noch nicht vorgesehen — und bestimmt, wo ein jeder im Irrhain seine Hütte errichtet.

Achtzehntens, der Schriftführer:

Abgesehen von Pflichten, die Schriftführer von Vereinen heute noch haben, etwa Protokollführen, hat er noch die zum fehlenden Schatzmeisteramt gehörende Aufgabe eines Buchhalters. Etwas unklar ist die Bestimmung, er solle dem Präses und den Räten „entdecken, was zum besten der Gesellschafft gereichet". Vermutlich ist damit gemeint, daß er sie rechtzeitig von Anfragen und anderen Vorgängen im laufenden Briefwechsel in Kenntnis setzt und im Hinblick auf briefliche Verbindungen nach auswärts berät. Er kann sich eines der jüngeren Mitglieder „beifügen laßen", das an seiner statt den übrigen eröffnet, was von Ordens wegen gerade geschrieben und gedruckt wird, und das ebenfalls durch fleißigen Briefwechsel den Nutzen der Gesellschaft befördert.

Eine zusammenfassende Würdigung dieser Satzung von 1699 kann nicht unberücksichtigt lassen, daß sie ein ähnliches Schicksal zum Ausdruck bringt wie der Wolff'sche Rathausneubau: Was sich da fest, prächtig und für alle Zukunft hingestellt zeigt, wurde erst unternommen, als es mit dem Inhalt, dem die schöne Form gegeben wurde, schon nicht mehr so weit her war als zu Zeiten, da man in engen und kleinlich anmutenden Verhältnissen Taten von europäischer Bedeutung ins Werk setzte. Immerhin waren die Verfasser dieser Satzung gefuchste, im Rat der Stadt bzw. in den Gremien der Universität zu Erfahrung gelangte Verwaltungsfachleute und stellten darum dem Fortleben des Ordens ein Gerüst bereit, das ihn auch über Zeiträume des Welkens hinüberretten konnte zu neuer Blüte. Das betrifft vor allem die anfangs so locker gehandhabte Präsidialverfassung, die verhältnismäßig einfache Zugänglichkeit und nicht zuletzt alle diejenigen Punkte, die geeignet waren, aus einem Dichterklub eine menschliche Gemeinschaft zu machen, der man sich verpflichtet fühlen konnte. Die Ehrung verstorbener Ordensangehöriger ist dafür das beste Beispiel; irgendetwas dieser Art ist in allen folgenden Satzungen vorgesehen. Es war auch dafür gesorgt, daß man immer etwas für den Orden zu tun fand, auch wenn daraus keine bahnbrechenden Muster der Dichtkunst hervorgingen oder weithin wirkende Sprachpflege mehr wurde. Man konnte sich damals, ähnlich wie die Großkaufleute der Stadt, noch in dem Gedanken beruhigen, daß man gerade eine kleine Krise zu überstehen habe, ohne wahrzunehmen, daß die Zeitläufte in grundlegender Weise anders geworden waren und Tätigkeiten nach bisheriger nürnbergischer Art nicht mehr begünstigten.

Nichts von solchen Erwägungen ist dem Protokoll jener Irrhain-Sitzung anzusehen. Man ging zu Punkt drei der Tagesordnung über.

DAMON erinnerte daran, daß man dem CELADON zur Verleihung der Würde eines kaiserlichen Hofpoeten ein Glückwunschgedicht zu verfertigen habe. Über diesen CHRISTOPH ADAM NEGELEIN schreibt AMARANTES, er war „Kauf- und Handelsmann allhier [...] Ehe er sich noch zur Römisch-Catholischen Religion gewendet [anders wurde man nicht Hofpoet in Wien], so ward er Ao. [=Anno] 1679. von dem seligen Floridan [Birken] aufgenommen."

CHRISTOPH ADAM NEGELEIN, im Pegnitz-Orden CelAdoN genant, Kayserl. Gecrönter Poet, auch Röm. Kayserl. Majest: würcklicher Hoff- Poet in Wien. Geb. in Nürnberg A. 1656 d. 20. Novembr. gest. in Wien A. 1701 d.

1700 war er schon nicht mehr in Nürnberg. Er war der zweite Hofpoet nach dem Italiener DONATUS CUPEDA, dessen jährlichen Ausstoß von 6 Opern- und mehreren Operettentexten er ins Deutsche zu übertragen hatte. Daneben konnte er deutsche Theatertexte verfassen. Lateinische Poesie und Komödie war aber den Jesuiten reserviert. Aus seiner Nürnberger Zeit soll es ein Singspiel im Duodezformat geben: «Der Grosglaubige Abraham, und der Wundergehorsame Isaac».[37] Mit der Abfassung des Glückwunsches wurde Ferrando beauftragt.

SAMUEL FABER war im Orden der zweite des Namens **FERRANDO**. Er war geboren zu Altdorf 1657 als Sohn **FERRANDOS I.** (JOHANN LUDWIG FABER); wurde ebenfalls P[oeta] L[aureatus] C[aesareus] und war eine zeitlang Sekretär bei KNORR VON ROSENROTH in Sulzbach gewesen. Von MYRTILLUS II. wurde er 1688 in den Orden aufgenommen. Beruflich war er als Rektor des von MELANCHTHON gegründeten Gymnasiums bei St. Egidien tätig. Eine der Übungen, die er seinen Schülern aufgab, war, aus «Hui und Pfui der Welt» von ABRAHAM À SANCTA CLARA die „elegischen Epigrammata" in andere Gattungen umformen zu lassen, und er spornte sie auch sonst zum Dichten an. Er selbst war ein begabter Stegreifdichter, verfaßte 250 lateinische und deutsche Epigramme, gab ein Schulbuch mit Merkversen historischen Inhalts heraus (übersetzt aus dem Lateinischen des CHRISTOPH WEIGEL 1697) und hat auch viel beigetragen zu den deutschen Bildunterschriften der auch heute noch verbreiteten WEIGELschen Beschreibungen der „Haupt-Stände", schönen Kupferstichen über Berufsbilder mit erbaulicher Ausdeutung, wie man sie noch in Nürnberger Geschäften und Lokalen, zuweilen in Glasmalerei umgesetzt, finden kann. Des weiteren gab er Privatvorlesungen über Arithmetik, Zivilarchitektur und Festungsbau. Dieser ungemein umtriebige und vielseitige Mann starb 1716. Sein Schüler RIEDERER, von dem noch die Rede sein wird, hat ihm in Leipzig nach seinem Tod eine Lobschrift wegen seiner pädagogischen Fähigkeiten drucken lassen.[38]

Einige Zeit schon hatte draußen vor dem Irrhaintor, wo die Kutscher mit den Pferden vor sich hindösten, ein Kraftshofer Landwirt ausgeharrt. Jetzt ließ man ihm ausrichten, daß er mit seinem Anliegen vor die Versammlung treten könne. Es muß nötig gewesen sein, daß ihn ein Diener auf dem Hin- und Rückweg begleitete, sonst hätte er sich in dem Geschlinge der Irrwege nicht zurechtgefunden. Es ist wohl nicht denkbar, daß ein Bauer jemals den umzäunten und normalerweise verschlossenen Irrhain ohne Erlaubnis betreten hätte. Es gab allerdings am Ende des „Langen Ganges" ein Pförtchen, wodurch man unter Umgehung der Irrwege in den „Kirchhof" und von da auf demselben Wege, der heute zur Naturbühne führt, die damalige Gesellschaftshütte erreichte.

Die versammelten Blumengenossen hörten den offenbar recht selbstbewußt auftretenden Bittsteller durchaus mit einem Gefühl für Recht und Billigkeit an; im nächsten Punkt des Protokolls steht: „4. Nachdeme [...]³⁹ Kißkalt zu Krafftshoff nicht mehr gestatten wollen, daß über seine Wiesen an die Thür des Irrgartens mit Kutschen gefahren werde, weil ihm nicht allein dadurch merklicher Schaden an Graß zugefüget, sondern auch von 3. Jahren her ihm keine Beliebung⁴⁰ mehr, wie ehedeßen geschehen, gereichet worden: als hat man selbigen vorkommen laßen, mit ihme deswegen gütlich gehandelt, und sich endlich dahin verglichen, daß man ihm vor die vergangene 3. Jahre zusammen Drey Gulden bezahlen und für das Künfftige alle Jahr um Laurentij⁴¹ Einen Gulden⁴² und Vierzig Creuzer entrichten wolle, welches er dann also angenommen, und für genehm gehalten."

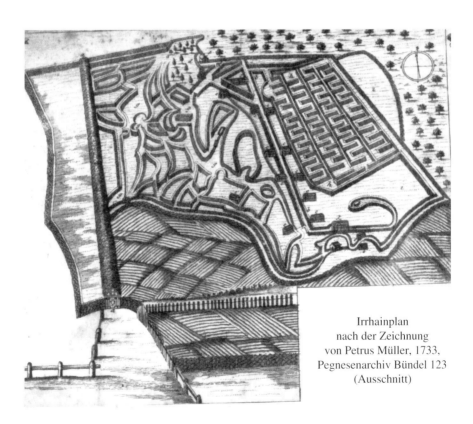

Irrhainplan
nach der Zeichnung
von Petrus Müller, 1733,
Pegnesenarchiv Bündel 123
(Ausschnitt)

Nun hatte man aber auch Erfreuliches zu berichten. Drei Blumengenossen hatten im Berichtszeitraum Werke verfaßt.

Zuerst erwähnt ist **POLEMIAN**. Dies war JOHANN MICHAEL LANG, geboren 1644 in Etzelwang. Für die Vielfältigkeit seiner Neigungen und seiner Persönlichkeit sprechen die von AMARANTES mitgeteilten Einzelheiten: Er studierte in Altdorf nicht nur Theologie, sondern auch Medizin und sammelte in heilkundlichem Zusammenhang über 1000 Kräuter. 1687 wurde er Magister (und, wie es sich bei Pegnesen jener Zeit fast von selbst versteht, PLC), ging dann nach Jena, zwischendurch war er Pfarrer zu Vohenstrauß, und 1694 begab er sich als Lizentiat der Theologie nach Halle. (Ein weiteres Mal sieht man daran die pietistischen Verbindungen des Ordens!) 1697 nach Altdorf berufen, promovierte er zum Doktor, wurde auch Professor der Theologie und 1698 Pegnese, später auch Ordensrat; dann aber wurde er zum Anhänger eines umstrittenen Predigers namens ROSENBACH und anscheinend deswegen 1709 vom Magistrat „in Ehren" entlassen. Nun wandte er sich zur Zuflucht der verfolgten Pietisten, dem König in Preußen, der ihn zum Pastor und Inspektor nach Prenzlow in der Uckermark berief, wo er 1729 starb. Seine 37 Schriften, einige Kirchenlieder nicht gezählt, bilden ein Hin und Her zwischen naturwissenschaftlichen und theologischen Betrachtungen.[43] So auch «Mathematische Sinnbilder, durch Christliche Erklärungen und Andachten zur Übung in der Gottseeligkeit bequem gemacht». — Es erscheint heute vielleicht reichlich verschroben, in der Mathematik, die seit DESCARTES eine gesellschaftsfähige Geistesübung geworden war, nach Zusammenhängen zu suchen, die sich theologisch ausdeuten ließen, und das ganze in literarischer Form zu bearbeiten; doch was war «Irdisches Vergnügen in Gott», das BARTHOLD HINRICH BROCKES ab 1721 herausgehen ließ, anderes als ein ähnlicher Versuch anhand genauer Naturbeobachtungen? Daraus gelangen noch heute einzelne Gedichte in die Schulbücher.

Das zweite erwähnte Werk war von DAMON selbst: «Historia Poetarum Latinorum», offenbar ein Standardwerk für den Lehrgebrauch, sonst wäre der Titel bereits damals weniger allgemein gehalten gewesen. Zwei weitere seiner Werke sind unter „Ejusd" aufgeführt — eine Abkürzung von "eiusdem", d.h. desselben —, und zwar die oben schon zitierte «Gründliche Anweisung zur Teutschen Poesy», die ihm neben BUCHNER, HARSDÖRFER selbst, ROTTH und anderen einen Platz im Reigen der OPITZ-Nachfolger sichert, und ein «Gedicht bey Übergebung der Academischen Rector-Würde». Daß Gelegenheitsgedichte damals eine so große Rolle spielten, erklärt sich schon hinreichend aus der Lust am Repräsentieren. (Die gibt es heute wohl ebenso, doch wird ihr nicht in so künstlicher Form und deshalb oft stilloser und langweiliger gefrönt.) Darüberhinaus ist Dichtung innerhalb eines Ordens ganz selbstverständlich eine gesellige Angelegenheit und nicht Herzensergießung einsamer Genies; der Orden ist ja überhaupt aus geselligem Anlaß entstanden. Nicht-Barockforscher sollten sich also nicht über die scheinbare Plattheit solcher Lyrik erhaben dünken; wenn sie nicht sehr lyrisch ist, so ist sie doch Zeichen einer Hochkultur.

Der letzte Punkt, den jene Blumengenossen, ohne Zweifel von zahlreichen Stechmücken umschwirrt, im Irrhain behandelten, betraf die etwas ausweichende Antwort, die man einem ungenannten Geistlichen auf sein Ersuchen um Aufnahme erteilen wollte.

Außer den bisher erwähnten Anwesenden ist im Teilnehmerverzeichnis noch **PHILEMON** genannt: DAVID NERRETER, geboren 1649 in Nürnberg. Nach Studien in Altdorf und Königsberg sowie der üblichen Bildungsreise wurde er 1694 Diakon in Nürnberg, ab 1695 Pfarrer der Vorstadt Wöhrd bis 1708, dann Konsistorialrat und Generalsuperintendent in Hinterpommern; er starb 1726. Bemerkenswert ist, daß er unter anderem wissenschaftlich über den Koran arbeitete.

Mit dem Erscheinen zweier weiterer Mitglieder hatte man anscheinend gerechnet, ihre Namen aber in der Niederschrift mit Abwesenheitsvermerken versehen müssen: Zum einen ISMENIAN (KONRAD MARTIN LIMBURGER, Sohn des vorigen Präses MYRTILLUS II.), aufgenommen 1691. Er hatte im Laufes seines Lebens Pfarrstellen verschiedener Orte des Nürnberger Gebiets inne, zuletzt in Lauf, wo er 1730 starb; als Werke von ihm sind einige erbauliche Lieder verzeichnet. Der andere war LYCIDAS (WOLFGANG MAGNUS SCHWEYHER, Bankier zu Nürnberg), aufgenommen 1698 wegen seiner „Dienstfertigkeit und Gastfreyheit"; zudem hatte er als Schwager des Präses OMEIS diejenigen Beziehungen zum Orden, die anscheinend auch wichtig genommen wurden. Er lebte bis 1701.

Alle Angaben zu Lebensläufen in diesem Kapitel folgen AMARANTES.[44]

Ein weiteres Sitzungsprotokoll[45] (Ort: Altdorf; Zeit: 25. Juli 1705) zeigt ein ungewöhnlich hohes Maß an Sekretärslatein und einige Zerfahrenheit im Orden. Es waren wieder nur sechs Mitglieder zugegen: DAMON, POLIANDER, ASTERIO, IRENIAN, POLEMIAN und **THEMISON**.

Bei dem letzteren handelte es sich um ADAM BALTHASAR VON WERNER. Er war geboren in Breslau, hatte in Leipzig studiert, ab 1694 in Altdorf; dort promovierte er zum Doktor der Rechte und wurde 1697 Professor. In den Blumenorden wurde er 1698 von OMEIS aufgenommen und fungierte später als Ordensrat. In seiner beruflichen Laufbahn brachte er es 1699 zum Dekan seiner Fakultät und 1705 zum Rektor. 1708 wurde er abberufen nach Frankfurt an der Oder; zuletzt wirkte er in Hannover als Hof- und Kanzleirat; er starb 1740. Es ist immer wieder erstaunlich, wie sich durch derartige Ortswechsel die Mitgliedschaft im Blumenorden über weite Gebiete des Reiches verteilte.

Die Nürnberger Vertreter hatten nicht einmal ihre Ordensbänder dabei, wurden aber nur auf den entsprechenden Satzungspunkt hingewiesen und mußten nicht zahlen, denn es war auch keine förmliche schriftliche Einladung erfolgt.

DAMON hatte eigene Gedichte mitgebracht, scheint aber damit allein gestanden zu sein, denn er weist ausdrücklich auf Punkt 2 der Satzung hin. POLIANDER wird lobend hervorgehoben, weil er sich um die Erhaltung des Irrhaines verdient gemacht hatte. Die Gesellschafter fragen sich in diesem Zusammenhang, ob nicht weitere kapitalkräftige Mitglieder geworben werden könnten.

Folgende Namen waren im Gespräch: JOHANN JACOB HARTMANN (Schaffer, d.h. oberster Diakon, zu St. Lorenz, der dann als DURANDO — lat. ‚durus': ‚hart' — aufgenommen wurde), M. JUSTIN WEZEL, WALTHER BARTHEL MARPERGER, DREßLER, M. PONHÖLZL, GOTTFRIED ENGELHARD GEIGER (Rektor der Schule bei St. Sebald), ein Herr PFLÜGER und ANDREAS TAUBER (Marktadjunkt in Nürnberg).

Nachträglich wurde TAUBER von HERDEGEN-AMARANTES ein wenig ungerecht als „muthwilliger Bankerotteur" bezeichnet — man hatte ab 1704 bei ihm immerhin 100 fl. des Ordensvermögens zu 5% angelegt und konnte später gerade noch das Kapital retten; daraus machte dann ISMENIAN nach Auffinden eines alten, längst abgegoltenen Schuldscheins eine große Affäre, sodaß der Orden durch Zutun unbefriedigter Gläubiger TAUBERs noch in einen unprofitablen Prozeß geriet, der ihn 50 Gulden kostete[46].

Über zwei weitere Neuaufnahmen wurde ein Beschluß gefaßt: Der damalige Pfarrer von Kraftshof, DAVID BÜTTEL, sollte wegen der Aufsicht über den Irrhain Mitglied werden. Er erhielt den Namen SILVANO. Und unter 7. steht, daß Frau REGINA INGOLSTÄDTERIN unter dem Namen **REGILIS** „in die Gesellschafft eingenommen" wurde.

Ein neuer Präses

Professor OMEIS starb im November 1708; wie in den vorherigen Fällen, so führte auch diesmal das Ableben des Präses zu einer Denkpause. Man war veranlaßt, den nach wie vor kritischen Zustand des Ordens genauer ins Auge zu fassen und der Ratlosigkeit zu entgehen. Es dauerte bis ins folgende Jahr, daß sich die Ordensräte entschlossen, dem Herrn CHRISTOPH VII. FÜRER VON HAIMENDORF AUF WOLKERSDORF den Vorsitz anzutragen. Dieser war seit dem Gründer der erste Präses, und überhaupt erst das zweite Mitglied, aus dem Patriziat[47]. Er hatte ab 1678 von M.[agister] BURGER — dem erwähnten ASTERIO, aller Wahrscheinlichkeit nach, — Privatunterricht erhalten; dieser war es auch, der ihm den Antrag überbrachte, da der älteste Ordensrat, POLIANDER, mit seinen 77 Jahren zu diesem Gang derzeit zu kränklich war[48]. Mitglied war FÜRER schon seit 1680 unter dem Namen **LILIDOR** gewesen („der Lilienträger', nach seinem Wappenbild), nachdem er ab 1679 in Altdorf, unter anderem bei OMEIS, studiert hatte.[43]

1682 hatte er eine Gedichtsammlung herausgehen lassen mit dem Titel «Vermischter Gedichte-Kranz bey Muß- und Neben-Stunden[50] aus Lust zusammengebunden/ von dem Pegnesischen Blumengenossen Lilidor [...[51]]», und die gefiel einem der maßgebenden Literaten der Zeit, jenem oben erwähnten ERDMANN NEUMEISTER, so gut, daß er sie für die beste hielt, die bis dahin aus dem Orden hervorgegangen war.[52] FÜRER war also auch von daher für sein Ordensamt wohlgeeignet. Er hatte fast die ganze Zeit von 1682 bis 1690 auf ausgedehnten Kavaliersreisen verbracht und war wieder heimgekehrt, obwohl ihm in Italien ein Prälat, der ihn gerne zum Katholizismus bekehrt hätte, zugeredet hatte, niemand wisse in Nürnberg einen Mann wie ihn richtig zu schätzen. (Das könnte man beinahe glauben, wenn man von den heutigen Nürnbergern auf die damaligen schließt.) Nach seiner Rückkunft vertraute man ihm immerhin erst einmal eine Stelle im Rat an, in der er „das Beste der Kirchen und Schulen auch des gemeinen Wesens zu befördern, sich eifrigst angelegen seyn lassen" durfte[53]. Das heißt, er war so etwas wie Kulturreferent mit kirchlichem Einschlag oder, wie man damals sagte, ‚Scholarch'. In dieser Eigenschaft wird er einen gewissen Anteil gehabt haben an der „ehrenvollen Entlassung" des POLEMIAN im Jahr 1709. Jedenfalls rühmt AMARANTES ihm persönlich nach, daß „dem Verführer Tuchtfeld, da er sich ehemalen unterstehen wollte, sein Unkraut unter den guten Waizen hier auszusäen, der Weg bald zum Thor hinaus gewiesen wurde." Auch dem pietistischen Theologen PETERSEN, der von OMEIS etwas überstürzt in den Orden aufgenommen worden war[54], wies er nach, daß seine Lehre in einem Punkt nicht mit der Augsburger Konfession vereinbar sei, und er entlarvte einen betrügerischen Visionär.[55] Mit Katholiken kam er jedoch, bei allem Abstand — oder wegen des Abstands — recht gut zurecht, und das war wünschenswert: Der Orden hatte nämlich in Österreich außer NEGELEIN noch weitere katholische Mitglieder, auch aus dem Adel: PHILIPP JAKOB OßWALD, FREIHERRN VON OCHSENSTEIN, Kaiserlichen Hofmathematiker, aufgenommen 1676; **DAPHNIS III.**, Baron FERDINAND ADAM PERNAUER VON PERNEY, der als Altdorfer Student 1680 aufgenommen worden war[56], und **ALBANIE**, ANNA MARIA BARONESSE VON WEISSENFELD, PLC, aufgenommen 1696 unter OMEIS[57]. Es war den Ordensmitgliedern angesichts solcher Vielseitigkeit klar, daß kein anderer als LILIDOR in Frage kam, dem Orden wieder aufzuhelfen, der, wie ASTERIO vortrug, 1708 kaum noch sieben Mitglieder „in hiesiger Gegend" zählte.[58]

LILIDOR veranlaßte, was ein heutiger Vorstandsvorsitzender in ähnlicher Lage wohl auch in die Wege leiten würde: Er forderte erst einmal alle Mitglieder zu schriftlichen Vorschlägen auf, wie der Orden wieder zur Blüte gebracht werden könne.[59] Einige dieser Denkschriften sind erhalten. Sie zeigen, daß man auf der Höhe der Zeit war und gerade deshalb nicht länger pseudo-höfische Schäferpoesie treiben konnte.

Übrigens wurde noch 1717 eine dichtende „Schäfergesellschaft Helicon" durch CHRISTOPH GOTTLIEB VON IMHOF, VEIT AUGUST HOLZSCHUHER — alte Patriziernamen! — , GOTTFRIED KASPAR DAUMILLER, JOACHIM BÄUMLER und LORENZ WILHELM NEUBAUER gegründet, wie WILHELM SCHMIDT in seinem Manuskript ausführt. RENATE JÜRGENSEN deutet den Vorgang als Absetzbewegung derjenigen, die mit dem Blumenorden nicht mehr einverstanden gewesen seien, weil er von FÜRER obrigkeitlich ausgerichtet und den Pietisten sowie der reichgeschmückten Verssprache gar nicht mehr günstig gewesen sei. Der starke Anteil patrizischer Gründer der Helicon-Schäfer scheint dem ersten Gesichtspunkt entgegenzustehen. Wenn man darüberhinaus phantasievollen Umgang mit der Sprache unter dem Zeichen des Pietismus aus ästhetischen Gründen bevorzugt, bezieht man leicht gegen den Zug der damaligen Zeit Stellung. FÜRER war nicht unmusisch, er war lediglich ein modernerer Dichter als die abgelebten Schäferspieler. Die Sache hatte ja auch, wie JÜRGENSEN selbst hervorhebt, keine Zukunft. Mir scheint, hier handelte es sich um ein Sammelbecken der Zurückgebliebenen, und gerade darum war der

Anteil der patrizischen Namen so hoch — neben den sozial Aufstiegswilligen, die sich zu allen Zeiten gern nach der gehobeneren Mode von gestern orientieren.[60] Aber letztlich handelt es sich bei den hier wettstreitenden Betrachtungsweisen nur um zwei Seiten derselben Münze, und ich halte es nicht für problematisch, mit meiner Blumengenossin „zu einem Ton einzustimmen".

POLIANDERS Denkschrift

Die offensichtlich früheste Denkschrift[61] richtet sich mit mehreren Anreden unmittelbar an den neuen Präses, als hätte dieser sich von einem besonders ausersehenen Mitglied Bericht erbeten. Der mit Bleistift in späterer Zeit angebrachte Vermerk „Schrift Lilidors" ist etwas irreführend, weil nicht gleich ersichtlich ist, daß er sich auf die Schrift der Randbemerkungen bezieht. Der Verfasser gibt auf der zweiten Seite unten an, er sei in hohem Alter, und in dem „Poetenstübchen" in seinem Haus „Zum halben Mond" seien die Pegnesen früher zusammengetroffen, also vor der Einrichtung des Irrhains. Es muß sich also um POLIANDER handeln, denn AMARANTES berichtet, das Haus, am Fischbach gelegen, habe INGOLSTÄTTER gehört und dieser habe den Pegnesen, bevor es den Irrhain gab, auch seinen Garten zu Zusammenkünften angeboten[62].

POLIANDER, noch der zweiten Generation der Pegnesen um SIGMUND VON BIRKEN zugehörig, war der rechte, seinem neuen Ordensoberhaupt die Anfänge des Ordens in Erinnerung zu rufen. Es ist nur seltsam, wie wenig FÜRER offenbar zunächst davon wußte — oder wie wenig man ihm zu wissen zutraute —, nachdem er doch dem Orden seit 1680 angehörte. Man war auch durchaus bereit, die geschichtlichen Tatsachen von der Gründung des Ordens so zurechtzufiltern, wie es dem hohen Herrn belieben sollte: „Hirbey werden Herrn Fürers hochadel.[ige] Herrl.[ichkeit] zu fragen seyn, ob Sie gut befinden, daß der Anfang der Gesellschaft vom S.[eligen] Herrn Harsdörffer hergeführt werde? nach welchen Entschluß die Wahl S.[einer] Hochadel. Herrl. möchte ausgeführt werden."

Diese auf den ersten Blick etwas seltsame Zumutung erklärt sich vielleicht daraus, daß man die langen Zwischenräume zwischen den Amtszeiten der ersten Präsides zum Vorwand hätte nehmen können, von Neugründung zu sprechen und dadurch den Blumenorden zu einer moderneren Angelegenheit zu machen. (Schließlich schriebe sich die Académie Française auch schon von 1635, wenn nicht nach dem Ende einer inaktiven Periode 1661 eine Neugründung erfolgt wäre.) Oder galt etwa der wahre Gründer HARSDÖRFER zu seiner

Zeit und vielleicht auch im Gedächtnis der folgenden Generationen als nicht allzu rühmenswerter Außenseiter innerhalb seiner Kaste? Er hatte sich jedenfalls 1649 einen Verweis vom Rat zugezogen, weil er dem Feldmarschall WRANGEL und anderen zum Friedensschluß in Nürnberg versammelten Gesandten trotz verordneter Staatstrauer um die siebzehnjährig verstorbene Kaiserin MARIA LEOPOLDINA das Eintreffen einer Komödiantentruppe „verschwätzt" hatte. Der Schwede hatte daraufhin nicht abgehalten werden können, die Schauspieler zu sehen, und man hatte alle Hände voll zu tun, den Vorfall in Wien nicht bekannt werden zu lassen.[63] Und das war nicht einmal alles: Ein Lobgedicht auf die Siege des schwedischen Feldmarschalls hatte ihn 1648 schon auf ein paar Tage in — ehrenvolle — Haft auf dem Rathaus gebracht, da es unter Umgehung der Zensur gedruckt worden war und Nürnberg als protestantische Stadt alles vermeiden wollte, was gegen den katholischen Kaiser gerichtet erscheinen konnte.[64]

Polianders nächster, höchst vorsichtiger Vorschlag zur Vereinfachung der Ordensinsignien ist bemerkenswert, weil er einen rationalistischen Geist vertritt, der mit Hirten- und Blumensymbolik nichts rechtes mehr anzufangen weiß; doppelt überraschend ist dabei, daß er von einem betagten Mitglied kommt, das den Höhepunkt der Pegnitzschäferei noch erlebt hat: „[...] Ob Sie aber viele freundt, auch Dames einnehmen[65] werden, stehet allerdings zu Dero Belieben. Die hiesigen (vielleicht aber die fremde nicht) möchten angelangt[66] werden, zu Erhaltung des Irrhayns zu weynachten etwas jährlich zu erlegen, ob man aber bey derer reception wieder so viel Complimenten mit ertheilung eines Patents[67], mit der Gesellschafft Insiegel, und eines Bands, so jedesmal 3 fl. kostet, fortzufahren, solle auch in S. Hochadel. Herrl. gn[ädiges] Belieben gestellt werden."

Am Rand steht in anderer, also wahrscheinlich FÜRERS, Handschrift: „Wer hat den Lehnbrieff über den Irrgarten von E.[inem] HochE.[dlen] Rath der Gesellschafft ertheilt?" Diese Bemerkung sieht nach Rücksichtnahme auf einen Ratskollegen aus — abgesehen davon, daß Fürer kurioserweise nicht wußte, daß sein eigener Vater zu den Mitunterzeichnern des Dokuments gehört hatte. Ist er vielleicht kurzzeitig mit dem Gedanken umgegangen, den unrentablen Irrhain aufzugeben, hat es dann aber aus Pietät unterlassen? In POLIANDERS Text heißt es da nämlich: „Der Irrgarten kost mehr zu erhalten, als man glaubete, ich habe dazu vor wenig Jahren auf einmal bey[68] 50 fl. angewandt[69], dennoch gebraucht er abermal reparirens. Doch wird Herr Pfarrer zu Krafftshoff wolEhrw.[ürden] mit guter Aufsicht viel ersparen können." Andererseits könnte die Randbemerkung auch von FÜRERS Bestreben zeugen, auf klaren und gesicherten rechtlichen Verhältnissen aufzubauen.

Ein für die zunehmende Sorgfalt in zeremoniellen Fragen typisches Zeugnis der galanten Epoche ist der Satz: „Bißhero ist gebräuchlich geweßen, daß der älteste von der Gesellschafft [POLIANDER selber nämlich, in den letzten Jahren!] bey Zusammenkünfften den Vorgang gehabt, solches aber wird sich hinfüro wegen vornehmer Personen, so eintretten möchten, nicht thun laßen." Freilich, eine Schäfergesellschaft war eben dazu gegründet worden, daß man sich über angenehme Dinge in seiner Freizeit auch einmal von Mensch zu Mensch, sozusagen in naturnahen Verhältnissen, unterhalten könne; dabei kommt allenfalls die Würde des Alters in Betracht. Gerade das kommt einem Nürnberger um 1710 nicht mehr tunlich vor. Man sehe sich nur einmal die reichlich überzogenen Anreden an! (Schließlich gehörte ein Nürnberger Freiherr nicht zum hohen Adel; aber es war wohl eine gewisse Inflation der Titel und Würden eingetreten, um nur ja von dem Grobianismus der vorigen Epoche loszukommen.) Damit ist aber die Hirtengesellschaft wesenlos geworden. Die ausgehende Barockzeit scheint verschnörkelter in gesellschaftlichen Dingen als der Hochbarock — und das in einer Reichsstadt, die eigentlich eine Republik darstellt. In den letzten Jahren ist in der Wissenschaft eine Auseinandersetzung wiederaufgenommen worden, ob nicht die herrschenden Familien Nürnbergs sich seit der Kleiderordnung von 1641 noch mehr als bisher gesellschaftlich abgeschlossen und versucht hätten, die Schicht der Akademiker von den Privilegien ihres Standes auszuschließen.[70] POLIANDERS Zaghaftigkeit wäre ein deutliches Zeichen solchen Niedergangs.[71]

Man vergleiche damit einmal, was HARSDÖRFER in der schon zitierten Vorrede zu Teil V der Frauenzimmer-Gesprächspiele zu diesem Gegenstand aus der Satzung der Sieneser „Intronati" anführt, und wie er es angewandt wissen will:

III. Such Ehre bey deines gleichen. Lehr die Ungelehrten. Lerne von den Verständigen. Frag/ was du nicht verstehest. Sey freundlich gegen jedermann.

IV. Wer wol redet/ dem wird wol nachgeredet. Wer wol thut/ dem wird wolgethan. Wer nach Lob strebet/ muß sich löblich halten. Wer das wolgemeinte mißdeutet/ kan nicht für fromm geachtet werden.

Soweit die Intronati. Es ist leicht ersichtlich, daß diese Gesellschaft sich noch nach dem Ideal des Renaissance-Gelehrten ausrichtete, das seit BALDASSARRE CASTIGLIONES Buch «Il Cortegiano» (1528) auch für den Höfling vorbildlich geworden war. Dort blieb etwas am Leben von der Aufbruchsstimmung der Gebildeten, die eine zeitlang auf gleichem Fuße mit den Mächtigen der italienischen Stadtstaaten verkehrten (da sich diese ihrerseits als Emporkömmlinge verstehen mußten). Die Sienesen machten HARSDÖRFER mit der Möglichkeit von Gesprächspielen bekannt, und aus ihrem Bestand verdeutschte er die ersten Spiele seiner Sammlung, wie er am angegebenen Ort selbst erwähnt. HARSDÖRFER führt weiter aus, durch fortdauernde Verwendung der Gesellschaftsnamen würden die ständischen Verschiedenheiten überwunden:

Harsdörfer unter seinem Gesellschaftsnamen als Mitglied der "Fruchtbringenden Gesellschaft" (Originalgröße)

Dann I. hierdurch die Gesellschafter hohes und nidriges Standes einander gleich werden/ und keinen andern Vorzug/ als nach der Ordnung ihrer Einkunfft [ihres Eintreffens] erheischen. II. Daß aller Ehrgeiz dadurch aufgehoben/ und vielmehr auf allgemeinen Ruhm der Gesellschaft/ als absonderliches Namenslob eines oder deß anderen/ gesehen wird. III. Daß hierdurch aller Titelpracht abgethan/ und so hochfürstlicher Personen Tugendeifer in so gewogener Freund- und Höflichkeit erhelle.

Eine Randglosse führt an, daß bei den Intronati in Siena immerhin ein FRANCESCO DE' MEDICI und vier PICCOLOMINI Mitglieder seien. Hier überdauerte etwas den Absolutismus, was später in bürgerlichen Idealen aufgehen konnte. Übrigens war HARSDÖRFER auch Mitglied der „Accademia degli Ociosi" in Neapel, der ein Fürst CARRAFA angehörte, und unterhielt Beziehungen zur „Accademia della Crusca" in Florenz.[72]

Auch zu den späteren Zeiten nach 1700 wurden gerne Herren aus bedeutenden Familien in Sprachgesellschaften aufgenommen (GOTTSCHED, der ein tüchtiger Propagandist war, machte es sich in Leipzig um 1730 zur Hebung des Ansehens seiner Bestrebungen geradewegs zum Prinzip[73]), aber von Bedenken wegen Förmlichkeiten des Umgangs wurden diese nicht behindert. Von einer Exklusivität des Adels[74] wie beim Gesandten in GOETHES «Werther» hätte jedenfalls literarische oder wissenschaftliche Liebhaberei wenig profitiert, ebenso wie von zeremonieller Weitschweifigkeit. Ob diese aber beim Pegnesenorden einriß, darf angesichts der Mitgliederliste bezweifelt werden, und ANDREAS INGOLSTÄTTERS resignierter Seufzer „Ich habe aber um dieses alles ausgesorgt, indem meine wenige Kräffte und hohes Alter mir nicht zulaßen werden, bey der Gesellschafft etwas thun zu können" drückt wohl eher die Angst eines älteren Menschen aus, mit neuen Gesichtern zurechtkommen zu müssen, als einen Wandel der Umgangsformen im Orden. (INGOLSTÄTTER starb im folgenden Jahr.) Sein Gutachten fährt fort:

„[...] über den Irrgarten, haben jeweiln gelehrte fremde etwas geschrieben. Ich weiß aber nicht, wo ihre Gedichte hinkommen seyn, noch auch, was in erst besagten Stüblein, und in denen Hütten des Irrgartens geschrieben worden." — Vermutlich ziemlich wenig, der oben erwähnten Mücken halber.

„In den neuen Gesezen, möchte vor allen anzuführen seyn, [...]" — hieraus geht hervor, daß eine neue Satzung errichtet werden sollte. Es folgt der erneute Vorschlag eines Zensurparagraphen nach Art des vorigen[75] und ein Hinweis auf die von BIRKEN festgesetzten Ordensziele.

Zuletzt rafft sich der Verfasser noch zu einer Beschwerde gegen einen beliebten Schriftsteller des galanten Zeitalters auf, wiewohl nicht ganz zu begreifen ist, was dies in einer Denkschrift zur Fortführung des Blumenordens zu suchen hat. „Hierbey frage ich, ob nicht dem Menantes, oder Hunold aus Türingen bescheidentlich zu Gemüth geführt werden können, was er unbescheidentlich von der Gesellschafft geschrieben. [...] Er hat [unleserlich] 2. Tractätlein geschrieben, wie man wol und höfflich werden, auch höfflich und galant schreiben soll, hat es aber übel praestirt.[76]" Es liest sich in der Tat nicht sehr galant und noch weniger höflich, wenn dort steht: „Jedoch wollen am allermeisten die Nürnberger, oder sogenannten Pegnitz-Schäffer, angesehen seyn, und brüten allerhand Worte aus, welche man zu Tausenden, wie die Raupen-Nester verbrennen solte. [...] Wer ein guter Teutscher Poet seyn will, mag sich nur nicht unter dieser Hirtenzunfft so gemein machen, daß er seine Renommee drüber verschertzet."[77]

Das ist glatter Rufmord. Offenbar hat der Protest der Pegnesen Herrn HUNOLD auch erreicht, denn in der Neuauflage von 1722 rückt er in die Vorrede die Entschuldigung ein: „Nur ehe von dieser Materie abbreche/ muß ich nothwendig erwehnen/ daß wenn unter andern nichts-würdigen Poeten der Pegnitz-Schäffer in meiner Comödie gedacht/ ich hiermit den gelehrten Hrn. Professorem Omeis zu Altorff/ wie auch andere brave Ordens-Glieder will honestissimo Modo[78] ausschliessen/ als die sich/ wie diesen vornehmen Leuten selber bekannt/ besser als viele ihrer Lands-Leute signalisiret[79]."[80] Er stellt dies in den Zusammenhang von Erörterungen darüber, daß man mit Hilfe von Regeln zwar Gedichte machen lerne; die Poesie komme aber aus dem Geist, der von der Natur empfangen wird. (Insofern vertritt HUNOLD für seine Zeit einen recht fortgeschrittenen Standpunkt, aus dem er eben mit Dichtergesellschaften nichts mehr anfangen kann.) Was jedoch „Stil" betrifft — und das hat damals sowohl mit landschaftlichen als auch gesellschaftlichen Spracheigenarten zu tun — bleibt HUNOLD bei seiner Ablehnung der Pegnesen und unterläßt keineswegs seine mit Vorurteilen beladenen Schmähreden. Etwa: „So weiß ich auch, daß die Nürnberger viel schöne Gedichte, welche gut und zierlich nach unserer [der Meißnischen Art][81] elaboriret[81] gewesen, verlacht, und nicht einen Creutzer werth geachtet haben, sondern sie haben ihre Saalbadereyen, wie die Affen ihre Jungen, und wie die Spanier ihre Mäntel, über alles geliebet und aestimiret. Doch ihre eigenen Lands-Leute, welche eine Zeitlang in Meissen gelebet, haben sie vor Narren gescholten. Es ist oben[82] eine Opera, Arminius genannt, in Druck kommen, welche Negelein[83] gemacht, von dieser machen sie einen grössern Staat, als weyland Augustus von der Aeneide des Virgilii. Als ich sie aber las, kriegte ich die Colica davon."[84]

Ich kann mich des Eindrucks nicht ganz erwehren, daß HUNOLDs Urteile auch mit dem widrigen Gezänk der Konfessionen zu dieser Zeit zusammenhängen; der zum Katholizismus konvertierte NEGELEIN mußte ihm einfach ein Greuel sein. Desgleichen betont er auch an mehreren Stellen, er wolle nicht für einen Pietisten gehalten werden. Ob die Urteile zutreffend seien oder nicht, ob sie sich auf den Blumenorden von 1707 oder gar 1722 überhaupt noch beziehen lassen oder längst überwundene Sachverhalte betreffen, kommt gegenüber der öffentlichen Wirkung, die es hat, kaum mehr in Betracht. Die Untertanen des starken AUGUST fühlen sich im Aufwind, lassen neben sich nichts mehr gelten — und die Literaturgeschichtsschreibung, jedenfalls die zum Schulgebrauch, betet ihnen das seit nahezu zwei Jahrhunderten nach, als ob nicht WIELAND und GOETHE die reichsstädtische, oberdeutsche Kultur gegen die HUNOLDs und GOTTSCHEDs erfolgreich vertreten hätten. Ich habe den Verdacht, es ließen sich auch andere Entwicklungslinien ziehen als nur immer die von den Mittel- und norddeutschen Galanten über die Leipziger und Berliner Aufklärer nebst den Schweizer Querdenkern, Göttinger Genieburschen und die Halberstädter Glucke geradewegs nach Weimar. In «Dichtung und Wahrheit» findet man den Verlauf anders dargestellt, und daran ist wohl mehr Wahrheit als Dichtung.

Nebenbei erlauben die hier gegebenen Auszüge aus den Nürnberger Gutachten dem in der Literatur der Epoche bewanderten Leser die Feststellung, daß in der Rechtschreibung und Grammatik der Nürnberger weniger Unterschiede zum heutigen Gebrauch bestehen (abgesehen von der immer wiederkehrenden Verwechslung von Dativ und Akkusativ und der Bevorzugung der starken Adjektivdeklination)[85] als bei Schriften aus dem bairisch-österreichischen Sprachraum[86]. Sie können es in dieser Hinsicht mit den Schreibgewohnheiten der vielgepriesenen Meißnischen Kanzlei sehr wohl aufnehmen. Es wundert also nicht, daß der vielgelesene JOHANN HÜBNER in seinem Lehrbuch über die Redekunst[87] unter anderem Franken als eine Gegend nennt, in der die deutsche Sprache besonders gepflegt worden sei. Es hat freilich auch historische Gründe und nicht nur solche der sprachlichen Vorzüge, daß gerade die mitteldeutsche[88] Schreibtradition auf unseren heutigen Gebrauch stärker nachgewirkt hat als die anderer Gegenden. Übrigens ist an der Schreibung „höflich" bei INGOLSTÄTTER im Unterschied zu „Höflichkeit" bei HARSDÖRFER zu ersehen, daß man in Nürnberg mittlerweile von einem Umweg der Rechtschreibungsentwicklung beeinflußt war, der über schlesische und sächsische Schreiber lief. Ich habe manche Texte aus dem Meißnischen Einflußgebiet gelesen[89], das sich als so vorbildlich empfand; HARSDÖRFER war sparsamer mit Verdopplungen umgegangen[90] — das mußten die anderen erst wieder abschaffen.

Die im Vergleich dazu schlichtere Rechtschreibung der ersten Pegnesengeneration geht auf SCHOTTELs Grundsatz zurück, Zusammensetzungen aus den ursprünglich einsilbigen Stammwörtern der deutschen Sprache sichtbar werden zu lassen. Er hatte auch in hauptwörtlichen Zusammensetzungen den Anfangsbuchstaben eines jeden Hauptworts groß geschrieben — ein Brauch, der sich bis in die Schreibweise KLOPSTOCKS und HÖLDERLINS hinzieht; für

Lyriker gar kein schlechtes Mittel, Wortbildungen durchsichtig und empfindbar zu machen.

An dieser Stelle empfiehlt sich ein Einschub über JUSTUS GEORG SCHOTTEL, auch wenn er nicht unmittelbar zum Umfeld der hier behandelten Zeitspanne gehört; man wußte aber gewiß noch von seiner Bedeutung für den Orden und für die deutsche Sprache insgesamt. Er war „der vertraute Genosse Harsdörfers in allen sprachlichen Fragen"[91] als **FONTANO I.** (Eine Blume führte dieses Ordensmitglied noch nicht, wie WILHELM SCHMIDT in seinem unveröffentlichten Entwurf der Ordensgeschichte gegen HERDEGEN und BISCHOFF behauptet. Das sei ein voreiliger Rückschluß aus der Blume des nächsten FONTANO gewesen; nur Verwandte hätten jedoch die Blume ihres Namensvorgängers übertragen erhalten.) SCHOTTEL war Kammer- und Konsistorialrat in Wolfenbüttel, erster Hofmeister des jungen Herzogs ANTON ULRICH, der nachmals mit seinen umfänglichen Barockromanen in die Literaturgeschichte eingehen sollte. Eine zeitlang war SIGMUND VON BIRKEN der zweite Hofmeister, d.h. Privatlehrer des ANTON ULRICH gewesen, was sich in seinem ganzen späteren Leben immer wieder einmal auszahlte; er hatte dafür freilich das Korrekturlesen für die «Aramena» zu leisten, die in Nürnberg gedruckt wurde.[92] SCHOTTEL wurde jedenfalls mit BIRKEN bekannt und daher Mitglied des Ordens; er hatte schon 1641 eine «Teutsche Sprachkunst» verfaßt, 1645 eine «Teutsche Vers- oder Reimkunst» und gab 1663 sein Hauptwerk heraus, «Ausfuehrliche Arbeit von der Teutschen HaubtSprache [...]», laut M. SZYROCKI[93] „das bedeutendste sprachwissenschaftliche Werk des 17. Jahrhunderts". SCHOTTELS „Sprachkunst" war übrigens ab 1644 an den Nürnberger Schulen eingeführt.[94]

ERGASTOS Gutachten

Bisher war in den Vorschlägen zur Fortführung der Arbeit des Ordens die Sprachpflege als Arbeitsgebiet zu kurz gekommen. Bemerkenswerte Ansätze dazu finden sich aber in der Denkschrift[95] von **ERGASTO**, ERHARD REUSCH.

Er war 1678 zu Coburg geboren, studierte unter anderem in Altdorf, wurde dort 1704 Magister, später Licentiat beider Rechte, hielt sich ab 1706 in Nürnberg auf und wurde 1708 von seinem Gönner OMEIS aufgenommen.

Eigentlich wollte er Gymnasiallehrer werden, und OMEIS empfahl ihn nach St. Egidien, doch die Scholarchen sahen, daß sein Auftreten vor den Schülern „zu furchtsam" sei und er sich mehr für Hochschulen eigne. Nach einer Zwischenzeit in Erfurt war er von 1716 bis 1723 wieder in Nürnberg, dann als Professor in Helmstädt, und starb 1740.

Neuaufnahmen

Gleich am Anfang widerspricht er der Möglichkeit, aus Nürnberger Gelehrtenkreisen hinreichend rührige Gesellschafter zu bilden; man müsse daher auch Männer aus beiden Markgrafentümern (Bayreuth und Ansbach) hereinziehen. (Den Nürnberger Lokalpatrioten, denen die Feindseligkeit der Markgrafen immer wieder in frische Erinnerung gebracht wurde[96], wird das wenig eingeleuchtet haben.) Auch er betont, daß man junge und aufgeweckte Gemüter im Orden brauche, mit der Begründung, die alten Mitglieder hätten so viel zu tun, daß sie kaum zum Dichten kämen. Dabei ist wohl vor allem an die Berufspflichten dieser Gelehrtenschicht und an Familienpflichten zu denken.

Sprachpflege

ERGASTO wäre anscheinend schon zufrieden, wenn nur die Satzung von 1699 endlich einmal ernst genommen würde. Bisher hätten sich nur wenige um das „Wachsthum unserer Mutter-Sprache" gekümmert. Man solle sich die Académie Françoise zum Vorbild nehmen! Daß es ihm um Wörterbucharbeit geht, zeigen die nächsten Sätze: Da wird ein Vorschlag des Regensburger Ratsherrn J. L. PRASCH[97] aufgegriffen, Mundartwörterbücher und ein vollständiges deutsches Wörterbuch samt Grammatik herauszubringen. Man solle aber arbeitsteilig vorgehen. Für einen erschien die Aufgabe wohl zu umfangreich.

REUSCH fährt fort, wer das Mundart-Glossar bearbeite, müsse alle Sprachen beherrschen, die von der „Teutschen" abstammen; er meint, alle germanischen Sprachen. Von da aus überrascht es nicht, daß es den Leipzigern gelang, den Nürnbergern, trotz oder gerade wegen derer weit ausholenden Gründlichkeit zuvorzukommen. Was ERGASTO hier fordert, konnten gerade erst hundert Jahre nachher die Brüder GRIMM leisten; bis dahin hatte ADELUNG seinen «Versuch eines vollständigen grammatisch-kritischen Wörterbuches der Hochdeutschen Mundart, mit beständiger Vergleichung der übrigen Mundarten, besonders der oberdeutschen [...]»[98] längst zuwege gebracht. (Auch in unseren Tagen bestand leider eine ähnlich verfahrene Lage mit dem

«Ostfränkischen Wörterbuch», das lange nicht fertig werden wollte, nachdem andere Stämme ihre Mundartwörterbücher schon jahrzehntelang besaßen.)

Man müsse einen Zettelkasten anlegen, heißt es weiter, in den die Mitglieder fleißig Anmerkungen einbringen sollen. Wenn man beobachtet, welche Überwindung es heutige Mitglieder des Ordens kostet, mitten aus dem Alltag heraus ein paar sprachkritische Glossen zusammenzutragen, die man an die Presse gelangen lassen könnte, wird verständlich, daß daraus nicht viel wurde.

Pflege der Dichtung

Punkt 4 ist ein bißchen zukunftsweisender. Auch die anderen schönen Künste sollten neben der Poesie gepflegt werden, und — das ist wirklich neuartig — „literaturam elegantiorem". Diese Bezeichnung muß sich auf diejenige Literatur beziehen, die nicht allgemein als dichterisch anerkannt war, sondern als Modeerscheinung, Lesefutter für Halbgebildete, in zweifelhaftem Ansehen stand, auch wegen der nicht immer gänzlich jugendfreien Darstellung; kurz: die Romane. (Auch andere, kleinere Prosagattungen kommen in Betracht, wie etwa die seinerzeit beliebten „Totengespräche"[100], worin man die Geister abgeschiedener Berühmtheiten einander im Jenseits begegnen ließ und auf diese Weise eine Menge Hofklatsch ablud.) Die elegante Literatur wird als „Gewürz" für die Dichtkunst bezeichnet, an welcher die „schlenderhafte Welt" schon allmählich „Ekel" (im Sinne von Überdruß) zu empfinden beginne. Auch Historiker solle man aufnehmen und ihre Werke damit fördern. Hier kommt zum Ausdruck, daß man sehr wohl über den augenblicklichen Stand der Romantheorie Bescheid wußte: Damals wurde versucht, das Verfassen erfundener Handlungen in Prosa als eine Art erweiterter Geschichtsschreibung zu rechtfertigen.[101] Als ob vor den Lesern eines «Simplicissimus» oder angesichts des romanschreibenden Herzogs ANTON ULRICH von Braunschweig eine Rechtfertigung nötig gewesen wäre! Doch die Leser wollten allmählich etwas Wirklichkeitsnahes zur Erweiterung ihres Horizontes haben, ohne sich der Mühe zu unterziehen, sprachliche Wohlklänge und gesuchte Bilder wahrzunehmen. Schon HARSDÖRFER hatte diesem frühbürgerlichen Bedürfnis mit seinen Sammlungen von «Geschichten» Rechnung getragen[102].

Weil er gerade bei Geschichtsschreibung ist, macht ERGASTO auch noch den Vorschlag, man solle eine Geschichte des Ordens verfassen. 34 Jahre später hat Amarantes diese Anregung zum ersten Mal verwirklicht.

Ansonsten müsse man einfach veröffentlichen, was man in Reserve habe, zum Beispiel den zweiten Teil von FÜRERS «Himmlische Vesta und irdische Flora».

Dazu ist zu bemerken, daß in diesem von LILIDOR schon 1702 veröffentlichten ersten Teil seiner Hauptwerke eine Übersetzung des «Cinna» von CORNEILLE erhalten ist, „welcher der um unsre teutsche Sprach hochverdiente Herr Professor Gottsched in Leipzig mit grossen Ruhm gedenket/ in der Zueignungs-Schrift vor seinem sterbenden Cato [...]". GOTTSCHED schrieb, daß dieses Stück „ebenermassen eine Zierde unserer Schaubühne worden". (Das muß nicht unbedingt heißen, es sei auch aufgeführt worden. Wieso aber wird in den Literaturgeschichten eigentlich nur immer die „Cid"-Übersetzung des Braunschweiger Bürgermeisters LANGE als Vorläufer der klassizistischen deutschen Theaterstücke erwähnt?) Außerdem hat FÜRER die 5. Satire des BOILEAU übersetzt und erwies sich damit wohlinformiert über das Neueste, was in Paris vorging. Er war ja auch dreimal dort gewesen, was jedenfalls mehr war, als ein GOTTSCHED jemals für seine Informiertheit hätte geltend machen können. JOHANN ULRICH KÖNIG, der sächsische Hofdichter, erwähnte diese Übersetzung lobend auf dem 132. Blatt seiner Sammlung der Gedichte des Freiherrn von Canitz, auch eines frühen Klassizisten[103].

FÜRER hat die von REUSCH angeregte Herausgabe seiner «Pomona oder aufgesammlete Früchte der Einsamkeit»[104] erst 1726 besorgen können. Das Buch soll dem Prinzen EUGEN und dem Kaiser KARL VI. (dem in Nürnberg damals die neuerbaute Karlsbrücke gewidmet wurde), sehr gut gefallen haben[105].

Aber zurück zu REUSCH! Er schlug unter diesem Punkt zuletzt noch vor, man könne ja noch die Witwe IRENIANS um die unveröffentlichten Manuskripte ihres Mannes bitten. Zu deren Veröffentlichung ist es aber nicht gekommen.

Neben den Unterhaltungskosten für den Irrhain, für deren Bestreitung jährliche Gebühren eingefordert werden müßten, solle man sich eigentlich auch die Stiftung eines Literaturpreises etwas kosten lassen. Dazu benötigte man einen Mäzen, „dahin aber wol nimmermehr zu gedenken". (Dieser Seufzer bleibt leider aktuell! Eben das schlug der Nürnberger Dichter GODEHARD SCHRAMM[106] dem Orden in der Aussprache nach seiner Lesung am 19. 11. 1991 auch vor, überschätzte damit jedoch dessen jetzige finanzielle Möglichkeiten ganz erheblich.)

Am Ende schreibt REUSCH noch eine großes Kompliment an LILIDOR für seine kluge Aufsicht über den Orden.

Lilidors Programm

Am 14. Oktober 1710 setzt sich Präses LILIDOR selber zum Schreiben nieder und verfaßt in neun Punkten seine Vorschläge zur Fortführung der Ordensarbeit[106], die ihm, zusammen mit seiner Umfrage, mit Recht den Ehrennamen eines dritten Gründers des Blumenordens eintragen. Eigentlich mußte ein jeder Präses, der nach längerer Amtszeit seines Vorgängers den Orden übernahm, ein Neugründer sein. BIRKEN hatte ja nach dem Niedergang in HARSDÖRFERS letzten Lebensjahren einiges zu tun, um die Gesellschaft 1662 wieder zu beleben; daher heißt er traditionell der „zweite Gründer des Ordens". Mag sein, daß er dem seines patrizischen Vorstehers beraubten Orden erst nach langer Frist wieder zu einem gewissen Ansehen verhelfen konnte, indem er auswärtige Vornehme aufnahm. Auch seine Beziehungen zum Wiener Hof könnten eine Rolle gespielt haben. LIMBURGER konnte nach BIRKENS Tod darauf aufbauen, gewann aber im großen und ganzen, was Honoratioren betrifft, nur Neumitglieder aus der Altdorfer Professorenschaft hinzu. Es war schwerer geworden, den Orden zu einer Größe im ständischen System Nürnbergs zu machen, mit der man rechnen mußte. OMEIS erging es nach dem Tod LIMBURGERS (1692) und nachfolgendem Interregnum sicher auch nicht viel besser, als er 1697 das Amt übernahm. Dafür bewirkte er mit der ersten selbständigen Satzung einen programmatischen Neuanfang. Leider konnte diese Satzung ohne die Autorität eines Angehörigen der tatsächlich herrschenden Schicht nicht umgesetzt werden. FÜRER erntete den Erfolg — allerdings nicht, ohne selbst nochmals ausgesät zu haben. Ich würde daher gerne beiden gleichermaßen zubilligen, innerhalb der Spanne ein- und derselben Generation den dritten maßgeblichen Anlauf zur Festigung des Ordens getan zu haben.

Ordens-Hauptbuch

Zunächst geht es dem neuen Präses um das Anlegen eines Hauptbuches, in dem die Gesetze, die Mitglieder, die Einnahmen und Ausgaben verzeichnet stehen sollten. Was davon verwirklicht worden ist, befindet sich in Schuber LXXI des Ordensarchivs: Je ein Einnahmen- und ein Ausgabenbuch des Ordens, gebunden, 94 bzw. 86 teilweise beschriebene Blätter zum Zeitraum 1708 bis 1788. Man sieht, in Geldsachen reagierten die Pegnesen prompt. Auf die Stammliste der Mitglieder (von AMARANTES begonnen) und das Große Ordensbuch, in dem unter anderem die seit LILIDOR geltende Satzung abgeschrieben steht, mußte der Orden jedoch eine Weile warten; das wurde erst unter Präses NEGELEIN in Angriff genommen. Man führte dann diese Aufzeichnungen getrennt, zweckmäßigerweise; LILIDOR hatte noch eine Art von Hauptbuch vorgeschwebt, wie es zu seiner Zeit in Zünften geführt wurde. (Überhaupt fällt auf, wie gediegen derartige Zunftbücher und ihre Aufbewahrungsschreine samt Bildnissen der Meister ausgeführt sind; bei einem Besuch in der einschlägigen Abteilung des Germanischen Nationalmuseums kann man zweifelnd werden, ob der Blumenorden jener Zeit über die Kleinode, Weistümer und Rituale hinaus, die wohlhabende Nürnberger Zünfte auch besaßen, etwas Besonderes aufzuweisen hatte. In dieser Frage hilft es nur, auf Werke zu achten, nicht auf Archivalien.)

Öffentlichkeitsarbeit

LILIDOR regt an, eine Broschüre im Umfang von ein oder zwei Bogen zu drucken, die den Orden wieder bekannter machen soll. Das erinnert mich natürlich an unser Bedürfnis nach einer ähnlichen Schrift, die ich 1986 unter dem Titel «Was ist, was will und was tut der Pegnesische Blumenorden e.V.» zusammengestellt habe und die wir seither im Selbstverlag zu vertreiben versuchen. Auch das ist schon einmal dagewesen.

Traditionspflege

Punkt 3 läßt erkennen, daß es ihm nicht darum zu tun war, den Blumenorden seiner Symbolik zu entkleiden: er bestätigt den Gebrauch von Siegel und Leitsprüchen. Dabei leitet ihn wahrscheinlich die Einsicht, daß angesichts der stark voneinander abweichenden Gesichtspunkte, die bei seiner Umfrage zu Tage getreten sind, Traditionspflege auf mittlere Sicht das einzige ist, was den Orden zusammenhalten kann. Auch eine Beschreibung des Irrhains mit Kupferstichen soll erscheinen.

Außenpolitik

Jedes Mitglied soll fähige Neumitglieder vorschlagen. Auch Auswärtige möchte er beteiligen. Zum Beispiel solle der berühmte BENJAMIN NEUKIRCH geworben werden. Dieser war ab 1703 an der Ritterakademie in Berlin tätig gewesen und lebte ab 1718 als Erzieher des Erbprinzen nahebei, beim „Erbfeind" in Ansbach (wo er 1729 verstarb). Offensichtlich hatte FÜRER das Gras wachsen hören und vielleicht eine hochpolitische Beziehung anzuknüpfen im Sinne gehabt. Das wird den anderen zu riskant erschienen sein. Ganz ausgeschlossen schien es aber mindestens zu Anfang nicht; in NEUKIRCHS Namen hatte sich ein anonymer Herr B. von ... (ob es nicht doch NEUKIRCH selber war?) nach den Aufnahmemöglichkeiten erkundigt. Man könne ihm, meint LILIDOR, ganz gut das Ehrenpreis als Blume und den Namen ‚Gloriander' geben mit Vers 34 aus dem 4. Kapitel des Buchs Daniel zum Sinnspruch[107]; auch die erste Zeile zu einem Gedicht über NEUKIRCH fällt LILIDOR schon ein: „Ich diene Friederich, dem großen Preiß[108] der Preussen" — ein hübscher Alexandriner mit Wortspiel; man darf nur nicht FRIEDRICH WILHELM I. mit seinem Sohn verwechseln, den man später mit mehr Recht so nennen mochte. NEUKIRCH war allerdings schon auf dem absteigenden Ast; zwanzig Jahre später gilt er den aufgeklärten Literaten nur noch als der Sammler und Herausgeber von schwülstigen Absonderlichkeiten in LOHENSTEINischer Manier, weil er die maßgebende Gedichtsammlung der zweiten Hälfte des siebzehnten Jahrhunderts besorgt hat[109]. Aus seiner Mitgliedschaft wurde nichts.

Devisen

Unter Punkt 7 schlägt der Präses vor, dem Blumenorden als ganzem eine Devise zu dichten, falls nicht schon eine vorhanden sein sollte. Sehen wir einmal davon ab, daß er sich hierüber nicht hinreichend im Bilde zeigt: Was hätte es geschadet, wenn der Orden in diesem neuen Ansatz seiner Geschichte eine andere Devise erhalten hätte als BIRKENS frommen Spruch? Bekanntlich gab es und gibt es drei: die erste, auf HARSDÖRFER zurückgehende, ist mit dem Bilde der Pansflöte verbunden und lautet: „Alle zu einem Ton einstimmend", was von AMARANTES ins eindeutige Latein gebracht wird: „Melos conspirant singuli in unum".[110] Die zweite: „Mit Nutzen erfreulich". Diese rein gesellige Devise war der zweiten Generation der Pegnesen zu heidnisch erschienen, und sie hatten mit dem Bilde der Passionsblume eine neue Devise eingeführt: „Alles zur Ehre des Himmels". Das entspricht nicht etwa dem „Soli Deo Gloria" auf barocken Kirchen, das die vom Künstler verdiente Ehre aus rechter Bescheidenheit seinem Schöpfer zuerkennt; in der von BIRKEN gewählten Form erinnert die Devise mehr an die calvinistische Auffassung, daß der Mensch überhaupt nur auf der Welt sei, um Gott zur Ehre zu dienen, ohne sich ein Verdienst aus dieser Pflicht machen zu können.

Birkens Exlibris mit zwei der
Ordensdevisen; Originalgröße

In seiner Heidelberger und Berliner Variante stand der Pietismus dem Calvinismus übrigens näher als der Orthodoxie. Das paßt zu dem Geiste, in dem der puritanische Kapitalist wuchert und vorgibt, um Gottes Ehre willen nicht müßig und nicht ohne Gewinnstreben sein zu dürfen. Ob die Nürnberger um 1690 auf diese Ideologie hereinfielen? Gewiß nicht alle Pegnesen. OMEIS jedenfalls nicht, der in seiner 5. Dissertation den alten EPIKUR vom Vorwurf des einseitigen Strebens nach Lust reinwaschen hatte wollen: „Epicurus ab infami dogmate, quod summum bonum consistat in obscoena corporis voluptate, defensus. [...] Norimb. Ao. 1679."[111] Ich muß bekennen, daß mir der Einfluß des Pietismus auf die Dichtung als der Zwang erscheint, einen Umweg für die „ach so weltliche" Poesie über die religiöse Begeisterung zu suchen. Bei allzu vielen blieb es dabei. (Indirekt kam freilich die pietistische Seelenkunde der gesamten Dichtung zugute, wie am Beispiel des Einflusses zu sehen ist, den die „schöne Seele" des FRÄULEINS VON KLETTENBERG auf GOETHE hatte.) Der Dichtung im Orden aber scheint es damit ebenso ergangen zu sein wie der Musik und dem Theater in England unter dem Puritanismus. LILIDOR wäre der Mann gewesen, das zu ändern, aber er durfte sich auch wiederum nicht in den schädlichen Ruf eines Freigeistes bringen. Das konnte sich ein Nürnberger Patrizier, dessen Stellung im Machtgefüge auch von seinem Eintreten für die ortsübliche Religion abhing, einfach nicht erlauben. Andererseits gab es noch auf einige Zeit neben der pietistischen Seelenkultur und Gottseligkeit nichts, was für Lyrik im besonderen verwertbar gewesen wäre. Abgekürzt gesagt: Ein trockenes Zeitalter brach an.

In der Diskussion zu seinem Vortrag vor dem Blumenorden am 11. Juli 1989 vertrat Herr Professor Dr. HARTMUT LAUFHÜTTE[112], Passau, die Ansicht: Gerade die Gegnerschaft zur lutherischen Orthodoxie und das Wurzeln in einer ungebrochenen mystischen Tradition machten den Pietismus des 17. Jahrhunderts zu einer Anschauung, die dichterischer Bewältigung des Daseins günstig war. Er bat auch, nicht zu vergessen, daß die erste und zweite Generation der Pegnesen mit Selbstverständlichkeit ihr gesamtes Leben religiös ausgerichtet habe, also noch nicht viel anders als im Mittelalter. BIRKEN drehte also keineswegs das Rad der Zeit zurück. Andererseits sei es schon für OMEIS um 1700 schwierig gewesen, BIRKENs poetische Verdienste zu würdigen, ohne ihn bloß zu entschuldigen. Man sieht aus alldem, daß die Schwierigkeit, als Pegnese nach 1708 noch Gedichte zu machen, eben doch von der anhaltenden Nachwirkung dieser Devise herrührt. Damit aber war der Anschluß an die zeitgenössische Entwicklung der Dichtung erschwert.

Geldangelegenheiten

Punkt 8: FÜRER geht mit gutem Beispiel voran, indem er schon fürs nächste Jahr einen Beitrag von 6 fl. entrichtet. Außerdem „schreibt" er zur Vermehrung der Rücklagen 50 fl. Das war ebenso großzügig wie einst INGOLSTÄTTERS Beitrag zum Irrhain, obwohl angenommen werden muß, daß der letztere — ohnehin kinderlos[113] — an barem Gelde flüssiger war als ein Patrizier, dessen Einkünfte zur Hauptsache aus der Bewirtschaftung von Landgütern stammten. Dabei entschuldigt sich LILIDOR noch, daß es nicht mehr sein konnte, da er zu Hochzeiten in seiner Familie und zu Aussteuern sowie zum Neubau der kürzlich abgebrannten Egidienkirche ebenfalls beisteuern müsse. Doch läßt er den Blumenorden nicht ganz leer ausgehen und gibt ihm damit wieder etwas Lebenskraft. OMEIS hatte als Professor aus eigenem nichts zusetzen können.

Neuaufnahmen

Schließlich schlägt FÜRER noch zwei Neuaufnahmen vor: „Herr Conrector Geiger und Herr Riederer wären beede zur Gesellschafft gar anständig." GOTTFRIED ENGELHARD GEIGER, **CHELYSON**, war noch von OMEIS 1708 zum Dichter gekrönt worden[114]; JOHANN FRIEDRICH RIEDERER, geboren 1678, Kauf- und Handelsmann in Nürnberg, Sohn des Diakons an Sankt Egidien, war ein Sprachgenie und hatte sich in verschiedenen Ländern und allerhand kaufmännischen Berufen den Wind reichlich um die Nase wehen lassen, hielt sich 1698 längere Zeit in Paris auf, hernach in Lyon; er wurde als **IRIFLOR** mit der Mitgliedsnummer 105 in den Orden aufgenommen; 1711 veröffentlichte er «Leichen- Hochzeit- Vermischt und Geistliche Gedichte». Sogar kabbalistisch interessiert soll er gewesen sein. Er starb 1734 am Schlaganfall.[115]

Der erste, den FÜRER 1710 selbst in den Orden aufnahm, war übrigens der aus Leipzig als OMEIS' Nachfolger berufene Professor SCHWARZ, dessen Name etwas einfallslos auf Griechisch zum Ordensnamen **MELANDER** gemacht wurde. Wenn einer damals aus Leipzig kam, war er noch nicht unbedingt als Aufklärer verdächtig, aber wohl auf dem neuesten Stand der galanten Literaturbestrebungen. SCHWARZ wurde der übernächste Präses.

ERHARD REUSCH, das Neumitglied, soll mit seiner oben erwähnten Denkschrift in einer Mitgliederversammlung viel Anklang gefunden haben, wenn man AMARANTES Glauben schenken will[116]. (Man hätte ihn auch aus lauter Traditionsbewußtsein ins Leere laufen lassen können; aber damals war der Orden anscheinend entschlossen, sein Wesen zu verjüngen.) Sogar zur Fortführung seiner Gedanken wurde er ermuntert.

Vorschläge eines rätselhaften Unbekannten

In derselben Mappe, in der sich die bisher zitierten Schriften zu LILIDORS Umfrage finden, bewahrt das Pegnesen-Archiv auch ein Blatt[117] auf, dessen Vorschläge über die anderen noch um ein bedeutendes hinausgehen. Die Frage ist nur: Ist die Einordnung in diesen Zusammenhang nicht falsch? Die Zuschreibung des ohne Namen überlieferten Manuskripts an den neuen Präses von 1708 scheint jedoch schon an der oben erwähnten Stelle bei AMARANTES angedeutet — er zitiert wörtlich daraus — und hat sich wohl in der aufbewahrten Ordnung des Archivs erhalten. Jedenfalls erschien mir dieses Blatt beim ersten Lesen als früheste Antwort auf die Umfrage, so neuartig und gar nicht präsidial klingen die darin entwickelten Vorstellungen. Der Verfasser sieht den Blumenorden schon als eine Nürnbergische Akademie. Da dieser Gedanke im Lauf der Geschichte noch mehrmals aufgegriffen wurde und wohl einer der Ansporne ist, dem der Orden sein Überleben zu danken hat, möchte ich hier etwas ausführlicher zitieren, auch wenn sich herausstellen sollte, daß diese Vorschläge viel älter sind. Außerdem kann man daraus entnehmen, wie wenig fremdwörterfrei, in welch verschrobener Orthographie und wie kanzleihaft langatmig ein Pegnese schreiben konnte, wenn er sich einmal nicht zusammennahm und seine Schreibweise aus der Amtsstube borgte. (Die im Zusammenhang mit HARSDÖRFER überlieferten Ratsverlässe zeigen nur zu deutlich, daß offizielle Schreiben in Nürnberg der Meißener Kanzlei eben doch nicht das Wasser reichen konnten. Zumindest auf diesem alltäglichen Gebiet ist deren Vorrang anzuerkennen.)

Nachdeme sich so viel gelehrte und fast in omni scibili[118] *erfahrene Leuthe zu Nürnberg befinden, welche so wohl durch ihre continuierende Studien, und eigne Erfindungen, als auch durch gute correspondentzen viel herrliche dinge immo vistu*[119] *nothwendig erfahren müssen, welche aber aus Ermangelung einer gesellschafft oder Zusammenkunfft, entweder bey ihnen allein verbleiben, oder doch denen wenigsten communiciert*[120] *und mithin durch die Zeit wird vergessen werden.* [Absatz!]

Hieraus spricht noch gänzlich die in der Zeit des Renaissance-Humanismus gängige Ansicht, daß man die Wissenschaft am besten durch Austausch seiner Funde unter persönlich bekannten oder im Briefwechsel befindlichen Gelehrten fördere. Fachzeitschriften gab es wenige, die Bezugswege waren wohl umständlicher als die Briefzustellung, und Bücher dienten zwar zum Sammeln und Niederlegen, genügten aber nicht dem Anspruch auf schnelle Ausbreitung des Wissenswerten. Gelehrte waren darum eifrige Briefschreiber, und das blieb so bis zum Ende des Jahrhunderts, als die Zahl derer, die etwas mitzuteilen hatten, so gestiegen war, daß die europäische Gelehrtenrepublik unübersichtlich wurde. Von da an schrieben einander fast nur noch diejenigen, die das selbe Spezialgebiet bearbeiteten. Wenn hier die Befürchtung laut wird, daß ohne persönliche Zusammentreffen Gelehrter in einer Stadt viel Wissen in Vergessenheit geraten könne, so scheint dem das Vorhandensein von Büchern zu widersprechen. Man bedenke aber, daß nicht alles, was als Vermutung oder Forschungsziel anregend wirken kann, im Druck gut aussieht. Die persönliche Mitteilung läßt Gedanken nicht verkommen, mit deren Vorläufigkeit man sich nicht gern vor die Augen der gesamten Mit- und Nachwelt wagt.

Als stündte dahin ob Mann nicht [wie] *ad exemplum andre dergleichen gesellschafften in franckreich und Engeland, monatlich oder wenigstens alle 6 wochen, sommers Zeit in einem Garten, winters Zeit aber in einem hauß, dazu etwan den Sommer H.[errn] Rößlers Garten nicht unanständig*[121]*, allenfalls aber der meinige neben meinem Hauß der gesellschafft allzeit offen und zu Diensten stündte, mögte zusammen kommen, da einem jeden, jedoch mit gantz offen Hand auch ohne einige müh oder Zwang freistündte, dasjenige was er etwan diese 4 wochen über remarquables*[122] *gelesen oder aber in Historicis*[123]*, Mathematicis in Medicina in Chimica in Astronomia observirt*[124]*, was ihm von neuen büchern zukommen oder er sonsten erfahren, was er vor sich von Teutschen oder lateinischen Versen gemacht & selbsten abzulesen der Compagnie sentiment darüber einzuholen*[125] *und ein Exemplar davon ad acta zu lieffern, worüber dann ein kurtzes protocoll nur in forma eines Registers könnte gehalten werden, damit man gleichwohl wüßte, was von Monat zu Monat passirt wäre.*

Wie man sieht, spielt die Dichtung nur noch eine Nebenrolle. Die Sprachpflege wird gar nicht eigens erwähnt. Aber eine schwungvolle aufklärerische Arbeit hätte man geleistet, wenn sich die Nürnberger damals ihren Pegnesenorden hätten umfunktionieren lassen und der wissenschaftliche Sammeltrieb der Einzelnen in einen Markt des Wissens umgewandelt worden wäre!

Es deutet in eine Zeit schon vor der Wende zum 18. Jahrhundert, in der Nürnberg beinahe zu einer der Hauptstädte der deutschen Frühaufklärung geworden wäre: ERHARD WEIGEL, berühmter Jenenser Professor, erwarb 1698 in Nürnberg ein Haus, um darin ein „Collegium Artis Consultum" einzurichten. WEIGEL, der auf die Generation von CHRISTIAN WOLFF großen Einfluß ausübte — auch ASTERIO und der Altdorfer Mathematikprofessor STURM waren seine Schüler gewesen — war einer der bedeutendsten deutschen Rationalisten und Physikotheologen des 17. Jahrhunderts. Er beabsichtigte wohl, eine der englischen „Royal Society" ähnliche Einrichtung zu schaffen, starb aber leider im Jahr 1699, sodaß sein Plan unausgeführt blieb und bald von der Berliner Akademie überholt wurde, die LEIBNIZ zum Gründer hatte. Daß er überhaupt auf Nürnberg verfallen war — obwohl ihn doch schon alle Welt in Jena aufsuchte, wo damals bereits fortschrittlichere Lehre möglich war als in Leipzig —, lag wohl an seinen guten Beziehungen zu Nürnberger Kunsthandwerkern, Mechanikern (denen er Aufträge zu Experimentalgerätschaften gab), Mathematikern, Astronomen, Theologen und schließlich auch Patriziern. Nürnberg hatte offensichtlich auch nach dem Dreißigjährigen Krieg noch einiges zu bieten.[126]

Dafür, daß FÜRER-LILIDOR diesen Plan gekannt haben mag, sprechen zwei Umstände: ERHARD WEIGEL hatte gute Beziehungen zum Orden; er widmete ihm sein Werk «Europäischer Wappenhimmel». Und: FÜRER gehörte, neben Wegleiter[127] und manchen anderen, zu den verhältnismäßig vielen England-Reisenden aus dem Orden, und er hatte, aller Wahrscheinlichkeit nach, Sitzungen der Royal Society besucht.[128] Er hatte aber auch während seiner Aufenthalte in Paris gelehrte Salons kennengelernt, und die im folgenden erwähnten Namen spielten dabei eine Rolle: „Damalen wurden auch von dem berühmten Antiquario, Mr. Morell, dem König [Ludwig XIV] einige seiner [FÜRERS] Französischen Gedichte gezeigt."[129]) Die Rede ist von Lilidors Bildungsreise des Jahres 1683. Bis hierher kann man annehmen, daß die vorliegende Denkschrift tatsächlich vom Präses selbst stammt: Er arbeitet die Erinnerung an wesentliche Bildungserlebnisse und Bekanntschaften mit bedeutenden Männern auf.

Weilen aber diese gesellschafft ohne jemandes Beschwehrniß und mit höchster Freyheit geschehen solle, auch nicht allezeit dergleichen neue observationes sich ereignen mögten, oder solche doch die völlige Zeit der 1 oder 2 Stund nicht ausmachen, als stündte dahin, ob nicht nach dem Exempel der assemblée[130] *welche in Paris bey dem Duc d'Aumont gehalten wird, da Vaillant*[131]*, Morell, P. Menetrier und andere gelehrte Leuth sich fleißig eingefunden, ein Stück von einem gewissen alten oder Neuen gedruckten authoren, oder einem curiosen*[132] *manuscripto, so ursach zu guten Diskursen geben mögte, und worumb sich die compagnie zu vergleichen hätte*[133]*, mögte abgelesen werden, nach dessen vollendung, von derselben discurirt*[134] *und was absonderlich remarquable befunden würde ad protocollum könnte gebracht werden.*

Wenn schon keine Akademie, so doch wenigstens einen literarischen Salon könnte man aus dem Blumenorden machen! Ob aber in Nürnberg, wo jeder vor sich hin arbeitet und nicht leicht einer geneigt ist — ob aus Bescheidenheit oder Muffligkeit, sei dahingestellt —, sich vor anderen hervorzutun?

Es sollte aber freistehen allen und jeden fremden und einheim. Herren, geist und weltlich, wofern sie nur von jemand von der gesellschafft introducirt würden, oder etwas Curioses mit bey zu tragen hätten, diese gesellschafft zu frequentiren.[135]

Das wird den Pegnesen nun doch zu liberal gewesen sein, wenn sich auch das Verfahren der persönlichen Empfehlung und Einführung, wie in britischen Clubs, auf die Dauer bewährt hat.

Der nächste Abschnitt des Textes äußert Bedenken, ob nicht die mit Versammlungen dieser Kreise verbundene Sorge um das leibliche Wohl etliche abschrecken würde, an solchen Unkosten teilzuhaben. Deshalb solle nichts als etwas Brot und Bier gereicht werden, bis vielleicht ein wohlhabender Teilnehmer einen Fundus für bessere Verpflegung auswerfe.

Zuletzt kippt die Erwähnung einiger Namen von Personen, die als Ordensmitglieder vorgeschlagen werden, die bisherige Zuschreibung an den 1680 aufgenommenen CHRISTOPH VII. FÜRER: Stadtschreiber BURGER und die Herren INGOLSTÄTTER, STÖBERLEIN und EINART! Die ersten beiden wurden 1675 bzw. 1672 aufgenommen; JOHANN LEONHARD STÖBERLEIN, Apotheker zu

Nürnberg, war unter dem Namen **POLYANTHUS** von 1672 bis zu seinem Ableben 1696 Ordensmitglied. ‚Einart', ist vielleicht ‚Eimmart' zu lesen und bezieht sich dann auf den ersten Direktor der Nürnberger Kunstakademie, der 1705 schon verstorben war. Demgemäß stammt der Text aus der Zeit unmittelbar vor 1672, was auch die veraltete Orthographie erklären würde, und richtet sich an SIGMUND VON BIRKEN! Wer aber hat ihn verfaßt? War es vielleicht der anonyme Herausgeber und Übersetzer der ersten vollständigen MOLIERE-Ausgabe in Deutschland[136], dessen Vorwort auf persönliche Anwesenheit in Paris vor oder kurz nach MOLIERES Tod (1673) schließen läßt? Es muß jedenfalls jemand gewesen sein, der innerhalb der Nürnberger Gelehrtenschicht zuhause war oder zumindest viele ihrer Angehörigen kannte:

> *Ich zweiffle nicht es würden künfftig hin vor allen Herren Predigern, geistl., Doctoribus Medicinä und andren absonderlich etwan Herren Winklern, Herrn Wülffen so gute correspondenten haben, gleichfalls mit beytretten.*[137]

Und wenn aus der Akademie oder dem Salon nichts würde, könnte man immer noch ein Colloquium oder ein Gespräch beim Wandeln in Gärten veranstalten.

Es ist nicht ausgeschlossen, daß LILIDOR auf der bewußten Sitzung aus diesem älteren Text vortrug und somit die Überlieferung auf eine falsche Spur setzte. Auf diese oder ähnliche Gedanken hin ließ ERGASTO seine «Fernere Erläuterung der jüngsthin gehorsam eingesendeten Unvorgreifl. Gedanken» nachfolgen und betrat damit wieder den sicheren Grund der praktischen sprachwissenschaftlichen Tätigkeit. Für uns ist daraus vor allem die nähere Erläuterung bemerkenswert, wie er sich die Wörterbucharbeit vorstellt. Er beginnt mit der zweifellos richtigen Feststellung, selbst gelehrte Deutsche verstünden ihre „Mundart" (ihre Muttersprache) nicht richtig. Andere Völker verachteten deshalb die deutsche Sprache, und man müsse sie kultivieren. Hier holt er aus zu einer großen Begründung aus der Sprachpflege der alten Römer. Die lateinische Kultur überhaupt ist ihm Vorbild, wie von einem Gelehrten in der Nachfolge der Renaissance nicht anders zu erwarten. (Das führte in der Praxis allerdings oft zu einer Nachahmung der langatmigen Satzbaukünste CICEROS.) Er wiederholt das allgemeine Vorurteil vom harten und rauhen

Klang des Deutschen und macht dafür mangelnde Pflege seines Wohllauts verantwortlich. Den Strefon, also HARSDÖRFER, nennt ERGASTO als Vorbild mit seinem «Specimen Philologiae Germanicae». Gerade der Orden habe ihm darin nachzueifern. Außerdem nennt er SCHOTTELs „Opera de Lingua Germanica"[137], BÖDIKERS „Grundsätze der Deutschen Sprache und Grammatik"[138] sowie die Werke von GEORG HENISCH[140] als gute Beispiele.

Zuletzt erwähnt er auch ein abschreckendes Beispiel: der Palmenorden sei nunmehr erloschen! Es ist die Zeit, in der die Sprachgesellschaften des siebzehnten Jahrhunderts nach und nach absterben. GOTTFRIED WILHELM LEIBNIZ, der ja in Altdorf studiert und somit wohl auch vom Blumenorden einiges erfahren hatte, hatte ja bereits geurteilt: „Am allermeisten aber ist unser Mangel [...] bey denen Worten zu spühren, die sich auff das Sitten-wesen, Leidenschafften des Gemüths, gemeinlichen Wandel, Regierungs-Sachen, und allerhand bürgerliche Lebens- und Staats-Geschäffte ziehen. [...] Das Übel ist so hoch gestiegen, daß es nicht mehr mit Reimen, Liebesgedichten und Lustschriften, wie wohl sie auch gesetzt, zu erreichen und zu übermeistern, sondern anderes Rüstzeug von mehr Gewicht und Nachdruck vonnöten."[141] Das scheint sich geradewegs gegen die „ziersteigenden Reimgedichte" der Nürnberger zu richten. Es konnte nicht ohne eine Trennung von Liebhaberei und wissenschaftlicher Philologie weitergehen. Dem waren Sprachgesellschaften nicht mehr gewachsen. Jedenfalls in Deutschland, wo es keine hinreichend breite und einflußreiche Kulturträgerschicht in einer Hauptstadt von überragender Bedeutung gab.

Was DAMON jahrelang versuchte, erreicht LILIDOR dank seiner 50 fl. und einem etwas festeren Zupacken aufgrund seines höheren Ansehens fast spielend: die Tätigkeit in Gang zu halten und neu zu beleben. Dabei sind zunächst Ergebnisse in bildlicher Form zu vermelden, die immer wieder einmal abgedruckt werden, während die damaligen Dichtungen des Ordens fast restlos vergessen sind[142].

Die erste gedruckte Satzung

Nun steuerte alles auf eine neue Satzung zu, und 1716 ist sie auch erschienen, sogar im Druck[143]. Ich habe den handschriftlichen Entwurf mit seinen vielen Streichungen und Ergänzungen eingesehen, um mir ein Bild machen zu können von den Auseinandersetzungen, die zu dieser Fassung nötig waren und den Beweggründen, die wahrscheinlich dahinter standen[144].

Die religiöse Grundlage

Punkt I. setzt wieder die Ehre Gottes voran. Wer sollte wohl etwas dagegen haben? Es lag an den Pegnesen selbst, ob sie fähig waren, in der Selbsterkenntnis des Menschen innerhalb seiner irdischen Umstände, wie sie der Dichtung anderswo mehr und mehr zum Gegenstand wurde, auch eine Beförderung der Ehre Gottes zu sehen, oder ob ihnen lediglich Gesangbuchverse oder dergleichen einfielen; daß sie es unter dieser Devise wagten, diesem aus der Lage des Bürgertums gerechtfertigten Anliegen zu folgen, erscheint zunächst zweifelhaft, bis wir etwa verborgene Meisterstücke frühaufklärerischer Dichtung aus dem Ordensarchiv gezogen haben. Die Schriftenverzeichnisse, die AMARANTES jeweils den Lebensabrissen der von ihm besprochenen Mitglieder folgen läßt, lassen dies auf den ersten Blick allerdings nicht vermuten. CHRISTOPH VII. FÜRER hat, anteilig genommen, noch mehr Theologen zu Pegnesen gemacht, als es vorher schon geschehen war. Er ließ sich zwar poetische Werke zeigen, bevor er jemanden aufnahm, aber in den Schriftenverzeichnissen stehen hernach keine anderen Titel als Predigten, Kirchenlieder und theologische oder erbauliche Abhandlungen[145].

Hier ist es wohl angebracht, zwei Aufstellungen einzuschalten, die WILHELM SCHMIDT nach dem Kriege seinem Festschrift-Entwurf für 1944 noch handschriftlich beilegte:

„Pfarrer als Mitglieder: Sehr stark war früher die Theologie im Blumenorden vertreten. 13% der gesamten Mitglieder waren Pfarrer. Anfangs, bis etwa 1800, waren es natürlich nur evangelische, aber dann wurden, besonders auch unter Vorständen, die selbst Pfarrer waren, auch katholische Kollegen aufgenommen, selbst israelitische. Unter den 185 Pfarrern sind 5 Katholiken und 2 Israeliten mitgezählt. 7 Vorstände und 8 Ordensräte waren Pfarrer, die sich fast alle um den Orden große Verdienste erwarben [...] 10 Pfarrherren von Kraftshof waren Mitglieder und haben sich um den Irrhain hochverdient gemacht [...] Bis etwa 1851 stellten die Pfarrer 32% der Mitglieder (148 unter 457), später [von da an gerechnet] sank ihr Anteil auf 4% (37 unter 1010). [...]"

„Gesangbuchdichter: [...] 1691 erschien der 'Poetische Andachtklang, von denen Blumengenossen verfasset'. Sigmund von Birken war zwar Jurist, aber Pfarrerssohn. Von ihm stammen noch 3 schöne Lieder des heutigen bayerischen Gesangbuchs. Von den anderen Verfassern waren noch 15 Ordensmitglieder, davon 10 aus der Frühzeit des Blumenordens. Von diesen 16 Pegnesen stammen 30 Lieder des Gesangbuchs. 1693 erschien 'Die alte Zionsharpfe' vom Pegnesischen Blumgenossen Celadon (Negelein). Von ihm enthält das heutige Gesangbuch freilich kein Lied [...]"[146] — weil er katholisch geworden war. Es wäre also die Mühe wert, in katholischen Gesangbüchern Österreichs nachzusehen.

Wohlverhalten

Punkt II. der Satzung von 1716 handelte davon, wie die Pegnesen in ihrem Leben den hohen christlichen Idealen ihrer Kunstausübung entsprechen sollten. Die „deutsche Treue" reichte nicht mehr hin; in der Handschrift war nachträglich ergänzt worden, was im Druck so erscheint: „[...] sollen sie einen unsträfflichen und solchen Wandel führen/ welcher der Gesellschafft und ihnen selbst keinen Nachtheil/ Vorwurf und Spott bringen kan;" — als Heuchler durften sie nicht dastehen. Die Treue aber sollen sie halten „damit keiner dem andern/ aus unordentlichen Bewegungen[147] etwas zu leyd thue/ oder veranlasse oder verhänge/ daß es durch andere geschehe; hingegen sollen sie es miteinander wol[148] meinen/ und einer des andern guten Namen/ Wolfahrt / Würde/ etc. so viel an ihm ist[149]/ und mit gutem gewissen geschehen kan/ allenthalben aufrecht erhalten zu helfen oder zu fördern trachten. Woraus dann von selbsten fliesset/ daß sich keiner mit hinterlistigen Verleumdungen/ stachlichten Erfindungen/ Satyrischen Gedichten und Schrifften einlassen/ oder jemands Ehre oder guten Leumund antasten/ kränken und mindern solle."

Irgendjemand muß den Einwand gemacht haben, daß Satire ja ein moralisches Zuchtmittel sei; als solches und zum Ausprobieren neuer Wertsetzungen war sie der Literatur der Epoche unentbehrlich. Die Verfasser hatten bloß anfangs die größten Schwierigkeiten, als Laien gegenüber den berufenen Hütern der Moral, den Geistlichen, zu rechtfertigen, daß auch sie sich mit Fehlern der Mitmenschen befaßten, und standen stets im Verdacht, nichts als lose Spottmäuler zu sein. Es wurde auch fleißig geforscht, wer gemeint sein könnte — bei den in dieser Hinsicht oft recht durchsichtigen Predigten tat man ja auch nichts anderes — und einen Schriftsteller traf leichter der Unmut als einen Kanzelredner. Um beiden Seiten gerecht zu werden, rückte man in die ursprüngliche Handschrift folgendes ein: „Doch werden damit diejenige Straff-Gedichte nicht verbotten/ worinnen/ ohne Namen der Personen/ die Laster und Untugenden/ nach Art anderer guter Poeten/ auch wol Satyrisch/ getadelt/ und wie sie es verdienen/ zur nöthigen Warnung/ abgemahlet werden."

Und nun folgt noch eine Verschärfung der Pflicht, daß einer „nichts wider Zucht und Erbarkeit laufendes" schreiben dürfe, nämlich „in allen seinen Schrifften". Die galante Epoche neigte sich ihrem Ende zu; altnürnbergische Anständigkeit trat am Beginn der Tugendepoche wieder in ihr Recht.

Einstweilen gab es freilich mindestens einen Pegnesen, von dem etliche galante, sogar eindeutig frivole Gedichte bekannt sind, nämlich den oben erwähnten JOH. FRIEDR. RIEDERER: «Leichen- Hochzeit- Vermischt und Geistliche Getichte. Nürnberg/ In Verlegung Johann Hofmanns und Engelbert Strecks Seel. Wittiben. Anno 1711.» — also noch vor dieser Satzung. Man sehe sich darin einmal an: „Rede einer schwangern Tochter, welche auf ihrer eigenen gottlosen Mutter Schoß die Ehre verloren"[150], „Der jungen Tochter einfältige Fragen an die Mutter" (aus dem Französischen)[151], „Die schöne Gertraud"[152], oder auch folgendes Epigramm:

> Zu einem Pfaffen sprach der lose Bruder Nix:
> Ihr küsset alle Tag das hölzern Crucifix/
> nun weiß ich daß an euch ist keine Ader stolz:
> drum küsst den Galgen auch: Dann es ist beedes Holz.
> Der Pfaff sprach: Guter Freund! mir ist dein Wille kund/
> du küssest deine Frau vermuthlich auf den Mund/
> probiers/ und küsse sie auf —— (hier schämt sich die Feder.)
> Dann beedes/ wie ich weiß ist auch von einem Leder.

Diese Art von herbeigezwungener Zotenreißerei war offenbar unter ehrbaren Bürgersleuten zu bestimmten Anlässen im Schwange und hinderte RIEDERERS Aufnahme in den Orden nicht. Seine weiteren Satiren und Gelegenheitsgedichte scheint FÜRER zumindest toleriert zu haben.[153]

Zusätzlich haben wir von ihm, neben einer Reihe von Übersetzungen, eine hochinteressante Biographiensammlung von international bedeutenden Kaufleuten mehrerer Jahrhunderte, geschrieben gerade um die Zeit, in der mit

GEORGE LILLO's «The London Merchant» (1731) die erste Tragödie mit bürgerlichen Personen Aufsehen erregte: «Merkwürdiges Leben einiger hier und dar gewesenen Kauf-Leuthe [...] Frankfurt und Leipzig [posthum] 1739.» RIEDERER war in der Bemühung, den Blick zu öffnen für die Mächte der Zukunft, unter den Frühesten. Er schreibt auch recht flüssig und unverschnörkelt. Seine Wiedergabe der alten Sage von Dick Whittington liest sich wie die ersten deutschen Übersetzungen aus Defoe.

Sprachpflege

Punkt III. setzt der Sprachpflege neue Ziele, die auch schon sehr einen Wechsel der Leitvorstellungen vom zierlich Durchgearbeiteten zum Naturgemäßen verraten — was immer man unter ‚Natur' verstanden haben mag. Man soll die „[...] Mutter-Sprach in ihrer natürlichen Art erhalten/" und die Gedanken sollen „[...] in ungezwungener und woleingerichteter Zierde vorgetragen [werden]". In diesem Zusammenhang steht die wichtige Bemerkung, daß nur fähige Leute aufzunehmen seien, „damit man nicht/ im Fall der ungleichen Aufführung/ ihrer Gesellschafft sich wieder zu entschlagen Ursach nehmen möge." In der Handschrift stand noch deutlicher, daß einer ausgestoßen werde, der den obigen Bestimmungen (wohl einschließlich Punkt II.) zuwiderhandle.

Eigentlich ist Punkt IV. nur eine Ergänzung zu III. im Hinblick auf Wortwahl und Satzbau. Nach der schon bekannten Ablehnung von gewagten Wortneubildungen — wie schwer wird es KLOPSTOCK bei solchen Lesern dann wieder haben — ergeht Abmahnung von „[...] wunderbaren und widrigen Zusammenfügungen/ auch [...] verworffenen und undeutlichen Arten im Vortrag[154] [...]". Ich möchte das Wort ‚wunderbar' hervorheben. Lange war es erklärtes Ziel der Dichtung gewesen, unter dem Zeichen des ‚meraviglia-Ideals', den Leser in Erstaunen, ja Verblüffung zu versetzen, und sei es durch widrige Zusammenfügungen. Dichter wie GIAMBATTISTA MARINO in Italien und LUIS DE GONGORA in Spanien hatten mit ihren Raffinessen, dem ‚conceptismo', Vorbildwirkung ausgeübt; der Manierismus[155] hatte von der zweiten Hälfte des sechzehnten bis weit über die Mitte des siebzehnten Jahrhunderts hinaus die europäischen Intellektuellen fasziniert; nun ist er auch in Nürnberg zu Ende gegangen.

Innenpolitik

FÜRER muß sich stark für die Belange der Stadtregierung verantwortlich gefühlt haben; schließlich war er ja Mitglied des ‚Aeltern Geheimen Raths', wurde 1718 Zweiter Losunger und 1725 sogar Erster Losunger (als solcher hatte er die Stadtkasse); nebenbei fungierte er noch als ‚Geheimbder Rath' des Mainzer Kurfürsten und anderer Reichsfürsten. Unter dem Vorsitz dieses Politikers wurde der Orden zur öffentlichen Angelegenheit. (Das konnte HARSDÖRFER, der zum Zeitpunkt der Ordensgründung erst „im löbl. StattGericht Assessor war"[156], sich noch nicht unterstehen.

Punkt V. dieser Satzung leitet aus der Tradition des Ordens her, daß der Präses ein Nürnberger sei, und fügt hinzu, daß er „[...] mit Genehmhaltung der Herren Scholarchen HochAdel. Herrlichk. daselbst[157]/ von denen in Nürnberg/ und nahe um die Pegnitz herum lebenden Gesellschafftern/ aus ihrem eignen Mittel/ erwehlet werden solle; [...]". Das ist freilich ein zweischneidiges Schwert; zusätzlich zur Selbstzensur in moralischen Dingen riskierte man damit eine Oberaufsicht der Kultusbehörde in personellen Fragen. Noch so fähige Leute, wenn sie etwa als Hinterfrager und Aufklärer galten, konnten so hintangehalten werden. Zu allem Überfluß heißt es, weil der Rat dem Orden den Irrhain überlassen habe, solle man ihm auch Ehrerbietung in allem bezeigen. Aufschriften am Außenportal und an der zweiten Tür des Irrhains sollten davon Kunde geben.

Der Orden als Literaturgesellschaft

Punkt VI. erläutert die schon bekannte Zensurregelung; Punkt VII. bestätigt den Brauch, Ordensnamen zu führen, wiewohl sie hier nicht mehr ‚Hirtennamen' heißen, und weiße Ordensbänder zu tragen.

In Punkt VIII. wird die bisherige Veröffentlichungspflicht dahingehend aufgeweicht, daß keine festen Zeiträume mehr gesetzt werden, sondern „[...] die Herren Gesellschaftere/ dann und wann/ doch nachdem es eines jeden Gelegenheit/ Amt und Geschäffte leiden wollen/ von ihrer Arbeit in Teutscher Dicht-Kunst/ [...] einsenden [...]". Anders hätte es nicht der Wirklichkeit dieser Menschen und dem Wesen des dichterischen Einfalls entsprochen; andererseits wird damit der Hauptzweck einer literarischen Gesellschaft zur beiläufigen, ziemlich selten ausgeübten Liebhaberei.

Dingliches-Rechtliches

Punkt IX bringt zu der Regelung des Hüttenbaus im Irrhain die Ergänzung, „[...] daß dabey nicht über das Ziel im Platz/ im Ausschmücken/ und in der Kostbarkeit/ geschritten werde/ oder dem Irr-Garten selbst an den Gängen und andern wesentlichen Stücken nichts zu Schaden geschehe."

War etwa der ursprünglich vorgesehene Zweck des Irrhains, einen ruhigen Ort zum Rückzug vom Getriebe der Welt und zum Nachsinnen über deren Eitelkeit zu bieten, so in Vergessenheit geraten, daß Versuche, einen Lustgarten daraus zu machen, selbst vor dem symbolischen Grundbestand nicht Halt gemacht hätten ohne diese Ermahnung? Schließlich war dies die hohe Zeit der Nürnberger Hesperidengärten.

Des weiteren werden noch die mittlerweile eingeführten Sterb-Tafeln ausdrücklich erlaubt.

Schließlich legt Punkt X. die Beitragshöhe ohne jeden inflationären Aufschlag auf die bisherigen Beträge fest.

LILIDOR hat dafür gesorgt, daß der Rat der Stadt schon bald, noch durch Dekret vom 9. Oktober 1716, diese Satzung bestätigte und den Orden ausdrücklich unter seinen „Schutz" nahm.[158]

Nun ist die Grundlage für das Weiterleben des Pegnesischen Blumenordens geschaffen, indem er weitgehend von der höfischen Schäfermode abgekoppelt wurde. Das Bewußtsein europäischer Kultur, aus dem HARSDÖRFER für Nürnberg etwas Zeitgemäßes erreichen wollte, was er in Siena und Neapel kennengelernt und von andern Orten her mitgeteilt bekommen hatte, ist etwas geschwunden. Männer, die noch wissen, was vor dem Dreißigjährigen Krieg an gemeinsamen Errungenschaften in Italien, Spanien, den Niederlanden, England und Frankreich gepflegt wurde, sind rar geworden.[159] Man stellt sich auf den nationalen Nachholbedarf gegenüber Frankreich ein und auf den Beitrag, den Nürnbergs Gelehrte zu Bestrebungen liefern können, die in andern Städten bereits mit großem Einsatz betrieben werden. Eigene Neuansätze fehlen. Noch ist Nürnberg nicht ein verschlafenes Provinzstädtlein voller Tüftler und Pedanten, noch ist man überzeugt, einen Wiederaufbau zu leisten. Doch die Verhältnisse werden enger. Dadurch wird freilich alles im Ablauf ein wenig sicherer, voraussagbarer. Diese Satzung des Blumenordens ist jedenfalls so gediegen, daß sie für die nächsten achtzig Jahre hält.

Anmerkungen:

[1] Vgl. Historische Nachricht von deß löblichen Hirten- und Blumen-Ordens an der Pegnitz Anfang und Fortgang biß auf das durch Göttl. Güte erreichte Hunderste[!] Jahr/[...] Amarantes [Johann Herdegen], Nürnberg, bey Christoph Riegel, Buch- und Kunsthändler unter der Vesten, 1744. (im folgenden kurz als „Amarantes" zitiert), S. 417.

[2] Daß diese beiden eine größere Hütte teilten, ist samt genauer Beschreibung der Ausstattung zuletzt von Wilhelm Schmidt in seinen unveröffentlichten Vorarbeiten zum 300jährigen Ordensjubiläum ermittelt worden.

[3] In zwei Fassungen: CVI 3 c) ist augenscheinlich die vor der Sitzung vorbereitete und an Ort und Stelle angefertigte Urschrift. Ein gefaltetes Blatt, halbspaltig beschrieben, links von der Beschriftung auf der ersten Seite mit zehn Ordensnamen versehen, von denen bei vieren „abs." (absens, abwesend) eingetragen ist. Die Reinschrift, CVI 3 b), besteht aus drei ineinandergelegten gefalteten Blättern, wovon die erste Hälfte, also fünf Seiten mit einer Leerseite, als die eigentliche Niederschrift anzusehen ist; der Rest war zu Anmerkungen und für Unterschriften anderer Mitglieder vorgesehen, ist aber leer geblieben.

[4] So etwa Johann Georg Bezzels Ordensband von 1775, Depositum des Pegnesischen Blumenordens im Germanischen Nationalmuseum, T 3159

[5] vgl. Festschrift zur 250jährigen Jubelfeier des Pegnesischen Blumenordens [...], Herausgegeben im Auftrage des Ordens von Th. Bischoff und Aug. Schmidt, Nürnberg, Johann Leonhard Schrag, 1894. Darin den Aufsatz von Theodor Bischoff: „Georg Philipp Harsdörffer. Ein Zeitbild aus dem 17. Jahrhundert", S. 208: „Gedruckt wurden die ältesten Satzungen nie; im handschriftlichen Original sind sie nicht mehr vorhanden. Wir verdanken ihre Erhaltung nur der Überlieferung." Die hier angesprochene Überlieferung besteht aus der Abschrift, die Amarantes in seiner Festschrift zum hundertjährigen Jubiläum veröffentlicht hat.

[6] Handschrift auf 4 gefalteten Bogen zu 13 Seiten Großoktav im Schuber CVI, Faszikelnummer 4 a); erstes Blatt abgeschnitten bis auf einen Rand, der Schmidts Auffindungsvermerk trägt. Seine maschinenschriftliche Abschrift von 1942, ebenfalls in diesem Schuber (beiger Schnellhefter 1), macht nicht den Versuch, die Abkürzungsschnörkel des Originals aufzulösen, sondern übergeht sie.

[7] blauer Umschlag CVI d, ältere Zählung auf der Innenseite CVI 4 a

[8] Amarantes, S. 40

[9] Diese Zusammenhänge sind ein weiteres Mal im Zusammenhang dargestellt worden von Renate Jürgensen, Utile cum dulci, S. 57 ff.

[10] Zu finden u.a. in der Bibliothek des Ordens, die im Germanischen National-Museum Nürnberg aufbewahrt wird, unter Signatur P.Bl.O. 708. Die zitierten Seiten tragen die Bogennummern A III ff.

[11] „Der Gespräch-Spiele 1. 2. und 3. Theil 1642. und 1643. und zum andernmal 1647. und 1653. gedruckt zu Nürnberg in länglich duod. [...] Der Gespräch-Spiele 4. 5. 6. 7. 8. und letzter Theil, ib. [=ibidum, ebenda] 1644. 1645. 1646. 1647. 1649." heißt es im Verzeichnis der Schriften Harsdörfers auf S. 74 bei Amarantes.

[12] s. Th. Bischoff, a.a.O. S. 208.

[13] 1649 war diesem vom Orden ein Hochzeitsgedicht gewidmet worden; s. Bischoff, S. 218.

[14] vgl. Amarantes, S. 250 ff.) Zur weiteren Unterrichtung über diese Strömung vgl. Erika Vogt, Die gegenhöfische Strömung in der deutschen Barockliteratur, Leipzig 1932.

[15] Glimpflicher liest es sich zwar bei Julius Wilhelm Zincgref, Teutscher Nation klug ausgesprochene Weißheit, Frankfurt und Leipzig 1683, zit. nach Reclams Universal-Bibliothek Band 922, S. 156: „Zum Befehlen oder Gebieten brauch er gern die Teutsche, im Frauenzimmer die Französische, im Rat die Italienische Sprach." Doch ist dem Patrioten Zincgref zuzutrauen, daß er die mündlich umlaufende Spottrede nicht eigens so aufgezeichnet habe.

[16] ein Mandel sind 15 Stück

[17] Die Allerneueste Art, Zur Reinen und Galanten Poesie zu gelangen. Allen Edlen und dieser Wissenschaft geneigten Gemüthern, Zum Vollkommen Unterricht, Mit Uberaus deutlichen Regeln, und angenehmen Exempeln ans Licht gestellet von Menantes [Christian Hunold]. Hamburg, Bey Joh. Wolffg. Fickweiler, im Dom, 1722, S. 468 f. (Es handelt sich bei dem mir zugänglichen Exemplar um die zweite Auflage, aber die erste von 1707 enthält wohl dasselbe, damals noch zeitgemäßere Urteil.) — Übrigens ist Hunolds Buch eigentlich ein mit vielen eigenen Beispielen aufgefüllter Auszug aus den Anschauungen des namhaften sächsischen Pastors und Schriftstellers Erdmann Neumeister, der es in mehreren Auflagen zwar nicht ausdrücklich authorisiert hat, um seinem Stand nicht nahezutreten, aber stillschweigend duldete. (Vgl. Curt von Faber du Faur, a.a.O., S. 440 f.)

[18] Jürgensen, a.a.O., S. 107 ff. hebt die „starke pietistische Ausrichtung des Kreises" hervor.

[19] vgl. Gründliche Anleitung S. 50f.

[20] öffentlich vortragender Hochschullehrer der Sittenlehre, der Redekunst und der Dichtkunst

[21] Nur diese zweite Auflage war mir leider in der Stadtbibliothek Nürnberg unter Signatur Amb. 2199 zugänglich. Die erste erschien freilich noch zu Omeis' Lebzeiten, nämlich 1700.

[22] Beanstandungen

[23] Gründliche Anleitung, I. Teil, S.53.

[24] a.a.O. S. 53 f.

[25] S. 320 ff.

[26] S. 149.

[27] S. 148 f.

[28] S. 149

[29] S. 309

[30] Vgl. Eric Albert Blackall, Die Entwicklung des Deutschen zur Literatursprache, 1700-1775, Stuttgart 1966, passim.

[31] d.h. „nach dem Bau von Prosasätzen"; a.a.O. S. 52; zit. auch bei Amarantes, S. 880f.

[32] s. „Gründliche Anleitung", S. 50. Amarantes zitiert diese Stelle fast wörtlich auf seiner S. 51.

[33] vgl. Karl Biedermann, Deutschland im Achtzehnten Jahrhundert, 1. Band: Politische, materielle und sociale Zustände, Leipzig 1854, S. 388 ff.

[34] Man ist beim Überlesen der Mitglieder-Stammliste überrascht, bis weit ins 18. Jahrhundert hinein fast ebensoviele auswärtige Vollmitglieder vorzufinden wie Nürnberger. Da gibt es Leute, die in Weimar, in Kiel, in Hamburg wohnten, ganz zu schweigen von näher beheimateten oder bestallten in Öttingen, Bayreuth oder Sulzbach.

[35] Wilhelm Schmidt will aus der Darstellung dieser Vereinbarung bei Amarantes ersehen haben, daß Ordensräte überhaupt erst nötig wurden, als der Wohnsitz des Präses nicht mehr Nürnberg, sondern Altdorf war, also mit Omeis' Wahl.

[36] Dies paßt natürlich auf Altdorfer Professoren; später war von dieser Aufgabe des Präses nicht mehr grundsätzlich die Rede.

[37] Vgl. Amarantes, S. 484.

[38] Vgl. Amarantes, S. 543.

[39] Die Auslassungspunkte im Manuskript sind wahrscheinlich in der Verlegenheit hingesetzt worden, mit welcher Anrede man den Bauern beehren solle. „Herr" wäre damals noch unpassend erschienen, doch seine Stellung gegenüber den Pegnesen war auch keine rechtlose. Es gibt noch heute schräg gegenüber dem alten Schloßportal von Kraftshof einen schönen, aus Natursteinen in der Mitte des 18. Jahrhunderts erbauten Bauernhof, über dessen Tür der Name Kißkalt steht. Schlecht ging es denen nicht.

[40] kein Trinkgeld oder dergleichen

[41] am 10. August

[42] Während ein Reichstaler 24 Groschen hatte, wurde ein Gulden zu 16 Groschen verrechnet, wobei auf einen Groschen drei Kreuzer kamen und auf den Kreuzer wiederum vier Pfennig.

[43] Vgl. Amarantes, S. 569.

[44] S. 447 ff.

[45] Ebenfalls eingelegt in den Blättern mit der Faszikelnummer CVI 3; an den oberen und unteren Rändern auf der Vorderseite stark verschmutztes Einzelblatt

[46] soweit Wilh. Schmidt im Manuskript. Nachzuschlagen in den „Akten über Birkens Ehrenkette und Taubersche Gant", Pegn.-Archiv, Schuber CVIII, Faszikel b

[47] Theodor Bischoff hatte sogar gemeint, das Nürnberger Patriziat habe sich in den ersten hundert Jahren in auffallender Weise vom Orden ferngehalten, da man sich mit Männern anderer Lebensstellung nicht zu sehr habe gesellschaftlich vermischen wollen. (a.a.O., S. 215.) Fürer ist freilich schon ein früheres Gegenbeispiel. Auch ein Scheurl und ein Geuder finden sich unter den Mitgliedern dieser Jahre — wenn man auch zu beachten hat, daß die Familie Scheurl zum eigentlichen Patriziat erst ab 1727 zählte. Den im strengeren Sinne ratsfähigen Familien wird eine gewisse Reserviertheit nicht abzusprechen sein — Harsdörfer bildete zu seiner Zeit jedenfalls die Ausnahme mit seinen literarischen und gelehrten Neigungen. Übrigens war er der Sohn einer Lucretia Scheurl und heiratete eine Susanna Fürerin von Haimendorf — immer dieselben Namen.. Kulturell und familienpolitisch bildeten sie doch wohl eine Schicht.

[48] Vgl. Amarantes, S. 201.

[49] außer Lateinisch und Griechisch noch die modernen Fremdsprachen Französisch, Italienisch, Englisch und Spanisch; vgl. Amarantes S. 184 f. — Der am 11. 7. 1663 geborene junge Herr war also im heute unvorstellbar jugendlichen Alter von 16 Jahren bereits Student.

[50]Das mußte betont werden: Leute von Stand gaben sich höchstens aus Liebhaberei mit der Poesie ab; es war ja sonst so, daß sie von armen Poeten bedichtet wurden, die es nötig hatten, durch Widmungen an großmögende Gönner gelegentlich zu etwas Geld zu kommen. Birken hatte es ebenso machen müssen.

[51]Nürnberg 1682. in octavo. Zit. nach Amarantes, S. 185 f.

[52]Neumeister hat, mit Faber du Faur (loc. cit.) zu reden, den „Goedeke des 17. Jahrhunderts" verfaßt: Specimen dissertationis Historico-Criticae de Poëtis Germanicis hujus seculi praecipuis, In Academia quadam celeberrima publice ventilatum a M.E.N. [Leipzig] Anno 1706.

[53]s. Amarantes, S. 195.

[54]vgl. Jürgensen, S. 113 f.

[55]s. Amarantes, S. 196.

[56]Amarantes, S.520f.

[57]Amarantes, S. 563 f.

[58]Vgl. Amarantes, S. 199. Ich habe in der Mitgliederliste einmal nachgesehen und die Lebensdaten verglichen, soweit sie angegeben waren: Schon 1700 gab es in Nürnberg und Altdorf nur noch 10 Mitglieder, auswärts 9.

[59]s. Lilidors unten erwähntes Blatt vom 14. 10. 1710 (CVI 3 f), S. 1: „Nachdem einem jeden Blumen-Genossen aufgetragen worden, seine Meinung zu Verbesserung des Ordens schrifftlich einzusenden [...]"

[60]vgl. Jürgensen, S. 197 f..

[61]CVI 3 c), ein Blatt, gefaltet zu 4 Seiten Großoktav

[62]Vgl. op. cit. S. 878.

[63]vgl. Theodor Hampe, Die Entwicklung des Theaterwesens in Nürnberg von der zweiten Hälfte des 15. Jahrhunderts bis 1806, in: Mitteilungen des Vereins für Geschichte der Stadt Nürnberg, 12. Heft, 1896, S. 207 f.

[64]vgl. Georg Adolf Narciss, Studien zu den Frauenzimmergesprächspielen Georg Philipp Harsdörfers (1607 — 1658), Ein Beitrag zur deutschen Literaturgeschichte des 17. Jahrhunderts, Diss. Greifswald, in: Form und Geist, Heft 5, Leipzig 1928, S. 16 f. — Narciss konnte das „verschwätzt" in obigem Zitat nicht entziffern und ist auch sonst nicht immer ein zuverlässiger Gewährsmann.

[65]aufnehmen

[66]angehalten

[67] einer Aufnahmeurkunde

[68] nahezu

[69] Ein weiterer Beweis, daß Poliander die Denkschrift verfaßt hat; vgl. oben das Protokoll der Altdorfer Sitzung.

[70] Ich bin über diese Forschungen von Herrn Prof. Dr. Max Reinhart, Georgia, U.S.A., in Kenntnis gesetzt worden, mit dem ich von Ordens wegen im Briefwechsel stehe. — Er wurde 1994 als Mitglied Nr. 1660 in den P.Bl.O. aufgenommen. — S. dessen Aufsatz „Poets and Politics: The transgressive turn of history in seventeenth-century Nürnberg", in: DAPHNIS, Zs. für Mittlere Deutsche Literatur, Amsterdam, Bd. 20, Heft 1, 1991.

[71] In einen weiteren Zusammenhang ordnet sich diese neue Unterwürfigkeit ein, wenn sie als Zeichen gesehen wird, daß die Gelehrtenschicht ihren jahrzehntelangen Kampf um Gleichstellung mit dem niederen Adel damals endgültig verlorengeben mußte. Max Reinhart referiert über die Nürnberger Kleiderordnungen von 1641 und 1657 als Symptome dieses Kampfes in der „Lebenswelt", denen ein Gegenentwurf in Hellwig-Montanos „Nymphe Noris" entspricht. (DAPHNIS, Zs. f. Mittl. Dt. Lit., Bd. 19, Heft 1, 1990, S. 57 f.) Darin bezieht er sich seinerseits auf die maßgebenden Darstellungen dieses Problems in „Utopieforschung. Interdisziplinäre Studien zur neuzeitlichen Utopie, Bd. 2, Hg. Wilhelm Voßkamp, Frankfurt a. M. 1985", worin wiederum Klaus Garber speziell auf Dichter des Blumenordens eingeht.

[72] vgl. Narciss, a.a.O. S. 32

[73] s. Georg Witkowski, Geschichte des literarischen Lebens in Leipzig, Leipzig und Berlin 1909, S. 368: „Unter den neunzehn Mitgliedern, die der [Deutschübenden] Gesellschaft in den ersten beiden Jahren nach der Umgestaltung [1727] beitraten, waren elf adlige."

[74] s. Norbert Elias, Die höfische Gesellschaft, Neuwied und Berlin 1969, S. 149: „Übrigens verhinderten die spezifischen Formen der Exklusivität vieler deutscher Adelsgruppen, die sich zum Unterschied von denen der Pariser höfischen Gesellschaft und der Londoner Society nicht einfach in der strikten Beobachtung von Rangunterschieden, sondern oft genug in einem völligen ‚Unter-sich-bleiben', in der mehr oder weniger strengen Ausschließung von Bürgerlichen vom normalen gesellschaftlich-geselligen Verkehr äußerte, die umfassende Durchdringung bürgerlicher Schichten mit adligen Verhaltensformen, [...]"

[75] Punkt 4 der Satzung von 1699

[76] hat davon aber ein schlechtes Beispiel gegeben. — Die Rede ist von dem oben zitierten Buch *Die allerneueste Art zur reinen und galanten Poesie zu gelangen* in der Erstauflage von 1707.

[77] a.a.O. S. 499 f.

[78] auf die ehrenvollste Weise

[79] ausgewiesen

[80] a.a.O., letzte Seite des Bogens b in der Vorrede

[71] ausgearbeitet

[82] in Oberdeutschland, heißt das! Man sieht doch gleich, wie selbstbewußt ein Sachse in Hamburg sich von der Barockkultur des Wiener Einflußgebietes absetzt.

[83] der oben erwähnte Celadon, der Wiener Hofpoet.

[84] a.a.O. S. 501.

[85] Man wird dafür nicht einmal die Nürnberger Mundart verantwortlich machen, wenn man sieht, wie noch Dichter aus dem Ende des Jahrhunderts damit Schwierigkeiten haben, Wieland, Goethe und Schiller nicht ausgenommen.

[86] Textprobe aus „Judas der Erzschelm" (1686) von Abraham à Sancta Clara (zitiert nach Marian Szyrocki, Die deutsche Literatur des Barock, Reinbek bei Hamburg 1968, S. 181):

Mit was für Gesellen vnd Cammeratschafft einer vmbgeht/ dero Sitten zieht er an. Diser saubere junge Herr must auß Noth Säu hüten/ vnd weilen er stäts mit solchen gerießleten Spieß= oder Speiß=Gesellen vmbgangen/ hat er auch einen solchen Sau=Magen geerbt. [...] Mit Unzüchtigen lehrnet man auch galanisiren/ hät bald gesagt gailanisiren: mit Sauffern wird man ein Schlemmer/ hätt bald gesagt ein Schlimmer: mit Dieben lehrnet man auch im stehlen sein Hayl / hätt bald gesagt/ ein Sail suchen. Denn der mit Bech vmbgehet/ der schmeckt/ der mit Schwamen vmbgehet/ der stinckt/ der mit Küchlen vmbgehet/ der schmerglet/ der mit Essig vmbgehet/ der säuerlet/ [...]"

[87] Kurtze Fragen aus der Oratoria, Zu Erleichterung der Information abgefasset von Johann Hübnern, Rect. Gymn. Martisb. [...] Leipzig [...] 1701. Die betreffende Stelle lautet: „Die Deutsche Sprache ist bißhero sonderlich in Sachsen/ in Francken/ in Schlesien/ und im Brandenburgischen excoliret worden." Beispiele sind ihm die Autoren Christian Weise, Erasmus Franciscus, Lohenstein, und der Verfasser einer Rede zur Salbung des ersten Preußischen Königs. — Jener Erasmus Franciscus, geboren 19. 11. 1627 in Lübeck, ein Polyhistor, lag auf einer Reise wegen eines doppelten Beinbruchs längere Zeit in Nürnberg krank und verfaßte da für den Verleger Endter einige Schriften, deren Erfolg ihn veranlaßte, in der Stadt zu bleiben. Er starb 1694. Eigentlich ist er ein früher Vertreter freien Schriftstellertums. Seine Werke — Reiseromane, Erbauliches, Schauspiele — haben allerdings nicht die Wertschätzung seines Biographen in der ADB (Allgemeinen Deutschen Biographie) gefunden.

[88] In weiterem Sinne darf man seit Wolframs von Eschenbach Schreibweise die fränkische Schriftsprache mitteldeutsch nennen (Monophthongierung; Mittelsilbenabschwächung).

[89] bei den Vorarbeiten zu meiner Dissertation: Werner Kügel, Besitzdenken in der Frühzeit der deutschen Aufklärung, Eine Untersuchung an belehrenden Texten und Komödien, Erlanger Beiträge zur Sprach- und Kunstwissenschaft Band 66, Verlag Hans Carl, Nürnberg 1980.

[90] Bezeichnend für die Neuheit der Rechtschreibung, derer sich Harsdörfer bewußt war: „Die Druckfehler wird der Vernünfftige Leser leichtlich entschuldigen/ in Betrachtung die Setzer der neuen Schreibart noch nicht gewohnet/ und der Verfasser selbe so genau zu beobachten nicht Zeit hat." (Aus der angeführten Vorrede, Bogennummer B.) „Vernünfftige" könnte ein Beispiel dafür sein. Jedenfalls zogen sich die Pegnesen ihren Verleger Endter und seine Setzer, wovon dann auch Leute wie Erasmus Franciscus profitieren konnten.

[91] Bischoff, S. 214

[92] Vgl. Amarantes S. 87 und 524.

[93] a.a.O. S. 85

[94] Vgl. Narciss, S. 41 f.

[95] CVI 3 g), als Hs. und als Typoskript, das von Wilh. Schmidt erstellt worden ist. Diese Denkschrift trägt den Titel: Unvorgreifliche Gedancken, wie und welcher gestalt der Hochlöbl. Blumen-Orden an der Pegniz in beständigem flor möge erhalten werden.

[96] s. Herbert Maas, NÜRNBERG — Geschichte und Geschichten für jung und alt, Nürnberg 41985, S. 184: „Im Jahre 1717 [also ungefähr im selben Zeitraum] machte Markgraf Georg Wilhelm in barocker Fürstenlaune sein altes Jagdrecht bis an die Stadtmauern geltend. Er ließ unmittelbar vor den Toren eine [...] Treibjagd veranstalten. [... Er] wurde zwar auf die Klage des Rats vom höchsten kaiserlichen Gericht in Wien zum Schadenersatz verurteilt, [...]"

[97] Johann Ludwig Prasch, geboren zu Regensburg 1637, wurde Ratsherr, Bürgermeister, Scholarch. Starb daselbst 1690. Er wurde zu seiner Zeit als Dichter viel gerühmt: Morhof und Neumeister schätzten seine lateinischen und deutschen Gedichte. Die hier erwähnten Vorschläge könnten auf das Buch zurückgehen, das er 1680 in Regensburg herausbrachte: Gründliche Anzeige von Fürtrefflichkeit und Verbesserung Teutscher Poesie. (vgl. ADB) Man sieht auch, daß Reusch die „Gründliche Anleitung" des Omeis kannte, denn darin wird des öfteren auf Prasch hingewiesen.

[98] Leipzig 1774

[99] in der Nachfolge Lukians, als Gattung von Frankreich her vermittelt; deutscher Hauptvertreter in diesen Jahren der Leipziger David Faßmann (vgl. Georg Witkowski, a.a.O. S. 222 f.)

[100] Pierre-Daniel Huët, ein gelehrter Bischof und Zeitgenosse der gelehrten und tugendhaften Barockromane der Mademoiselle de Scudéry, betrachtete diese Art von Literatur als Parallele zur politischen Geschichte auf dem Gebiet der Liebe und wies auf die spätantiken Romane mit ihren zum Teil historischen Umständen und Örtlichkeiten hin. (Traîté sur l'origine des romains, 1670.)

[101] — Der Grosse Schauplatz Lust- und Lehrreicher Geschichte [...] Sieben Auflagen bis 1683

— Der Grosse Schauplatz jämmerlicher Mordgeschichte. [...] Vier Auflagen bis 1683

— Der Geschichtspiegel: Vorweisend Hundert Denckwürdige Begebenheiten mit seltenen Sinnbildern, nutzlichen Lehren [...] an das Licht gesetzt durch ein Mitglied der hochlöbl. Fruchtbringenden Gesellschafft. Nürnberg: Endter 1654.

— Heraclitus und Democritus: Das ist: C [hundert] Fröliche und Traurige Geschichte [...] Benebens angefügten X Geschichtreden aus den Griech. u. Römischen Historien [...] Nürnberg bey Mich. Endter. 1661.

[102] Zitate und historische Mitteilungen von Amarantes auf S. 212.

[103] Einsamkeit? In einer Epoche, der (nach Auskunft so mancher Moralischen Wochenschrift, vgl. Wolfgang Martens, Die Botschaft der Tugend, Berlin 1968, S. 292 ff.) die Einsamkeit geradezu als gesellschaftsfeindlich verdächtig war? Entweder fiel Fürer wieder in den christlichen Stoizismus des 17. Jahrhunderts zurück, oder er war schon wieder ein Vorläufer der melancholischen Einsamkeitsschwärmerei, die im „Werther" ihren stärksten Ausdruck finden sollte.

[104] Vgl. Amarantes, S. 213.

[105] 1993 als Mitglied Nr. 1652 in den P.Bl.O. aufgenommen

[106] CVI 3 f), ein mit Schönschrift bedecktes zu 4 Seiten gefaltetes Blatt

[107] „Darumb lobe ich [...]/ vnd ehre vnd preise den König von Himel/ Denn alle sein Thun ist warheit/ vnd seine Wege sind recht/ Vnd wer stoltz ist/ Den kan er demütigen." (zitiert nach der Wittenberger Ausgabe von 1545, nachgedruckt 1974 im dtv.)

[108] im Sinne von: Gegenstand des Lobes

[109] Herrn von Hoffmannswaldau und andrer Deutschen auserlesener und bissher ungedruckter Gedichte erster [und] anderer Theil, 1697. — Ausgerechnet Gottsched gab noch 1744 Neukirchs eigene Gedichte heraus. Neukirch war wendig genug gewesen, bei seinen eigenen Hervorbringungen zur verhältnismäßig schmucklosen Canitzischen Manier umzuschwenken. (ADB)

[110] op. cit. S.29.

[111] s. Aramantes, S. 178.

[112] 1991 als Mitglied Nr. 1643 in den P.Bl.O. aufgenommen; Ehrenkreuz 1994

[113] Omeis hat dies in der Widmungs-Vorrede seiner „Gründlichen Anleitung" erwähnt und den Blumenorden als Tochter Polianders bezeichnet.

[114] s. Jürgensen, S. 122

[115] Vgl. Amarantes, S, 663 f.

[116] S. 897. — Amarantes nennt den Anlaß und gibt eine Abschrift fast des gesamten Textes.

[117] CVI 3 a), zwei ineinandergelegte und gefaltete Blätter, schlecht erhalten, da sie früher noch weitere zwei Mal gefaltet gewesen waren; Schrift flüchtig und daher stellenweise unleserlich, zudem am Verbleichen.

[118] in allem Wissenswerten

[119] sogar aus (unmittelbarer) Anschauung

[120] mitgeteilt (man beachte, daß die für Fremdwörter romanischer Abstammung übliche Nachsilbe -ieren hier ausnahmsweise schon wie heute, nämlich mit ie geschrieben wird. Noch um die letzte Jahrhundertwende war ja -iren allgemein üblich.

[121] nicht ungeeignet

[122] Bemerkenswertes

[123] in der Geschichtswissenschaft

[124] beobachtet, bzw. festgestellt

[125] der Versammlung zur Meinungsbildung vorzulegen

[126] vgl. Andreas Selling, Deutsche Gelehrten-Reisen nach England 1660-1714, in: Münsteraner Monographien zur englischen Literatur, Bd. 3, Frankfurt a. M., Bern, New York, Paris, Lang-Verlag, 1990, S. 118 f. — Selling verweist seinerseits unter anderem auf: Rudolf Endres, Nürnberg in der Frühneuzeit, in: Europäische Städte im Zeitalter des Barock: Gestalt — Kultur — Sozialgefüge, Hg. Karsten Krüger, Köln und Wien 1988.

[127] Wegleiter brachte es sogar zum Mitglied der Royal Society.

[128] s. Selling, a.a.O., S. 128.

[129] s. Amarantes, S. 188 ff.

[130] Versammlung

[131] „welcher das Königliche Medaillen-Cabinet unter seiner Aufsicht gehabt" (Amarantes, loc. cit.)

[132] Heute würde man „interessant" dazu sagen; „curios" oder "curieus" ist ein Modewort der galanten Epoche — bei einem Pegnesen des beginnenden 18. Jahrhunderts gehört es vielleicht nicht zur sprachpflegerischen Tätigkeit, aber wohl zum Erweis seiner Modernität.

[133] worüber die Anwesenden gemeinsamer Ansicht werden könnten

[134] von den Anwesenden eine Aussprache geführt

[135] Hier hört übrigens der von Amarantes auf S. 899 mitgeteilte Abdruck auf.

[136] Histrio gallicus comico-satyricus, sine exemplo: ou Les Comedies de Monsieur de Moliere [...] A Nuremberg, chez Jean Daniel Tauber [...] 1695. — Eine zweisprachige Ausgabe, die zu Unterrichtszwecken gegenüberstehend gebunden werden konnte, erschien 1700 ebenda.

[137] Der Gebrauch des Dativs erscheint mir nicht einsichtig. Sollte den Verfasser auch einmal die Übersicht über seine Perioden verlassen haben?

[138] kein Titel, sondern lateinische zusammenfassende Bezeichnung alles dessen, was Schottel über die deutsche Sprache geschrieben hat

[139] erschienen 1690. — Johann Bödiker, geb. 1641 in Stettin, war Factor des kölnischen Gymnasiums zu Berlin. Er baut in seinen sprachwissenschaftlichen Beiträgen auf Schottel auf. Starb 1695. Sein geplantes Wörterbuch ist nicht erschienen. (ADB)

[140] Martin Kempe, unter dem Namen Damon I. „der Preuße" Mitglied schon unter Harsdörfer, hatte von seiner Bildungsreise aus London geschrieben, die Royal Society wünsche sich von der Fruchtbringenden Gesellschaft ein vollkommenes Lexicon Linguae Germanicae „darzu D. Henischius einen guten Anfang gemacht". (Vgl. Amarantes, S. 318.)

[141] Unvorgreiffliche Gedanken betreffend die Ausübung und Verbesserung der Teutschen Sprache, geschrieben zwischen 1696 und 1709, gedruckt 1717.

[142] Hier denke ich an eine frühe Abbildung des Irrhains, die erst 1983 in das schöne Buch von Hermann Rusam, „Der Irrhain des Pegnesischen Blumenordens zu Nürnberg" (Nürnberg, Korn & Berg, 1983) aufgenommen worden ist: eine Pinselzeichnung von Petrus Müller aus dem Jahre 1733, die wohl noch auf Lilidors Anregung zurückgehen könnte.

[143] CVI 4 b); ein Bogen in octavo, von dem die letzten zwei Seiten leer und nicht aufgeschnitten sind. Titel: Wohlgemeinte Satzung und Verordnungen, welche die sämtliche Glieder der löblichen Nürnbergischen Blumen-Gesellschafft an der Pegnitz zu beobachten haben. Nürnberg [/] Gedruckt mit Endterischen Schrifften. o. Jahr; hs. ergänzt „1716".

[144] CVI 4 c); ein Blatt zu vier Seiten

[145] Vgl. Amarantes, S. 702 ff.

[146] Zu dem Thema „Pegnesen als Gesangbuchdichter" enthält die Festschrift von 1994 auf S. 167-170 eine kleine Aufstellung des heutigen Bestandes unter dem Titel „Fortwährende Breitenwirkung". Dr. Hans-Martin Hagen, 1994 als Mitglied Nr. 1658 in den P.Bl.O. aufgenommen, ist den Pegnesentexten im Gesangbuch der ev.-luth. Landeskirche in Bayern nachgegangen. Mittlerweile ist eine Neuauflage erschienen, in der ihre Zahl weiter abgenommen hat. — Den sehr eingehenden und ergiebigen Kongreßvortrag Dieter Wölfels, „'Geistliche Erquickstunden'. Beobachtungen zur Interdependenz von lutherischer Frömmigkeitsbewegung und Nürnberger Sprachgesellschaft am Beispiel populärer Gesangbücher der Pegnitzschäfer" kann man in der von John Roger Paas herausgegebenen Sammlung „'Der Franken Rom': Nürnbergs Blütezeit in der zweiten Hälfte des 17. Jahrhunderts", Bd. II, Harrassowitz-Verlag, Wiesbaden 1994, S. 333-350 nachlesen.

[147] unlauteren Beweggründen

[148] Hs. erst „treulich und wol", „treulich und" gestrichen

[149] soweit es an ihm liegt

[150] S. 237 f.

[151] S. 269 ff.

[152] S. 463.

[153] Jürgensen, S. 124 ff., und S. 133, gibt von dieser Medaille wieder die Kehrseite: Besonders geschätzt wurde er auch nicht, und Lämmermann-Arnisander, immerhin ein Blumengenosse, schrieb 1732 sogar eine anonyme Schähschrift gegen ihn.

[154] nicht notwendig der mündliche, sondern was in der Rhetorik „elocutio" heißt und auch beim Formulieren einer schriftlichen Äußerung getan wird: „Sprechdenken"

[155] Hier beziehe ich mich auf Gustav René Hocke, Manierismus in der Literatur, Reinbek bei Hamburg 1969, S. 123 f. und 137.

[156] CVI 3 c), S. 1

[157] das heißt: unter Aufsicht und mit Billigung der Behörde für Unterrichtswesen

[158] Vgl. Amarantes, S. 52. — Bestätigungsschreiben des städtischen Gutachters über die Rechtmäßigkeit der Satzung von 1716 in Schuber CVI, 4.

[159] vgl. Jürgensen, S. 203 f.

POESIE DER PEGNESEN

Erster Abschnitt: Galante Epoche und Frühaufklärung

Die dritte Generation der Pegnesen an der Wende zum 18. Jahrhundert hat, wie wir gesehen haben, wegen ihrer Verdienste um das bloße Fortbestehen des Ordens unsere Beachtung gewiß verdient. Wenn man aber den einen Hauptzweck einer literarischen Vereinigung im Auge behält, fragt man sich doch: Kann die Dichtung dieser Ordensmitglieder noch den heutigen Leser ansprechen; kann sie wenigstens den Vergleich mit der Dichtung der ersten Pegnesen aushalten, die ungleich stärker in der Forschung und im Gedächtnis der Nachwelt gewürdigt werden; oder kann sie gleichrangig neben zeitgenössische Gedichte von anderer Seite gestellt werden?

Diese Arbeit beabsichtigt nicht, dem Leser ein unaufrichtiges Lob verwelkter Poesie abzuringen. Nur dazu sollen einzelne Textbeispiele aus der Vergessenheit gehoben und knapp erläutert werden, damit man selbständig den Zusammenhang und Vergleich mit ähnlichen, aber zugänglicheren Gedichten finden kann. Die Auswahl ist dabei geleitet von gewissen Lesegewohnheiten und Erwartungshaltungen, die etlichen Umgang mit Texten jener fernen Zeit voraussetzen. Wer einen von Schulen oder gängigen Auslesen vermittelten Bestand bekannter Texte als Maßstab zugrundelegte, würde vielleicht nichts Erwähnenswertes finden; allzusehr beherrschen klassische und romantische Vorbilder jede Übereinkunft der breiteren lesenden Öffentlichkeit, was ein gutes Gedicht sei. So wird man aber auch HARSDÖRFER, KLAJ und BIRKEN nicht gerecht.

OMEIS: Persönliche Aussagen vorindividueller Art

MAGNUS DANIEL OMEIS, der in seiner «Gründlichen Anleitung» bestimmt nicht weniger Sachverstand als andere Poetologen (oder Dichtungs-Theoretiker) zeigt, wird sich selbst nicht für das gehalten haben, was man heute ein Genie nennt. Aber einen tüchtigen Poeten nach den Maßstäben der gelehrten Welt konnte er schon abgeben. Es ist nur leider in seinen angehängten „Ehr-Gedichten" nicht dasjenige aufzufinden, wovon in der Sitzung im Irrhain die Rede war, nämlich das Gedicht zum Antritt seines Rektorats der Altdorfer Universität. Ein anderes teile ich auszugsweise mit, das auch ihn selbst betrifft; es liegt nahe, daß ein persönlicher Anlaß oder Bezug etwas hervorgebracht habe, was auch dem heutigen Leser weniger äußerlich vorkommt. Es handelt sich um den insgesamt 37 vierversige Strophen umfassenden Text: «*Auf meinem* [!] *Namen-Spruch: Mundus Decipitur Opinionibus*».

Offenbar hat er einen lateinischen Spruch als Ausgangspunkt gewählt, dessen Wörter mit den gleichen Buchstaben anfangen wie sein Name. Hieran ist schon einmal zu sehen, daß nicht eine Stimmung, eine Naturbeobachtung oder eine Meditation über den eigenen Charakter zu der Verschränkung von Ich und poetischem Gegenstand führt; es ist eine ganz geistige Übung, weniger eine seelische. Diese Dichter waren Intellektuelle, keine Ergriffenen oder Erleuchteten. Nach solchen Bewußtseins-Zuständen außerhalb der Religion zu streben, wäre ihnen wohl vermessen vorgekommen. Möglicherweise erklärt sich daraus das scheinbare Auseinanderfallen von pietistischer Frömmigkeit und rationalistischer Sprachpflege. Wie bearbeitet nun OMEIS seinen Einfall, so daß er dichterisch wird?

> *Es wird die ganze Welt durch Meynungen betrogen.*
> *Gleichwie sich von der Schlang das Paar im Paradis*
> *durch hohe Meynungen zu erst betriegen ließ;*
> *also hat diese Seuch sich auch auf uns gezogen.*

Die erste Zeile bietet, wie recht und billig, die Übersetzung der Überschrift. Zwanglos ergibt sich das Metrum — Jambus — und der Vers: Alexandriner. Daß in der nächsten Verszeile die Aussage am Ende nicht abgeschlossen ist, bringt die Strophe in Bewegung. Passenderweise schließt die Strophe aber mit einer einversigen Aussage ab, damit man an der eintretenden Pause hört, wie lang die Strophe ist und daß eine neue kommen wird. Wer das erst einmal als Schema im Ohr hat, wird gleicher Behandlung nicht bei allen

Strophen bedürfen, und der Dichter kann hernach freier mit dem Schema spielen. Inhaltlich fängt OMEIS bei Adam und Eva an. Das gilt heute als sprichwörtlich schlecht, wird aber im Sinne eines wohl durchgeführten Argumentes mit der Erwartungshaltung damaliger akademischer Leser übereingekommen sein.

> *Kaum wir entwichen sind dem Wickel-Band und Wiegen/*
> *so flößet Baucis uns durch albre Fabeln ein*
> *viel hundert Meynungen/ die offt durch leeren Schein/*
> *wie den Aesopus-Hund der Schatten/ uns betriegen.*

Baucis, die aus OVIDS «Metamorphosen» bekannte alte Frau (Philemon und Baucis), steht hier für eine alte Erzieherin, Amme oder Großmutter. Wenn wir heute sagen: „Erzähl' mir doch keine Ammenmärchen", so ist dies ein Nachklang des Widerwillens, den der aufgeklärte Mensch des 18. Jahrhunderts gegen eine Erziehung hegte, die nicht ausschließlich über den Kopf ging, sondern sich in märchenhafter Einkleidung, bildhafter Ausdrucksweise und mit abergläubischen Drohungen an die Kinder wandte. Mit Ausnahme des Aberglaubens denken wir heute wieder umgekehrt. Im Unterschied zu tiefenpsychologischen Überlegungen muß damals die Befürchtung, Kinder könnten durch alle Arten der Beeinflussung von seiten ungelehrter Personen auf ihrem Wege zur Weisheit aufgehalten werden, in Gelehrtenfamilien sehr stark gewesen sein. Man schüttete sozusagen das Kind mit dem Bade aus und bildete mit Vorliebe altkluge Fratzen heran. Beobachtungen dazu macht man in Dutzenden „Moralischer Wochenschriften" sowie in Büchern zur Weltklugheit von den namhaftesten Philosophen der Zeit.[1] Daraus folgt aber auch, daß OMEIS in diesem Punkte einer aufklärerischen Geistesrichtung zuzurechnen ist. Ironisch wirkt allerdings, daß er seine Abneigung gegen die durch leere Fabeln vermittelten Einstellungen anhand einer aesopischen, moralisch ausdeutbaren Fabel vom Hund und seinem Schatten exemplifiziert. Übrigens leistet sich OMEIS gegen seine späteren Überzeugungen hier noch unprosaische Wortstellung im ersten und zweiten Vers. Von den weiteren Strophen, die das Thema so vollständig verfolgen, daß an keinerlei Bildungserlebnis, auch nicht am Reisen, noch ein gutes Haar bleibt, zitiere ich nur noch die eine, die vom Schul-Unterricht handelt:

> *Bald hat sich/ der uns lehrt/ dem Stagirit verschwohren/*
> *bald nimmt er unversehns Cartesens Meynung an;*

Der hälts mit Scaliger/ und jener mit Cardan/
und diser hat die Sect der Stoiker erkohren.

Auch hier erinnern wir uns leicht an ein geflügeltes Wort: „Die Vielfalt der Schulmeinungen". Unsere Sprache hat Einstellungen aufbewahrt, die in der damaligen Zeit erst gewonnen wurden. Es muß, ähnlich wie im „postmodernen Bewußtsein" (was immer das sein mag), dem Zeitgenossen um 1700 der ewig unentschiedene Wettstreit unvereinbarer Standpunkte aufgefallen sein, nur daß man diesen geistigen Sachverhalt als eine große Unbequemlichkeit empfand. ARISTOTELES, der „Stagirit", einst mit der Duldung der Kirche als der eigentliche Schulphilosoph behandelt, weil man ihn mit dem Dogma vereinbaren zu können glaubte, muß neben sich Neuerer wie DESCARTES, CARDANUS und SCALIGER gelten lassen. Dazu gewinnt seit dem 17. Jahrhundert eine christliche Version des Stoizismus Anhänger. Wenn wir über OMEIS selbst in diesem Gedicht etwas zu erfahren hoffen, so wird es wohl das sein: Er verfällt aufgrund vielfältiger Bildungseinflüsse, die ihn unsicher gemacht haben, auf jenen lateinischen, sehr skeptischen Spruch zu seinen Namensinitialen, und führt ihn aus, sodaß man über sein Bewußtsein etwas erfährt.

Es muß nicht die Totalität seiner Bewußtseinsinhalte sein. Dazu ist die Gattung des Gedichts nicht vorgesehen. Es läßt sich nur immer ein Ausschnitt, eine bestimmte Rolle der Person, darin darstellen. Wir sollten deshalb vorsichtig damit sein, aufgrund dieser wenigen zeitüblichen Aussagen OMEIS geradezu als einen der Avantgardisten unter den Aufklärern zu beanspruchen. Ihm ist jederzeit, wie andere seiner Schriften zeigen, die Wendung zuzutrauen: „Aber ich finde Halt und Trost in meinem Glauben." Als Dichter jedoch kann er sich zu jeder Gelegenheit andere geistige Vorbilder suchen, solange er den jeweils rechten Ton trifft. Diese Fertigkeit und die rein handwerkliche hat er uns in obigen kleinen Ausschnitten, wie ich meine, erwiesen.

FÜRER: Lebendigkeit in der gewandten Benützung von Gattungen

So wie CHRISTOPH VII. VON FÜRER haben damals viele junge Leute aus gehobenen Kreisen Verse gemacht, weil es einfach dazugehörte. Er aber hatte davon bereits einen hinreichenden Vorrat beisammen, bevor er auf die übliche Bildungsreise durch halb Europa ging, sodaß er zum Abschied seinen Freunden ein (auf eigene Kosten gedrucktes) Büchlein zurücklassen konnte: «*Vermischter Gedichte-Kranz/ bey Muß- und Neben-Stunden/ aus Lust zusammgebunden von dem Pegnesischen Blum-genossen LILIDOR. Nürnberg/ In Verlegung Georg Scheuerers Kunst-Händlers. Gedruckt daselbst bey Andreas Knorzen. Im Jahr Christi 1682».*

Vor dem Titelblatt ist ein doppelseitiger Kupferstich eingebunden, der hinter einem Barockgarten im Mittelgrund das Landschlößchen Haimendorf von Nordwesten und dahinter den Moritzberg mit seiner Kapelle zeigt, als einzigen Hinweis für den Ortskundigen, wer sich hinter dem Hirtennamen verbirgt. (Abbildung in etwa 60% der Originalgröße.)

Erstes Beispiel: Occasionaldichtung

Die Nummer VIII aus der Abteilung „Ehren- und Pflicht-Gedichte"[2] ist gewiß nicht ohne innere Beteiligung zustandegekommen, unerachtet des nach gesellschaftlicher Sittenübung schmeckenden Sammeltitels. Fürer wendet sich darin kurz vor seiner eigenen Abreise an einen Bekannten, der schon eher die Kavalierstour antritt:

Abschieds-Gedicht/ auf eines guten Freundes Abreise.

Wie? ist es Schlaffen oder Wachen?
quält mich nicht Morpheus bey der Nacht?
daß er durch so betrübte Sachen
die Ruh zur grösten Unruh macht:
     Soll der/ den man nie satt kan preisen/
     so bald von unsren Gränzen reisen?

Ach freylich ja/ es ist kein Schlaffen:
kein Traum/ der mich mit Lügen kränkt;
könnt ich doch mein Gedächtnus straffen/
wann es an diese Reis gedenkt:
     Doch nein: was wir geliebet haben/
     bleibt auch dem Denken eingegraben.

Zwar quält die Freude diß Entschliessen/
so Freund von Freund- und Brüdern reisst:
Man siht viel hundert Thränen fliessen/
wann uns das Glück entweichen heisst.
     Man siht/ bey solchen Schmerzen-Stimmen/
     die Treu auch auf den Wangen schwimmen.

Diß/ liebster Freund/ quält uns ingleichen/
es quillt aus dem betrübten Kiel
diß/ was der Mund nicht kan bezeugen/
dieweil er lieber schweigen will/
     und deines Ruhmes Eingedenken
     viel mehr dem stillen Herzen schenken.

Dein Ohr kan nicht das Lob vernehmen/
ich weiß/ die Demut leidt es nicht:
Drum will ich mich darzu bequemen/
im Fall dein Daseyn uns gebricht.
     Dann wer den Schmeichel-Nam will meiden/
     der lobt die Freund zu andern Zeiten.

Diß sag ich/ daß ich/ weil ich lebe/
nicht deiner Lieb vergessen kan:
Wann ich in fremden Orten schwebe/
und geh/ gleich dir/ mein Reisen an/
    so soll dein Nam zu allen Zeiten
    mich auch bis in die Fremd begleiten.

Sollt etwan dich der Neid verfolgen/
der sich nur an die Tugend wagt/
und wetzt die Zäne nur an solchen/
die Muth und Blut zu Edlen macht;
    so glaub/ daß solche Neid-Beschwerden
    wir möglichst unterdrucken werden.

Und sind gleich eine hier zugegen/
die dein Entfernen nur ergötzt/
die nichts als Lust und Freude hegen/
daß du den Fuß hinweg gesetzt:
    Die lassen alle Welt erfahren/
    daß sie nicht deiner würdig waren.

Noch eins/ ich sag es zwar mit Grämen/
doch weil ich es je sagen muß/
und weil ich muß den Abschied nehmen/
so nimm dann hin den letzten Kuß.
    Leb höchstvergnüget unterdessen!
    Doch gleichwohl meiner unvergessen.

Als Hilfe für das Einlesen in einen längeren Text jener Zeit versuche ich nun eine Umschreibung zu geben, die Worte einsetzt, wie sie in entsprechender Lage unter Zeitgenossen gebraucht werden könnten. (Das Verfahren lehnt sich an die Paraphrasierungen an, die KARL BERTAU seine Oberseminaristen von mittelhochdeutschen Texten anfertigen ließ und die er selbst in seiner Literaturgeschichte «Deutsche Literatur im europäischen Mittelalter, München 1973» dem heutigen Leser gibt, wobei Fachgenossen derartiges ruhig verschmähen mögen. Doch indem die Zyklen der kulturellen Bewußtwerdung immer kürzer werden, haben junge Studenten der Germanistik heute schon Schwierigkeiten mit Früh-Neuhochdeutsch.)

Schlafe oder wache ich? Quält mich in dieser Nacht ein Albdruck (Morpheus, der Gott des Schlafes)? Die Bettruhe wird durch dieses Ungewisse zur größten Unruhe: Ob derjenige, den man nicht genug loben kann, schon so bald aus unserem Land abreist?

Ach, es ist tatsächlich nicht der Schlaf, es ist kein Traum, der mich mit Lügen kränkt; wenn ich doch mein Bewußtsein dafür bestrafen könnte, daß es an diese Reise denkt! Doch nein: was wir geliebt haben, läßt sich nicht verdrängen.

Derjenige Entschluß verdirbt die Freude, der den Freund von Freunden und Brüdern reißt. Wenn das Schicksal uns abzufahren befiehlt, fließen viele Tränen. Während solch schmerzlicher Ausrufe sieht man sie als Zeichen der Anhänglichkeit auf den Wangen.

Auch mich, lieber Freund, quält es, und ich schreibe lieber auf, was mein Mund scheut zu sagen, da ich lieber das Gedenken an deine Vortrefflichkeit bei mir behalte. Was ich an dir zu loben finde, hörst du nicht; du wärst auch zu bescheiden dazu. Darum will ich dich loben, wenn du nicht da bist. Wer nicht als Schmeichler erscheinen will, der lobt die Freunde in ihrer Abwesenheit.

Ich kann, so lange ich lebe, deine Freundschaft nicht vergessen. Wenn ich mich, wie du, im Lauf meiner Reise an fremden Orten aufhalte, soll mich dein Name auch in die Fremde begleiten.

Wenn sich neidische Leute über deinen Ruf hermachen, weil solche sich ja grundsätzlich an die Guten wagen und an die, deren Haltung, nicht nur deren Abstammung sie zu Edlen macht: dann kannst du dich darauf verlassen, daß wir solche Nachreden nach Kräften niederhalten werden.

Und wenn es welche hier gibt, die sich über deine Abwesenheit nur freuen, dann kann daran die ganze gute Gesellschaft lediglich ersehen, daß sie deiner nicht würdig waren.

Noch eines (ich kann es nur traurig sagen, aber weil ich es nun schon einmal sagen muß, und weil ich Abschied nehmen muß): Laß dich zuletzt in die Arme schließen[3]*. Laß dir's einstweilen gutgehen, aber vergiß mich nicht.*

Nun sollte man grundsätzlich eine derartige Aussage nicht für unmittelbaren Ausdruck des Erlebten und Gefühlten halten, gerade im 17. Jahrhundert. Ich nehme zwar dieses Gedicht, wie gesagt, nicht für ein kühl berechnetes Kunststückchen; es ist dennoch aus einer Rolle heraus geschrieben, in der sich mancher wiederfinden konnte — und sollte. Ganz genau und ausführlich wird der Kreis der gesellschaftlichen Umstände abgeschritten, keine der von der Höflichkeit erforderten Überlegungen ausgelassen; und daß als der Augenblick des Schreibens eine schlaflose Nachtstunde gewählt ist, geschieht wahrscheinlich nicht deswegen, weil FÜRER wegen der Abreise des Freundes tatsächlich nicht hätte schlafen können, sondern zur Unterstreichung der nahen Beziehung: Man denkt an den Verabschiedeten sogar, wenn man allein auf der Kammer liegt. Es ist eine Feinheit, daß sich daraus zwanglos das versteckte Lob, die Vermeidung der offenen Schmeichelei ableiten läßt; andere hätten wohl zu dem gröberen Mittel des Unsagbarkeitstopos („es läßt sich nicht ausdrücken...") oder der Correctio („was sage ich...") gegriffen.

Durchaus als überlegtes Mittel ist auch die Strophen- und Versform gewählt. Zur Vertrautheit mit dem Freund passen die volkstümlich liedhaften, vierhebigen Verse, und daß die Strophen nach zwei Kreuzreimen mit einem Reimpaar schließen, betont nicht nur das Strophenende bei mündlichem Vortrag, sondern gibt auch Gelegenheit, das in jeder Strophe enthaltene Argument zuzuspitzen: Die Verspaare ergeben jeweils einen gedanklichen Abschluß, den man beinahe als Spruch, als Sentenz, aus dem Zusammenhang nehmen könnte. Davon rührt der ins Allgemeine zielende Ernst dieses Abschiedes her. (Besonders deutlich: „Doch nein: was wir geliebet haben, bleibt auch dem Denken eingegraben.") Man sieht: FÜRER, allem Anschein nach ein Musterschüler und fleißiger Student seines Professors OMEIS, beherrschte die Rhetorik aus dem Grund. Und das war damals eine Empfehlung für einen Dichter.

Dazu gehört auch, daß man sich vor plattem, gar zu selbstverständlichem Ausdruck scheut (auch wo man nichts Besonderes auszudrücken hat). An mythologischen Anspielungen haben wir hier zum Glück nur eine, den Morpheus, sodaß es nicht zu gelehrt wird. Aber an Entgegensetzungen, Antithesen, ist schon die erste Strophe verhältnismäßig reich: „Schlafen oder Wachen", „Ruh zur grösten Unruh". Dieses Wenden und neu Betrachten, so bezeichnend für den Denkstil des Rationalismus, scheint Fürer zur zweiten Natur geworden zu sein. Wir werden immer wieder darauf stoßen. Zusätzlich bedient sich der Autor eines in der Lyrik eigentlich bedenklichen, weil unanschaulichen Mittels: Er erhebt abstrakte Hauptwörter wie 'Gedächtnis', 'Entschließen', 'Eingedenken', 'Demut', 'Dasein', 'Tugend', 'Neid' zu handelnden oder zumindest erleidenden Wesen. Von hier ist es nicht weit zu Allegorien wie 'Glück' — die Dame Fortuna. Freunden der Metapher und anderer Mittel uneigentlicher Ausdrucksweisen tut FÜRER jedoch auch einen Gefallen: „es quillt aus dem betrübten Kiel" — nur ist dies nicht gerade ein Beispiel einzigartiger Erfindung. Weit eher noch originell scheint das Concetto zu sein, daß man „die Treu" in Gestalt von Tränen „auf den Wangen schwimmen" sieht. Hier überlegte der damalige Leser (man will wissen, nicht ohne Genuß), wie das Bild nun mehrfach zusammengesetzt sei.

Eine Schwierigkeit, deren sich FÜRER damals noch kaum bewußt gewesen sein dürfte, behinderte jedoch die wohlwollende Aufnahme eines derartig gelungenen Gedichtes über die Weite des deutschen Sprachraums hinweg. Es sind die Provinzialismen, anders gesagt, die sprachlichen Anzeichen, daß hier ein Franke schreibt. Zwar stehen dem Auge kaum Besonderheiten entgegen, die das Verständnis behindern, aber ein Sachse wie HUNOLD nahm wohl Anstoß am Wegfallen des Endungs '-e' in Wörtern wie 'Ruh', 'Reis', 'Treu'. Wirklich verräterisch wird das aber erst bei Reimen, und damit fürs Ohr: 'ingleichen' — 'bezeugen'; 'meiden' — 'Zeiten'; 'verfolgen' — 'solchen'; 'wagt' — 'macht'. Seit GOETHE hat man dazu wieder ein unverkrampfteres Verhältnis und findet es wohl gar heimelig; doch in einer Zeit, die gerade anhand der Reinheit der Reime um eine allgemeinverbindliche Hochsprache rang, schürte es Feindseligkeiten. Man nahm den Pegnesen andernorts ihre Sprachpflege nicht mehr ab, wenn sie sich nicht nach dem „meißnischen Idiomate regulireten".

Wichtiger wäre freilich anzuerkennen, daß hier ein Dichter am Werke ist, der das Klappern und Leiern metrisch regelmäßiger Verse vermeiden kann. Das erreicht er durch Überspielen der Zeilengrenze, etwa bei: „daß er durch so betrübte Sachen die Ruh zur grösten Unruh macht"; dazu kommt, daß innerhalb der Verse verschieden lange Sinn- oder Sprechabschnitte auftreten, deren trennende Staupausen den Fluß des Metrums leicht verzögern: „Ach freylich ja/ es ist kein Schlaffen: kein Traum/ der mich mit Lügen kränkt"; nicht zuletzt wirkt daran auch die Abwechslung von weiblichen und männlichen Versendungen mit, die am Ende jeder Strophe durch zwei aufeinanderfolgende Zeilen mit unbetonten Endsilben noch einmal eine Abwechslung erfährt. Man betrachte einmal, wie die so entstehenden Wechsel der Lesegeschwindigkeit mit den Aussagen zusammenpassen: eine Unstimmigkeit habe ich dabei jedenfalls nicht gefunden.

Man möchte dieses Gedicht schon fast „natürlich" nennen, wenn man es mit den hochtrabenden Wortarien und künstlich gesponnenen Erfindungen der vorhergehenden Generation vergleicht. Die Stilebene ist niedrig bis mittelmäßig (Genus humile ohne Grobheit), und das Kluge daran ist eher weltklug als pedantisch. In Hinblick auf einen Leitbegriff der damaligen Zeit qualifizierte sich FÜRER mit dergleichen Äußerungen als ein „Galanthomme". Freilich galt es für ihn auch, sich mit den schwerblütigeren Produkten der damals noch so gerühmten zweiten schlesischen Dichterschule auseinanderzusetzen, und in Nürnberg konnte er auch auf Zustimmung rechnen, wenn er gelegentlich ein etwas derberes, aufrecht-treu-deutsch lutherisches Register zog.

Auf der Höhe seiner Kunst zeigt sich FÜRER mit dem Buch: «*Christliche Vesta und Irrdische Flora. Oder Verschiedene theils aus fremden Sprachen übersetzte theils selbsterfundene Geist- und Weltliche Teutsche Gedichte eines Mitglieds der Pegnesischen Blumen-Gesellschaft. Anno 1702.*» Der einseitige Titelkupfer des ersten Teils zeigt einen vom Jahwe-Zeichen überstrahlten Rundtempel mit opfernder Vestalin, dahinter, ganz klein, Haimendorf und Moritzberg von Westen.

Zweites Beispiel: Geistliches Lehrgedicht

Aus dem geistlichen „Vesta"-Teil des Buches wähle ich zur Verdeutlichung des lutherischen Tones das Gedicht *«Auf einen Eigennützigen»*[4]. Man kann darin eine Satire sehen, die zur Predigt geworden ist. In einer herkömmlichen Satire werden nämlich die Torheiten vor den Richterstuhl einer innerweltlichen, gesellschaftlich geltenden Wertordnung gezogen; hier aber ist der Maßstab das ewig gültige göttliche Gebot, und das Strafgericht besteht nicht in der Lächerlichkeit, sondern in der ewigen Verdammnis.

Was suchst du/ du Erden-Ratz!
alles nur an dich zu ziehen?
wie kanst du dich doch bemühen
zu vermehren deinen Schatz?
Welche Sorge/ welchen Fleiß/
welche Klugheit/ Müh und Schweiß[5]
pflegest du nicht vorzukehren/
um dein kahles Gut zu mehren?

Hör/ du Narr/ in dieser Nacht
wird die Seel von dir genommen/
wo wird wohl der Koth hinkommen/
der dich ewig elend macht?
Alles läßest du zurück[6]
Reichthum/ Ehr und anders Glück;
nichts als deine Laster-Thaten
folgen dir zu deinem Schaden.

Hast du hier auf dieser Welt
manchen um sein Guth betrogen/[7]
fremde Haab an dich gezogen/
denk/ was man davon behält;
ders bekommt/ der lachet dein/
und wird nicht gesegnet seyn;[8]
aber du wirst ewig müssen/
die verschluckte Bißen büssen.

Ach der saure Witwen-Schweiß/
ach der Waysen heiße Threnen/
ach der Unschuld seufzend sehnen/
sind wie glühend Pech so heiß;
deß Gewissens Zwick und Biß
sind die rechte Zangen-Riß/
und die glüend-rothe Eisen
die einst Herz und Brust zerreißen.[9]

Zehle an den Fingern ab
deines Lebens kurze Stunden/
denk/ wie bald sie sind verschwunden/
und wie nah du seyst dem Grab:
kommt der letzte Augenblick/
der gewiß nicht bleibt zurück/
da du vor Gericht sollst gehen/
Jammer! wie wirst du bestehen?

Dieser Richter fürcht sich nicht/
daß du ihn könntst wieder drücken/
wann du gleich auf ihn läßt blicken
dein erbostes Angesicht;
stelle alles grübeln ein/
bey ihm hilft kein falscher Schein
kein bemänteln/ kein verdrehen/
weil er selbst ins Herz kan sehen.

Es ist ihm mit keinem Geld
etwan durch den Sinn zu fahren;
auch kein Unterscheid von Jahren
macht/ daß er die Ordnung hält;[10]
keine Freundschafft/ Macht noch Ehr
die hier gilt/ gilt dorten mehr:
ja kein poltern/ Zorn und zanken
hindert seine Macht-Gedanken.

Und wie lange daurt ers doch/
daß du deine Lust gebüßet?[11]
welche doch so bald verfließet;
etwann stirbst du heute noch/
da der Tod den Schwammen druckt/
der zu viel hat eingeschluckt/
welcher Safft und Geist und Leben
in der Preß muß wiedergeben.[12]

In der Hölle denk daran/
laß dir deinen Mammon helfen/
sihe/ ob er auch dein gelfen
hören und dich retten kan;
Warum bist du ihm dann hold/
sag/ was half dich dann dein Gold?
Was dir guts davon geschehen/
ist/ daß du es angesehen.[13]

Dieses sehen ist zu teur/
du must es zu hoch bezahlen;
ach ihr ewig-lange Qualen!
Ach du schmerzlichs Höllen-Feur!
wie wird man in deiner Qual
denken so viel tausendmal:
daß das Unrecht werd gerochen/
sey ein scharfes Recht gesprochen.

GOtt! laß mich ja nimmermehr
in ein unrecht Gut verlieben/
sollt der Reichthum mich betrüben[14]*/*
so gib lieber Armut her;
schenk mir einen solchen Sinn/
der nicht trachte nach Gewinn;
laß an Schätzen mich ergötzen/
die der Tod nicht kan verletzen!

Wieso werden eigentlich solche Gedichte so lang? Mußte es sein, daß die Drohung mit der jenseitigen Gerechtigkeit dreimal wiederkehrt? Auf solche Fragen geben die Regeln der Homiletik, der Kanzelberedsamkeit, Antwort; die damalige Zeit hätte sie gar nicht gestellt. Das Gedicht verfolgt seinen Zweck unter verschiedenen Gesichtspunkten und steigert sich in den Mitteln. Was heute so langatmig erscheint, ist die Tugend, an alles gedacht zu haben, kein Schlupfloch zu lassen für abweichende Deutungen. Eine Gedichtinterpretation in heutigem Sinne ist darum auch unnötig.

Aus sprachgeschichtlicher Sicht fällt die unterschiedliche Schreibung ein- und derselben Wörter auf. Das geht vielleicht auf die Rechnung der Setzer, vielleicht zeigt es aber auch die vielfältigen Einflüsse, denen FÜRER aufgrund seiner auswärtigen Verbindungen ausgesetzt war. Verschiedene Normen kamen den Lesern tag-täglich vor Augen, je nachdem, wo das Buch gedruckt worden war, mit dem sie sich befaßten. In Leipzig hätte die Überschrift gelautet: „Auff einen Geld-Geitzigen", und Auslassungen von Buchstaben, Elisionen oder Kontrahierungen wie in 'Feur' und 'daurt' oder gar in 'könntst' waren dort verpönt als gar zu billige Mittel, viele Wörter in einen Vers zu zwängen. Bairische Texte jener Zeit sind voll davon. Auch das 'druckt' statt 'drückt' und andererseits die eher nördliche Schreibung 'Threnen' für 'Thränen' sind Anzeichen, daß sich Nürnberg eigentlich in einer günstigen Mittellage zwischen ober- und mitteldeutschem Lautstand befand: Bei anderen politischen und personellen Verhältnissen hätte die Normierung ganz gut von den Pegnesen ausgehen können. Jedenfalls hat FÜRERS Rechtschreibung recht behalten, wo er sparsam umgeht mit dt ('Tod'), th ('Gut'), tz ('kurze') und ck ('Gedanken'); nicht gehalten hat sich die Kleinschreibung substantivierter Verben ('grübeln').

Christoph VII. Fürer, der unter anderem auch Kastellan der Nürnberger Burg war (im Bild links).

Ausschnitt in 45% der ursprünglichen Größe; Original 32,5 x 42,5 cm

Drittes Beispiel: Wider den aufklärerischen Optimismus

Der heutige Leser mag wieder mehr Bewußtsein von der gebrechlichen Einrichtung der Welt haben als manche von FÜRERS Lesern, sofern sie vom zeitgenössischen Glauben an die beste aller denkbaren Welten durchdrungen waren. Aufgeklärte 'Klugheit' ist das nicht: «*Was das Leben vor Jammer/ und der Tod vor Freude/ bey einem klugen Menschen erwecke.*»[15] Der Titel klingt allerdings jämmerlicher als die von schwarzem Humor gewürzten Verse.

So bald uns nur des Schöpfers Macht/
zu seiner Ehr ans Liecht gebracht/
so bald und bey dem ersten Tritt/
kommt auch die Meng der Schmerzen mit.

Was herber Schmerz wird schon gespürt/
indem ein Mensch gebohren wird;
biß ihn die Mutter bringt heraus
aus seinem ersten Kerker-Haus.

Kaum ist er noch darvon befreit/
so ist ein neues zubereit
die Welt das andre Kerker-Loch/
ist warlich weit betrübter noch.

Man merkt gleich was darhinter sey/
weil mans empfängt mit Klag-Geschrey;
man weint/ und dieser Thrönen Noth
fliest fort und daurt biß in den Tod.

Dann unser Leib ist so bestellt/
daß alle Tag ein Pfeiler fällt;
und wann man diesen unterstützt/
ist schon ein andrer abgenützt.

Da kommen so viel Krankheit[16] *her/*
der Fieber Hitz- und Kält-Beschwehr/
des Haubtes Weh/ der Füße Pein/
der Hände Schmerz/ der Lenden-Stein.

Zehl Mensch nur deine Glieder ab/
die dir GOtt zur Vergnügung gab:
keins ist davon/ da nicht behend
der gröste Schmerz sich finden könnt.

Ein Finger ist ein kleines Glied/
das doch viel Jammer nach sich zith/
wann nur in ihm ein Spahn versteckt/
wird gleich der ganze Leib erschröckt.

Kein Hercules wird mehr geschaut/
der unsre Schmerzen-Köpf abhaut.[17]
Hilft schon der Arzt von einer Plag/
so folgen hundert andre nach.

Was helfen? Ach man siht ja wol/
daß offt ertödt[18]*/ was retten soll;*
die Aderläß/ die gut soll seyn/
läßt aus die Krafft/ die Krankheit ein.[1]
[...]
Schlag/ Herr/ den Kerker nur entzwey/
doch so daß es zu leiden sey/[20]
daß diese/ die hinein gesetzt/
die Seel/ nicht werd dardurch verletzt.[21]
[...]

Aussage und Form dieses Gedichtes stechen von den oft hochfeierlichen Hymnen und Andachtsgesängen des Bandes ab wie Hausmannskost vom Heiligen Abendmahl, und doch ist das Gedicht eine wohlgeformte und beredte Anwendung schmerzlich errungener Weisheit. Man könnte den Autor in den Augenblicken des Lesens beinahe für einen EUGEN ROTH des 18. Jahrhunderts halten; es wäre auch reizvoll, einmal die entsprechenden Verse von FRANÇOIS VILLON, aus BRECHTS «Hauspostille» oder aus den «Nichtarischen Arien» von GEORG KREISLER zum Vergleich heranzuziehen. Warum es aber für diesmal gerechtfertigt sein soll, unter Umgehung eines 'lyrischen Ich' gleich vom Verfasser zu sprechen, erhellt aus seinen Lebensumständen. Er litt schon in verhältnismäßig jungen Jahren an vielfachen Auswirkungen einer allgemeinen

Gesundheitsschwäche und hatte eigentlich nicht erwartet, über dreißig Jahre alt zu werden, wurde aber neunundsechzig.[22]

Viertes Beispiel: Mythologische Einkleidung erotischer Gegenstände

Auch der Frömmste, falls er nicht gerade ein Mucker war, konnte damals, wenn er sich im Vorwort ein wenig für den weltlichen Leichtsinn seiner Jugend entschuldigte, allerhand Themen auf poetische Weise behandeln, ohne seinen christlichen Lebenswandel dem Vorwurf der Heuchelei auszusetzen. Zum Mensch sein mit seinen Widersprüchen und Unvollkommenheiten gehörten auch die vielen Schattierungen des Umgangs mit dem anderen Geschlecht; humanistische Gelehrsamkeit hatte auf dem Gebiet der Künste zu einiger Großzügigkeit beim Nachempfinden der alten heidnischen Muster geführt; gerade Lutheraner betonten, daß die Sünde des Menschen der Gnade Gottes nie zu groß sei und verleiteten als Studiosi gelegentlich jemanden zu Ausschweifungen, den sie im Verdacht hatten, Calviner zu sein: hätte er sich allzusehr gegen das 'fortiter peccare' gesträubt, wäre offenbar geworden, daß der Mensch seiner ketzerischen Ansicht nach schon um einer einzigen

Das Fürersche Gartenhaus
in der Nähe des heutigen Rennwegs,
italianisierte Idealdarstellung,
75% der Originalgröße

Sünde willen die Verdammnis verdiene und immer im Ungewissen sei, ob die Vorsehung ihn zur Rettung vorherbestimmt habe. Kurz: das Wort 'Pornographie' ist eine Erfindung des finsteren neunzehnten Jahrhunderts, in dem auch Nicht-Puritaner puritanisch waren (was seither zu einer um so widerlicheren Verbissenheit ins primitiv Aufreizende geführt hat); vorher hieß so etwas 'scherzhafte Muse' und konnte durchaus ehrbare Liebesgedichte neben deftig lüsternen Darstellungen bezeichnen. 'Verliebte Materien' waren eines wie das andere. Dies sei vorausgeschickt zum Verständnis, wie der sehr vornehme und sehr fromme, kränkliche Herr VON FÜRER mäßig frivole Verse machen konnte, obwohl die unter seinem Vorsitz erstellte Ordenssatzung auf Wohlanständigkeit hielt.

Liebs-Erklärung[23]

Wo hat mein Leben dann ganz meinen Tod beschloßen?[24]
Ist keine Rettung da vor einem [!] armen Knecht?
Sih doch die Threnen an/ die ich vor dich vergoßen;
und wann ichs nicht verdien/ gib nur der Liebe recht.

Die Versform ist nach französischem Vorbild der Alexandriner, wobei die Reimform nicht, wie in zeitgenössischen englischen Gedichten dieser Art, paarweise Couplets zusammenfaßt, sondern als Kreuzreim jeweils vier Zeilen überspannt. Diese bilden, als 'Quatrains', eine gedankliche Entwicklung und bewahren den Alexandriner vor dem Klappern.[25]

Ich muß dir noch einmal auch wider Willen schreiben/
die Noth die zwinget mich/ und treibet meine Hand/
ich weiß mir länger nicht in diesem Stand zu bleiben;
sih deinen Sclaven an/ und öffne seine Band!
Du kennst ja den Spital/ in dem ich bin gefangen/
du weist die Fessel auch/ darinn ich bin bestrickt;
die Ketten die du sihst an meinen Gliedern hangen/
die sind mir nur allein von deiner Hand geschickt.
Spott meiner Schmerzen nicht/ die ich vor dich empfunden;
der Schalk/ der mich verwundt/[26] *ist noch nicht aus der Welt.*
Ein Krüppel dient zwar offt zur Kurzweil der gesunden/
doch komts/ daß gleiche Plag auch auf die Spötter fällt.
Ist gleich dein Herz von Stein/ und läßt sich nicht erweichen/

> *denk/ daß es mit der Zeit auch fleischern werden kan;*
> *die Jugend pflegt indeß mit Kummer zu verstreichen;*
> *im Alter reut uns offt/ was wir nicht jung gethan.*²⁷
> *Wer frische Rosen will/ der brech sie an dem Morgen/*
> *wann noch der feuchte Thau auf ihren Blättern hafft/*
> *wann noch in Knospen ligt die beste Krafft verborgen/*
> *und nie kein Bien genascht von ihrem Purpur-Safft.*
> *Du weist/ was Jupiter mit Danaë getrieben/*
> *da dieser Künstler Gold auf ihrer Schos gemacht;*²⁸
> *welch eine lange Nacht must nicht Alcmene lieben/*
> *biß daß ein Hercules wurd auf die Bein gebracht?*²⁹
> *Ach könnt ich deiner Lieb hinfort versichert leben/*
> *so wär ich warlich mehr als Jupiter beglückt;*
> *die Liebe könnte uns vergnügte Nächte geben/*
> *ob sie gleich heut zu Tag nicht güldnen Regen schickt.*

Die mythologischen Anspielungen erscheinen nicht nur als Redeschmuck und beliebig aus dem Zettelkasten gegriffen, wenn wir uns den Aufbau der letzten sieben Verse ansehen. Der mittlere mit dem Wunsch, der die Bedingung stellt („Ach könnt ich...") wird schalenweise eingerahmt von Entsprechungen, die über das mythologische Personal angeknüpft sind: Die erste und letzte Zeile beziehen sich auf Jupiter und Danaë, die zweite und vorletzte auf die überlange Nacht des Jupiter mit Alkmene, und die unmittelbar einrahmenden auf das Höchstmaß von Liebeslust, dem der stärkste Mensch, Herakles, sein Dasein verdankte. Diese Zusammenstellung bringt den Wunsch noch deutlicher heraus, als es das antike Kostüm an sich könnte, daß die Liebe höchst beglückend sein und auch die besten Früchte tragen möge. Daher werden nämlich auch gleich zwei göttliche Liebeshändel auf einmal als Bezugspunkte genommen: Der göttlichen Aura, dem Goldregen, wovon Danaë sich umgeben sah, entspricht auf der Erde die vollkommen gelungene Verkörperung der Liebe im Zeugen eines Helden.

> *Ich pflanzt um unser Bett Violen und Jasminen/*
> *die Rosen wären mir mit ihrem Ruch zu schlecht/*
> *Cupido müste uns zu unsrer Wollust dienen/*
> *du wärst mein Venus-Bild/ und er wär unser Knecht.*

Ich lachte aller Plag/ die mein Gemüt berührte/
wann ich bey dir/ mein Kind/ nur Trost zu hoffen hätt:
Ich scherzte/ wann das Glück mich auf die Spitzen führte/
dein Brust wär meine Lust/ dein Arm mein Schwahnen-Bett.
Es ist schon Mitternacht/ da ich dir hab geschrieben;
mein Nachbar steht schon auf/ eh ich zu Bette geh:
diß macht/ daß ich von Furcht und Hoffnung bin getrieben/
und nicht/ wie er vergnügt/[30] in süsser Ruhe steh.
Doch will ich auch einmal nach Schlaf und Ruhe streben/
von Liebe/ Sorge/ Furcht und Wachen abgemutet.
Vielleicht wird mir ein Traum bald zu erkennen geben/
was etwan meine Lieb von dir zu hoffen hat.

Fünftes Beispiel: Entwertung mythologischen Materials durch Komik

Das übernächste Gedicht der Sammlung könnte ganz gut im Sinne des obigen Wunsches eine Fortsetzung sein:

Ein Traum eines ohne Hoffnung lebenden Liebhabers.

Es war nunmehr an dem/ daß Phöbus höchst vergnüget
von seiner Thetis ging/ und ihre Kammer ließ/[31]
allwo ihm [!] ihre Lieb in nasser Schos gewieget/[32]
biß die Aurora kam/ und ihre Rosen wieß;[33]
die Thetis grämte sich/ den zarten Freund zu lassen/[34]
Aurora riß ihn fast aus ihren Armen loß/
Apollo muste fort und seine Ziegel[35] fassen/
als Thetis ganze Flüß der Thränen von sich goß.
Ich Armer lag allein auf meinem Wehmuts-Bette/[36]
wo keine Thetis war/ die mich vergnügen kundt/
auch keine Cynthie besuchte diese Stätte/
hier war kein Schwahnen-Schos und auch kein Rosen-Mund.
Doch spielt ich/ wie ich pfleg/ mit vielerley Gedanken/
mein Geist flog/ wie ein Bien/ so manche Blum vorbei/[37]
ihn hielte keine Furcht/ auch keiner Satzung Schranken/
er suchte/ wo er glaubt/ daß süsses Honig sey.

*Hier/ sagt er/ gibt es zwar die angenehmste Beuten/
und meine Sylvie steckt voller Süssigkeit;
doch dieser Honigseim ist vor mich nicht bescheiden/*[38]
*weil mir mein Unglück nur betrübten Wermut streut.
Darf meine Armut dann ihr Reichthum nicht ersetzen/*[39]
und dient ihr Uberfluß vor meinem[!][40] *Mangel nicht;
darf mich das Paradieß der Liebe nicht ergötzen/
ist Eden mir verwehrt/ wo Adam Aepfel bricht?
Bin ich dann ausgebant vom süssen Land der Liebe?
Soll meine Lebens-Zeit betrübt und elend seyn?
Wird mir zur Folterbank der Liebe sanfter Triebe/
und kehrt die Hoffnung nie in meinen Grenzen ein?
Die Morgenröth verweilt; kein Tag will mich ergötzen/
der Abend ruckt indeß mit kaltem Alter an/
es will auch keine Nacht des Tages Last ersetzen/
es quält mich immerzu/ was ich nie haben kan.
So sagt ich und entschlief. Morpheus ließ sich erbarmen/
dieweil er meine Wort und Seufzen angehört/
und sprach in seiner Sprach: Dieweil dann diesem Armen
bey Tag und auch bey Nacht ist keine Ruh beschehrt/
so soll die Demmrung doch ihm ietzt zu statten kommen;
ich will durch einen Traum/ der nicht kan süsser seyn/
diß alles/ was das Glück mit Unrecht hat genommen/
ihm liefern ungesäumt zu treuen Händen ein.
Mach deine Arme auf/ du armer/ und umfasse/
rief er mir eilend zu/ beherzige dein Glück
in deiner Sylvia, die ich dir überlasse/
und ohne Eifersucht in Schos und Arme schick.
Drauf war ich ganz entzückt*[41] *von ungewohnten Freuden/
es saß die Sylvie verliebt auf meiner Schos;
Sie sprach: es ist erlaubt/ nun will ich alles leiden/
nimm hin/ was Paris einst von Helena genoß.
Hier wallte mein Geblüt/ und es kan niemand glauben/
wie wol mir damal war/ wie süß und angenehm.
Ich sprach: nun soll kein Mensch mir meine Beute rauben/*

> *wann auch ein Hercules mit hundert Keulen käm.*[42]
> *Allein ich hatte kaum im Traum den Wunsch erreichet/*[43]
> *da ein verfluchter Knecht mit ungestümmen Lauf*
> *mir sagt: der Zeiger hat die sechste Stund bezeiget;*
> *da hörte Sylvia, Traum/ Glück/ und alles auf.*

Sechstes Beispiel: Eine Sprache für das Theater?

Der zweite Teil des Sammelbandes enthält eine vollständige Übersetzung der Tragödie «Cinna». FÜRER gibt ihr den Untertitel «*Die Gütigkeit Augusti in einem Trauer-Spiel vorgestellt durch P.Corneille, und aus dem Französischen ins Hoch-Teutsche übersetzt.*» Daraus wähle ich als Probe den zweiten Auftritt des fünften Aktes, worin die Knoten der Handlung sich allmählich lösen und, ganz gegen klassische Tragödientheorie, eine Aufwärts-Katastrophe, ein Glückswechsel zum guten Ende, angebahnt wird. Da der deutsche Leser in den seltensten Fällen Gelegenheit findet, sich mit dem französischen Original zu befassen, findet er es den zitierten Versen der Übersetzung gegenübergestellt; was allerdings den Zusammenhang der Handlung angeht, so verweise ich der Einfachheit halber auf MOZARTs Oper «Titus», die man schon eher kennt hierzulande. METASTASIO und sein Bearbeiter haben im Opernlibretto zu «La Clemenza di Tito» eine sehr ähnliche Verwicklung dargestellt.

Augustus, Livia, Cinna, Æmilia, Fulvia.

Liv.   *Mein Herz/ ihr wißt noch nicht/ es suchet eur Verderben*
       auch die Aemilia/ und ist mit Haß entzündt.

[LIVIE
Vous ne connaissez pas encore tous les complices:
Votre Émilie en est, Seigneur[44], et la voici.]

Cinna.   *Ihr Götter sie kommt selbst!*
Aug.   *Und du dann auch/ mein Kind!*

[CINNA
C'est elle-même, ô Dieux!

> AUGUSTE
> Et toi, ma fille, aussi!]

Æmil. *Ja/ was er hat gethan/ that er mich zu vergnügen/*
ich selbsten war der Lohn von eurem Unterliegen.

> [ÉMILIE
> Oui, tous ce qu'il a fait, il l'a fait pour me plaire,
> Et j'en étais, Seigneur, la cause et le salaire.[45]]

Aug. *So hat die Lieb/ die heut durch mich den Anfang macht/*
dich in so kurzer Zeit schon also weit gebracht/
daß du willst ihm zu lieb aufopfern Leib und Leben?
Du liebst den Liebsten sehr/ den ich dir hab gegeben.

> [AUGUSTE
> Quoi? l'amour qu'en ton cœur j'ai fait naître aujourd'hui
> T'emporte-t-il déjà jusqu'à mourir pour lui?
> Ton âme à ces transports un peu trop s'abandonne,
> Et c'est trop tôt aimer l'amant que je te donne.]

Æmil. *Die Liebe/ die mich treibt/ kommt nicht so ungefehr*
von einem Wort von euch und eurer Ordnung her.
Wir haben allbereit/ ohn euch und eur Verlangen/
fast bey vier Jahren her/ zu lieben angefangen;
und obgleich unsre Lieb die Herzen stark bewegt/
so war uns doch der Haß weit tieffer eingepregt.
Ich hab ihm meine Treu nur mit Beding versprochen/
wann er zuvor an euch des Vatters Tod gerochen:
Er schwur mir dieses zu/ und suchte seine Freund;
der Himmel hindert uns/ und ist dem Vorschlag feind.
Drum komm ich/ und will mich euch selbst zum Opffer geben/
nicht daß ich Cinna will erhalten bey dem Leben/
sein Tod ist ganz gerecht nach dieser seiner That/

> *dann der wird nicht verschont/ der sich verschworen hat*
> *zu einem Keisers-Mord. Wer Könige will stürzen/*
> *dem darf man auch mit Recht den Lebens-Faden kürzen.*
> *Drumb such ich keine Gnad. Ich möchte nur allein*
> *bald sterben/ und mit ihm bey meinem Vatter sein.*

[ÉMILIE
Cet amour qui m'expose à vos ressentiments
N'est point le prompt effet de vos commandements;
Ces flammes dans nos cœurs sans votre ordre étaient nées,
Et ce sont des secrets de plus de quatre années;
Mais quoique je l'aimasse et qu'il brûlât pour moi,
Une haine plus forte à tous deux fit la loi;[46]
Je ne voulus jamais lui donner d'espérance,
Qu'il ne m'eût de mon père assuré la vengeance;
Je la lui fit jurer; il chercha des amis:
Le ciel rompt le succès que je m'étais promis,
Et je vous viens, Seigneur, offrir une victime,
Non pour sauver sa vie en me chargeant du crime:[47]
Son trépas est trop juste après son attentat,
Et toute excuse est vaine en un crime d'Etat:
Mourir en sa presence, et rejoindre mon père,[48]
C'est tout ce qui m'amène, et tout ce que j'espère.[49]]

Aug. *Ihr Himmel/ hat noch nicht eur Zorn ein End genommen/*
soll dann mein Unglück stets aus meinem Hause kommen:
Die Julia hab ich als unkeusch weggebannt/
und setzt Æemilien aus Lieb in ihren Stand.
Doch seh' ich/ daß auch die mit Untreu ist umgeben;
die eine raubt die Ehr/ die andre raubt mein Leben;
die erste tödt mich fast durch ihrer Geilheit-Sinn/
und diese andre wird gar meine Mörderin.
Muß dann August allein nur darum Vatter heißen/
daß man vor seine Treu ihm Untreu sollt' erweisen?
Ach Tochter/ ist dann diß vor meine Lieb der Lohn!

[AUGUSTE
Jusques à grand, ô ciel, et par quelle raison
Prendrez-vous contre moi des traits de ma maison?
Pour ses débordements j'en ai chassé Julie;
Mon amour en sa place a fait choix d'Émilie,[50]
Et je la vois comme elle indigne que ce rang.
L'une m'ôtait l'honneur, l'autre a soif de mon sang;
Et prenant toutes deux leur passion pour guide,[51]
L'une fut impudique, et l'autre est parricide.
O ma fille! Est-ce là le prix de mes bienfaits?]

Æmil. Mein Vatter trug von euch einst gleichen Lohn davon.

[ÉMILIE
Ceux de mon père en vous firent mêmes effets.]

Aug. Gedenk zu was vor Sorg mich deine Zucht bewogen.[52]

[AUGUSTE
Songe avec quel amour j'élevai ta jeunesse.[53]]

Æmil. Mein Vatter hat euch einst mit gleicher Sorg erzogen.
       Er war eur Vormund-Freund/ und ihr sein Henkers-Knecht/
       was euch einst billich war/ ist mir anjetzo recht.
       Es hat mir eure Hand den Undanks-Weg gezeiget/
       drum schändt nicht meine That/ weil sie der euren gleichet:
       da diß den Unterschied noch bey uns beeden macht/
       daß ihr aus Hochmuht[sic] nur den Vatter umgebracht;
       ich aber wollt eur Blut/ durch rechte Rach getrieben/
       der Unschuld opffern auf/ die ihr habt aufgerieben.

[ÉMILIE
Il éleva la vôtre avec même tendresse;
Il fut votre tuteur, et vous son assassin;
Et vous m'avez au crime enseigné la chemin:

Le mien avec le vôtre en ce point seul diffère,
Que votre ambition s'est immolé mon père,
Et qu'un juste courroux, dont je me sens brûler,
A son sang innocent voulait vous immoler.]

Freilich, für 'tuteur', 'assassin' und 'immoler' standen keine ebenso gehobenen deutschen Wörter zur Verfügung; und wer denkt, statt 'Hochmut' hätte 'Ehrgeiz' als Übersetzung von 'ambition' besser gepaßt, täuscht sich über den viel stärkeren Unterton von unbeherrschtem Laster, der dem Wort damals noch anhing, und der wohl zu Augustus nicht gepaßt hätte. ('Geiz' hieß eine 'Gier' nach dem Besitz hoch bewerteter Dinge. Es hatte noch nicht eindeutig mit Geld und Bewahren-Wollen zu tun, deshalb mußte man damals auch ausdrücklich 'Geldgeiz' sagen, wenn man das meinte.) Wir sehen aber schon, daß es FÜRER gelungen ist, eine angemessene Übersetzung zu liefern, die der Vorlage Zeile für Zeile folgt — bei gereimten Texten ist schon das eine beachtliche Leistung — und die sogar gut zu sprechen ist. Um «Cinna» bei uns einzubürgern, fehlte es eigentlich nur an der Propaganda. Dem Stück fehlte es zwar für deutsche Verhältnisse außerdem noch an Zeitbezug, während CORNEILLE um 1640 auf ein Komplott gegen RICHELIEU bzw. auf eine Volkserhebung in der Normandie anspielen konnte.[54] Aber welches Theaterstück aus der großen Epoche der französischen Literatur, das diesem vorgezogen wurde, hatte hierzulande unmittelbaren Zeitbezug? Oder hatte einen solchen nötig?

Siebtes Beispiel: Poetische Rollenverteilung überspielt Gegensätze

Wer bisher CHRISTOPH VON FÜRER als einen im Grunde voraufklärerischen, protestantischen Autor gesehen hat, kann daran beinah irre werden, wenn er seine letzte Sammelveröffentlichung ansieht:

«Pomona, Oder Aufgesammlete Früchte der Einsamkeit, von verschiedenen Poëtischen/ Teutschen auch andern Gedanken und Erfindungen. Nürnberg/ zufinden bey Johann Friedrich Rüdiger. Gedruckt bey Lorenz Bieling/ 1726.»

Der doppelseitige Titelkupfer zeigt im Vordergrund eine etwas geschönte, zu einem Halbrund veränderte Arkadenstellung beim Rockenbrunn, darüber im Hintergrund rechts den Moritzberg mit Kapelle, im Mittelgrund links das Schloß Haimendorf, dahinter Lauf, und ganz weit entfernt, kaum noch erkennbar, Nürnberg. So vollständig war der Umkreis, in dem diese Schriften entstanden sind, in den vorigen Büchern noch nicht abgesteckt.

Titelkupfer von Fürers „Pomona", 60% der Originalgröße

Aber sehen wir uns das einleitende «*Scherz-Gespräch zwischen Vesta/ Flora und Pomona*» näher an. Vesta, die dem Himmel geweihte, beklagt sich unter anderem über die (nicht mehr ganz neue) Lehre, daß die Erde sich um die Sonne drehe:

> *Philosophia wird zu schanden,*
> *weil sich die Welt selbst ändern kan.*
> *Die Erde macht sich auf die Bahn,*
> *die etlich Tausend Jahr gestanden;*
> *da Phoebus still dargegen steht,*
> *und nicht, wie sonst, spazieren geht.*

Auch die Göttin der Heilkunde findet sie neuerdings befremdlich:

> *Hygeia macht es etwas besser;*
> *doch ändert dis verwegne Weib*
> *bißweilen gar des Menschen Leib;*
> *sie nimmt an statt des Schwerds das Messer,*
> *und löst damit der Rätzel Hauf,*
> *wie Alexander Knoten, auf.*
>
> *Das Blut muß jetzo circuliren,*
> *so doch vor diesem anderst war;*
> *Stieg einst Galenus aus der Bahr,*
> *wie sollte der nicht admiriren,*
> *daß, wie der Ledae Söhn', auch er,*
> *aus einem Ey geboren wär!*

Die dem Irdischen nicht abgeneigte Flora verteidigt dagegen alles Neue, ob es sich nun um wissenschaftliche Errungenschaften oder das Alamode-Wesen handelt

> *Ja! Vesta, ich muß zwar bekennen,*
> *die Welt ist voller Eitelkeit;*
> *doch bin ich darum nicht bereit,*
> *mich völlig von ihr abzutrennen:*
> *dann sie ist ein Comödi-Haus,*
> *und sieht bunt, unvergleichlich aus.*

Schon hier könnte der Leser mißtrauisch werden, ob er der Flora noch ein einziges Wörtlein glauben soll. Es sieht zunächst nicht danach aus, als habe FÜRER auf seine alten Tage das Theater noch so wert geschätzt, daß er im Ernst die guten Seiten der Welt damit verglichen haben wollte. GOETHE, der sich doch weit enger mit dem Theater verbunden hatte, läßt einen der Pädagogen in «Wilhelm Meisters Wanderjahren» seltsam kalt über die Bühne urteilen, und man ist darauf gefaßt, daß würdige ältere Herren der früheren Zeiten dafür nicht mehr viel übrig haben konnten, wollten sie nicht aus der Rolle fallen. Flora aber fährt munter fort:

> *Mir scheint, du habest heut gelesen*
> > *ein Stuck aus dem Misanthropo,*[55]
> > *und aus dem Spötter Boileau*
> *die mit der Welt im Krieg gewesen;*
> > *weil sich der Welt-Kopf, wie er sollt,*
> > *nach ihrem Kopf nicht richten wollt.*

Der Ausdruck 'Weltkopf' trägt zwar kein philosophisches Gewicht, das annähernd an HEGELs 'Weltgeist' herankäme, aber er verallgemeinert die herrschenden Anschauungen, ohne daß man dargestellt findet, wie sie sich bilden. Sie sind einfach da und scheinen nicht beeinflußbar. So sieht es jemand, der nicht gewohnt ist, sich auseinanderzusetzen, sondern von anderen Unterwerfung unter seine vermeintlich ewig gültigen Ansichten verlangt. Es ist für Floras Rolle bezeichnend, daß sie diese Haltung als charakterkomischen Typ auf der Bühne oder in der Satire verkörpert findet. In diesen Medien wurde auch zuerst so etwas wie öffentliche Meinungsbildung versucht. Man schrieb dagegen an, daß sich die Angehörigen alter Bildungsschichten gegen Neues abkapselten, ohne sich mit dem Urteilen viel Mühe zu machen; sich von Vorurteilen beherrschen zu lassen und andere dadurch zu beherrschen, ist aber ein Hauptvorwurf der Aufklärer an die Traditionalisten. Flora ist gar nicht so oberflächlich, wie es erst schien, wenn sie kenntnisreich weiterargumentiert:

> *Sophia pflegt sich zwar zu ändern;*
> > *jedoch zu ihrer Besserung.*
> > *Man fehlt offt wann man ist noch jung,*
> *und bessert sich mit den Calendern.*
> > *Dann wer den Circul recht versteht,*
> > *sieht leichtlich, daß die Erde geht.*
>
> *Je weiter eines Circuls Kreise*
> > *von diesem Punkt entfernet sind,*
> > *der in dem Mittel sich befind,*
> *je grösser werden dessen Gleise.*
> > *Jezt meß den Weg der Sonn zur Erd,*
> > *und denk wie groß der Circul werd.*

> *Meß' auch das grosse Sonn-Gerüste,*
> > *und rechne nach mit was für Grund,*
> > *in Zeit von vier und zwanzig Stund,*
> *der grosse Cörper lauffen müste;*
> > *und ob es leichter nicht gescheh,*
> > *daß sich die Erde nur verdreh?*

Das heißt doch nichts anderes als: Die neue Philosophie ist zunächst einmal darum besser, weil sie mehr Zeit gehabt hat, sich herauszubilden — der Glaube an einen geradlinigen, unumkehrbaren Fortschritt ist die Bedingung für diese Aussage! FÜRER hatte in Paris Gelegenheit gehabt mitzuerleben, welche Kreise die „Quérelle des Anciens et des Modernes" seit 1683 zog; Flora läßt er die Partei der letzteren ergreifen. Sie tut das am Beispiel des Planetensystems mit mathematischen und physikalischen Argumenten. NEWTONS neue Lehre von der Gravitation liefert allerdings mittelbar eine Begründung, die KOPERNIKUS und KEPLER noch nicht geläufig war, wenn sie auffordert, die beteiligten Massen in Betracht zu ziehen.

Insofern ist die Darstellung auf neuestem Stand; sie ist das aber nicht in sprachlicher Hinsicht, denn FÜRERS Zeitgenosse, der Philosoph CHRISTIAN WOLFF, ging in diesen Jahren daran, die aus dem Lateinischen stammenden Ausdrücke 'Circul', 'Linie' und dergleichen durch 'Kreis', 'Gerade' und so fort zu ersetzen.

Immerhin bedient sich FÜRERS Flora eines logischen Lieblings-Hilfsmittels der Aufklärer: des Satzes vom zureichenden Grund: „[...] mit was für Grund [...] der grosse Cörper lauffen müste". Hernach nimmt sie ihre Gründe zugunsten der neuen Medizin wieder aus der theatralischen Anschauung:

> *Wann ein gesunder Molière*
> > *die edle Medicin veracht;*
> > *so macht er, daß man mit ihm lacht;*
> *doch der malad' imaginaire*
> > *zeigt allen Spöttern deutlich an,*
> > *wie bald man sich versünden kan.*

Bekanntlich war Molière in der Rolle des eingebildeten Kranken an seiner echten Schwindsucht gestorben.

> *Wem sollt die Poësie belieben?*
> > *die dir und mir so sehr beliebt,*
> > *und stetig etwas Neues giebt.*
> *Wann sie beym Alten wär geblieben,*
> > *Hanns Sachs gieng allen Sachsen vor,*
> > *und Lobesan wär noch im Flor.*

Eine treue Nürnbergerin scheint diese Flora nicht zu sein, wenn sie den Vorrang der neuen sächsischen Dichterschule vor dem guten alten Schusterpoeten noch eigens hervorhebt. Sie übernimmt damit eigentlich die Redensarten der Auswärtigen von GRYPHIUS bis THOMASIUS und weiter; erst der junge GOETHE, der die alten Volksbücher liebte, verbannte alle in den Froschpfuhl, die ihren Meister je verkannt hatten. Gehörte auch FÜRER zu jenen, stand er gänzlich hinter seiner Flora?

> *Wir selbsten bleiben nicht beym Alten,*
> > *zumal in diesem Scherz-Gedicht;*
> > *wir fürchten uns der Sünde nicht,*
> *auch fremde Wörter einzuschalten;*
> > *Französisch, Griechisch und Latein,*
> > *muß Salz auf unsre Suppe seyn.*

Hier verliert Flora in unseren Augen jede Glaubwürdigkeit: Das konnte doch der Präses des Blumenordens nicht selbst meinen! Flora spielt den Anwalt der Gegenseite. Oder? Schließlich fallen einem in manchen Schriften FÜRERS gewisse Fremdwörter auf, wenn auch nicht in so unbekümmert großer Zahl. Und dies soll ja ein „Scherzgedicht" sein, also gehört wohl etwas Selbstironie dazu. Wie steht es aber mit Floras aufklärerischen Tendenzen, über deren Gedankengänge sich FÜRER wohlunterrichtet zeigt? Wir müssen den Schiedsspruch der Pomona abwarten, um der wahren Meinung des Verfassers näherzukommen. Nachdem Pomona, also die Titelallegorie, ihre sittsame Schwester Vesta aufgefordert hat, sich lieber um ihre Stickerei zu kümmern, und Flora ein wenig zurechtgewiesen hat, vermittelt sie zwischen den beiden, indem sie weltanschauliche Unterschiede als Generationenkonflikt relativiert:

> *Es fordern allzeit andre Zeiten,*
> > *auch andre Sitten in der Welt;*
> > *was offt der Jugend wol gefällt,*

> *diß mag das Alter nicht mehr leiden.*
> *Drum hat der alles recht gefügt,*
> *der nutzt und auch zugleich vergnügt.*

Daß nur niemand vermutet, derjenige, der alles recht gefügt hat, sei der Schöpfer! FÜRER macht in einer Fußnote klar, daß er damit die poetologische Empfehlung des HORAZ „omne tulit punctum qui miscuit utile dulci" übersetzt. Dem Dichter wird zur Aufgabe gemacht, sowohl die Floren zu erfreuen als auch den Vestalinnen moralischen Nutzen zu bieten. Das bedeutet, daß neue Erkenntnisse und Moden als erfreuliche Abwechslung durchaus Gegenstände der Dichtung sein dürften, dabei aber die unveränderliche christliche Lehre von der Sorge um die ewige Seligkeit nicht außer Betracht gesetzt werden dürfe.

Leicht wird ein solcher Vorsatz um 1730 nicht mehr zu verwirklichen gewesen sein. Die dichterischen Gattungen fielen immer weiter auseinander in erbauliche und kühn mit ungelösten Fragen befaßte. Lehren wollte die neuere Dichtung auch, aber kaum noch auf eine Weise, die den Schriftsteller zum dilettierenden Theologen ohne Amt gemacht hätte. Was die Grundlage neuer, weltlicher Klugheit bildete, war FÜRER, wie wir gesehen haben, nicht unbekannt. Ist es ihm gelungen, durch dichterische Mittel beiden Seiten gerecht zu werden? Pomona scheint vorauszusehen, daß sie mit ihrer Art wenig Gefolgschaft und Öffentlichkeit findet:

> *Sollt aber jemand nicht verlangen,*
> *diß, was ich theils zum Haus-gebrauch,*
> *und dann vor gute Freunde auch,*
> *in meinem Garten aufgefangen;*
> *der denke, daß Pomonen Freud*
> *besteh auch in der Einsamkeit.*

Darin zeigt sich bis auf einen gewissen Grad epikuräische Überlieferung: man zieht sich aus dem städtischen Treiben auf sein Landgut zurück, unterhält Freundschaft und strebt nach heiterem Gleichmut; bis auf die Pflege freundschaftlicher Beziehungen und die Heiterkeit hätte es FÜRER auch ähnlich gesehen, einem christlichen Stoizismus das Wort zu reden, der nach irdischen Dingen überhaupt nichts mehr fragt. Jedenfalls ist die Einsamkeit nicht nur daraus abzuleiten, daß er mit seinen Ansichten und seinen Dichtungen je länger je einsamer geblieben wäre. Aber zu den Bahnbrechern der weiterführenden Entwicklung hat er sich einsichtsvoll nicht gezählt, obwohl er ja gewußt hat, daß die Dichtung nicht einfach nach bewährten Mustern betrieben werden könne. Er dichtete in «Pomona» wohl nur noch für sich und seinen exklusiven Kreis und ließ sich, wie wir wissen, lange zur Veröffentlichung drängen.

In diesem Buch machen Huldigungsgedichte einen großen Teil aus. Sie sind an alle möglichen Habsburger gerichtet, auch an den Prinzen EUGEN, bemerkenswerterweise auch an den neuen „König in Preußen" und dessen Ansbacher Verbindungen. (FÜRER war Politiker, und Nürnbergs Politik war seit eineinhalb Jahrhunderten ein Seiltanz zwischen Katholiken und Protestanten, dem Kaiser, Fürsten und anderen Reichsständen gewesen.)

Eine Gattung von Gedichten, die bald aus der Mode kam, besteht in Beschreibungen von Gedenkmünzen. Desgleichen finden sich Aufschriften[56], Devisen (deutsch und lateinisch), und mehrere geistliche Gedichte und Abhandlungen. Alles sehr gelehrt, mit einer Fülle von Fußnoten, die Parallelstellen antiker Dichter anführen, ungemein wohl konstruiert und — nach heutigem, damals aber schon sich ankündigendem Verständnis — leer von Poesie.

MUNZ: Literarisches Rokoko

Freilich bestand die Pegnesendichtung der fraglichen Zeitspanne nicht allein aus Werken CHRISTOPH FÜRERS. Die Werke JOHANN FRIEDRICH RIEDERERS, eines zweifellos bemerkenswerten Mannes, schienen mir jedoch nicht typisch für Nürnberg und die Zielsetzung des Ordens — man kann genausogut HUNOLDS oder HENRICIS „galante" Drechseleien bzw. Unverschämtheiten lesen. Mir blieb, um breiteren Überblick zu erhalten und vielleicht auch die vierte Generation der Pegnesen in den Blick zu bekommen, nur die Sammlung «Poesie der Franken», in der sich nach HERDEGENS Auskunft Texte von Mitgliedern finden sollen. Erschwert wird die Zuschreibung allerdings dadurch, daß von den Namen der einzelnen Verfasser nur die Anfangsbuchstaben aufgeführt sind.

GEORG LUDWIG OEDER war kein Pegnese und überdies in Ansbachischen Diensten. Als er aber 1730 im Verlag Peter Conrad Monath zu Frankfurt und Leipzig eine «Erste Sammlung» mit dem Titel *«Poesie der Franken»* erscheinen ließ, äußerte er Hoffnungen in der Vorrede, die dem Gedankengut des Ordens nahestanden. Er wollte das Vorurteil vom „altfränkischen Wesen" bekämpfen, indem er in Bezug auf Sprachpflege und Versifikation zeigte, wozu Dichter hierzulande imstande seien; sogar die Hoffnung auf einen fränkischen Beitrag zu einem deutschen Wörterbuch hatte er noch.

Kühn war er, das muß man ihm lassen: Das Buch enthält Beiträge von nur drei verschiedenen Autoren, die sich wohl zu Vorreitern der Sache machten, um andere nachzuziehen, einschließlich OEDER selbst. Sie wurden aber nur mit Anfangsbuchstaben genannt, wahrscheinlich, damit die personelle Armut nicht gleich auf den ersten Blick zutage träte. Einer der Autoren ist G.C.M., und im Hinblick auf die in seinen Gedichten auftretenden Bezugnahmen auf Nürnberg und einen Hinweis bei AMARANTES[57] ist es leicht zu erraten, daß sich dahinter GEORG CHRISTOPH MUNZ verbirgt, genannt **PHILODECTES**. Er war 1691 in Nürnberg geboren, wurde 1719 Frühprediger an der Walburgiskapelle, 1720 in den Orden aufgenommen, 1722 Konrektor an der Spitalschule, 1731 Rektor am Egidiengymnasium, 1737 nach Saalfeld als Rektor berufen und 1740 noch Pfarrer in Markt Gölitz. Auch nur so ein Theologe?

Erstes Beispiel: Bürgertugend im Gedicht für einen Patrizier

Auf Seite 29 der Oederschen Sammlung beginnt sein Ehrengedicht an «*Herrn Gustav Georg Tetzel von Kirchensittenbach, zu Vorra und Artelshofen, etc. Ihro Römisch-Kayserlichen Majestät würklichen Rath, und des ältern geheimen Raths der Stadt Nürnberg etc.*» Es enthält die bemerkenswerten Zeilen:

> *Die Tugend nimmt an sich, wie Marmor, keine Schminken,*
> *Und kan sich damit schon beglückt und herrlich dünken,*
> *Daß zum gemeinen Wol ihr Wolthun Nutzen schafft,*
> *Wie Ströme, die getrost aus ihren schönsten Höhen,*
> *Dem Land, nicht sich, zu gut, durch stille Thäler gehen.*

Hier finden sich auf engem Raum die wesentlichen Leitbegriffe der bürgerlichen Aufklärungsphase, in der neue Schichten über akademische Qualifikationen nach Besitz strebten, in ihrem Streben nach Durchlässigkeit der Standesschranken moralische Argumente gegen eine Einordnung gemäß dem Rang der Geburt gebrauchten und sich mit den bisher verachteten und beschränkten kleinen Gewerbetreibenden zusammentaten, um statt des Reichtums die Kreditwürdigkeit, statt des Geizes die Investitionsbereitschaft, statt der Repräsentation die Produktivität auf ihre Fahnen zu schreiben und alle

Welt danach zu messen: 'Tugend', 'Gemeinwohl', 'Wohltätigkeit' (im Sinne von Anregung der Wirtschaft), 'Nutzen', und — im Bild — Entäußerung der adligen Vorrechte, Abkehr von einem Leben des müßigen Genusses zugunsten der Arbeit für das Land. Es kann gut sein, daß Herr TETZEL ein altnürnbergisch guter Haushalter war und patriarchalisches Wohltun übte. Indem man ihm in diesen Worten schmeichelte und ihn dadurch in die Pflicht nahm, ein Citoyen zu werden, untergrub man allerdings die geistigen und politischen Grundlagen seines Daseins. Ob er es geahnt hat? Ob es MUNZ gemerkt oder gar beabsichtigt hat?

Immerhin muß man für eines seiner Hauptwerke einen Rednerwettstreit betont weltabgewandten Inhalts ansehen: «*Die in den Leiden JESU geoffenbarte Liebe. In einem Teutschen Redner-Auftritt gezeiget von Georg Christoph Munzen/ Nürnberg, gedruckt mit Felßeckerschen Schrifften, An. 1735.*» Es handelt sich um „oratorische Passions-Übungen", in denen Schüler des Egidiengymnasiums von ihrem Rektor Texte vorzutragen bekamen, die teils Streitgespräche in Prosa, teils längere Reden, teils Oden und teils tatsächlich musizierte Kantaten waren, immer schön abwechselnd. Die Aufführung, deren erbauliche Wirkungsabsicht, Länge und Vielgestaltigkeit vielleicht auf die Form der von KLAJ und BIRKEN in Nürnberg eingeführten Rede-Oratorien zurückgeht — näheres mögen zünftige Barockforscher untersuchen — beschäftigte eine ganze Reihe von jungen Herrschaften, deren Familiennamen später bei anderen Personen im Blumenorden wieder auftauchen. So hatte u.a. ein JOHANN PHILIPP DIETELMAIR zu untersuchen, „ob die etwas freyen Poeten mögen entschuldigt werden" — natürlich konnten in einer Passionsübung die „Galanten" mit ihren zuckrigen Zoten nicht entschuldigt werden!

Zweites Beispiel: Schlichtere Pastoraldichtung

Am Anfang einer poetischen Gratulation[58] «*Als Tit. Herr Johann Friedrich Pömer, Das Pfleg-Amt Herspruck antrat.*»[59] findet sich folgende Darstellung:

> *Pegnesis schlief vergnügt an ihrem gelben Strand.*
> *Das Lager war mit Moos, das Haupt mit Schilf bedecket,*
> *Sie aber hatte Mohn und Palmen*[60] *in der Hand,*
> *Und ruhte, bis sie schnell ein Jubel-Schall erwecket.*
> *Verarget (fieng sie an, da kaum ihr Angesicht,*
> *So noch voll Schlummer war, sich etwas ausgekläret),*

Verarget, die ihr sonst nichts als mein Wol begehret,
doch meinem sichern Aug die süsse Ruhe nicht.
Ihr kennt die Sorge wol, die mich so sorglos machet:
Ich schlaffe, weil für mich die edle Noris wachet.
Jetzt aber tringt ein Ton zu meinen Ohren ein,
Der mich ganz munter macht, und spricht von sondern Freuden.
Es liegt um meine Stirn ein angenehmer Schein,
Daß keine Wolke darf sich um mein Auge breiten.
Ihr Berge, saget mir, was macht euch so erfreut?[61]
Kan euer steiler Fels der Menschen Lust empfinden?
Und warum eilet ihr, ihr Ströme, aus den Gründen,
Die ihr so lang benetzt, mit solcher Hurtigkeit?
Mich dünkt, ihr dränget euch, und wandert zu den Auen,
Um Pömers hohes Glück in voller Blüh[62] *zu schauen.* [...]

Oft und oft haben die Pegnesen ihrem namengebenden Fluß Gedichte gewidmet oder die Pegnesis auftreten lassen, doch MUNZ gelingt dabei ein neuer Ton. Nicht die beschwingten Dreierrhythmen der ersten Generation, nicht gesuchte Bilder und mit ungewöhnlichen Wörtern und Reimen ausgezierte Naturbeschreibungen gibt er, sondern schlichte, scheinbar ungekünstelte Aussagen, die für uns besser zum pastoralen Kostüm passen. Nur die geradezu an LESSING erinnernde Unterbrechung und schwungvolle Wiederaufnahme der Rede bei „verarget" zeigen, daß MUNZ seine Rhetorik gelernt hat. Ansonsten entsteht vor dem inneren Auge ein Bild wie von pastellfarbigen Fresken eines Gartenpavillons anstatt der heroischen oder elegischen Landschaften von POUSSIN oder SCHÖNFELD. Kurz: Das literarische Rokoko ist in Nürnberg angekommen.

Drittes Beispiel: Psychologisch gebändigte Rhetorik

Man erwartet eigentlich nicht, in Gelegenheitsgedichten zu Leichenbegängnissen besondere Proben dichterischen Talentes aufzufinden: Wenn man den Tod von Menschen zu betrauern hat, die einem selber nahegestanden sind, wäre Kunstfertigkeit schon fast unaufrichtig, und im andern Fall wird auf die Gefühle anderer Leute in einer Weise gezielt, die um so schamloser ist, je besser es gelingt. Aber eines von MUNZens Trauergedichten ergreift das Gemüt eben doch — gerade weil er das erwähnte Dilemma zum Ausgangspunkt nimmt und anständig durchführt, sodaß gefühltes und dargestelltes Leid ununterscheidbar werden. Dazu hatte er bloß die Worte in den Mund der Witwe zu legen. (Dieser perspektivische Kunstgriff war allerdings nicht neu und lag vom barocken Rollen-Gedicht her nahe. Schuber LXI a des Archivs enthält z.B. ein «Klag-Lied Der höchstbestürtzt- und bekümmerten Edlen Frau Wittib» von 1669, das von FERRANDO I. stammt, JOHANN LUDWIG FABER.)

An MUNZENS Gedicht ist beachtenswert, wie sich der madrigalische, aufgelöste Versbau den Seufzerfiguren der Rede anschmiegt: Je gewichtiger die Aussage oder herber das Leid, desto karger fallen die Worte aus:

Nach der Leich-Predigt. Klage der Frau Wittib.[63]

Weicht, ihr beredten Tröster, hin,
Und lasst mich ganz allein.
Ein schmachtend, ein gebeugter Sinn
Mag lieber einsam sein.[64]

Mein Ohr ist taub, euch anzuhören:
Und, wo ich selber reden will;
So stehen alle Triebe still,
Die mich sonst Wort und Antwort lehren.
Das Herze denkt, bey einem stillen Ach,
Nichts, als dem harten Schlusse nach,
Der ein so liebreich Band zerschneidet,
Und mich von meinem Pfinzing scheidet:
Und kan mithin, in solchem Unvermögen,
Den Nachdruck wol nicht überlegen,
Der eure Tröstungen erfüllt,
Sonst aber wol aus reinen Seelen quillt.
Dein treues Herz, o theurer Ehgemahl/
Hat sich so fest an mich verbunden,
Daß nunmehr meine Wunden,
Durch zugehäufte Qual,
Und, unter tausend Thränen-Güssen,
Nur desto stärker bluten müssen.

> *Wiewol ich irre, wenn ich glaube,*
> *Daß sich bey Sarg und Grabe*
> *Der Liebe Band zerschnitten habe.*
> *Und etwan mehr, als das was sichtbar, raube.*
> *Ich weis, du liebst mich noch jezund.*
> *Und ich, indem ich mich betrübe,*
> *Versiegle ja mit Thränen meine Liebe,*
> *Die unzertrennlich ist,*
> *Und da schon lebt, wo du verherrlicht bist.*
>
> [...]

Schöne Empfindungen unter weitgehender Vermeidung dessen, was man damals anfing 'Schwulst' zu nennen. Man vergleiche doch einmal damit den dick aufgetragenen Redeschmuck des FABERschen Gedichtes:

> *Schlagt den Marmel eurer Brüste!*
> *Reisst die Netze eurer Haar!*
> *Meiner Waisen arme Schaar/*
> *Die Ich Kummer-Mutter küsste.*
> *Lasst die Augen Threnen quellen!*
>   *(wo noch Threnen immer sind)*
> *Windt die Hände! lasst sie schellen!*
>   *Weil uns aller Trost zerrinnt.* [etc.]

Hier stehen schulmäßig zusammengestellte Gebärden des Pathos im Vordergrund; MUNZ dagegen versucht bereits, das Fehlen der Worte und die innere Bewegung zu ergreifender Wirkung zu bringen. MUNZ war in seinen besten Hervorbringungen ein fähiger Dichter auf der Höhe seiner Zeit und wohl ein noch besserer Seelsorger. Einen besseren Textdichter hat auch BACH nicht gehabt. Und so etwas wurde in Nürnberg nicht für Fürsten, sondern zu jedem derartigen Anlaß in Kreisen des gehobenen Bürgertums aufgeführt. Denn daß dies in Kantatenform Verfaßte auch gesungen wurde, liegt sehr nahe. Wie war wohl die Besetzung beschaffen, welche Musik erklang zu den Versen? Ist das alles verweht, und haben wir keine Möglichkeit mehr, dem Glanze Leipzigs und Hamburgs ein wenig Eigenes entgegenzusetzen? (Zum Beispiel wurde im Jahre 1737 eine Hochzeitskantate des 1690 geborenen Nürnberger Komponisten CHRISTOPH STOLZENBERG aufgeführt, anläßlich der Hochzeit des ADAM FRIEDRICH GLAFEY mit der Tochter des Altdorfer Juraprofessors RINK. Die

Wiederaufführung war am 20. 5. 1990 zu hören, unter der Leitung von WOLFGANG RIEDELBAUCH.)

Viertes Beispiel: Ein Pfarrer verteidigt die Naturwissenschaft

Nach der Leichenfeier begeben wir uns in die Anatomie. Auch dazu fiel MUNZ etwas zeitgemäß Bedeutendes ein: «*Die vertheidigte Anatomie als Tit. Herr Christoph Jacob Treu, Medicinae Doctor, und Physicus ordinarius, auf dem Nürnbergischen Theatro Anatomico, A. 1728. einen männlichen Cörper zergliederte.*»[65]

Übrigens war TREU der Sohn des Apothekers in Lauf, eines durch gelehrten Briefwechsel weithin bekannten Pharmazeuten, und selber war er auch bis ins Holländische bekannt. Sein Vater, sei der Kuriosität halber erwähnt, verfaßte 1680 eine Schrift zur Verteidigung des Laufer Bieres, das ins Gerede gekommen war, und die lebensmittelchemischen Untersuchungen dazu waren zum Teil von dem Nürnberger JOHANN GEORG VOLCKAMER vorgenommen worden. Dieser, von HARSDÖRFER unter dem Namen **HELIANTHUS** als zehntes Mitglied in den Orden aufgenommen, war ein bekannter Arzt, Botaniker und Astronom. Einer seiner Söhne wiederum, JOHANN CHRISTOPH VOLCKAMER, war der Verfasser des bekannten botanischen Werkes «*Nürnbergische Hesperides*», erschienen 1708, worin er alle damals bekannten Zitrusfrüchte und die Gartenanlagen der Nürnberger Reichen, in denen sie gezogen wurden, beschreibt und abbildet.[66] Mit diesen Hesperidengärten konnte und sollte der Irrhain natürlich nicht wetteifern. Aber man sieht schon, wie der Orden von Anfang an in die Kultur und die naturwissenschaftlichen Errungenschaften der Gelehrtenschicht Nürnbergs verwoben war. Darum stammt das folgende Gelegenheitsgedicht nicht nur zufällig von einem Pegnesen.

> [...] *Auch selbst die edle Kunst, da ein geschliffner Stahl*
> *Durch todte Leichen tringt, und ein Gedächtnis-Mahl*
> *Der allerhöchsten Macht in unsre Sinnen kerbet,*
> *Hat mehr als einmal schon der gelbe Neid verfärbet*
> *Und häßlich angeschwärzt. Man drohet aus dem Buch,*
> *Das uns zum Himmel führt, bey nahe Bann und Fluch,*
> *Und suchet uns dadurch des Fehls zu überführen,*
> *Daß GOtt verbotten hat, die Todten zu berühren.* [...]

Anscheinend hatte eine weniger gelehrte als zelotische Partei an Sektionen Anstoß genommen. Konnte es eine Gruppe aus dem Patriziat sein, die wieder einmal die Gelehrten etwas dämpfen wollte? Weit eher war es im Interesse der städtischen Regierung, die wohlweisen Einrichtungen medizinischer Art zu verteidigen. Aber mit welchen Argumenten der Geistliche MUNZ darangeht, den tüchtigen Amtsarzt gegen die fromme Plebs in Schutz zu nehmen, verdient im Hinblick auf die Aufklärungsbewegung unsere Aufmerksamkeit.

> *Allein, was dazumal die erste Kirche that,*
> *Geschah (wer zweifelt dran?) aus wolbedachtem Rath.*
> *So schien es auch nicht Noth, bey ihren Wunder-Gaben,*
> *Den Beytrag über diß von einer Kunst zu haben,*
> *Die nunmehr nöthig ist, nachdem die sondre Krafft*
> *Der Wunder aufgehört, und unsre Wissenschaft*
> *Durch unermüdten Fleis, durch forschendes Bemühen,*
> *Zum allgemeinen Nutz, fortfähret aufzublühen.*
> *Und wisst ihr nicht, daß wir auf deren Schultern stehn,*
> *Die vor uns sind gewest, und mithin weiter sehn,*
> *Als jene nicht gedacht? Das Blat hat sich gekehret,*
> *So, daß die spate Zeit uns eine Wahrheit lehret,*
> *Die vorhin dunkel war. Wer hat sich nicht gescheut,*
> *Was die erfahrne Welt mit vollem Halse schreyt,*
> *Daß nemlich gegen uns, am andern Theil der Erden,*
> *Die Menschen, so wie hier, bey uns, gefunden werden,*
> *Nur träumend darzuthun? Doch ist es jetzund wahr,*
> *Und, wie das Sonnen-Licht am Mittag, offenbar:*
> *Mithin hat unsre Zeit noch vieles anzupreisen,*
> *Das unsrer Vätter Spruch nicht allzeit gut geheisen.* [...]

Hier ist ein ganzes System von Leitgedanken der Aufklärung beisammen. Geradezu triumphierend, eingekleidet in Lichtsymbolik, tritt der Fortschrittsglaube hervor, der bei FÜRER noch halb in Voraussetzungen versteckt und in der Defensive war. FÜRER wäre kaum so weit gegangen, die Zeit der Wunder ein für allemal als vorbeigegangen zu erklären. MUNZ geht freilich nicht so weit, die Wunder früherer Zeiten allein aus dem Aberglauben der früheren Menschen herzuleiten. (Dies blieb, in Deutschland, dem von LESSING verteidigten Hamburger Theologen REIMARUS vorbehalten.) Aber es bedeutet schon etwas, wenn ein Nürnberger Theologe das aus der „Quérelle" stammende Argument aufnimmt, die Neueren bräuchten keine Riesen zu sein, um die Alten zu übertreffen, weil sie auf deren Schultern stünden, und das Heil von der Naturwissenschaft erwartet. MUNZ scheint ein Deist zu sein, der Gott als Weltenbaumeister gelten läßt, ohne an seine fortwährende Einwirkung zu glauben. (Mußte er deswegen nach Saalfeld?) Außerdem steht er dem Kosmopolitismus nahe, wenn er keinen Unterschied zwischen den Menschen — als „Menschen an sich" — macht, auch im Hinblick auf die entlegensten Bewohner der Erde.

Auch so einer der Theologen im Orden, die nur Erbauliches schrieben? Mitnichten! Man sollte freilich die geistige Wandlung seit dem Ende des 17. Jahrhunderts noch nicht allzu groß veranschlagen. Auch der fromme BIRKEN, wenngleich kein Theologe, war zum Beispiel nicht mehr bereit gewesen, den Kometen von 1680 für einen göttlichen Aufruf zur Buße zu halten. Er nahm an genauen Beobachtungen und Vermessungen teil, die von BURGER-ASTERIO (auch gelegentlich von Professor STURM aus Altdorf) im Dezember jenes Jahres auf der eiskalten, zugigen Burg mit einem großen Sextanten ausgeführt wurden, und schloß aus den von mehreren Orten gelieferten Daten, daß „[...] alles ein lauteres, natürliches Werk" sei und „[...] ich dannenhero an meinem wenigen Orth, je länger je mehr zweifele, ob ein Comet, dieser UnterWelt etwas Böses bringen, oder bedeuten könne."[67] In einem anderen Brief beruft er sich unter anderem dieser Auffassung wegen auf den neu-epikuräischen Atomisten GASSENDI![68] Die deutsche Aufklärung ist allerdings nicht von vorneherein kirchenfeindlich. Sie spielt sich unter der Anführung des verhinderten Theologen und selbstbewußten Philosophieprofessors CHRISTIAN WOLFF[69] zunächst auf dem Gebiet der Theologie ab und wird von einer Fraktion der Theologen vorangetrieben, statt daß, wie in Frankreich, von vornherein atheistisch philosophiert würde. Die Pegnesen scheinen die Aufklärung also durchaus nicht verschlafen zu haben; man sollte sich die erbaulichen Schriften der übrigen Prediger im Orden also ruhig einmal ansehen, wenn man Nürnbergs Geistesgeschichte schreiben will.

Die Poesie ging freilich andere Wege, und sie hatte es auch nötig: Wenn man an keine Wunder mehr glaubt, erscheinen einem leicht die Erfindungen der Dichtung kindisch, dem zeitgemäßen Bewußtsein nicht angemessen.[70] Einen Ausweg bietet die moralisierende Dichtung — aber deren ästhetischer Wert ist umstritten und jedenfalls als bloße Ausschmückung der Wahrheit eine Nebensache. Der andere Weg führt im Drama und im Roman zur Auseinandersetzung mit neuen, noch nicht geistig bewältigten, verstörenden Wirklichkeiten und in der Lyrik zu stärker unmittelbarem Ausdruck existentieller Grenzerfahrungen, also der Leidenschaften, vornehmlich der Liebe. Darum wohl kam es nie zu einem zweiten Band der Sammlung «Poesie der Franken»: Die wohlgesetzten und wohl in der Mehrzahl geistlichen Mitarbeiter des ersten hatten die Einsender auf christliche Themen und Lobgedichte beschränken wollen. Kein einziges Liebesgedicht wolle man aufnehmen, schrieb OEDER in der Vorrede, und wies auf den weinenden Cupido mit dem zerbrochenen Bogen auf dem Titelkupfer hin. Genausogut hätten sie einen weinenden Apollo mit dick in fränkischen Flachs gewickelter Leier abbilden können.

Anmerkungen:

[1] Statt weitläufiger Quellenangaben über ein ohnehin wohl erforschtes Gebiet verweise ich nur auf *Christian Thomasius, Kurtzer Entwurff der Politischen Klugheit, Frankfurt und Leipzig 1710*, und auf Wolfgang Martens' erschöpfende Abhandlung „Die Botschaft der Tugend, Die Aufklärung im Spiegel der deutschen Moralischen Wochenschriften", Stuttgart 1971.

[2] S. 42 f.

[3] Ich wähle diese Umschreibung, um das durchaus Gewöhnliche und Zeitübliche dieser Gebärde zu treffen; es war eine Zeit, in der sich Fürsten mit „Euer Liebden" anredeten und „Freundschaft" meistens im Sinne von „Verwandtschaft" gebraucht wurde. Ein derartiger Abschiedskuß war demnach etwa ebenso erotisch wie der Bruderkuß zweier sowjetischer Funktionäre.

[4] S. 78 ff.

[5] Beschleunigung!

[6] deutlich zweiteiliger Strophenbau; siehe Reime

[7] Voraussetzung

[8] Behauptung

[9] Umdeutung der Höllenmarter ins Seelische; ein verhältnismäßig aufgeklärter Zug

[10] d.h. er richtet auch nicht zugunsten des Älteren

[11] gehabt hast, was du wolltest

[12] Hier haben wir einmal eine originelle, ausgearbeitete Metapher.

[13] Das trifft den Schatzbildner alter Art, aber weniger den Investor und Konsumenten.

[14] den Blick trüben

[15] S. 93 ff.

[16] „Di Grenggerd" in Nürnberger Mundart hat auch ein- und dieselbe Form in Ein- und Mehrzahl.

[17] Herakles besiegte die Hydra, indem er ihr sämtliche Köpfe abschlug, aber das gibt es wohl in Bezug auf die Hydra unserer Krankheiten nicht mehr.

[18] zusammengezogen aus „ertödet"; „ertötet, abtötet" ist gemeint.

[19] d.h. läßt die Kraft ausfließen, und die Krankheit schleicht sich dafür in den Körper.

[20] d.h. daß man es gerade noch aushalten kann

[21] d.h. damit die im Körper eingeschlossene Seele nicht zusammen mit ihm Schaden leide; z.B. wenn einer in übermäßigem Schmerz an Gott verzweifelte.

[22] vgl. Amarantes, S. 205.

[23] Seite 74 bis 76 des zweiten Teils

[24] Typisch wieder die Antithese; sie wird nur dadurch möglich, daß er die Geliebte mit „Mein Leben!" anredet.

[25] vgl. auch Friedrich Beissner, Deutsche Barocklyrik, in: Formkräfte der deutschen Dichtung vom Barock bis zur Gegenwart, Hg. Hans Steffen, Göttingen, 2. Auflage 1967, S. 41 ff.

[26] Cupido

[27] Ein vorgeprägter, hier schicklich angebrachter Gedanke (Topos): „carpe diem" — nütze den Tag, lebe für die Gegenwart, es ist schon später, als du denkst. Vgl. die etwas ältere, wuchtig bildkräftige Ausführung in Andrew Marvells „To His Coy Mistress".

[28] alchimistisches Concetto

[29] Fürer dürfte von Molières Komödie an die mythische Liebesnacht des Zeus mit der Gemahlin des Amphitryon erinnert worden sein; wir lassen uns gerne von Kleists Lustspiel daran erinnern, und schon kommt uns das Gedicht weniger ehebrecherisch vor.

[30] zufriedengestellt

[31] Eigentlich heißt das ja: die Sonne ging aus dem Meere auf, weil Phöbus-Apollo der Sonnengott und Thetis die Meeresgöttin ist; die menschliche Einkleidung jedoch, samt der Kammer der Thetis, aus der sich Phöbus bei Tagesanbruch entfernt, hat es von aller Anfang auf eine Erhöhung der Erotik abgesehen.

[32] Ein ganz schön gewagtes Bild; aber man konnte ja, bitte schön, an das Meer dabei denken.

[33] Aurora, die Göttin der Morgenröte, erscheint wie eine zum Wecken bestellte Dienerin und weist statt einer Uhr die Rosenfarbe des Morgenhimmels vor. Wir behalten diese Szene zum Vergleich mit dem Ende des Gedichtes im Gedächtnis. Das könnte auch in Bezug auf „Schoß" zu Erkenntnissen führen.

[34] Hier haben wir es einmal nicht mit einem Herkules, sondern mit einem feingliedrigen Apollo zu tun.

[35] Zügel; er kutschiert den Sonnenwagen über das Himmelsgewölbe.

[36] Von Tränen der Thetis zur eigenen Wehmut — wahrhaftig ein geglückter Übergang vom Mythos zur Realität.

[37] Noch für Wieland (das Märchen vom Prinzen Biribinker im „Don Silvio von Rosalva") ist die Biene ein erotisches Symbol. In dieser Eigenschaft wurde sie — sie ist wohl allzu fleißig — mittlerweile vom Schmetterling abgelöst.

[38] „ist für mich nicht beschieden": Fürer verwendet um des Reimes willen noch die mittelhochdeutsche Form des Partizips, wenn auch in neuhochdeutscher Lautung.

[39] „Darf denn ihr Reichtum nicht meiner Armut zu Hilfe kommen" — „ersetzen" im Sinne von „eine belagerte Stadt mit einem Heer von den Belagerern entsetzen"

[40] Wir haben schon mehrmals bemerkt, daß es mit dem Wen- und Wem-Fall nicht so stimmt, wie man es gern hätte.

[41] Die Bedeutung von „entzückt" ist hier noch näher bei „fortgerissen", wie im Mittelhochdeutschen. Auch „zucken" bzw. „zücken" hatte mit „reißen" zu tun, z.B. in Wolfram von Eschenbachs Traum der Herzeloyde, die von ihrer Vision fortgerissen wird („dô zuct ein grif ir zeswen hant", Parzival 104,8). Der Verliebte hier ist also „hingerissen". Seither hat sich das „Entzücken" sehr abgeschwächt.

[42] Im Hinblick auf das, was sogleich folgt, ist das ein schlagendes Beispiel für epische Ironie.

[43] Sollte auch „Wunsch" hier noch die alte Bedeutung tragen, so hätte der Verliebte das Ziel seiner Wünsche erreicht.

[44] Bei Fürer wird die Anrede Livias an ihren kaiserlichen Gatten aus dem Formell-Höfischen ins Private abgewandelt.

[45] Daß sie sowohl Ursache als auch Belohnung für den Tyrannenmord sein wollte, paßt in den deutschen Vers nicht mehr hinein.

⁴⁶ Ich weiß gar nicht, welche bildlichen Ausdrücke ich bevorzugen soll: War im Französischen das „Brennen" der Liebe damals noch nicht derart abgegriffen, das „Gesetz des Handelns" ein noch frischer Ausdruck?

⁴⁷ Diese Klarheit fehlt dem deutschen Vers: daß sie nicht anstelle Cinnas die Schuld auf sich nehmen will, wie Augustus gefragt hat.

⁴⁸ Auch die abgesetzte Zweiseitigkeit — mit Cinna zu sterben, zum Vater zu gehen — hat der deutsche Text verwischt: als wolle Aemilia im Jenseits ihren Vater und Cinna wie in einem Familienidyll um sich haben.

⁴⁹ Was der deutsche Vers an der Antithese verliert, holt er durch lebendiges Pausen-Überspielen wieder auf.

⁵⁰ Für den Deutschen klingt dieser Reim so billig vor wie der von „hören" auf „gehören". Es ist dies aber eine Eigenart der französischen Sprache mit ihrer Endbetonung auf so vielen gleichlautenden Endungen, die andrerseits auch wieder das flüssige Sprechen und Aufnehmen eines gereimten Bühnentextes erleichtert; deutsche Reime auf dem Theater ziehen zu viel Aufmerksamkeit auf sich. Das mag später große Bühnendichter bewogen haben, zum Blankvers überzugehen.

⁵¹ Ob es Fürer nur verstechnisch nicht geschafft hat, diesen Kernsatz zu übertragen? Es ist in der Hoftragödie die Wurzel allen Übels, wenn jemand die Leidenschaft statt der Vernunft zu seiner Richtschnur macht. Vielleicht hält Fürer als voraufklärerischer Protestant gar nicht so viel von der Vernunft; er schimpft lieber recht deutlich über die Sünde der Geilheit und nennt Mord beim Namen. Auch die Treue und der Treubruch scheinen im Deutschen mehr in den Vordergrund zu treten.

⁵² „Fürsorge"; „Erziehung"!

⁵³ Viel majestätischer: Stelle dir vor, aus welcher Liebe ich deine Jugend gefördert habe.

⁵⁴ Meine Quelle für diese Aussage ist dieselbe Ausgabe, der ich die französischen Verse entnommen habe: Corneille, Théâtre, préface de Jean Schlumberger, Notes de Gilbert Sigaux, Tome I, Gallimard 1964.

⁵⁵ Molières Komödie „Le Misanthrope"

⁵⁶ S. 776

⁵⁷ s. dazu auch Helge Weingärtner: „Wir hören eine Stimm aus ihren Steinen brechen..." — Zur Ikonographie der Karlsbrücke in Nürnberg, in: Blumenorden-Festschrift 1994, S. 45-56.

⁵⁸ Seite 35 bei Oeder

⁵⁹ Es handelte sich um den leitenden Posten einer Außenstelle der nürnbergischen Verwaltung.

⁶⁰ Mohn ist das Emblem für Schlaf, die Palme aber für Ruhm. Die Wahrnehmung, daß die berühmte Pegnesis als Allegorie der Nürnbergischen Landgebiete jetzt eher verschlafen aussieht, erlaubt den Verdacht, daß auch das Moos in der zweiten Verszeile einen leise verächtlichen oder vorwurfsvollen Beiklang hat: Ihr habt unser Land ja bisher ganz idyllisch verkommen lassen. Hoffentlich kommt in der Person des Herrn Pömer mal ein tüchtiger Mann.

⁶¹ „Poetic fallacy" heißt derartiges im Englischen, und man meint damit die an sich falsche Unterstellung, die Natur zeige Äußerungen des Mitgefühls für den Menschen. Der Ton, in dem die Berge angeredet werden, klingt nach erster Frühzeit des Menschengeschlechts, nach Jäger- und Hirtendasein; Munz hat an der Einfachheit der antiken Lyriker gelernt. Die Nachahmung gelingt so gut, daß es einem schade ist um das Gedicht wegen des durchschnittlichen Glückwunschsermons, mit dem es fortfährt.

⁶² Noch heute heißt es im Nürnberger Dialekt, wenn man nach Cadolzburg fährt, um die Kirschblüte zu betrachten: man fährt „in die Bläih".

⁶³ Oeder, S.113

⁶⁴ Diese ersten vier Zeilen, als Motto abgesetzt, weisen eine Strophenform auf, die in englischen Balladen gebräuchlich war und nach der berühmtesten „Chevy-Chase-Strophe" heißt: vier Hebungen und drei im Wechsel. Es überrascht nicht wenig, sie hier zu finden, da sie in Deutschland erst nach der vorromantischen Wiederentdeckung des englischen Volkslieds durch Bischof Percy (1740) populär wurde, eigentlich erst durch Gleims „Lieder eines preußischen Grenadiers" nach dem Siebenjährigen Krieg.

⁶⁵ S. 381 ff. bei Oeder

⁶⁶ vgl. Altes und Neues aus dem Pegnesischen Blumenorden, Bd. III, Nürnberg 1894, S. 150 ff. — Die um 1550 aus Lobenstein nach Nürnberg gekommene Familie Volckamer, wegen ihrer Handelstätigkeit reich und wegen ihrer Gärten berühmt, ist übrigens ein sehr entfernter Zweig der schon 1337 urkundlich nachgewiesenen Patrizierfamilie Volkamer. (op. cit. S. 143.)

⁶⁷ Pegnesen-Archiv, Faszikel C.404.4.67, Umschlag 16 (neue Zählung): *Extract Schreibens sub dato 30. Dezembr. Anno 1680.*

[68] Faszikel C.404.4.68, Umschlag 17, *Thumbe Bedenken von dem Cometen in fine A. 1680.*

[69] Die Titelvignetten seiner philosophischen Schriften bildet bezeichnenderweise die aufgehende Sonne.

[70] Fontenelle, Sekretär der Académie Française, hatte den Standpunkt vertreten, Poesie der Art, die Tiere und Bäume reden lasse — mithin alles Fabelhafte —, sei durch die Fortschritte in der Naturerkenntnis bloß noch lächerlich und eigentlich überflüssig geworden. Vgl. Werner Krauss, Studien zur deutschen und französischen Aufklärung, in: Neue Beiträge zur Literaturwissenschaft Bd. 16, Akademie-Verlag Berlin 1963, S. 367.

ABRISS DER GESCHICHTE DES PEGNESISCHEN BLUMENORDENS ANHAND SEINER SATZUNGEN

Teil II: Der Blumenorden während der Zeit der deutschen Frühaufklärung

An gewissen poetischen Texten der Zeit um 1720 sind im vorigen Kapitel Spuren einer neuen Geistesart aufgefunden worden, die sich in den Zusammenhang des weltanschaulichen Wandels jener Zeit gut einfügen. Es ist nun nötig, geschichtliche Zeugnisse solcher Beziehungen und Tätigkeiten der Ordensmitglieder aufzuspüren, die jene Einordnung in die frühaufklärerische Phase der deutschen Geistesgeschichte bestätigen. Hierfür ist HERDEGENS «Historische Nachricht» von 1744 die hauptsächlichste Quelle, da der Zeitraum von 1716 bis 1788 sonst nicht gut dokumentiert ist; in zweiter Linie stehen noch Briefwechsel zur Verfügung, die im Ordensarchiv aufbewahrt sind.

Pegnesen blicken nach auswärts

Einer der ersten Belege dafür, daß Pegnesen sich nicht vor Beziehungen zu umstrittenen Autoren scheuten, ist der Versuch des DURANDO (JOHANN JACOB HARTMANN), auf seiner Studienreise nach Holland bei dem exilierten Hugenotten PIERRE BAYLE vorgelassen zu werden. Dieser bedeutende französische Aufklärer arbeitete in seinem holländischen Exil an der Erweiterung seines «Dictionnaire historique et critique» (1695-97), einer von Skeptizismus der pessimistischen Art (Pyrrhonismus) durchdrungenen Hinterfragung alles überlieferten Wissens. Ob sich BAYLE verleugnen ließ oder wirklich nicht anwesend war, können wir nicht sagen, doch der Versuch HARTMANNS läßt jedenfalls darauf schließen, daß er BAYLES Haupttendenz kannte und nicht ablehnte.

Er wurde 1713, im Jahr seiner Aufnahme in den Orden, Bibliothekar der zu St. Lorenz gehörigen Fenitzerschen Bibliothek und starb 1728.[1]

Zu Lebzeiten des Präses LILIDOR I. richteten sich die Wünsche nach Bekanntschaft mit auswärtigen Gelehrten allerdings noch vorwiegend auf solche Literaten, die noch innerhalb der „galanten" Epoche eine Rolle spielten. HERDEGEN-AMARANTES selbst und JOHANN WILHELM GOLLING (CLEANDER II.) trafen in Hamburg zu unterschiedlichen Zeiten mit ERDMANN NEUMEISTER, MARTIN RICHEY (der auch oft als musterhaft wegen seiner reinen Schreibart gelobt wurde) und JOHANN HÜBNER zusammen. HERDEGEN fühlte sich allerdings bei einem Aufenthalt in Perleberg auch veranlaßt, das Grab des Pietisten GOTTFRIED ARNOLD aufzusuchen.[2] Dieser hatte mit seiner «Unparteiischen Kirchen- und Ketzerhistorie» jedoch — ob er es beabsichtigt hatte oder nicht — dazu beigetragen, daß man neuerdings ein Christentum ohne Kirche für möglich hielt. Seine Hauptthese war gewesen, das wahre religiöse Leben habe sich immer gegen Verfolgungen durch die Amtskirche wehren müssen. Dieses Argument sollte den Pietisten zur Verteidigung gegen die lutherische Orthodoxie dienen, klang aber auch manchem Freidenker vernünftig. Eine Übergangserscheinung.

Der erwähnte CLEANDER II. besuchte außerdem in Hamburg noch den Naturdichter BROCKES, der pantheistischen Tendenzen vorarbeitete mit seinem Lob des Schöpfers in der Anschauung der Schöpfung. „Physikotheologie" kann diese Anschauung genannt werden, und unter diesem Namen ist es eine altehrwürdige christliche Geistesrichtung, die schon mit den gnostischen Tendenzen des 2. Jahrhunderts zusammenhing. Wie die Dinge aber um 1720 lagen, ordnete sich vieles Altbekannte um einen neuen Kern, und der strebte von allem Kirchlichen fort bis — im Extremfall — zum Atheismus.

In Holland besuchte GOLLING den Philosophen HEMSTERHUIS und in Basel JOHANN BERNOULLI aus der berühmten Mathematikerfamilie. Sein eigenes Forschungsgebiet war das Universalienproblem, also die Frage, inwieweit gewisse Grundbegriffe gebildet werden könnten, anhand derer sich alle Erscheinungen der Welt einteilen ließen.[3]

Man sieht schon — es hätte für eine wöchentliche Gelehrtenzusammenkunft nach den Vorstellungen FÜRERS eine Menge Anlässe zu guten Erörterungen unter gescheiten Leuten gegeben. FÜRER jedoch war je länger desto weniger imstande, den Kristallisationspunkt derartiger Tätigkeit abzugeben. Er hatte mit seinen Ämtern so viel zu tun, daß er sich oft über ein Jahr lang nicht um den Blumenorden kümmern konnte.[4] Als er 1732 im Alter von fast 69 Jahren starb, hatte er immerhin seine Nachfolge gut vorbereitet, denn der neue Präses **FLORANDO** (Pfarrer JOACHIM NEGELEIN) wurde noch im gleichen Jahr gewählt. Die Bedeutung des Ordens beruhte aber nurmehr auf der Bedeutung einzelner Mitglieder, die diese sich außerhalb des eigentlichen Ordenslebens errungen hatten, und nicht mehr auf der gemeinschaftlichen Tätigkeit des Ordens. So verhielt es sich eigentlich zu den meisten Zeiten der Ordensgeschichte, nachdem man aufgehört hatte, gemeinsam 'Schäfereien' zu dichten. (Von den Ausnahmen wird noch die Rede sein.) Auch HERDEGENs kultur- und geistesgeschichtlich so bedeutsame Festschrift, aus der hier ständig zitiert wird, ist im wesentlichen als Einzelleistung zu sehen. Man war um 1740 zwar fähig, aber kaum in der Lage und zudem meistens nicht willens, sich den weltanschaulichen Herausforderungen einer neuen Zeit zu stellen.

Einwirkungen auf den Blumenorden von auswärts

ROSAMOR — das ist SIGMUND JACOB HOLZSCHUHER, geboren 1710 — studierte 1731/32 in Leipzig, das sich damals gerade zu einer Hochburg der Aufklärungsphilosophie entwickelt hatte. Er verschaffte sich Einblick in „des Welt-berühmten Philosophen unserer Zeit, Herrn Wolffens Anfangs-Gründe der Mathematischen Wissenschaften"[5]. Auch hätte er genau der Generation angehört, die sich als erste mithilfe einer philosophischen Methode über den Streit der Konfessionen erhob, und zwar nicht individuell im Gelehrtenstübchen, sondern mit Breitenwirkung. Leider war dem jungen Herrn keine lange Wirkung mehr beschieden, und er zog es vor, todkrank geworden und nach Hause zurückgekehrt, im Frieden mit seiner ererbten religiösen Weltanschauung zu sterben, 1740.

Es gab frühere Beispiele der Verbreitung wolffianischen Gedankenguts im Nürnberger Gebiet, wenn auch außerhalb des Ordens. Da ein jedes Landeskind verpflichtet war, wenn es studieren wollte, wenigstens ein Jahr auf der eigenen Hochschule in Altdorf zuzubringen, sind Kenntnisse aus zweiter Hand bei keinem auszuschließen, sobald es in Altdorf wolffianische Professoren gab. Ein solcher war MICHAEL KELSCH, der seit 1720 Philosophie und von 1731 bis 1742 Mathematik und Physik las. Er regte zum Beispiel einen jungen Theologen namens JOHANN MAYER an, nach Halle zu gehen und WOLFF zu hören, wie GEORG ANDREAS WILL, selber ein Wolffianer in Altdorf, später berichtete. So gelangte der rationalistische, tugend- und fortschrittsgläubige Predigtstil auch auf Nürnberger Kanzeln.[6]

Ein weiterer Anknüpfungspunkt des Ordens an neuere Entwicklungstendenzen ist gegeben in der Person des **IRENÄUS** (JOHANN AUGUSTIN

DIETELMAIR, geboren 1717). Er ging 1737 nach Halle und hörte dort Vorlesungen des ALEXANDER GOTTLIEB BAUMGARTEN, also desjenigen Philosophen, der auf der Grundlage des Wolffianischen Systems die Ästhetik als wissenschaftliche Disziplin begründete. Grund genug, auf DIETELMAIRS Wirken im Orden neugierig zu sein. Daß er sich zu einer Auffassung geoffenbarter Religion hingeneigt haben könnte, die auch nach den außerkirchlichen oder gar natürlich herleitbaren Quellen solcher Glaubenswahrheiten fragt, ist vielleicht belegbar anhand seines Werkes «Dissertatio Epist.[olaria?] de Religione Christiana Philosophiae nomine a veteribus compellata», anscheinend einer Abhandlung in Briefform über die christliche Religion, soweit sie sich unter der Bezeichnung „Philosophie" schon bei den „Alten", den antiken Schriftstellern, auffinden läßt.[7] DIETELMAIR wurde 1741 aufgenommen.[8] Von 1774 bis zu seinem Tode 1785 war er Präses.

Ein tätiger Mitarbeiter am Umbau des Zeitgeistes war zweifelsohne **FERRANDO III.** (JOHANN ANDREAS FABRICIUS, geboren 1696). Er war während seiner Leipziger Studienzeit zunächst in das von AUGUST HERMANN FRANCKE gegründete „Collegium philo-biblicum" eingetreten, einen pietistischen Bibel-Lesekreis. Schon dadurch bewies er, daß er gesonnen war, gegen den Strom zu schwimmen, denn es war noch nicht allzulange her, daß FRANCKE auf Betreiben der Orthodoxen die Stadt verlassen hatte müssen. 1715 bis 1718 war er außerdem Mitglied in der Redner-Gesellschaft, ähnelte nach Anschauungen und Neigungen also durchaus den zeitgenössischen Pegnesen. Seine im Jahre 1722 abgehaltene Disputation trägt aber schon den durch und durch rationalistischen Titel: «De summa hominis in hac vita felicitate» — „Über die höchste dem Menschen in diesem Leben erreichbare Glückseligkeit"! Es ist selbstverständlich, daß eine solche diesseitsbezogene Erörterung damals die Kirche im Dorf und den lieben Gott einen guten Mann sein ließ. Es wird an Beteuerungen, die höchste Glückseligkeit überhaupt liege in der ewigen Anschauung Gottes im Jenseits, nicht gefehlt haben. Aber eine neue Weltanschauung bricht sich ja nur selten durch schroffe Ablehnung der bestehenden ihre Bahn. Eine Verlagerung der Thematik, vielleicht eine Betonung einer bisher unterschätzten Denkweise ist zunächst das einzige, was davon zu spüren ist. CHRISTIAN WOLFF selbst war überzeugt, endlich einen Weg gefunden zu haben, wie man unter Anwendung von Verstand und Vernunft ein überzeugter Christ sein könne. FABRICIUS aber gerät nun unter den Einfluß derjenigen, die auf mathematische Weise aus bestimmten Grundbegriffen alle Erscheinungen der Welt in ihrem sinnvollen Zueinander ableiten wollen: möglicherweise unter den Einfluß GOTTSCHEDs, des bedeutendsten Verbreiters der Wolffianischen Lehre, denn 1724 wird er Mitglied in der Leipziger „Teutschen Gesellschaft".[9] Diese war eben dabei, sich aus einer barocken Sprachgesellschaft unter dem Einfluß JOHANN FRIEDRICH MAYS und des jungen GOTTSCHED zu einer aufklärerischen Normierungskommission für deutschen Sprachgebrauch zu entwickeln.[10] Genau das hätte man in Nürnberg zu dieser Zeit auch tun können. Man sah aber nicht — oder wenn man es sah, dann nur unter endlosen Bedenklichkeiten — daß ein solcher Kreis gerade dazu den Sprachgebrauch beeinflussen werde, um das Denken der Zeitgenossen auf bestimmte Bahnen zu lenken. FABRICIUS, der Auswärtige, veröffentlichte schon 1724 eine «Philosophische Redekunst». Es war drei Jahre, nachdem CHRISTIAN WOLFF von seinem Lehrstuhl in Halle vertrieben worden war — diesmal auf Betreiben der Pietisten! Das focht FABRICIUS nicht mehr an. Sein 1728 erschienenes Buch «Vernünftige Gedanken von der moralischen Erkänntnis der menschlichen Gemüther» könnte, was den Titel (und wohl auch die Methode) betrifft, genausogut von WOLFF sein; dieser fing seine sämtlichen Schriften mit „Vernünftige Gedanken..." an. 1733 wagte sich FABRICIUS auf das Gebiet seines Meisters und schrieb eine Logik. In die Sprachpflege fällt eine Schrift «Specimen orthographiae Teutonicae demonstratae», die als Vorlesungsprogramm erschienen ist. Man machte sich jetzt allen Ernstes an die landesweite Regelung der Rechtschreibung, konnte jedoch die gewaltigen Stoffmengen vorerst nur an Beispielen, als „specimen", behandeln. (Daß der Titel lateinisch war, zeigt, wie das vielerorts noch gültige Verbot griff, die deutsche Sprache in der Wissenschaft zu gebrauchen. WOLFF fing dagegen um diese Zeit an, seine früheren Werke, in denen er eine deutsche Wissenschaftssprache erst eigentlich geschaffen hatte, zum Gebrauch des Auslandes ins Lateinische zu übersetzen. Diejenigen, die deutsche Vorlesungen für skandalöse Unbildung hielten, wollten ja auch im Grunde nur gute Europäer sein. Bloß schrieb man anderswo schon seit Jahrhunderten wissenschaftliche Werke auch in der Landessprache.) 1741 lehnte FABRICIUS — er war unterdessen Rektor eines Gymnasiums in Braunschweig geworden — eine Berufung nach Gießen zum Professor der Redekunst und Poesie ab. Die Stelle wäre vermutlich mit geringeren Einkünften verbunden gewesen. Nach Altdorf hätte er unter diesem Gesichtspunkt erst recht nicht gehen dürfen. Aber um Aufnahme in den Pegnesischen Blumenorden suchte er nach, 1743. Es muß Pegnesen gegeben haben, die ihm als wahre Zeitgenossen und gelehrte Leute erschienen. Vielleicht wollte er auch einen weiteren Stützpunkt zur Verbreitung des „Lichtes der Vernunft" auftun. Er war aber nie in Nürnberg.[11]

Anno 1744 feierte man also das hundertjährige Bestehen des Ordens. Im Irrhain wurden die morsch gewordenen Bogengänge wiederhergestellt[12]; Versammlungen fanden dort allerdings keine mehr statt. Seltsamerweise behinderte gerade die steigende Berühmtheit dieses Ortes seine ursprüngliche Nutzung, denn er wurde von vielen Fremden besucht.[13]

Retardierende Momente

In Schuber CVIII ist im Archiv die eigenhändige Lebensbeschreibung der Tochter des AMARANTES erhalten. Sie war am 6. 1. 1725 geboren, lernte Schreiben und Rechnen beim Vater, Latein von einem Hauslehrer, und erhielt auch Unterricht in Zeichnen, Malen und Klavierspiel. Während der Jubiläumsfeier am 16. 10. 1744 wurde sie zusammen mit des Präses eigener Tochter von Professor SCHWARZ und einem der GOLLINGS zur Tafel geführt. Offenbar in galanter Laune — wenn nicht in Weinlaune — redeten die Herren dem Präses zu, die beiden Damen doch in den Orden aufzunehmen, doch NEGELEIN stellte sich stur, „da anjetzo kein Frauenzimmer in den [!] Orden wäre." Sie gibt an, daß sie später von DIETELMAIR unter dem Namen HIAZYNTHE aufgenommen worden sei. Seltsam ist nur, daß im Ordensbuch (Archiv Nr. LXXXIV) noch von des AMARANTES Hand eine Eintragung vorliegt, daß Jungfer NEGELEIN gerade am Tag des Jubelfestes unter dem Namen CLARINDE ein Mitglied geworden sei.

Ein Herr Justizrat J. PH. MACHENAU[14] schickte dem Blumenorden 1747 aus Halberstadt ein Werk mit dem Titel: «Der Wiederspruch des Menschen. ODE nach Anleitung des Französischen.»[15] Es handelt sich um eines der moralischen Lehrgedichte auf philosophischer, aber keineswegs unchristlicher Grundlage, wie sie damals zur weltanschaulichen Selbst-Vergewisserung von gedankenvollen jungen Leuten verfaßt wurden. (Auch WIELAND schrieb zehn Jahre später ein solches, seinen 'Anti-Lucrez'.) Damit also wollte sich Herr MACHENAU dem Blumenorden als Mitglied empfehlen. Er traute sich was. Er erreichte auch sein Ziel, nur wird den Pegnesen bei der Lektüre nicht zu wohl gewesen sein; sie nahmen den Auswärtigen wohl vor allem deswegen auf, um weiterhin überregionale Kontakte zu pflegen, solange nicht zu befürchten war, daß er in Nürnberg selbst für philosophische Extravaganzen sorgte. Nun sollte er Hirtennamen, Blume und Leitspruch wählen. Er war unbekannt genug mit Ordensdingen, um sich in seinem Brief vom 20. 5. 1747 zu seinem Namen PALLANTES die weiße Lilie zu wünschen nebst der Devise, stets der Natur gemäß zu leben. Im eigenhändigen Brief NEGELEINS vom 16. 8. des Jahres wird er sehr höflich, aber bestimmt „erinnert", daß die Lilie für die FÜRERS reserviert sei. Außerdem verweist der Präses auf eine Besprechung vom 31. 7., in der die Mitglieder seine Devise beanstandet hatten, und MACHENAU wird aufgefordert, sie dahingehend abzuändern, er wolle „stets Gottes Rath gemäß" leben.

Als nacheinander innerhalb eines Jahres Präses NEGELEIN und sein berühmter Schriftführer AMARANTES verstorben waren, hätte es, wie für die Musikgeschichte nach dem im gleichen Jahr erfolgten Tode J. S. BACHS, im Orden einen Ruck geben müssen. Als aussichtsreiche Nachfolger im Vorsteheramt zog

Abbildung in 50 % der ursprünglichen Größe

man aber lediglich zwei Herren in Betracht, die nach damaligen Verhältnissen selbst schon uralte Leute waren: Ancienität und Stand gingen der Überlegung vor, was der Präses zu leisten habe. Der Vornehmste unter den älteren Mitgliedern des Ordens war aber Herr Losungrat VON SCHEURL, genannt **FLORINDO**; derjenige, der schon am längsten Mitglied war, Professor SCHWARZ (MELANDER). Als das rührigste Mitglied dieser Jahre darf man sich **ALCANDER**, Herrn CARL SIGMUND ALEXANDER VON HOLZSCHUHER[16], vorstellen. Dieser schrieb am 16. Mai 1750 an MELANDER, daß FLORINDO in Gegenwart des Herrn ANTON ULRICH VON FÜRER die Angelegenheit mit ihm durchgesprochen und wegen seiner amtlichen Belastung zugunsten SCHWARZENS verzichtet habe.[17] Offenbar fühlte man sich dem Sohne des unvergeßlichen LILIDOR gegenüber zu gewisser Rücksichtnahme verpflichtet, auch wenn er selber noch zu jung erschien für das Amt.

Abbildung in Originalgröße

Leere Geschäftigkeit

Am 19. 5. 1750 schrieb SCHWARZ einen Antwortbrief, in dem er sich noch gehörig vor dem Annehmen zierte. Der Briefstil dieser Jahre ist dazu angetan, im nachhinein die vier Jahrzehnte zuvor geäußerten Befürchtungen POLIANDERS zu bestätigen. MELANDER gebraucht dafür selbst die Bezeichnung „in den höflichsten Worten". Er hatte Leipzig zu früh verlassen, um vom „angenehmen Pleiß-Athen" mehr als die galante Periode mitbekommen zu haben, und er genoß als 'Redner' — das heißt wohl in erster Linie, als Rhetorik-Fachmann — einen sehr guten Ruf.[18] Dafür muß man wohl etwas tun. Zehn Jahre älter als JOHANN SEBASTIAN BACH, gehörte er zu der letzten Generation, die man in ihrem Streben noch dem siebzehnten Jahrhundert zuordnen kann.

Gleich nach Erhalt des Briefes, noch am selben Tag, ließ ALCANDER-HOLZSCHUHER ein Rundschreiben an die Mitglieder abgehen, in dem er sich auf die Tatsache beruft, daß OMEIS trotz seines Altdorfer Wohnsitzes ebenfalls Präses gewesen sei. Außerdem verfüge SCHWARZ bei seinen 76 Jahren noch über „genugsame Lebhaftigkeit". Der Orden „mögte auch künftighin dadurch bey denen Ausländern in besserem Ruff u. Ansehen stehen, wann man verfahren würde, wie Er den großen Redner, Schwarzen, zu Sein. Haupt erkiest u. erwählet habe", und es würden neue Mitglieder beitreten. Für das Amt des Schriftführers schlug er CALOVIUS (Pfarrer SCHÖNLEBEN) vor.

Acht Pegnesen setzten auf das Blatt zustimmende Bemerkungen. Die aus meiner Sicht naheliegendste Lösung vertrat Pfarrer LÖHNER aus Poppenreuth in einem gesonderten Schreiben vom 22. 5.: HOLZSCHUHER selbst wäre ein würdiges Haupt. Das schwächt er allerdings durch den Zusatz zu einem bloßen Kompliment ab, daß er ansonsten dem Vorschlag beipflichte, jedoch mit dem Bedenken, der Präses sollte vielleicht doch nicht so weit von Nürnberg entfernt sein. Ebenso äußerte sich DIETELMAIR, selber in Altdorf Professor, in einem gleich datierten Schreiben. Und über die Frage 'Nimmt Melander jetzt an, nimmt er nicht an' geht der erhaltene Briefwechsel noch in acht Stücken hin und her.

24. 8., ALCANDER an CALOVIUS mit der Bitte, ihm in folgenden Ordensangelegenheiten zur Hand zu gehen: Eine Inventur des Ordensarchives soll angestellt werden. Von der Wahl des Präses müßte das Scholarchat benachrichtigt werden, aber er weiß nicht, in welcher Form. (Man war in Nürnberg nunmehr soweit, daß Aktivitäten in Formalia schier erstickten.) Die schriftlichen Nachrichten, die der Orden über den Irrhain besitzt, möchten gesammelt werden. Der fällige gemeinsame Besuch des Irrhains soll auf den Herbst verschoben werden. Zwei neue Mitglieder stehen zur Aufnahme[19] an, und auch hier bittet HOLZSCHUHER um Anleitung, wie es mit den Formalia zu halten sei.

Am 30. 9. 1750 schreibt SCHWARZ seinen Dank an SCHÖNLEBEN für das Feiergedicht zu seinem Amtsantritt und bedankt sich auch bei ihm (nicht etwa bei HOLZSCHUHER) dafür, daß er die Ordensgeschäfte besorgt habe, die er von Altdorf aus nicht selbst in die Hand nehmen kann. (Die Nürnberger Gesellschafter bereiten sich nämlich darauf vor, daß er zu Allerheiligen einmal in die Stadt kommt und einer Versammlung vorsitzt.) In ebendiesem Brief wird das Amt des Schriftführers als das oberste unter den Ordensräten bezeichnet. Das las man in den beiden ersten Satzungen anders. Wahrscheinlich hatte die Einzigartigkeit der Leistung HERDEGENs dem Amt das besondere Ansehen verschafft. Ferner freut es den Präses, daß die Gesellschaft „mit so guten Mitgliedern vermehrt werden soll. Bey der Frau Dr. Dittelmeierin[20] [sic; er hätte den Namen seines Kollegen bis dahin eigentlich mitbekommen können] habe zwar ohnlängst schon einen Antrag gethan; die Resolution aber ist noch zweifelhaft; wie auch bey der Mademoiselle Jantkin[21], welche sonst auch eine Liebhaberin der Poesie ist; mir aber nur indeßen einige zweifelhafte Zeilen zurück gegeben." Dies ist wieder ein Sachverhalt unter der Rubrik 'Frauen im Blumenorden'; und die Glosse dazu ist MELANDERS Vorschlag, wenn die Damen einträten, könnten sie sich ja aus Ersparnisgründen die gewählten Blumen selber auf ihre Ordensbänder sticken.

Die Versammlung rückte näher, und Verdrießlichkeiten, die dabei zu besprechen sein würden, machten sich bemerkbar. In Briefen vom 2. und 3. Oktober erwähnte ALCANDER gewisse Auseinandersetzungen mit einer Frau RIEGEL. Es ging um dreihundert Restexemplare des «Amarantes», der Festschrift von 1744. Die Witwe des Druckers, „das Ehren-Stück, die Rieglin", wollte darauf nicht sitzen bleiben und rannte den Pegnesen die Türen ein, um sie zur Abnahme um einen günstigen Preis zu bewegen. Hatte sie es vielleicht doch nicht so nötig, wie ihre Lage es in den damaligen Verhältnissen wahrscheinlich macht, oder konnten die Pegnesen ihrerseits nicht großzügig sein — es gibt noch mehr Hinweise, daß der Orden anfing, unter Geldknappheit zu leiden, und daß dieses Leiden allmählich chronisch wurde — kurz, man gab sich hart: „Rat.[ione] des Rieglisch-Vernunftwirrig. Begehrens sage ich [...] es werde die Zeit u. der. Herr. Gesellschaftere Standhaftigk. Ihren halsstarrig. Kopf annoch mürbe machen." Dem pflichtete am 4. Oktober WITTWER (CHIRON[22]) bei: „Die Fr. Rieglin wird die Zeit gewiß noch lernen, uns ihre unzuverkauffende Menge von Exemplarien um den gebottenen Preis ganz willig und gerne zu überlassen." SCHEDEL (CLEANDER III.[23]) mochte von der Unverkäuflichkeit aber nichts hören; in einem Schreiben vom 6. Oktober berührte er diesen Ehrenpunkt, als er sich über die Wünschbarkeit der Neuaufnahmen ausließ: „Dadurch bekäme auch die vielleicht erschöpfte Cassa einen guten Zuwachs, u. es würde nicht schwer seyn, die 300 Exempl. von der Historischen Beschreibung des Ordens, (welche wir zur Ehre unserer Vorfahren nicht ein todes u. unzuverkaufendes Buch nennen solten,) an uns zu handeln, u. würde das Capital nicht übel angelegt seyn, wenn man statt der Interessen[24] unter der Gesellschaft selbst einen Aufschlag machte, und etwann ein Exemplar um 30 oder 36 Xr.[25] abgäbe. Ein jedes Mitglied würde ein oder mehrere Exemplaria gegenwärtig um so geringen Preis abnehmen, u. ein jedes neues Mitglied ein gleiches zur Angabe thun [...] u. bis unsere Nachkommen wieder ein Jubilaeum celebriren, so haben sie nicht nur mit uns einerley Gesellschafts-Buch in Händen, sondern der Fleis u. Eifer unseres unvergeßlichen Hrn. Amaranthes würde gerechter Weise allezeit erwehnet."

Wenn ich mich hier schon als Nachkomme angesprochen fühlen soll, stelle ich mir einmal vor, was ich damals zu einer solchen Argumentation gesagt hätte, vorausgesetzt, ich hätte meine heutigen Grundsätze gehabt: Hier beißt sich die Schlange in den Schwanz! Man will neue Mitglieder, um Frau RIEGEL wenigstens ein wenig Geld bieten zu können. (Um so weniger, je länger sie darauf warten muß.) Die Mitglieder will man allerdings bald. Hätte man nicht mithilfe dieser neuen Mitglieder dafür zu sorgen, daß der Blumenorden außerhalb angesehen genug wird, daß sich auch für seine Geschichte wieder mehr Leute interessieren? Stattdessen baut man mithilfe eines Wechsels auf die Zukunft einen Binnenmarkt innerhalb des Ordens auf und glaubt noch, die Verdienste HERDEGENS so am besten unter die Leute zu bringen — auf Kosten des schwächsten Gliedes dieser Kette, der Witwe eines Kleinunternehmers. Zustände wie in der DDR.

Man kriegte die Frau mürbe, man erstand auch ohne die zu erwartenden Aufnahmegebühren die 300 Exemplare, und am 22. 10. schrieb HOLZSCHUHER an SCHÖNLEBEN, man könne ja einige der Bücher an Interessenten in Hildesheim und Göttingen sowie an den Kollegen HARSDÖRFER, den Nachkommen des Gründers, loswerden. Am 2. November sind für insgesamt 3 Gulden «Amarantes» verkauft[26] — „ein kleiner Ordens-Caßa-Zufluß". Dann stockt die Sache.

Was Hildesheim betrifft: Ein dortiger Pastor, JOHANN JUSTUS EBELING, ging HOLZSCHUHER an, er wolle gern unter dem Namen **URANOPHILUS** Mitglied werden. Die Verbindung war wohl geknüpft worden, weil HOLZSCHUHER auch Mitglied in der „deutschen Gesellschaft" zu Göttingen war. Um so befremdlicher berührt an der darauf bezüglichen Stelle aus dem erwähnten Schreiben, wie undeutsch HOLZSCHUHERS Ausdrucksweise hier ist; selbst im siebzehnten Jahrhundert muß man lange nach einem Beispiel für derart verkommene Schreiberei suchen: „Wann nun übrigens par tout respondendo agirt, so will mithin, vice versa, dieses zu ein-baldigen Beg. Reponse proponirt haben: ob Ew. HochEhrw. weg. einer evident. Marque, daß alles cooperiren wolle, dieselben in Uns. Ord. Negotiis zu subleviren, placidiren, daß, nom. societatis, bey Uns. HochzuVenerir. Hr. Praesidis Magnif. allnächstens in ein. Schreib. anfrage, quo die, in der zur Herein-Reiße fixirten, Martini-woche, eine Ord.-Versammlung beliebig mögte seyn; damit die vorhergehende Invitat.-Schrifften darnach könnten bequeml. eingerichtet werden." Ich kann es nicht über mich bringen herauszutüfteln, was das eigentlich heißen soll.

Aus dem Brief HOLZSCHUHERS an SCHÖNLEBEN vom 5. Januar 1751 geht hervor, daß der Orden auch in dieser Periode wieder „Feinde und Tadler" hatte. Außerdem wird ASTERIOS II. Vorschlag erwähnt, jedem neuen Mitglied ein Verzeichnis der hiesigen und auswärtigen Mitglieder auszuhändigen. Solche Verzeichnisse wurden ab 1794 mehrmals gedruckt. Heutzutage, da dies in Vereinen allgemein üblich ist, gibt es im Blumenorden wieder unzerstreuliche Bedenken dagegen. Nun ja, das 18. Jahrhundert kannte noch keine Reklameplage, und Datenschutz war bei Privatleuten kein Thema.

An Einfällen mangelt es nicht, was der Orden tun könnte: SCHÖNLEBEN schreibt an SCHWARZ am 8. Januar 1751, daß die feierliche Neuaufnahme des Fräulein JANTKE und der Pfarrer KIENER und RIEDERER auch einmal im Irrhain stattfinden könnte; oder, noch wichtiger: SCHÖNLEBEN will SCHWARZ helfen, eine Sammlung von neuen Dichtungen aus dem Orden zu veranstalten. Man fühlt, daß man sich nicht länger auf seinen Lorbeeren ausruhen kann.

Der eifrige ALCANDER wird allmählich ungeduldig und scheint sich zu fragen, welchen Sinn sein Einsatz hat, wenn es doch mit dem Orden gar nicht mehr vorangehen will. Man kann sagen, er spürt schon am 13. Februar irgendwie, daß es mit dem Präses nicht mehr seine Richtigkeit hat: „Es will bey Uns. Löbl. Orden schon gar vieles sagen, daß des Gegenwart. Hr. Praesidis Magnif. außer Uns. Mauern lebet u. nebstdeme behauset ist, u. mithin sind wir garwol befugt, in Corpore weg. verschied. heilsam- u. vortheilig. Verfaßung[27] allhier räthig zu werden, damit alsdann das resolvirte, per Literas, zur gl.mäßig. Approbation, gebührend könne publicirt u. avisiert werden. Wenn ab. niemand die Sache auf der rechten Seite angreifet, wo sie doch muß angefasst werden, od. wenn auch bey ein. Löbl. Eifer es an der behörig. Unterstützung fehlet, sind wir zur Zeit noch um kein Haar gebessert." In diese Stimmung platzt die Nachricht, die ein Schwiegersohn SCHWARZENS namens JOHANN NICOLAUS

WEIß am 26. 2. auf einem mit schwarzem Rand ummalten weißen Blatt schickt: MELANDER ist nach siebenwöchigem arthritischem Leiden am 24. Februar verschieden.

Sofort sieht HOLZSCHUHER, allem Anschein nach innerlich aufatmend, die Gelegenheit zu einem Neuanfang. Schon am 6. März gibt er an SCHÖNLEBEN sein Votum ab, der nächste Präses müsse „Authorität und Stärke" in der Dichtkunst besitzen. Woher aber einen solchen nehmen? Seinen Ordensbrüdern scheint er nicht viel zuzutrauen, denn er fühlt behutsam vor, daß doch auch in anderen literarischen Gesellschaften manchmal Oberhäupter gewählt würden, die vorher noch nicht Mitglieder gewesen seien. Dabei denkt er bereits an eine bestimmte Person, einen aus der Patrizierfamilie VON GRUNDHERR. Freilich setzt er voraus, daß man sich wieder mit dem jungen FÜRER werde besprechen müssen.

Abbildung in Originalgröße

Da war er zu schnell vorgeprescht. Am 17. Mai, mehr als zwei Monate später, muß er sich noch gegenüber SCHÖNLEBEN verteidigen, er wolle nichts übereilen oder allein betreiben. Es ist das alte Lied mit unbeweglichen Gemütern, daß sie an einem tatkräftigen Menschen nichts so sehr fürchten als dieses, und das Übergewicht der Unbeweglichen in eingeengten Zeitumständen ist eine fast unumkehrbare Verfallserscheinung.

Man macht sich Sorgen

HOLZSCHUHER verliert schon beinahe die Nerven: Er bittet um eine baldige Wahl, damit neugierigen Leuten, die ihm fast schon die gesamten Ordens-Angelegenheiten[28] durch ihre Stichelreden verleidet hätten, die Veranlassung genommen werde. Dabei wolle er selbst gar nichts anderes sein als Ordensrat, auch wenn einige Mitglieder Größeres mit ihm vorhätten, „aus mir alleine nur bekannten Gründen, wenigstens nach dem statu praesenti". (Befürchtete oder wußte er vielleicht schon, daß er todkrank war?) Aufhorchen läßt außerdem die Bemerkung, man wolle sich doch bei der Wahl nach den alten Gesetzen halten „und nicht machen, daß alles auf einmal neu werde." Es scheint eine Untergruppe ziemlich ungeduldiger Neuerer im Orden gegeben zu haben, die noch viel weiter gehen wollten, als HOLZSCHUHER für tunlich hielt, und als deren Haupt er nicht erscheinen wollte. Liegt darin etwa auch ein Hinweis, man denke an eine Überarbeitung der Satzung? Das wäre eine Rechtfertigung für den vorliegenden Versuch, auch die Betrachtung dieser Zeitspanne unter den Gesichtspunkt der Ordenssatzungen zu bringen.

Für den Fall, daß der neue Präses doch ein bisheriges Mitglied sein müsse, befürwortet HOLZSCHUHER die Wahl DIETELMAIRs. Sollte dieser Kandidat als der einzig wählbare, aber wegen seines Wohnorts doch nicht wünschenswerte erscheinen, damit der ursprüngliche, radikale Vorschlag, ein Nichtmitglied zu wählen, annehmbarer werde? Immerhin hat HOLZSCHUHER schon früh anerkannt, daß DIETELMAIR wählbar sei: 23 Jahre später fiel den Blumengenossen noch immer kein besserer ein.

Es lief hochinteressant weiter: Allen Beteiligten muß klar gewesen sein, daß die nächsten Wochen über Auffrischung oder endgültigen Niedergang des Ordens entscheiden würden. HOLZSCHUHER faßte dieses Bewußtsein in einem Rundschreiben vom 6. 9. 1751 in die Worte: „[...] so ist zur Genüge bekannt, daß einige Herren Mitgliedere ô [d.h. nicht] sonderlich bekümmert, wann der nun über ein Jahr-Hundert im Flor gewesene Löbl. Orden, in einen völligen Stillstand geriete, od. eingienge. Ich gestehe, daß es mir, in diesem Falle unbegreifl. was man etwann damit für den Bürgern Unser. gesammten Vatterstadt vor eine Ehre einlegen dürfte; [zudem wisse man] daß von der Aufrechterhaltung des gesellschaftl. Wesens, auch die Beybehaltung eines von E. Hochlöbl. Magistrat dem Orden zugeeignet. Lehen-Stückes, als näml. des Irr-Waldes, um ein großes abhinge, u. wir ja nicht mit guten Willen, (es wäre dann zu Uns. ewigen Schande) geschehen lassen könnten, daß, daferne die Gesellsch. auf einmal ganz u. gar aufgehoben würde, andere Verfügungen, wie denn solches gar leicht mögl., damit gemacht würden." Das klingt, wie wenn ein scheidungsunwilliger Partner im Hinblick auf die gemeinsam angeschafften Möbel und das Gerede der Nachbarn die Ehe retten will. Von der geistigen Aufgabe des Blumenordens ist in diesem Zusammenhang noch gar nicht die Rede; aber eine solche war den löblichen Mitgliedern in ihrer Mehrzahl sowieso nicht bewußt, sonst hätten sie schon bisher etwas dafür geleistet. Ein weiterer Haken, den HOLZSCHUHER schlagen zu müssen glaubt, besteht in seinen Bedenken, der junge FÜRER werde die Wahl nicht annehmen (wer ihn ins Gespräch gebracht hat, ist unklar). Darum schlägt er abermals DIETELMAIR vor. Die daruntergeschriebenen Antworten streuen vom 5. bis 20. September und sind inhaltlich auch ziemlich gemischt. Zusätzlich kommt es bei dieser Form der Meinungsbildung darauf an, wer als erster seine Gedanken hinschreibt und daher der Sache, ob er will oder nicht, eine Richtung gibt, und wer, wie beim Skat, gemütlich „hinten" sitzt und die Summe ziehen kann.

STOY (ASTERIO II.) stellt sich zu Anfang unverblümt auf HOLZSCHUHERS Seite, ist also weniger vorsichtig, als man in dieser Lage erwarten würde. Ob sich HOLZSCHUHER deswegen diesen Parteigänger als ersten Empfänger herausgesucht hat? Als nächster erinnert REICHEL (EUSEBIUS) an HOLZSCHUHERS Verdienste. Das soll wohl eine Empfehlung sein, ihn zu wählen. GEORG PHILIPP SCHUNTER (MYRTILLUS III., aufgenommen 1747, gestorben 1768) geht deutlicher heraus: wenn DIETELMAIR sich wegen Amtsüberlastung entschuldigt, gibt er seine Stimme HOLZSCHUHER. Bisher ist die Neuerungspartei unter sich. Nun folgt ein überlegter Kopf, der es mit keinem verderben will. LÖHNER (LEUCORINUS) erinnert daran, daß man bei einer Wahl ja mehrere Kandidaten haben müsse, und schlägt im Hinblick auf längste Mitgliedschaft FLORINDO (den erwähnten JOHANN CARL SCHEURL, geboren 1696) und — nicht ganz folgerichtig — LILIDOR II. vor, im Hinblick auf Verdienste um den Orden aber CALOVIUS (SCHÖNLEBEN) und ALCANDER (HOLZSCHUHER). IRENÄUS (DIETELMAIR) hält er für würdig genug, hat aber Bedenken, weil dieser nicht in Nürnberg wohnt. Eine wohlabgewogene Stellungnahme, geeignet zu völliger Zersplitterung der Meinungen, aber kein direkter Widerspruch.

Am 17. Oktober wendet sich SCHÖNLEBEN an alle Mitglieder und bringt gegenüber Materialismus, Parteigeist und diplomatischem Getue auch einmal den inneren Zustand der Gesellschaft ins Spiel: „[...] 1) Unsre löbl. Societaet soll entweder in der langanhaltenden Inactivitaet bleiben, wie bißhero: so wird es so wenig schaden als nüzen, ob sie ein Oberhaubt habe, oder wer dazu erkieset werde, wenn nur die Wahl unseren Statuten gemäß vollzogen wird 2) oder es soll dieser ruhige Cörper mit Geist und Leben erfüllet und in die Bewegung gesezet werden und zwar durch den kräftigen Einfluß eines würdigen Oberhaubts, und da sind dann freylich vielerley Umstaende wohl zu überlegen. Wegen der Versicherung des Irrhayns, des im l. LandAllmos-Amt angelegten Capitals, der Gesellschafts-Casse und des Archivs darf man wohl unbesorgt schlafen, denn dies alles geht und dauert in seiner Richtigkeit ungehindert fort; der innere und moralische Zustand unsres BlumenOrdens entdeket mir einen andren Irrhayn, ubi filo Ariadneo quam maxime opus esse videtur.[29]" Und damit zu der Sichtung der Kandidaten: Für ihn scheidet ein auswärtiger Kandidat nach den bisherigen Erfahrungen aus. DIETELMAIR habe aber sogar zwei Lehrämter an der Universität Altdorf zu versehen, sei als Rektor und Dekan vorgesehen und in der Arbeit an einem weitläufigen Bibelwerk (offenbar einer Edition). Auf das schon einmal zugunsten SCHWARZENS angeführte Beispiel eingehend: „Unter dem Omeisischen Vorsteher-Amt findet sich in unserm Archiv eine gross. Lücke." Auch aus MELANDERS Papieren habe man trotz Ansuchens noch keine einzige Zeile geliefert bekommen. Wenn ein Altdorfer zwei- bis dreimal im Jahr nach Nürnberg komme, habe er in eigenen Geschäften vollauf zu tun, und der Schriftverkehr sei einfach zu langsam. Er verwahrt sich dagegen, in einer solchen Situation weiterhin den Lückenbüßer abzugeben: Er habe in seinem Haus bereits die 300 Exemplare[30] des Amarantes und das Archiv und könne es nicht andauernd als Sitzungsort zur Verfügung stellen; das könne auch laut Satzung von ihm nicht verlangt werden. Und nun kommt ein schlauer Wahlvorschlag: Herr Senator WALDSTROMER, „dessen Einsicht u. Stärke in der Dichtkunst zur Gnüge bekandt ist." Er sei auch ein Mäzen der Gelehrten. Wie wäre es, ihn einen Monat lang pro forma einen „Hirten" sein zu lassen, damit er nachher zum Präses gewählt werden kann?

Winkelzüge

Auch diesmal unterschreibt sich STOY zuerst, schon am folgenden Tag. Aber — welche Überraschung: Er schlägt, abweichend von seiner Parteinahme für HOLZSCHUHER, LILIDOR II. vor. Dieser Vorschlag lenkt den gesamten Vorgang um. Seine Ursache kann man höchstens ahnen. (Wer sich näher damit befassen will, sollte herauszufinden versuchen, ob STOY in irgendeiner Hinsicht als Klient der FÜRERschen Familie zu gelten hat.) Alles weitere ist Rückzugsgefecht von zu wenig konservativen Positionen. Vom 21. bis 26. Oktober 1751 votieren nun mehrere Mitglieder für eine persönliche Zusammenkunft. Das Schriftliche ist wohl zu kompromittierend, sollte LILIDOR nicht zu vermeiden sein. MYRTILLUS III. ergreift die Gelegenheit, dabei an den Jahresbeitrag zu erinnern. (Auch das lag im argen.) Und zuletzt versucht tapfer noch URANIO[31], zu retten, was zu retten ist, wobei er gegen den plötzlichen, allerdings schon lange im Hintergrund wartenden Favoriten die härteste Kritik vom Stapel läßt, die unter den damaligen Umständen denkbar war: „Je weniger wir uns, wie ich sorge, Hofnung machen dürfen, daß des Herrn Lilidors II. Wohlgeb. Sich von nun an unsrer Gesellschaft mehr annehmen werden, als bisher geschehen; je unwahrscheinlicher es mir auch ist, daß unser theuerster Herr Irenäus Sich zur Übernahme des Präsidii überreden lassen wird: um so mehr wünschte ich, daß der Vorschlag [Schönlebens] durchgängigen Beyfall finden möchte." All dies eigentlich nur wegen der Weigerung HOLZSCHUHERS, dessen Familie sich innerhalb des Patriziats vor den FÜRERS eigentlich nicht zu verstecken brauchte, der viel für den Orden tätig gewesen war und auch von vielen anerkannt wurde. Doch er läßt sogar seinen Gegenkandidaten fallen und ordnet sich SCHÖNLEBEN unter, wenn er am 25. Oktober an diesen schreibt, er werde bei Senator WALDSTROMER sondieren. Von einer weiteren Sorge ist in diesem Brief die Rede: Eigentlich ist ja der Orden von den 20 Kreuzern befreit, die man der Zensurbehörde für ihre Mühewaltung auch noch zu zahlen hat. Bei der Einreichung der in Druck gehenden Trauergedichte auf MELANDER — darunter eines von URANIO — sei die Gebühr jedoch verlangt worden. Hat da jemand angesichts der bevorstehenden Wahl Druck ausüben wollen?

Uranio — Abbildung in 60 % der Originalgröße

Überlegen wir uns einmal, um gerecht zu sein, was ein Präses ALCANDER für einen Unterschied gemacht hätte. Er hatte noch knappe vier Jahre zu leben. Seine geistige Orientierung? Aus dem Brief vom 7. 12. 1751 an SCHÖNLEBEN geht hervor, daß er eine poetische Sammlung mit dem Titel «Erweckliche Todes-Betrachtungen» herausgibt, die der Vorläufer einer Sammlung moralischer Poesien sein soll. Eine vorsichtige Abschätzung der Aussichten des Blumenordens, unter seiner Leitung die gebahnten Wege zu verlassen und zeitgemäß zu werden, kann nicht sehr ermutigend ausfallen. (Es käme auf die Nebenbedeutungen und Verknüpfungen des Wortes „moralisch" an.) Und das wußten die anderen Mitglieder auch, vielleicht sogar er selber. Jedenfalls wird er in dem erwähnten Brief schlagartig sanguinisch: Nachdem STOY mit FÜRER geredet habe, seien seine, HOLZSCHUHERS, Bedenken alle ausgeräumt. Er ist Feuer und Flamme für den neu-alten Kandidaten und fordert CALOVIUS auf, eine Plenarversammlung einzuberufen.

Das entsprechende Rundschreiben ergeht am 21. Februar 1752, knapp ein Jahr nach SCHWARZENS Tod. (Wieder war ein Jahr lang vorwiegend mit Vereinsmeierei hingegangen.) Und siehe: Alle bisherigen Gegenkandidaten sind für LILIDOR. Er wird als einziger offiziell vorgeschlagen — Zustände wie in der ehemaligen DDR — und alle schreiben sie ihre untertänigsten Gratulationen auf lateinisch dazu, sogar Akrosticha[32], und IRENÄUS sogar auf griechisch. Auf deutsch hätten sie ehrlicher sein müssen, oder es wäre aufgefallen. Symptom für den Tiefpunkt der Ordensgeschichte.

Am 24. 2. beklagt sich HOLZSCHUHER bei SCHÖNLEBEN über LEUCORINUS. Der gute LÖHNER hatte das Glückwunschgedicht zur Einsetzung FÜRERS, das carmen inaugurale, aufgetragen bekommen und mit übertriebener Bescheidenheit abgewehrt. Man erinnert sich, daß er von allem Anfang für HOLZSCHUHER als Präses war. Hier wollte jemand, trotz erwiesener Vorsicht und Rücksicht, nicht charakterlos werden. Professor SCHUNTER, ehemals auch für ALCANDER, übernimmt die Aufgabe. Er wird auch eine Lobrede in Prosa auf LILIDORS Herrn Papa halten.

12. April 1752: ALCANDER erwähnt, GRUNDHERR habe wegen der neueren Schwierigkeiten mit der Zensur mit ihm besprochen, daß man ein „Testimonium", ein Führungszeugnis, brauche, „ob die Societät [...] allezeit unterwürffig gewesen seye, oder nicht". Das könnte jemanden geradezu erleichtern, der die Schuld für alle die blamablen Dinge in diesem Kapitel nicht beim Blumenorden allein suchen will: Schon im 18. Jahrhundert scheint es in Nürnberg eine regierende 'Seilschaft' von 'Betonköpfen' gegeben zu haben, wie die Ausdrücke aus der Verfallszeit der DDR lauten.

Bezeichnende Neuaufnahmen

Dagegen werden anstandslos drittklassige Schriftsteller bescheidener Herkunft in den Blumenorden gelassen, bloß weil sie „unterwürfig" genug sind. Da schreibt am 11. Juli 1752 ein gewisser JOHANN GEORG MEINTEL aus Petersaurach ein Dankschreiben für seine Aufnahme, in dem er mit dem spitzbübisch-verzweifelten Humor eines Schulmeisterleins Wuz seine bedrängte Lage offenbart: „[...] daß ein jeder angehender Gesellschaffter bey seinem Antritte 6. ReichsThlr zum Fisco liefern soll. So viel hatte mir, die Wahrheit frey zu sagen, nicht vermuthet. [...] so ist doch das Geld bey den meisten meines gleichen Land-Geistlichen um diese Jahres-Zeit etwas rar; [...] maßen sich die Leute iezo weder zum Hochzeit-machen noch zum sterben Zeit nehmen mögen." Es muß demütigend sein, sich angesichts des Unglücks anderer Menschen kargen Sold zu versprechen, und ich will es dem guten Manne gewiß nicht verübeln, daß ihm seine geistliche Rolle unter diesem Gesichtspunkt schon langsam komisch vorkommt. Aber von der Schriftstellerei zu leben, ist damals (nur damals?) ebenso demütigend, wie Landgeistlicher zu sein, wenn man nichts zuzusetzen hat; man braucht 'Patrone': Demnächst erwarte er von der Ansbacher Zensur ein Werk zurück. Auf der Grundlage eines alten Buches von 1588 sind ihm erbauliche Betrachtungen über Kräuter aus der geschäftigen Feder geflossen.[33] Ob der Herr Prediger SCHÖNLEBEN ihm dafür einen Verleger vermitteln könne? ENDTER und ZIMMERMANN hätten schon abgelehnt...

Dem Manne und seinem gleichzeitig aufgenommenen Sohn wurde der Aufnahmebeitrag stillschweigend erlassen. So weit, so gut. Aber daß er, ohne daß man von seiner weiteren Teilnahme im Orden etwas fände, bis heute in der Stammliste unter dem gräzisierenden Namens-Anagramm **MELINTES** geführt wird, stellt bestenfalls eine Kuriosität dar.

In GEORG ANDREAS WILLS «Gelehrten-Lexicon»[34] kommt JOHANN GEORG MEINTEL gar nicht schlecht zur Geltung, doch sollte man die grundsätzlich lokalpatriotische Tönung in Anschlag bringen sowie den Respekt vor der Tüchtigkeit eines aus armen Verhältnissen stammenden Gelehrten, wie es um seine Leistungen auf diesem Gebiet auch immer bestellt gewesen sein mag. Geschont hat sich der ältere MEINTEL gewiß nie. „[...] ist geboren den 21. Nov. 1695 zu Buschendorf, woselbst sein Vater, Wolfgang, Schneider und Nürnbergischer Meßner[35] war". Als kleiner Lateinschüler lief er einen Sommer lang jeden Tag, den anderen zweimal wöchentlich, vom (heute noch) abgelegenen Orte Rohr nach Schwabach — das sind wohl, auf Feld- und Waldwegen, insgesamt zwanzig Kilometer. Er war dabei ein guter Schüler und konnte 1714 nach Jena zum Studieren gehen, 1717 nach Leipzig und Halle; natürlich reichte es nur zum Freitischsystem armer Theologen. „1723, da der Herr Marggraf, Wilhelm Friedrich, Todes verblichen, bemerkte unser Hr. Meintel in dem Namen Wilhelmus Fridericus, am ersten die Jahreszahl 1723, entwarf darüber eine lateinische Inscription von 2 Bögen und überreichte dieselbe mit einer deutschen Uebersetzung bei Hofe; [...] Dieses bahnte ihm den Weg zur Beförderung [...] zu dem Rectorate in Schwabach und der damit verknüpften Adiunctur des Ministerii [... Schulmeister und Hilfsgeistlicher heißt das, weiter nichts.] 1730 erhielte er ein Decret auf die Pfarre Petersaurach, nachdem er das Jahr vorher auf die fürstliche Vermählung [des „Wilden Markgrafen" mit seiner permanent beleidigten Preußenprinzessin] ein Gedicht in deutscher, französischer, englischer und holländischer Sprache verfasset und eine ergiebige Medaille dafür erhalten hatte." Sein nach heutigen Begriffen seltsam unproduktiver Fleiß brachte ihm 1755 die Stadtpfarrei in Windsbach ein. Nun hätte er seinen Aufnahmebeitrag wohl entrichten können... 1757 wurde er sogar aufgrund der Schriften, die es ihm mittlerweile gelungen war zu veröffentlichen, zum Doktor der Universität Gießen promoviert. (Man muß sich allerdings erinnern, daß um diese Zeit GEORG CHRISTOPH LICHTENBERG eine bei weitem schlechtere Bezahlung in Göttingen in Kauf nahm, nur um nicht an der Landesuniversität seines ehemaligen Stipendiengebers lehren zu müssen, die einen gar zu bescheidenen Ruf genoß.) „Des Hrn. Doctors ältester Sohn, Hr. Mag. Conrad Stephan Meintel, kaiserlich gekrönter Dichter und des Pegnesischen Blumen-Ordens in Nürnberg Mitglied, der zu Altdorf und Jena studieret und sich in Erlangen habilitiret hat", arbeitete mit dem Vater bei verschiedenen Schriften zusammen und soll laut WILL eine Zierde der Wissenschaft gewesen sein. — Warum lassen einen dann die Bedenken angesichts des Aufstiegs dieser Menschen nicht los, warum erscheinen sie symptomatisch für einen Zustand des Blumenordens, der sich nur mit dem Wort 'Sklerotisierung' bezeichnen läßt? BIRKEN hatte auch Patrone gebraucht, FÜRER seine Lust an Kryptogrammen gehabt, HERDEGEN und WILL selber viel Fleiß an obskure Gegenstände verwandt. Den Unterschied macht allein die Abwesenheit jegliches zeitüberschreitenden Konzepts — und eben die Unterwürfigkeit.

Im Grunde war es fortschrittlich — und wirkte sich später auch so aus — daß man die Reihen der Pegnesen mit Neumitgliedern zu ergänzen suchte, die tüchtige soziale Aufsteiger waren. Die Durchlässigkeit des alten ständischen Systems für begabte Kinder wird immer noch nicht gebührend eingeschätzt von den Verächtern eines jeden anderen als des sozialistischen Systems (die dafür mit dem Wort 'Begabung' nichts anzufangen wissen). HARTLIEB-

SCLEROPHILUS war der Sohn eines Hutmachers. Ein anderer Neupegnese jener Jahre, JOHANN LEONHART ETTLINGER, war 1714 als Sohn eines Metzgers in Fürth geboren. In Nürnberg erhielt er, u.a. von Rektor MUNZ-PHILODECTES, seine Gymnasial-Ausbildung. Der gute Ruf Jenas in naturwissenschaftlichen Fächern zog ihn zum Studieren dorthin, und er belegte Medizin, wurde aber auch in die dortige „Redner-Gesellschaft" aufgenommen. Nach Altdorf zurückgekehrt, promovierte er über die Ernährung des menschlichen Körpers. 1734 Aufnahme in den Orden. Auf einer Reise nach Holland, wo man damals als wissenschaftlicher Mediziner wenigstens so viel Praktisches lernen konnte wie ein Bader oder Feldscher, vervollständigte er seine Ausbildung, nahm aber auch in Würzburg an einer der seltenen Sektionen teil, praktizierte hernach in Hof und brachte es schließlich zum Leibarzt in Kulmbach.[36] Die Angaben über diese einzelnen Mitglieder können dartun, welches Potential an neuen Kräften der Blumenorden eigentlich hatte, obwohl er es kaum genutzt zu haben scheint. Man wird noch sehen, wie Leute dieser Art einen fruchtbaren Bruch mit der brackigen Überlieferung herbeiführten, einfach dadurch, daß sie die ihnen gewährte Bildung mit ganz anderen, von der Trübung des Gewohnten freien Blicken betrachteten. Nicht um 1750. Da war der Aufsteiger noch zu wenige. Sie ordneten sich, zu ihrem Vorteil, ein.

Ein großer Gewinn für den Orden hätte auch die 1751 erfolgte Aufnahme eben jenes Altdorfer Gelehrten GEORG ANDREAS WILL (**CHELANDER**) sein können. Von irgendwelcher Tätigkeit dieses Mannes innerhalb der Ordensversammlungen und der Veröffentlichungen des Ordens ist aber für den Zeitraum bis 1786 nichts bekannt. Schon KIEFHABER meinte in seiner 1799 erschienenen Biographie WILLS deshalb, er sei gar kein Mitglied gewesen.[37] Hingegen ist sein Hauptwerk bis heute jedem, der sich mit der Literaturgeschichte der Stadt abgibt, wohlbekannt und eine unentbehrliche Hilfe: Die «Bibliotheca Williana», ursprünglich das Verzeichnis seiner riesigen Sammlung alter Nürnberger Schriften, später zur vollständigen, kommentierten Bibliographie bis 1794 ausgebaut, steht noch im Nürnberger Stadtarchiv am Egidienberg dem Forscher zur Einsicht zu Verfügung. Es ist zu vermuten, zu dieser Bibliographie habe sich der Orden mithilfe seiner Archivalien und durch Auskünfte von Mitglied zu Mitglied mittelbar nützlich erwiesen. WILL hatte noch bei SCHWARZ den Magistertitel erworben, war dann aber 1747 zu WOLFF nach Halle gegangen und hatte auch bei BAUMGARTEN gehört. In Leipzig traf er mit GOTTSCHED persönlich zusammen. 1748 heimgekehrt, war er lange Privatdozent und gab, wohl um seiner Kasse etwas aufzuhelfen, mit BAURIEDEL-PHILARETHES zusammen die Moralische Wochenschrift «Der Redliche» heraus, die

1750 und 1751 in Nürnberg erschien. Als BAURIEDEL eine Predigerstelle antreten wollte, stieg er vorsichtshalber aus dem nicht völlig orthodoxen Unternehmen aus. WILL selbst wurde erst 1757 Ordinarius, und zwar für „Philosophie, Gelehrtengeschichte und Schöne Wissenschaften".[38]

Der 22. Juli 1752 ist das Datum eines Einladungsschreibens zur Ordensversammlung, welche am 1. 8., Dienstagnachmittags, um Vesper, in der FÜRERschen Wohnung in der Äußeren Laufer Gasse stattfinden solle. Zehn Mitglieder sagen schriftlich zu, darunter SCLEROPHILUS, der kürzlich aufgenommene Herr Kandidat (des Priesteramts) HARTLIEB. (Dieser wurde der übernächste Präses.)

Also ging das Präsidium an einen verhältnismäßig jungen Mann mit einem alten Namen über: Achtunddreißig Jahre war Herr ANTON ULRICH FÜRER VON HAIMENDORF AUF WOLKERSDORF alt, als er in der Nachfolge seines Vaters CHRISTOPH dieses Amt antrat. Man dachte damals auch in solchen Dingen gerne dynastisch, und doch war die Zeit reif, auch ohne offenbare Zukurzgekommenheiten des ANTON ULRICH, zu bemerken, wie wenig sich in Wirklichkeit wiederholen läßt. Er war ein spätgeborenes Kind — sein Vater war schon fünfzig gewesen, als er auf die Welt kam — und wurde wohl mit der größeren Sorgfalt, ja Sorge aufgezogen, die solchen Familienkonstellationen eigentümlich ist. Viel Selbständigkeit und Selbstbewußtsein konnte er wohl angesichts seines bedeutenden, in Nürnberg zu höchsten Ehren aufgestiegenen Vaters nicht entwickeln.

Man sähe es ja gerne, daß er diesem Gemeinplatz von einem Schicksal entwischt wäre, doch dagegen spricht ein kleiner, aber bezeichnender Umstand ganze Bände: Er erhielt nämlich, als er unter dem Vorsitz seines Vaters 1728 in den Orden aufgenommen wurde, nicht nur, wie es bei Verwandten üblich war, denselben Ordensnamen, also LILIDOR II.; er ließ sich auch dieselbe Blume und sogar dieselbe „Beischrift" samt „Erklärung" verabfolgen, welche da lautet:

> *Die weiße Lilje prangt mit größ'rer Herrlichkeit*
> *als vormahls Salomo in seinem Königs-Kleid;*
> *Ich zog den Heiland an bey meiner Tauf auf Erden,*
> *Wie kunt ich herrlicher als so gekleidet werden?*

Es wird nicht zu ermitteln sein, ob ihm selber nichts anderes eingefallen wäre oder ob sein Vater ihn dazu bestimmte, alles genauso zu machen wie er. In letzterem konnte sich der alte Herr allerdings nur täuschen. Dabei wird es noch am leichtesten gewesen sein, ihm in der Frömmigkeit nachzufolgen, aber an Leistungen für Nürnberg oder gar für die Dichtung hatte ANTON ULRICH, als er 1765 mit erst 52 Jahren als Assessor am Stadtgericht und Oberpfleger von Gostenhof starb, nichts Vergleichbares aufzuweisen.

Zukunftsschimmer und verpaßte Gelegenheiten

Man hat einige Zeit lang nicht gewußt, ob in der Trübseligkeit dieser Verhältnisse überhaupt bis 1774 ein neuer Präses gewählt wurde. Akten darüber sowie über irgendwelche Zusammenkünfte sind nicht bekannt. Immerhin erwähnte GEORG WOLFGANG PANZER in seiner Jubiläumsrede[39], REICHEL-EUSEBIUS habe nach des jüngeren FÜRER Ableben dafür gesorgt, daß die Gesellschaft nicht völlig einschlief, und sogar neue Mitglieder aufgenommen, nämlich LEINKER (**MONASTES**)[40], CRAMER (**IRENANDER**) und ihn selbst (1767). Er nennt ihn sogar „Vorsteher", aber eine Wahl wird nicht erfolgt sein. Was JOHANN FRIEDRICH HEINRICH CRAMER betrifft, so soll er nach den Nachforschungen WILHELM SCHMIDTs schon 1763 inoffiziell zum Orden gestoßen sein. Ich habe mich gefragt, ob dieser wohlhabende Kaufmann nicht zu den Vorfahren des Industriemagnaten THEODOR VON CRAMER-KLETT gehört haben kann. IRENANDER stammte jedenfalls aus Hattingen an der Ruhr, wie das Geschlecht derer VON CRAMER-KLETT auch.[41] Sein Vater JOHANN MELCHIOR CRAMER war ein Doktor beider Rechte und „vorderster Ratsverwandter der Preuß. Statt Hattingen u. Richter

Die von Lilidor I. und II. gewählte Blume, ursprünglich Aquarell, in Originalgröße, Pegnesenarchiv Bündel CXIII h).

des Amt Stiepel"⁴², Eine direkte familiäre Beziehung läßt sich allerdings nicht nachweisen. Ein ARNOLD FRIEDRICH CRAMER, Tuchhändler, wohnhaft am Schießgraben zu Nürnberg,⁴³ ist der Großvater des THEODOR CRAMER. Es heißt in der NDB, er sei ein Pfarrerssohn aus Werden an der Ruhr gewesen. Das Genealogische Handbuch nennt einen JOHANN FRIEDRICH CRAMER, der von 1719 bis 1763 gelebt haben soll und daher mit unserem IRENANDER, der erst 1778 starb, nicht identisch sein kann, als Vorfahren des CRAMER vom Schießgraben. Sein Enkel THEODOR CRAMER aber, wie aus der NDB hervorgeht, heiratete die Tochter des JOHANN FRIEDRICH KLETT, der jene Maschinenfabrik gegründet hatte, die heute unter dem Namen MAN international bekannt ist. Er nahm dabei den Doppelnamen CRAMER-KLETT an; und als die MAN im Jahre 1855 den Münchener Glaspalast gebaut hatte, erhielt er den persönlichen Adel. Vom sozialen Typus her — und vielleicht in einer mehr oder weniger entfernten verwandtschaftlichen Beziehung — zeichnet sich jedenfalls bei IRENANDER erstmals eine Entwicklungslinie ab, die in das Industriezeitalter führt.⁴⁴

Man darf REICHEL für seinen Einsatz Dank wissen, aber dennoch zeigt sich an der (nach Aktenlage eingetretenen) Denk- und Schreibpause die Erschöpfung des bisherigen Konzepts. Wer noch Mitglied war, wußte kaum mehr, wieso er sich eigentlich in der hergebrachten Weise dichterisch oder sprachpflegerisch betätigen sollte. Gerade wenn man sich in diesen Dingen auf dem laufenden hielt, mußte man sich damals vom raschen Fortschreiten anderer Kulturzentren an die Wand gedrückt fühlen. In solchen Fällen müßte man von den Neuesten lernen und selbständig weiterführen, was sie selber vor lauter Betriebsamkeit kaum abrunden können — denn sie stehen immer in Gefahr, sich nach kurzer Zeit in endlose Weiterungen verstrickt zu sehen und sich zu verzetteln — doch dazu braucht es einen bewußten Neubeginn. Wäre der Orden gesund gewesen, hätten wir als Zeichen davon mindestens eine neue Satzung von, sagen wir mal, 1760. Das wäre in der Reichsstadt Nürnberg auf dem Boden des süddeutschen Protestantismus möglich gewesen — man hätte sich ja nicht gegen die eigene Tradition wenden müssen — wenn man nur den Anschluß an BODMER und BREITINGER in Zürich gesucht hätte. Es dauerte zu lange, bis 1794, bis man einen Zürcher als Ehrenmitglied gewann.⁴⁵ Da war die Literaturentwicklung schon zu anderen Zentren übergelaufen. Aber das, was der Blumenorden in diesen Jahren versäumte, leistete einstweilen sein späteres Ehrenmitglied CHRISTOPH MARTIN WIELAND.

Anmerkungen:

[1] vgl. Amarantes, S. 660.

[2] vgl. Amarantes, S. 701.

[3] vgl. Amarantes, S. 763.

[4] vgl. Amarantes, S. 903.

[5] vgl. Amarantes, S. 748.

[6] vgl. Karl Schornbaum, Das Eindringen der Wolffschen Philosophie in Nürnberg, in: Mitteilungen des Vereins für Geschichte der Stadt Nürnberg, Bd. 39, Schrag, Nürnberg 1944, S. 249 f.

[7] Hier kommt es auch ein wenig auf die rechte Übersetzung an. Der Titel enthält nach Auffassung meines Freundes Norbert Oettinger, Professors für Indogermanistik an der Universität Augsburg, einen Fehler im Latein: „e veteribus" — aus den Alten zusammengesucht — müsse es heißen, nicht „a veteribus", weil sonst die antiken Schriftsteller sich die christlichen Glaubenswahrheiten selber zusammengestellt haben müßten. Nun ist aber der Titel von Frank-Pylades (s.u.) in seiner Trauerrede auf Dietelmairs Tod so aus dessen eigenhändiger Lebensbeschreibung zitiert worden. Auch Georg Andreas Will im Verzeichnis aller Nürnbergischen und auf Nürnberg bezüglichen Schriften seiner „Bibliotheca Norica Williana" (1794) zitiert genauso. Soll es vielleicht heißen: „Über die zusammengestellten Glaubenswahrheiten, die von den alten Schriftstellern unter dem Namen Philosophie bekannt waren"? Dazu wäre die Wortstellung allerdings ungewöhnlich. Man sieht daran auch, wie schwer es damals fallen mußte, die Genauigkeit und Prägnanz des Lateins im Deutschen nachzubilden; war die erschöpfende Genauigkeit barocker Buchtitel geleistet, so mußte man doch auf Prägnanz verzichten. Man hatte noch nicht gelernt, etwa zu schreiben: „Christliche Glaubenswahrheiten im Gewand antiker Philosophie".

[8] vgl. Amarantes, S. 815.

[9] vgl. Amarantes, S. 875.

[10] vgl. Georg Witkowski, Geschichte des literarischen Lebens in Leipzig, Leipzig und Berlin 1909, S. 366.

[11] vgl. Amarantes, S. 827 ff.

[12] vgl. Amarantes, S. 904 f.

[13] vgl. Amarantes, S. 947.

[14] später „von Machenau", und Justizrat in Magdeburg

[15] vier ganze Bögen, zu Quartformat geknickt und handschriftlich beschrieben, nach einer alten Zählung mit Nr. 94/5 versehen; Abschrift der französischen Vorlage liegt bei.

[16] Sohn einer Maria Helena Scheurl, aufgenommen 1748; wohl ein Bruder des Rosamor

[17] Die auf die Präseswahlen von 1750 und 1752 bezüglichen Briefe finden sich im Archivschuber CVIII, Faszikel 10, gestempelt 108 k.

[18] Überdies war er zu seiner Zeit sehr hoch angesehen als Herausgeber der Lobrede des Plinius an Trajan, woran man besonders die gründliche philologische Arbeit schätzte. Georg Wolfgang Panzer, der von ihm als letzter noch das Diplom im Fache „Weltweisheit" erhielt (also wohl zum Dr. phil. promoviert wurde), nennt ihn in seiner Jubiläumsrede von 1794 einen „Polyhistor", einen Universalgelehrten. (op. cit. S. 24.)

[19] Magister Bauriedel und Licentiat Spieß. — Übrigens schreibt er ausdrücklich, daß er den Begriff „Reception" nicht wie bisher mit „Ein-", sondern mit „Aufnahme" verdeutscht haben möchte.

[20] Nur in Österreich ist es heute meines Wissens noch zuweilen üblich, dem Namen der Ehefrau den Titel des Gatten anzufügen. Übrigens wurde sie als Mitglied Nr. 145 aufgenommen.

[21] Frl. Jantke wurde Mitglied 154. Sie war die Tochter des Altdorfer Professors Jantke, der um 1767 Rektor wurde. Ihr Ehemann wurde der spätere Präses Georg Wolfgang Panzer. Vgl. „Denkmal der Freundschaft [...für] Johann Daniel Lugenheim [...] von Johann Friedrich Frank, Diakon [...] Nürnberg, im Dezember 1789", S. 9, erste Fußnote.

[22] aufgenommen 1745

[23] geboren 1707, aufgenommen 1745, starb 1771

[24] Zinsen

[25] Kreuzer

[26] Ein Brief Bauriedels an Schönleben ist erhalten, in dem er sich als „Prediger zu St. Walburg auf der Vesten" vorstellt und sich den Namen Philaretes wünscht. Dazu übersendet er „die gewöhnl. 36X für ein Exemplar der Historie unserer Gesellschaft".

[27] Könnte das bedeuten, daß neue Satzungsartikel geplant waren?

[28] „den nexum totalem gehäßig gemacht"

[29] ...wo ein Ariadnefaden überaus nötig zu sein scheint

[30] Von den wenigen unlängst losgeschlagenen sieht er wohl zur Verdeutlichung ab.

[31] Andreas Rehberger (1716-1769), aufgenommen 1741

[32] Die Anfangsbuchstaben der Zeilen ergeben den Namen des Gefeierten. Das wurde auch mit Chronosticha kombiniert: Die groß geschriebenen Buchstaben ergeben, in die rechte Ordnung gebracht, die Jahreszahl in lateinischen Ziffern.

[33] Natürliche und geistliche Feld- Garten- und Land-Betrachtungen [...] M.K. 1752. 8° [nach Will]

[34] Georg Andreas Will's [...] Nürnbergisches Gelehrten-Lexicon [...] fortgesetzt von Christian Konrad Nopitsch [Mitglied Nr. 288; Siebenkees (Mitglied Nr. 208) hat Korrektur gelesen, Meusel (Mitglied Nr. 223) bei seinem heute noch gerne gebrauchten Werk darauf aufgebaut.] 4. Teil [mit Supplementen] Altdorf 1758.

[35] Offenbar wurde die Herrschaft, auch die geistliche, über das Dorf getrennt ausgeübt. Der Ansbacher Markgraf teilte sich nicht nur Fürth mit anderen Herren.

[36] Schuber LI, Faszikel b, bewahrt seine eigenhändige Lebensbeschreibung.

[37] vgl. Friedrich Bock, Georg Andreas Will. Ein Lebensbild aus der Spätzeit der Universität Altdorf; in: Mitteilungen des Vereins für Geschichte der Stadt Nürnberg, Bd. 41, Kommissionsverlag „Die Egge", Nürnberg 1950, S. 411. — Er zitiert Kiefhabers Schrift Leben und Verdienste G.A.Wills.

[38] vgl. a.a.O. S. 409 f.

[39] Erneuertes Gedächtniß des vor hundert und funfzig Jahren gestifteten Pegnesischen Blumenordens in einer feyerlichen Versammlung der gegenwärtigen Ordensmitglieder am 15. Julius 1794 gehaltenen Rede von dem Vorsteher des Ordens Georg Wolfgang Panzer, Schaffer an der Hauptkirche zu St. Sebald in Nürnberg. Nürnberg, gedruckt mit Stiebner'schen Schriften, 1794, S. 26 f.

[40] Der jetzige Präses, Herr Dr. von Herford, bewahrt in seiner Kanzlei zwei Notizbüchlein auf, in denen sein ehemaliger Mathematiklehrer Wilhelm Schmidt die Daten über sämtliche Mitglieder bis 1944 gesammelt hat. (Auch dies gehört zu den Vorarbeiten für die nicht erschienene Festschrift zum dreihundertjährigen Bestehen des Ordens.) Wenn man diesen Aufzeichnungen Glauben schenken will, so wäre Johann Sigmund Leinker schon 1751 zur Aufnahme angestanden. (Oder bezieht sich diese hineingeflickte Auskunft auf das Fräulein Jantke?) Jedenfalls war Leinker der Stiefsohn des Advokaten Christoph August Lämmermann, der unter dem Namen „Arnisander" dem Orden angehörte. Sein Großvater war der aus Dänemark eingewanderte Lorenz Canutius Leinckert, Inhaber der Kugelapotheke bei St. Sebald und Feldapotheker der Truppen des Fränkischen Kreises. Ihm gehörte seit 1693 auch einer der Hesperidengärten in Johannis: Sebalder Burgfrieden Nr. 32. (Versuch einer Geschichte des Apothekenwesens in der freyen Reichsstadt Nürnberg, von den Mitgliedern des Nürnbergischen Collegii Pharmaceutici, Nürnberg 1792, S. 23 f. unter Nr. 44.) — Ich verdanke diesen Hinweis Herrn Helge Weingärtner M.A., Mitglied Nr. 1645.)

[41] Genealogisches Handbuch des Adels, Freiherrliche Häuser B, Band III, Limburg (Lahn) 1963, S. 103.

[42] Kirchenbuch von St. Sebald, Landeskirchliches Archiv, Nürnberg; unter: Eheschließungen vom 21. 7. 1742, S. 424. Cramer, am Obstmarkt ansässig, heiratete damals eine Regina Catharina Ruland, und im Zusammenhang wurde auch seine Herkunft verzeichnet. Die Gemahlin wurde übrigens, ohne daß von ihr noch mehr bekannt wäre, ebenfalls in den Blumenorden aufgenommen.

[43] Landeskirchliches Archiv, Kirchenbuch von St. Sebald, Eheschließungen 1783, S. 838: Er habe am 9. 9. 1783 die Tochter des Predigers bei St. Jakob, Bernhard Jacob Degen, eine Jungfer Catharina Juliana Degen, geheiratet.

[44] In der Pegnesen-Festschrift von 1994 weist Marie Friederich auf S. 91-101 insgesamt 32 Ordensmitglieder der Jahre 1820 bis 1897 als bedeutende Industrielle Nürnbergs nach.

[45] Gg. Wolfg. Panzer, Erneuertes Gedächtniß, S. 34, Fußnote v): „Herr Hans Conrad Heidegger, des täglichen Raths und Zunftmeister der Republick Zürich [...]"

POESIE DER PEGNESEN

Zweiter Abschnitt: Aufklärung und Empfindsamkeit

Nach heutigem Verständnis sind Dichter Individualisten. Diejenigen, die es nicht sind, insofern sie mit ihren Hervorbringungen öffentliche Anforderungen oder andere Gemeinschaftsaufgaben zur Zufriedenheit der Auftraggeber erfüllen, werden Angestellten von Werbeagenturen gleichgeachtet oder zum mindesten nicht ganz für voll genommen. Kennern moderner Dichtkunst erscheinen Autoren, die politische oder überhaupt weltanschauliche Gedanken poetisch einkleiden, grundsätzlich als zweitklassig. Wer gar eine National- oder Landeshymne, ein im herkömmlichen Sinne religiöses oder traditionelle Werte bekräftigendes Werk geschrieben hat, erweckt Zweifel an seiner Lauterkeit als Schöpfer. Im 20. Jahrhundert war für das Ansehen manches britischen Lyrikers seine Erhebung zum 'Poet laureate' der Monarchie ein schwerer Rückschlag. Eben dies wäre aber für den Dichter innerhalb der ständischen Gesellschaft das erstrebenswerteste Ziel gewesen. Auch ohne ganz so hoch zu steigen, etwa als einer der vielen 'Poetae laureati Caesarei' im Blumenorden, kannte er seinen Platz und wurde anerkannt. Man muß sich nur klar machen, wie schlecht es um das Berufsbild 'Dichter' und die soziale Absicherung der Verseschmiede heutzutage bestellt ist, um zu ermessen, wie grundaufstörend der Wandel vom siebzehnten zum neunzehnten Jahrhundert in dieser Hinsicht gewesen sein muß.

Das Berufsbild 'Dichter' gerät ins Wanken

Die Mitglieder des Pegnesischen Blumenordens hatten daran in dem hier zu untersuchenden Geschichtsabschnitt erleidend Anteil. BIRKEN und OMEIS, die als kaiserliche Pfalzgrafen Dichterkrönungen selbständig vornehmen konnten, bezogen daraus wenigstens noch Gebühren. Schon die von ihnen erhobenen Laureaten konnten sich je länger je weniger einbilden, daß mit diesem Titel irgendwelche materiellen Vorteile verknüpft seien. WIELAND, der auch noch 'Comes Palatinus' war, machte von seinem Recht nur einmal Gebrauch, und zwar ohne Bezug auf die Dichtkunst: Er erhob einen Vertreter des freireligiösen Enthusiasmus, einen gewissen OBERREIT, zum Doktor der Philosophie[1], aber er hätte nie unter diesem Siegel Aussagen über die Qualität eines poetischen Werkes gemacht. Titel dieser Art waren um 1790 nur noch Äußerlichkeiten.

Innerlich stimmte es schon lange nicht mehr, selbst wenn sich im Rahmen einer Dichtergesellschaft wie des Blumenordens noch lange die Fiktion hielt, man dichte aus der kleinen Gesellschaft der Hirten heraus für die weite Gesellschaft im Reich oder wenigstens für die Gelehrtenrepublik. Das neuzeitliche Subjekt fing an, sich in Gegensatz zu seiner Außenwelt zu stellen, um sich über seine individuelle Wesensart klar zu werden, seit das Rollenangebot der ständischen Organisation nicht mehr alle möglichen Bewußtseinsinhalte abdeckte.

Für die Dichtkunst bedeutete das, daß man Themen behandeln wollte, ja mußte, für die es kaum Gattungsmuster und jedenfalls keine sicheren Abnehmer gab, und daß andererseits das Dichten in den vertrauten Geleisen immer schablonenhafter geriet und zur bloßen Kunstfertigkeit herabsank. Die virtuose Kunstfertigkeit dieser Gebilde ist vielleicht ein Zeichen für den schleichenden Unglauben an ihrem Gehalt. Und wer das Zurechtklügeln von Rollen- und Gelegenheitsgedichten hinter sich ließ, fand deshalb noch lange nicht zu überzeugenden neuen Formen, sondern goß oftmals neuen Wein in alte Schläuche.

Der in einer literarischen Gesellschaft organisierte Privatdichter ist ein Unding, aber ebenso die privaten Anlässe für Gelegenheitsgedichte mit öffentlichem Charakter. So blieb den bewahrend gesinnten Dichtergemütern eigentlich nur das Gebiet der religiösen Meditation, um individuelle geistigseelische Erfahrung mit herkömmlichen Themen, Formen und gesellschaftlicher Stellung zu vereinbaren. Und andere als am Herkommen hängende Gemüter fanden sich im Orden kaum zusammen. Das individuelle Dichten braucht zwar auch den Beifall Gleichgesinnter und den Austausch mit ihnen, aber es ist ein weiter Unterschied zwischen den Freundesbünden und Schulenbildungen der zweiten Hälfte des 18. Jahrhunderts und dem gemächlichen Sich-Ergänzen einer schon lange bestehenden Vereinigung in der ersten Hälfte des Jahrhunderts.

„Ad fontes!" — sehen wir uns die Quellen an. Auszüge müssen einer typologischen Betrachtung genügen; eine denkbar erschöpfende Übersicht des

Vorhandenen bis auf das Jahr 1744 hat RENATE JÜRGENSEN seit dem Abschluß der vorliegenden Auswahl in ihrem erwähnten Buch «Utile cum dulci» geliefert, hier aber besteht nicht die Möglichkeit und auch kaum eine Notwendigkeit, die Beispiele zu vermehren.

Poetische Selbstdarstellung des Ordens

Ein Ordensjubiläum als Veranlassung eines Gedichtes befreit zunächst einmal von der Verlegenheit, einen Gegenstand von hinreichendem öffentlichen Interesse zu finden — unter der Voraussetzung, daß an die öffentliche Bedeutsamkeit des Ordens noch geglaubt wird. (Sonst wird die Rühmung zur geselligen, aber nicht mehr gesellschaftlich anerkannten Angelegenheit und verpufft irgendwie zwischen Vermeidung unerwünschten Eigenlobs und der notwendigen Verschleierung der wahren Bedeutungslosigkeit.) 1744 konnte das noch glücken. Man druckte, ließ zensieren und verbreitete in voller Länge als Einzeldruck in Form ineinandergelegter Quartblätter[2] die von AUGUST CHRISTOPH REICHEL (EUSEBIUS[3]) verfaßte Ode:

Abbildung in 70 % der Originalgröße

Eilt, Musen! eilt aus Teutschlands Grenzen,
Mars steckt noch nicht die Schwerdter ein.[4]
Wo dessen Mord-Cometen glänzen,
Kan euer Sitz nicht ruhig seyn.
Verziehet[5]*; weicht; ach! bleibt zurücke*[6]*;*
Doch nein, bey so verwornem Glücke,
Bey so ergrimmter Heere Macht,
Gibt man euch willig gute Nacht.

Wo der Carthaunen Donner brüllet,
Wo der Trommeten düstrer Schall
Die Lufft mit Angst und Schrecken füllet,
Steht Phöbus schon bey seinem Fall.
Hier darf[7] *man keine Künste hegen,*
Wo ein entflammter Feuer-Regen
Um die verzagten Ohren pfeift,
Und nach dem [sic] Pracht der Städte greift.

Seht! Hier kan man viel tausend Leichen
In ihrem Blute schwimmen sehn;
Dort muß ein Heer dem andern weichen,
Und ohne Hofnung flüchtig gehn.
Da seh ich kämpfen, dorten siegen,
Hier Feind und Freund vermenget liegen,
Da, wie das Schwerdt im Fleische zischt,
Dort, wie sich Blut mit Staub vermischt.

Hier wird die Mauer überstiegen,
Dort sprengt man Minen in die Höh,
Da liegt ein Ort in letzten Zügen,
Dort sitzt der Bürger voller Weh
Bey dem betrübten Aschenhaufen,
Und läst die milden Thränen laufen,
Die Zeugen der bestürzten Pein:
Weil Stadt und Land verwüstet seyn.[8]

Dieses Jammerbild, in den Jahren des Zweiten Schlesischen Krieges wohl recht naheliegend, verdankt dennoch manche Züge der literarischen Überlieferung noch von der Antike her. (Einzelnachweise müßten einen Altphilologen reizen). Daß die Leiber von Feind und Freund im Tode vermengt liegen, stellt wahrscheinlich einen Topos dar. Überraschend ist aber das Epitheton „milde" zu den Tränen des Bürgers. „Bitter" oder etwas dergleichen hätte man erwartet. Hier stiehlt sich ein Element der Idylle, des Gefühlskultes ganz privater, innerlicher und daher tröstlicher Art in eine Gedichtgattung, die eigentlich dem Schrecklichen, dem öffentlichen Unheil, mithin dem Erhabenen gewidmet ist. (Davon ein Beispiel ist die Darstellung des Schwertes, das durchs Fleisch zischt.) Stilbrüche dieser Art sind aber weniger als Anzeichen minderen Könnens zu werten — die Schablone „bittere Tränen" lag wirklich sehr nahe, also mußte REICHEL einen guten Grund haben, davon abzuweichen — sondern als Vorläufer eines zeitbedingten Wandels in der Behandlung des Gegenstandes. Mir fällt dabei das Gedicht «Sehnsucht nach Ruhe» des preußischen Offiziers EWALD VON KLEIST ein.[9] Darin stehen noch viel ausgeprägter ein zurückgezogenes, friedliches Leben mit der Freundin in einer ländlichen Ideallandschaft und das Toben des Krieges einander gegenüber. KLEIST versteht aus eigener Anschauung noch ein Gutteil mehr davon als REICHEL, und seine Kriegsszenen lassen in der Zusammenstellung und der aufnehmenden Überbietung bekannter Muster die oben zitierten Verse hinter sich, wenn es etwa heißt:

> *Wie wenn ein Heer Kometen aus der Kluft,*
> *Die bodenlos, ins Chaos niederfiele,*
> *So zieht die Last der Bomben durch die Luft,*
> *Mit Feu'r beschweift. Vom gleißenden Gewühle*
> *Fließt hier Gehirn, liegt dort ein Rumpf gestreckt;*
> *Hier raucht Gedärm; so ist der Grund bedeckt.*

REICHEL setzt gegen die Schrecken und Verwüstungen des Krieges ein anderes Gegenbild als der empfindsame KLEIST. Dieser kann auch in der Idylle, in der Liebe zu seiner „Doris", keinen sinnvollen Ausweg aus dem Dienst für seinen obersten Feldherrn Friederich mehr erblicken. Deswegen beschließt er seine „Sehnsucht nach Ruhe" mit der schmerzlichen Vorstellung, Doris drücke ihm nach seinem Tode die Augen zu. Das öffentliche Leben sei selbst im Frieden ein Übervorteilen, sagt eine seiner Strophen aus, und auch in der Idylle gebe es böse Nachbarn. EWALD VON KLEIST hat alles nur noch satt, als er im Siebenjährigen Krieg, 1759, an einer schweren Kriegsverwundung stirbt, als desillusionierter, lebensmüder Held. In seinem Gedicht steht der

Kernsatz „Ein wahrer Mensch muß fern von Menschen sein", doch REICHEL singt das Lob eines weisen Regiments, das seinen Bürgern den Krieg erspart. Das ist keine so neuartige Aussage wie KLEISTs Weltschmerz. Der Blumenhirte EUSEBIUS bewegt sich noch innerhalb des Gedankenguts der Aufklärung, welcher mehr an geselligen Tugenden als an Heldentum oder Einsamkeit gelegen war.

Und wie! Ist Noris nicht bemühet,
Sorgt nicht der weisen Väter Rath/
Daß Kunst und Wissen bey uns blühet?
Wo ist ein Land, wo ist ein Staat,
Der mehr für seine Bürger wachet,
Wie er sie klug und glücklich machet,
Und bey der Völker Kampf und Streit
Von Nacht und Finsternus befreyt?

Seht, sucht in den vergangnen Zeiten,
Was unsrer Häupter Schutz gethan,
Wie Sie weit mehr mit Klugheit streiten,
Als sonst der Waffen Schärfe kan.
Es müssen die erhabne Sinnen,
Und nicht die Macht, den Sieg gewinnen;
Nicht Stücke, Pulver, Schwerdt und Bley,
Nein; Ihre Weißheit macht uns frey.

Ein schöner und beherzigenswerter Standpunkt, der in einem Feiergedicht am Platze ist. Halten wir dieses Ideal nur immer hoch. Wir wissen dabei freilich, daß alles diplomatische Geschick den Nürnberger Stadtvätern des 17. Jahrhunderts nichts geholfen hätte, hätten sie nicht auch aus den Rücklagen einer reichen Zeit genügend Mittel aufgeboten, um ihrer Stadt den Frieden zu erkaufen. Nun, 1744, bedarf man zur Friedensliebe nicht mehr besonderer Weisheit, da es in Nürnberg ohnehin nichts mehr zu holen gibt. Untätigkeit, bzw. Lavieren auf der Stelle, ist sowohl das Gebot der politischen Klugheit als auch das einzige, was den Nürnbergern übrig bleibt.[10]

Als eben jetzt vor hundert Jahren
Das Reich deß Krieges Bürde fühlt,
Und eine Menge wilder Schaaren
In dessen Eingeweyde wühlt:

> *So macht doch unsrer Väter Sorgen,*
> *Daß noch der Wahrheit holder Morgen*
> *Der Noris Horizont bemahlt,*
> *Und über ihren Scheitel strahlt.*

Spielt REICHEL hier auf HANS SACHSENS sogenannte „Reformationshymne" an? („Wacht auf, es nahet gen dem Tag?") Jedenfalls feiert er mit seiner Lichtmetaphorik die Errungenschaft einer verhältnismäßigen Geistesfreiheit, die darin besteht, daß Nürnberg das mehrheitlich ergriffene lutherisch-orthodoxe Bekenntnis behalten konnte. Aus dieser Sicht wird der Protestantismus zum Vorläufer der Aufklärung, und die Rolle des Blumenordens rückt in den Zusammenhang der erfolgreichen Abwehr der Gegenreformation:

> *Ein Mann von ungemeinem Witze,*
> *Den ieder noch im Grab verehrt,*
> *Hat, mitten unter dem Geschütze,*
> *Der teutschen Musen Flor vermehrt.*
> *Er, als ein Grundgelehrter Kenner,*
> *Versammlet sich die grösten Männer,*
> *Und weist sie auf der Dichter Bahn*
> *Zum Ruhm und Preiß deß Höchsten an.*

Die nun folgende Strophe ist der wenig überraschenden Eröffnung gewidmet, wer diese Männer waren. REICHEL fährt dann fort:

> *Ich suche nicht den Fleiß zu loben,*
> *Womit sich diese Schaar erhöht.*
> *Ein jeder nehme selbst die Proben,*
> *Und seh, wie weit der Vorsatz geht.*
> *Doch werdet ihr, erhabne Dichter,*
> *Von dieser ihrem Singen Richter;*
> *So geht mit eurem scharfen Blick*
> *Auch mit in ihre Zeit zurück.*

Daß man frühere Dichtung auch nach den Maßstäben und den Möglichkeiten der Entstehungszeit beurteilen solle, ist 1744 ein noch ziemlich neuer Gesichtspunkt: Es war noch nicht lange her, daß man nur einen, ewig gültigen Satz von Werten — HORAZ, vermittelt durch BOILEAU — zur Richtschnur nehmen zu müssen glaubte. Ganz verleugnen kann REICHEL diese Auffassung noch nicht; für ihn gibt es kulturell tiefer und höher stehende Zeiten. (Die neueren sind, dem naiven Fortschrittsverständnis der Epoche gemäß, grundsätzlich die besseren.) Aber er gibt schon zu bedenken, ob man nicht Vorläufer eben deshalb hochschätzen solle, weil ohne sie der spätere Flor nicht möglich gewesen wäre.

> *Hier war der Weg nach Pindus-Höhen*
> *Mit Dorn und Sträuchen noch besät.*
> *Was Wunder! wann wir sichrer gehen,*
> *Da uns nichts mehr im Wege steht?*
> *Doch darf ich nur die Namen nennen,*
> *Ich weiß, ein jeder wird bekennen,*
> *Daß sich ein nicht geringer Geist*
> *In ihrem rauhen Kleide weist.*

> *Rom prangt nicht gleich mit Marons[11] Stärke,*
> *Es singt ihm Ennius erst vor.*
> *Und wann ich auf die Teutschen merke,*
> *So stieg man nach und nach empor.*
> *So ist auch unser Blumen-Orden*
> *Zuerst noch angebauet worden;*
> *Allein wer sieht nicht, daß die Zeit*
> *Auch hier weit beßre Früchte beut?*

Im Hinblick auf die Geläufigkeit, mit der im 18. Jahrhundert die deutsche Sprache in Metren und Reimformen gegossen wird, ohne daß die Wörter übermäßig zurechtgestutzt werden müssen, kann REICHEL durchaus recht haben. Was er, wie später die Epigonen der Klassik im 19. Jahrhundert, nicht sehen kann, ist die nach der Lösung formaler Probleme leicht einreißende Einfallslosigkeit, das Augen-Verschließen vor neuen Aufgaben, die drittklassige Poeten aus der Behaglichkeit ihres beherrschten Handwerks scheuchen könnten. Er kann es nicht sehen, weil in Nürnberg zu dieser Zeit noch ganz andere, allgemeinere Zeitfragen, von denen die poetische Wahrnehmung aber abzuhängen pflegt, mehr oder weniger bewußt verdrängt wurden. Das müde Abwinken, aus einer Position gekränkten Stolzes, kann man sich deutlich vorstellen, wenn von den Bestrebungen nach der Errichtung fester Theaterbauten die Rede war: Haben wir doch längst. Soziale Frage: Bitte sehr, unseren Handwerkern geht es besser als den öffentlichen Finanzen, und die Spitäler samt dem Almos-Amt dienen anderen Städten als Vorbild. Was die Politik betrifft, haben wir ja schon gesehen. Und so weiter. Es muß schwer gewesen sein, einen Nürnberger der Abstiegszeit davon zu überzeugen, daß alles anders werden müsse.

> *Wo Omeis, Werner, Faber, Birken,*
> *Reusch, Fürer, Lang, Wegleiter war,*
> *Da muß der Fleiß was gutes würken,*
> *Da stellt sich nichts gemeines dar.*
> *Ich melde nicht, die annoch leben;*
> *Dann diese wird ihr Ruhm erheben.*
> *Genug, daß man kein Glied nicht wählt,*
> *Dem unsrer Sprache Känntnus fehlt.*

Si tacuisses! Was EUSEBIUS gerade in dieser Strophe vermissen läßt, ist eigentlich die grundlegendste Voraussetzung für dichterische Betätigung in der Schriftsprache: eine saubere Grammatik. Wenn doppelte Verneinung und eine schon für BIRKENS Begriffe obsolete Endung durchgingen, dann wundert einen nicht mehr, warum die Namen der Pegnesen von 1744 nicht weithin rühmlich bekannt wurden. Stattdessen mußten sie unbedingt eine bestimmte Orientierung haben, von der nun sechs Strophen lang zu lesen ist. Der Leser kennt das schon, deswegen wird hier nur die sechste zitiert:

> *Diß ist die erste von den Pflichten,*
> *Worzu uns unser Stiffter führt:*
> *Ein Glied bezeug in seinem Dichten*
> *Nichts, als was seinem [sic] GOtt berührt.*
> *Wie! kan nun jetzt die Zunge schweigen?*
> *Diß sey dem Ungehorsam eigen.*
> *Wir stellen in vereinter Schaar*
> *Deß weisen Strephon Bildnus dar.*

Und in diesem Sinne geht es nun noch vier Strophen weiter. Hier wird die Verengung des Grundsatzes „Alles zur Ehre des Himmels" überdeutlich. Abgesehen davon, daß HARSDÖRFER durch die Brille BIRKENS gesehen wird: Wenn die Mittelmäßigkeit das Wort "Ungehorsam' im Munde führt, gerät der wahre, nötige Gehorsam gegenüber dem Geist der Gesellschaft in ein schiefes Licht. Es sieht seltsam aus um die Moral im Orden zur Hundertjahrfeier: Anscheinend muß eigens darauf hingewiesen werden, daß noch mehr Lieder zum Preis des Höchsten verfaßt werden sollen. Warum nur Lieder, d.h. lyrische Kleinformen? Und wie steht es um die Breite der Themen? Gibt es da nichts Übergreifendes, neben dem dienstwillig Abgelieferten zu schicklichen Anlässen?

REICHEL selbst ist ein fruchtbarer Gelegenheitsdichter[12] und nun als Verfasser von Oden zu feierlichem Anlaß etabliert; als SCHWARZ zum nächsten Präses gewählt worden ist, fällt ihm die nächste derartige Aufgabe zu.

Unpoetische Selbstdarstellung des Ordens

Datiert vom 5. 9. 1750, ist im Pegnesenarchiv[13] ein Exemplar des Einzeldrucks seines Feiergedichtes bewahrt. Daraus stammen folgende Verse:

> *So weit bisher das Licht der Künste,*
> *Zum Heil der Welt, die dicken Dünste*
> *Der Barbarei durchbrochen hat;*
> *So weit der Tugendbild*[14]*, an wilder Sitten stat,*
> *Den Geist der Menschen reizend kleidet:*
> *So weit erhebt man Dich erfreut,*
> *Und glaubt gewiß, daß einstens noch die späteste Zeit*
> *Uns die wir Dich selbst sahn und die Du lehrtest, neidet.*

Das fängt gut an mit einer lockeren, Verszeilen übergreifenden, weitgespannten Gedankenführung in madrigalisch abwechselndem Metrum, klanglich ansprechend und nachdrücklich. Aber dann diese letzte Zeile mit zu vielen einsilbigen Wörtern und ihrem verschraubten Satzbau! Da landet der Flug des Pegasus mit einem Scheppern.

> *Deßwegen wünscht man Deinen Schriften,*
> *Die Dir ein ewigs Denkmal stiften,*
> *Sie auf Asbest gedruckt zu sehn,*
> *Damit sie eher nicht, als mit der Welt vergehn.*
> *Fort mit dem Streit, der Franckreichs Söhne*
> *Vor sechzig Jahren so erregt:*
> *Schwarz macht, das Perralt*[15] *seinen Feind aufs neu erlegt.*
> *Dann*[16] *schreibt und denckt zugleich das Alterthum so schöne?*

Er muß, wenn auch mit sechzig Jahren Verspätung, den Hauptstreitpunkt der sattsam bekannten 'Quérelle des anciens et des modernes' noch einmal heranziehen: daß die neuen Schriftsteller den antiken überlegen seien. Nur, daß MELANDERS Schriften schon zu seiner Zeit toter waren (wenn man ausnahmsweise den Komparativ zuläßt) als die der Antike. Aus der Antike aber schöpften damals und noch weiterhin zahlreiche Gymnasiastengeschlechter ursprüngliche poetische Empfindungen und Anregungen. Und das muß doch im Pegnesenorden mindestens einigen klar gewesen sein. Derartige Lobeserhebungen wirken dann bloß noch peinlich.

Post-mortem-Barock

Wir wollen nicht unbillig urteilen. Was aus einem Gesichtspunkt, dem des geistesgeschichtlichen Fortschritts, als Klotz am Bein erscheint, nämlich das unbedingte, für Nürnberg bezeichnende Zusammenstehen von Kirche, Kultur und Regierung, das hätte aus dem Gesichtspunkt des literargeschichtlichen Fortschritts kein Hindernis darstellen müssen.

Wie fromm war nicht KLOPSTOCK, der doch gerade zu dieser Zeit daranging, ein Epos über — ausgerechnet — Jesus Christus zu schreiben.[17] Man hätte von der Theorie der Gattung her KLOPSTOCKs Vorhaben von vorneherein das Scheitern prophezeien können. (Epen brauchen, einfach ausgedrückt, einen Helden, der vorwiegend innerhalb des materiellen Lebens Erfolg hat, indem er feste zuschlägt, und eine ganze Sippe solcher Helden, und buntestes Gewühl von Völkerschaften in frühgeschichtlichen Lebensumständen, und... Man hätte es beim altdeutschen «Heliand» belassen sollen; der kam noch am nächsten an diese Beschreibung heran. Aber er war nicht sehr christlich.) MILTON hatte in seinem christlichen Epos ja immerhin noch den Menschen in den Mittelpunkt stellen wollen und genialischerweise den Satan als eigentlichen Helden gestaltet. MILTON hatte Erfolg, er bildete in den ästhetischen Auseinandersetzungen der Schweizer Kunstrichter mit den sächsischen ein wichtiges Thema; andere — nicht bloß KLOPSTOCK — eiferten ihm nach, der Büchermarkt war mit Erbaulichem noch lange nicht gesättigt, also konnte REICHEL mit gutem Recht religiös-erbauliche Dichtung von seinen Blumengenossen fordern, ohne ganz aus der Zeit zu sein.

In Nürnberg war man mindestens darüber gut im Bilde, was sich in England einige Jahrzehnte zuvor getan hatte; wenn man an die gleichzeitige, offiziell anerkannte Kultur im Leipzig JOHANN SEBASTIAN BACHS denkt, hält man es sogar für möglich, daß uns derartiger 'Post-mortem-Barock' heute auch ganz gut gefiele. Ich wage diese Wortbildung in Anlehnung an den kunstgeschichtlichen Begriff der 'Post-mortem-Gotik'. Was das ist, kann man sich angesichts der Maßwerkbrüstungen in Nürnberger Häusern des 17. Jahrhunderts klarmachen; oder besser, man geht nach Ansbach und sieht sich die

Dreiturmfassade von St. Gumpert an: Was da um 1597 gebaut worden war, als man in Rom schon barocke Kirchen errichtete, entspricht so schön dem Caspar-David-Friedrichschen Ideal einer gotischen Kirche, daß uns dabei wärmer wird als bei den echten. BACHS Musik und gewisse poetische Texte der ersten Hälfte des 18. Jahrhunderts haben damit gemeinsam, daß sie in ihrem selbstgewählten Aus-der-Mode-Sein strukturell weiter ausgefeilt sind als das wahre Zeitgenössische, das sich die richtige Form für die neuen Inhalte noch ertasten mußte und für den Kunstliebhaber aus einem Abstand von zweihundert Jahren oft schwächer wirkt.

Warum also blieb kein größeres christliches Werk von all diesen christlichen Schäfern? Noch war die Zeit nicht gekommen für LESSINGS boshaftes Epigramm über die geringe Leserschaft des gelobten KLOPSTOCK; wer vorhergesagt hätte, daß derartige Literatur einem respektlosen Komödienschreiber[18] den Einfall eingeben könnte, sie als Einschlaflektüre des Teufels auf die Bühne zu bringen, wäre sehr, sehr schief angesehen worden; das heutige Empfinden, das Werthers und Lottes hingehauchtes „Klopstock" schon wegen des Wortlauts als klassischen Fall unfreiwilliger Hochkomik registriert, lag den damaligen Lesern noch fern. Die Pegnesen hätten Erfolg haben können mit ihrer Dichtung zum Preis des Höchsten, wenn — ja, wenn sie sich in sprachlicher Hinsicht mehr zugetraut hätten (wie KLOPSTOCK, dessen wortschöpferische Kühnheit aber von der geltenden Satzung verpönt wurde). Denn die Gestaltung macht Dichter, nicht das Thema. Und SCHWARZ fütterte das Stilgefühl dieser Generation weiterhin mit seiner abgelebten galanten Rhetorik. Noch dazu gab man sich womöglich noch gelahrter mit seinem Latein, während man unbekümmerter mit seinem Deutsch umsprang als zu den ersten, kämpferischen Zeiten der deutschen Sprachpflege — wofür der Orden ja eigentlich gegründet worden war. SCHÖNLEBEN-CALOVIUS, zum Beispiel, übertrug zwei lateinische Oden zum Lob der Buchdruckerkunst, die SCHWARZ zum dreihundertsten Jubeljahr der Erfindung GUTENBERGS verfaßt hatte, ins Deutsche, kam aber nicht auf den Einfall, die antike Reimlosigkeit auch einmal zur Würde unserer Sprache anzuwenden — wie KLOPSTOCK, dessen Oden, bei Kennern jedenfalls, anhaltend beliebt sind. Wenig fehlte um 1750, was den Orden zu einer verdienstlichen und anerkannten Dichtergruppe machen konnte; aber dieses wenige bewirkte eine Welt von Unterschieden.

Der Blumenorden wurde in diesen Jahren oft vom Tod heimgesucht. Rührendstes Zeugnis davon sind nicht die pompösen Traueroden zu FLORANDOS, AMARANTES', MELANDERS oder ALCANDERS Abscheiden, sondern, dazwischen aufbewahrt, ein in schwarzes Glanzpapier eigenhändig eingebundenes, handschriftlich sauber vollgeschriebenes Heftchen im Oktavformat.[19] Der Verfasser ist der damalige Zweite Ordensrat. Es gibt von ihm ein schönes Kupferstichporträt[20]. Respektabel angetan, modisch in Kurzhaarperücke, kommt er dem Betrachter dennoch mit so gütigem Blick entgegen, daß er sogleich menschlich nahe erscheint. Von dieser Seite her war er sicher ein guter Arzt. Er war 1720 geboren, wurde 1745 aufgenommen und starb 1775. CHIRON, Dr. med. JOHANN KONRAD WITTWER. Nomen est Omen.

60 % der Originalgröße

Seine erste Frau starb im Wochenbett am 20. 7. 1746. Es war die Tochter NEGELEINS, die erst zwei Jahre zuvor, bei der Hundertjahrfeier, als CLARINDE in den Orden aufgenommen worden war. CHIRON war dabei, ein Dankgedicht auf ihre glückliche Entbindung zu schreiben, als die dramatische Verschlechterung ihres Gesundheitszustands einsetzte.[21] Wie er in einer Vorbemerkung im Einband mitteilt, ist das so entstandene Freuden- und Trauergedicht sehr unmittelbar, „in den ersten Tagen entworfen" worden. Er ließ es so, der poetischen Gattungsregeln unerachtet, als privates Lebens- und Leidenszeugnis.

Neuer Wein — alte Schläuche?

Auf Musen helfet mir, ein DankLied jezt zu singen,
Daß Gott an meinem Schatz die heissen Wünsch erfüllt [...²²]

So geht es sehr konventionell an. 'Schatz' war wohl als Kosename noch nicht ganz so abgebraucht, sonst wäre in Bezug auf den klassizistischen Anfang ein Stilbruch zu konstatieren. Es geht freilich sehr bürgerlich-intim und dabei aufgeladen mit Besitzdenken²³ weiter:

Wie aber soll ich mich jezt gegen Dich bezeigen,
Mein liebstes in der Welt, mein Herz, mein AugenLust;
Wie mach ich Dir die Freud, der keine zu vergleichen,
Die Deine Niederkunft in mir erweckt, bewußt?
Kan ich wohl meine Schuld durch etwas Dir bezahlen
Vor diese harte Bürd, die Du ertragen hast?
Vor allen Schmerzen, den ohnmöglich abzumahlen,
Biß du entbunden warst von dieser schönen Last:
Die du 9. Monat lang so sorglich hast ernähret
Mit süssen Säften so dein zarter Leib verlohr;
Die oft dein junges Herz in seiner Ruh gestöret,
Und tausend Aengsten bracht in deine Seele vor.
O nein, ich glücklicher, ich kan dir sonst nichts geben,
Als was ich dir geschenckt in dem vergangnen Jahr.
Der Anblick deines Wohls schenckt mir allein mein Leben [...]

Jetzt käme es darauf an zu wissen, ob schon beim Abfassen der nächsten Zeilen der traurige Umschwung eingetreten war und WITTWER, beim Aufholen des in der Sorge unterbliebenen Schreibens, dramatische Ironie anwendet, oder ob er noch ganz ahnungslos war:

Der Anblick Deines Wohls schenkt mir allein mein Leben,
Das ohnehin für Furcht fast schon verlohren war.
Der Dich bißher beschützt, wird ferner Dich erhalten;
Deßwegen nur getrost; der gab dir einen Sohn,
Der wird als Vatter auch noch ferner ob uns walten;
Er hört mein Flehen ja auf seiner Gnaden Thron.
Von Menschen kanst du stets den treusten Beystand sehen;

Damals waren die Ärzte ihrer Macht über die Krankheit noch nicht so gewiß, handelten im Bewußtsein, daß Gott alles auch anders fügen könne, und sahen nicht auf die Bemühungen pflegender Angehöriger mit einer Mischung aus Duldsamkeit und Argwohn herab, sondern betrachteten sie als gleichberechtigt und ganz unverzichtbar:

> *Schau die Bemühungen der werthesten Mama;*
> *Mich als den Arzt, der nicht von deinem Bett wird gehen.*
> *Ja was nur helfen kann, das alles ist schon da.*
>
> *Wer denckt in unsrer Stadt so heiße SommerTäge*[24]*?*
> *Da alles Gras verbrennt, das Blat von Bäumen fällt,*
> *Die Erd von Dürre reist in Feld und auf dem Wege,*
> *Wo keine Pflanze ist, die ihre Blume hält;*
> *Als wir seit vierzehn Tag ohn allen Regen haben.*
> *Mit was erquicke ich anjezo meinen Schatz!*
> *Weiß unser einer nicht mit etwas sich zu laben.*
> *Die Kühlung findet ja bey Ihr nun keinen Platz.*

Man war schon lange auf das Klima als Ursache mancher Abweichungen im Krankheitsverlauf aufmerksam geworden, aber zu dieser Zeit leitete man sogar schon die Unterschiede des Nationalcharakters davon ab — das Konzept hatte mehr Gewicht.

CHIRON schreibt nun zweifelsohne schon nach dem Tode seiner Frau. Er sucht nach Ursachen, die seine Hilflosigkeit entschuldigen, und findet sie in dem für Nürnberg außergewöhnlich trockenen und heißen Juliwetter. (In der Tat ist es gegen Ende Juli bei uns meist regnerisch.) Seine Beobachtungen des vorzeitigen Blätterfalls und des rissigen Bodens verraten den geübten Naturwissenschaftler und sind, im Zusammenhang mit der engen Ortsangabe „in unsrer Stadt", von beklemmender Authentizität. Es ist eine kleine Welt, in der sich das abspielt, aber wer sie genau betrachtet, wie LEUWENHOEK die Infusorien im Wassertropfen, kann ganz davon gefangengenommen werden. Noch ist die Mikroskopie neu und sind ihre Ergebnisse ansprechend, ja erschütternd — auch auf dem Gebiete der Dichtung. Man kann wohl nicht behaupten, daß frühere Gedichte nicht auch menschliche Angelegenheiten in Miniaturgemälden abgebildet hätten, doch war das ganz und gar Zufällige, das Kontingente, eher Nebensache gewesen, und man war doch mehr auf allgemeingültige Aussagen bedacht. Die Stilisierung der gebundenen Rede tat ein übriges, das Individuelle in den Rang des öffentlich Mitteilbaren zu erheben, indem die für lautes Vorlesen berechneten Wirkungen ein Band zwischen Autor, Rezitator und Hörer knüpfen konnten, das dem Gegenstand wenig oder nichts verdankte und ihn dadurch akzeptabel machte. In dieser Hinsicht wäre das vorliegende Gedicht ziemlich schlecht. Aber es wirkt auf den genauen Betrachter aufregend, wie neuartig die Haltung ist, die um diese Zeit möglich wird und sich hier ausspricht: daß jemand im Drang seiner Gefühle, um nur ein wenig Ordnung in seine Gedanken zu bringen, seine Zuflucht zum Dichten nimmt. Diese Betrachtung wird herauszufinden versuchen, was sich dadurch an der Dichtung selbst und an dem Verhältnis zum möglichen Leser ändert.

Zunächst ist eines klar zu sehen: Die diagnostische Genauigkeit, womit der Krankheitsverlauf beschrieben wird, hätte aus dem Gegenstand einen klinischen Fall gemacht. Das war nicht WITTWERS Anliegen, denn er war selbst diesmal betroffen und hatte das Bedürfnis, auch diese Betroffenheit durch den Ausdruck zu bannen. Beides kann er noch nicht recht in der Aussageform vereinbaren. Pathetische Ausrufe des MitLeidenden mischen sich seltsam mit trockenen Feststellungen des erfahrenen Praktikers. Aber das ist das wahre Leben! Die goethezeitliche Lyrik, die einige Jahrzehnte später mit der formalen Aufgabe besser fertig wird, stellt im Hinblick auf die wirkliche Uneinheitlichkeit des Bewußtseins einen psychologischen Rückschritt dar und läßt dem Naturalismus noch einiges zu tun übrig.

> *Ich seh O Jammer! Sie, in Ihrem Schweiße baden.*
> *Doch ist schon, Gott sey Dank, der fünfte Tag vorbey.*[25]
> *Ums Herze wird Ihr bang; ich kan es schon errathen,*
> *Was Sie zu fürchten hat, daß es ein AusSchlag sey.*
> *Er ist doch schön heraus: ob Sie gleich nicht kann schlaffen.*
> *Allein was soll das seyn? mir wird auf einmal bang.*
> *Ich will noch einen Arzt zu ihrer Hülffe schaffen.*
> *Es ist doch alles noch in ordentlichem Gang.*
> *Ach Engel? Wie ist Dir? schau wie ich mich betrübe.*
> *Spürst Du auch eine Furcht? Glaubst Du Dich in Gefahr?*
> *Ich finde keine nicht. Doch du kenst meine Liebe*
> *Die zittert und befürct, es sey nur allzu wahr.*

Man wird Zeuge aller Umschwünge des Gefühls; man erlebt den Autor als einen Empfindsamen. Unterscheidung zwischen dem eigentlichen Verfasser und dem 'lyrischen Ich', der angenommenen Verfasserrolle und dem empirischen Ich des Verfassers, führen hier nicht weit, wären pedantisch. Kein Wunder, daß gerade der durchschnittliche heutige Leser, soweit er sich von Lyrik noch ansprechen läßt, solche Unterscheidungen auch nicht machen will: Er ist in aller Regel bürgerlicher Gesinnung und fühlt sich daher dieser empfindsamen Epoche geistesgeschichtlich verpflichtet, sobald er Verse sieht. Wie schlecht versteht er folgende Verse, wenn er sie im Vergleich zu CHIRONS Unmittelbarkeit befremdlich konventionell empfindet:

> [...] *Wer tut und trägt, was Gott gebeut,*
> *Aus Gottes Willen macht den seinen*
> *Und küßt die Hand, die Strafe dreut,*
> *Wird danken, wo er meint zu weinen.*
>
> *Es kam der Mann, den Gott erwählte,*
> *Ein Werkzeug seiner Huld zu sein:*
> *Er sah, was die Geliebte quälte,*
> *Mit unbetrogner Scharfsicht ein.*
>
> *Gleich legte sich der Brand, der in den Adern glühte,*
> *Das heimlich starke Gift, verjagt aus dem Geblüte,*
> *Wich minder edlen Stellen zu;*
> *Ihr Herz fand Kraft, ihr Haupt die Ruh.*
>
> *Ein frischer Trieb fuhr in die matten Glieder,*
> *Sie sah das fast verlassne Licht,*
> *Mit halb verblendetem Gesicht,*
> *Die Welt und mich erkannte Sie nun wieder.* [...]

Der berühmte ALBRECHT VON HALLER, ebenfalls Arzt und Dichter, hatte zehn Jahre zuvor, 1736, ebenfalls seine Frau verloren; auch er hatte einen zweiten Arzt herangezogen, und es schien erst eine Besserung einzutreten. Auch hier sieht man verschiedene Stadien, aber keine Momentaufnahmen aus einem sich ändernden Bewußtsein, und alles, nicht nur an dieser Textstelle, ist in die Haltung der Gottergebenheit eingepackt, auf daß der Leser nicht irgendeine Krankengeschichte, sondern ein aufrichtendes Exempel vorgeführt bekomme. Freilich ist die sprachliche Bewältigung der Symptome viel gekonnter. Wer so einen Abstand nimmt und sich in eine Rolle hineinschreibt, ist das dem Leser schließlich schuldig.[26]

Im Gedicht unsres CHIRON folgt ein Dialog, in dem CLARINDE, die Patientin, ihn beruhigt. Er bleibt besorgt und ruft Gott um Hilfe an.

> *A. Ach fasse dich mein Schatz, mach mir die Angst nicht grösser,*
> *Das Herze klopft zwar starck, und druckt mich auf die Brust.*

Allein es düncket mich es wird schon etwas besser[27]*;*
Die Augen sind ja klar und bin mir wohl bewußt.
Damit man aber Dich einmal mit Unrecht kränke,
So nehm ich andrer Hülff mit viel Verlangen an.

B. Ach Gott erbarme Dich, erhöre mich und schencke
Noch lange mir mein Herz; Du bists der helffen kann.
Sie ist jezt ziemlich still, allein von keiner Dauer;
Denn dieß ist ja kein Schlaff, Sie zwingt sich nur zur Ruh.
Ach Gott wenn hilfst Du doch! Das athmen wird Ihr sauer,
Die Nieren öfnen sich, die Hitze nimt auch zu.

Der Arztkollege trifft ein und beginnt seine Untersuchung.

Nun gut jezt komt der Arzt, den Sie allzeit erkohren
Man halte ihn nicht auf, Sie wartet mit Begier.

Was vor ein Angst Geschrey durchdringet meine Ohren?
O unerhörter Thon! Ach Gott was seh ich hier!
Was vor Veränderung ist auf einmal geschehen!
Die Arme scharlachroth verwandlen sich in Schnee!
Mein Schatz befiehlt sich Gott, Sie kan uns kaum mehr sehen.
Stirbt sie, so gieb, daß ich mit Ihr zu Grabe geh.
Ist keine Rettung denn auf Erden mehr zu finden?
Soll Ihrer Jahre Lauf denn schon geendet seyn?
Soll mir mein eigen Fleisch zur Hälfte schon verschwinden?
Das meine Labsal war, sezt mich in Qual und Pein?
O Schmerz! Sie rufet uns, sie will noch etwas reden.
O Großmuth! sehet doch, wie Sie die Angst verlacht.
Soll dieser Anblick mich nicht auf der Stelle tödten,
Der mich Zeitlebens arm, betrübt und elend macht?
Wie zärtlich dancket Sie! Sie gibt uns auch den Seegen:
Ihr Abschied schmerzt sie selbst: empfiehlt Ihr JammerKind.
Sie nimt all Hülffe an, nur unsres Trostes wegen:
Allein Sie spürt gar wohl, daß wir verlassen sind.
Ihr Geist befindet sich schon hier in Jesu Armen,
Ob gleich dem Leibe nach Sie mit dem Todte ringt.
Die Sinnen sind dahin, Gott will sich Ihr erbarmen,
Und enden Ihren Kampf, der Ihr so wohl gelingt.

Clarinde
(Ausschnitt) — Original 23,5 x 36 cm

Die entsprechende Stelle bei Haller[27] liest sich wie ein Kommentar dazu:

Nicht Reden, die der Witz gebieret,
Nicht Dichterklagen fang ich an;
Nur Seufzer, die ein Herz verlieret,
Wann es sein Leid nicht fassen kann.

Ja, meine Seele will ich schildern,
Von Lieb und Traurigkeit verwirrt,
Wie sie, ergötzt an Trauerbildern,
In Kummerlabyrinthen irrt.

Ich seh dich noch, wie du erblaßtest,
Wie ich verzweiflend zu dir trat,
Wie du die letzten Kräfte faßtest
Um noch ein Wort, das ich erbat.

O Seele voll der reinsten Triebe!
Wie ängstig warst du für mein Leid!
Dein letztes Wort war Huld und Liebe,
Dein letztes Tun Gelassenheit.

HALLER kann nichts dafür, daß uns seine Versicherung, er wolle nichts künstlich Ausgedachtes schreiben, so falsch vorkommt, nur noch als rhetorischer Trick; im Vergleich mit der vorausgegangenen barocken Dichtung konnte er sich subjektiv unmittelbar wähnen, und er konnte nicht ahnen, wie bald das Zerbrechen der inneren Form seines Gedichtes jemandem möglich erscheinen konnte bis auf den Grad, ein solches Un-Gedicht aufzuschreiben. Wenn jemand übrigens meint, in der Parallelität der geschilderten Ereignisse und den letzten Worten der bedauernswerten Frauen ein Element der literarischen Konvention auch noch bei WITTWER erkennen zu sollen, kann ich ihm versichern: Ich kenne leider selbst den Fall einer Arztfrau, die an der Geburt von Zwillingen noch 1980 in der Erlanger Universitätsklinik starb; ihre letzten Worte waren eine Entschuldigung für die Ungeduld, die sie gezeigt hatte, als ihr ein Herzkatheder geschoben wurde. Frauen können wirklich so tapfer sein und Haltung zeigen wie Soldaten — indem sie Leben schenken, nicht wegnehmen. Aber das wäre wieder eine generell erbauliche Aussage. Unser CHIRON, in dem schweren Erwachen, das der Atemlosigkeit des Unglück-Erlebens folgt, ist weit von einer solchen entfernt und fragt sich, ob es denn wirklich geschehen sein kann.

Wie ist mir? Träume ich? ist alles dieß geschehen?
Daran vor einer Stund noch niemand hat gedacht.
Ist es denn würcklich so, was ich allhier gesehen,
Daß Gott mich in der That zum Wittwer hat gemacht?

Es ist schwierig, diesen Wortwitz recht abzuschätzen. Eine Generation früher, bei JOHANN CHRISTIAN GÜNTHER, bewundert man formale und sprachliche Virtuosität bei unschamhafter Herausstellung des ganz persönlichen, zerrissenen Gemütszustandes — und die gelegentliche wegwerfende Schlußpointe, wie später bei HEINE, fehlt auch nicht. In den Jahrzehnten darauf war die Lyrik trockener geworden und auf eine Kultur des geselligen Witzes angelegt. Das mußte vor intimen Erschütterungen versagen. Ist es schlechter Geschmack, Zeichen der Unaufrichtigkeit oder schon wieder ästhetisch originell, daß WITTWER hier mit seinem Namen spielen kann? Es mußte ihm — so oder so — durch den Kopf gehen. Ungeniert, wie das Unglück macht, schrieb er es hin. Aber was für eine Leser- oder Hörerschaft konnte er sich dabei versprechen? Die in einer Art expressionistischem Spätbarock zurückgebliebene? Auch GÜNTHER hat sein verständnisvollstes Publikum erst lange nach seinem Tod gefunden. 'Grelle' Wirkungen, am besten von höllischem Verzweiflungsgelächter begleitet, liebt später der Sturm und Drang, auch noch das Biedermeier. Aber die Pegnesen von 1750? Wenn der Vermerk auf dem Titelblatt, in anderer Handschrift und Tinte, nur etwa in die Entstehungszeit fiele, müßte er dieses Gedicht ja jemandem mitgeteilt haben: „Clarinde Panzer, Gattin des M. Georg Wolfgang Panzer, Schaffer und Pastor bei Sct. Sebald, 1746". Es gibt aber keine CLARINDE PANZER. Dessen Gattin hieß ROSINA HELENE, mit Ordensnamen **RESILIS**. Mag sein, daß sich das Schriftstück später einmal im Besitz der Familie PANZER befand, bevor es ins Archiv gelangte, und jemand den falschen Vermerk in der Meinung anbrachte, CLARINDE sei irgendwie mit einem Präses in Verbindung zu bringen. Sie war aber die Tochter des Präses NEGELEIN. Es scheint jedenfalls, als habe CHIRON sein Gedicht zunächst ohne Rücksicht auf Wirkung nach außen verfaßt. Wenn er im Orden sehr gute Freunde gehabt hat, vielleicht die Familie PANZER, dann ist, unabhängig von ästhetischer Wahrnehmung, ein betrübtes und verbittertes Kopfnicken als Reaktion auf dieses Wortspiel denkbar. Würde eine solche Aufnahme in den Bereich der Verhaltensweisen passen, die, etwa gleichzeitig mit GELLERTS 'Weinerlicher Komödie', von bürgerlichen Zirkeln auch in Nürnberg ausgebildet worden sein können? Aber drucken konnte man so etwas, im Unterschied zu den vielen Einzelblättern mit feierlichen Leichcarmina aus dem Blumenorden, in dieser Epoche, noch nicht. Es ist auch nicht vorstellbar, daß es etwa bei der Trauerfeier verlesen worden sei. Dafür ist es am Anfang zu klinisch gewesen und geht hier viel zu unerbaulich weiter:

> *Ist die Gehülffin denn schon wiederum verlohren?*
> *Dieß munter Kind ist todt? mein teurer Eh Gemahl!*
> *Die selbsten hat geglaubt, Sie sey vor mich gebohren;*
> *Und jeder in der Stadt gebilligt meine Wahl.*
> *Ich täglich Gott gedanckt vor diesen EheGatten;*
> *Mich vor viel tausenden glückselig hab geglaubt.*
> *Und da wir kaum ein Jahr zurück geleget hatten,*
> *Ach kurze, süsse Zeit! So wird Sie mir geraubt?*
> *In Dero Umgang ich nur meine Ruh gefunden,*
> *Und Sie war nie vergnügt ohn meine Gegenwart.*
> *O Himmel! Der Du uns so fest zusamm verbunden,*
> *Nun aber wieder trennst: ist dieses nicht zu hart?*

Was ihn besonders niederschlägt, ist das Eintreffen langgehegter Befürchtungen: Der Gefahr ins Auge zu sehen, hat überhaupt nichts geholfen. Das ist freilich kein Beispiel für die Überlegenheit des Geistes, wofür doch Dichtung in der Aufklärungszeit stehen sollte.

> *Sie furchte allezeit, es wird Ihr Leben kosten,*
> *Wenn Gott sie segnete mit einer LeibesFrucht,*
> *Und dennoch hattest Du auf den verlohrnen Posten*
> *Ihr Leben aus gesetzt, was Sie doch nicht gesucht:*
> *Wir liebten stets mit Furcht, um nicht zertrennt zu werden,*
> *Wie Du oft heimgesucht manch sehr vergnügtes Paar.*
> *Ich rufte ängstiglich, Du mehrest die Beschwerden,*
> *Und nimst, was mir zur Hülff von Dir gegeben war.*
> *Sie hatte öfters mir im Scherz, ach Schmerz! erzehlet,*
> *Daß weil kein Arzt mehr sorgt, als der zugleich der Mann,*
> *So hätte Sie sich deswegen mich erwählet.*
> *Sie nahm auch allen Rath auf das genauste an.*

Der Schlagreim 'Scherz — Schmerz' ist nicht bloß schlagend 'witzig' als Ergebnis der Fähigkeit, Entferntes im Ausdruck zu koppeln, sondern psychologisch motiviert: Er kann an das Scherzhafte der Aussage nur mit Schmerzen denken, nachdem sich die darin enthaltene Befürchtung bewahrheitet hat.

> *Ists möglich? muß ich auch an diese Wort gedencken,*
> *Ohn daß ich gleich vor Leid mein elend Leben schließ?*
> *Dieß wird Zeit lebens mich gewiß am meisten kränken,*
> *Kein Wunder, wenn ich gleich die Heilungskunst verließ.*

> *Mein Gott! wie hättest Du mich härter können schlagen!*
> *Du stehst in meinem Amt am wenigsten mir bey,*
> *Da es mich selbst betrift ; nun muß der Arzt gar klagen,*
> *Daß er von Deiner Hülff und Rath verlassen sey.*

Was ihn „am meisten kränken wird", ist ohne sein Berufsleben nicht zu fassen, geht nicht nur den trauernden Menschen an: Der Arzt wird zuschanden. Er verliert zunächst vor sich selbst die Glaubwürdigkeit. Das kann handfeste Rückschläge beruflicher Art mit sich bringen. Der Bürgerliche sieht seine gesamte Existenz mit dem Beruf verknüpft: Kehrseite der Intimität, die sich hier so überraschend unmittelbar ausspricht.

> *Ach! warum gabst Du Ihr so hohe GeistesGaben?*
> *Und Ihren schönen Leib so viel Geschicklichkeit?*
> *Wenn Du so zeitlich Sie schon wolltest bey Dir haben.*
> *Allein was frag ich viel, Du schweigst zu solcher Zeit.*

WITTWER modelliert sich deutlich nach Hiob. Anders ist das Hadern mit Gott in dieser Zeit nicht denkbar, außer, es sagt sich einer gänzlich von der Religion los. So weit geht WITTWER nicht. Doch erscheint es um so weniger wahrscheinlich, daß diese Verse zu kirchlich vermitteltem Traueranlaß mitgeteilt worden sein könnten.

> *Dieß aber hindert nicht, mir schmerzlich vorzustellen,*
> *Den unersezlichen und tödtlichen Verlust;*
> *So Du mir übrig läst statt Ihr zum SchlaffGesellen,*
> *Biß gar vor Gram und Leid sich hemmet meine Brust.*

Auch hier wieder könnte der heutige Leser über die unumwundene Offenheit staunen, mit der CHIRON das körperliche Gefühl der Beraubtheit, ja, Körperliches überhaupt, zur Sprache bringt. War das noch naiv oder schon wieder kühn? Entspringt das noch der lutherischen Hochschätzung der ehelichen Liebe, oder bricht sich die Sachlichkeit des Mediziners Bahn? Auf jeden Fall betreibt CHIRON nun Introspektion — was KARL PHILIPP MORITZ zwanzig Jahre später 'Erfahrungsseelenkunde' nennen sollte — mit voller Aufmerksamkeit und mit Unterscheidungsvermögen:

> *Betracht ich mein Gemüth und alle meine Sinnen,*
> *So ist in keinem nichts mehr deutlich abgebildt.*
> *Clarinde nur allein befindet sich darinnen;*
> *An Dero Eigenschaft sich jeder bestens stillt.*
> *Begreiff ich aber denn, daß Sie mir weggenommen,*

> *So nimt die Sehnsucht gleich die matte Seele ein:*
> *Die wünschet und verlangt, nur bald dahin zu kommen,*
> *Wo sie alleine sieht das Ende Ihrer* [sic] *Pein.*
> *Ich spühre aber auf, um meine Qual zu mehren,*
> *Noch einen andren Trieb, der lehrt das Gegentheil,*
> *Ich sollte nicht mit Fleiß mein Lebens Teil verzehren;*
> *Wer sorgete hernach vor Ihres Zweiges Heil?*
> *Wer könte Ihren Ruhm nach Würden so bezeugen?*
> *Und wer entrisse Sie denn der Vergessenheit?*
> *Die Trauer wär hernach dem Schaden nicht zu gleichen,*
> *Wenn man den Harm und Angst nur fühlte kurze Zeit.*

Angemessenheit der Trauer an den Verlust wird nachgemessen. Gefühle erhalten Tauschwert. Daneben steht unvermittelt die hergebrachte Vorstellung, für den Nachruhm sorgen zu müssen — das paßt noch zur «Betrübten Pegnesis», wird aber in seinem den bürgerlichen Rahmen überschreitenden Anspruch erst hier auffällig, da CLARINDE nun wahrlich noch keinen Ruhm über ihren kleinen Lebenskreis hinaus erworben hatte. Hier übernimmt sich CHIRON, und man wird sehen, daß er in seiner weiteren Lebenswirklichkeit diesen Eingebungen — er sagt: 'Trieben' — nicht folgen konnte. Vorerst tut er alles, ihr Bild in den Sinnen wachzuhalten; man muß hervorheben: auch ihr geistig-moralisches Wesen. In den folgenden Zeilen sieht man aber auch den Ursprung eines Entschlusses, der dazu führte, daß CLARINDES Kupferstich an Format nur noch hinter LILIDORS I. innerhalb des Pegnesenarchivs zurücksteht. WITTWER muß sich gehörig in Unkosten gestürzt haben.

> *Wohlan Ihr Sinnen, stellt Sie auch allzeit vor Augen,*
> *Und nehmt dieß TugendBild zu einer Richtschnur an.*
> *Gewiß Ihr könnt daraus die besten Lehren saugen,*
> *Wie man stehts in der Welt bleibt auf der HimmelsBahn.*
> *Ist euch das Urbild gleich auf dieser Welt benommen,*
> *So ist Ihr Bildniß doch euch selbsten eingeprägt.*
> *Geht Ihren Spuren nach, wo Sie jezt hingekommen,*
> *Ihr werdet glücklich seyn, wann ihr dieß recht erwägt.*

Es versteht sich, daß er nicht mehr länger mit Gott hadert, sondern sein Gedicht mit der Gewißheit der göttlichen Gnade endet wie HALLER. Doch vorher hat er viel von sich selbst eröffnet, was im Bezirk der gängigen Behandlungsweisen dieses Themas nicht vorgesehen war. Anderseits gilt, in Anlehnung an einleitend Gesagtes, daß der neue Wein noch in einen alten Schlauch abgefüllt ist. Damit ist beileibe nicht nur der Alexandriner gemeint. Folgende abschließenden Gesichtspunkte zeigen WITTWER sogar konventioneller als Haller:

Denkt der Sie euch geraubt, der hat Sie auch gegeben;
Wie lang, stehts etwan an, so seyd ihr auch bey Ihr.
Was ist vergänglicher als aller Menschen Leben!
Vielleicht heut wars an Ihr und morgen ists an mir.

„Der Herr hat gegeben, der Herr hat genommen — des Menschen Leben ist wie das Gras auf dem Felde — hodie tibi, cras mihi": das hört man auf jeder Beerdigung. Diesen Teil konnte CHIRON jedem christlichen Mitmenschen zumuten. Und weil das am Ende steht, entschärft es die Hiob-Rolle.

Biß euer PrüfungsStund gar völlig ausgeloffen,
So sorget wehmuthsvoll vor ihren SchmerzensSohn:
Vergnügt euch am Genuß, nichts bessers könnt ihr hoffen,
Denn Leid und Sehnsucht ist verlohrner Freude Lohn.

In heutigem Deutsch: „Gebt euch (ihr Sinne) zufrieden mit dem, was ihr genossen habt; es kommt nichts Besseres nach." Es folgen zwölf Zeilen eines Treueschwurs an die Verstorbene, aber die kann man, im Vorausblick, nicht mehr ganz ernst nehmen.[29]

Zunächst läßt Chiron in seinem schwarzen Heft ein weiteres, ziemlich langes, strophiges Gedicht folgen: «*Chirons unersezlicher Verlust, durch den schnellen Todt seiner zärtlich geliebten Clarinde, und dessen gerechte Sehnsucht nach Derselben in einer Ode entworffen*». Darin hat er sich offensichtlich bis zur Erschöpfung ausgeschrieben (und das Thema dadurch für seine feineren Empfindungen erledigt). Der englische Prosodiker George Saintsbury hätte, bei seiner Abneigung gegen die Verse der Aufklärungsperiode, den Rhythmus einen 'jog trot' genannt.[30] Es zitiert sich nicht gut.

Die Wirklichkeit überbietet empfindsame Konventionen

Leider findet CHIRON bald wieder Gelegenheit, den Ausdruck echten Leides zu erneuen; das dritte und letzte Gedicht im schwarzen Heft heißt: «*Des unglückseligen Chirons verneuerte Klagen bey dem Todte seines einzigen, von seiner unvergesslichen Clarinde, hinterlassenen Sohnes Joachim Wittwers. Den 30. Martii 1747*». Aber nicht dadurch allein überbietet das Leben die

Dichtung. Die Außerordentlichkeit erneuter Eheschließung und erneuten, völlig parallelen Todesfalls erzwingt eine außerordentliche dichterische Umsetzung. Mit seiner zweiten Frau ging es CHIRON nämlich wie mit CLARINDE.[31] Und wieder schreibt er eine Trauerode, aber nicht in sein schwarzes Heftchen, obwohl darin Platz gewesen wäre. Erhalten ist ein gefaltetes Einzelblatt. *«Chirons Trauer-Ode, auf den Tod seiner Ehliebsten Frauen Magdalena Regina Huthin. Jul. 1752».*[32] Mag sein, daß er Scheu trug, die sprachlichen Zeugnisse der Trauer um beide Frauen zu nahe beieinander zu wissen. Es kann aber gut sein, daß WITTWER sein Heft bereits weggegeben hatte oder für andere Leser bereithielt, das nun entstehende Gedicht aber wirklich nur mehr für sich schrieb. Es ist in einen Druck des Hochzeitsgedichts eingelegt, der ihm bei seiner Eheschließung mit CLARINDE vom Orden verehrt worden war, und gelangte wohl nur als ein Stück persönlichen Nachlasses ins Archiv.

Daß er diesmal nicht in Alexandrinern schreibt, wird also wohl kein Zugeständnis an irgendein Publikum sein. Nach einer mühevoll Schwung holenden Eingangsstrophe[33] fährt er fort:

> *Und was? ich will, das, was ich fühle, schildern!*
> *Ach! Dies verlangt nicht meine Magdalis.*
> *Mein Geist, verirrt in tausend Schwermuthsbildern*
> *Findt nichts, womit er eines kenntbar wies.*
> *Der sehnsuchtsvoll noch glaubt, Sie zu besitzen,*
> *Mit Angst und Qual nach seiner Liebsten ruft.*
> *Der nur besorgt, Ihr Leben zu beschützen,*
> *Findt nirgens Sie, als in der kühlen Gruft.*
>
> *Ach! niemand fühlt, das was ich in mir spühre;*
> *Er hört mein Leid mit frostgen Mitleid an.*
> *Und ob sein Herz gleich meine Wehmuth rühre,*
> *So weis ich schon, daß dies nichts lindern kan.*
> *Drum will ich dich still ungestört beweinen;*
> *So wie wir uns still einsam stäts geliebt.*
> *Dein Werth kan ja auf Blättern nicht erscheinen,*
> *Weil selbst der Mund verschweigt was uns betrübt.*

Mit vier Hebungen je Zeile wie HALLER kommt er nicht aus, er benötigt fünf; aber das Reimschema ist dasselbe, und trotz der vorzugsweise nach der zweiten Hebung eintretenden Zäsur, die an die Mittelzäsur des Alexandriners erinnert, nimmt man den schlankeren Vers als ebenso gehaltvoll wahr, vielleicht sogar, wegen der Jamben, als energischer.

Was übrigens die Rechtfertigung dafür abgeben mag, ständig Vergleiche mit HALLER zu ziehen, ist dessen Erwähnung in einer Versepistel, die RESILIS um diese Zeit an MELANDER schrieb. RESILIS war das um 1751 aufgenommene Fräulein JANTKE, mittlerweile, wie erwähnt, Frau ROSINA HELENA PANZER und mit CHIRON und seinen Gemahlinnen gewiß gut bekannt. Es heißt in ihrem gereimten Brief ganz bescheiden: „Darum erwarte nicht von meiner Hand ein Blat,/ Daß Hallers großen Geist, und Bolaus [Boileaus?] Feuer hat." HALLER wurde also damals im Blumenorden gerade wegen der Eigenschaft geschätzt, die ihm half, sein Leid so zu objektivieren, wie es WITTWER nicht konnte und wollte. Ich lese seine Zeilen vielleicht nicht zu Unrecht als eine Antwort auf HALLERS noch viel zu inszenierte Klage:

Frau Panzer, geb. Jantke
60 % der Originalgröße

> *Im dicksten Wald, bei finstern Buchen,*[34]
> *Wo niemand meine Klagen hört,*
> *Will ich dein holdes Bildnis suchen,*
> *Wo niemand mein Gedächtnis stört.*
> *Ich will dich sehen, wie du gingest,*
> *Wie traurig, wann ich Abschied nahm;*
> *Wie zärtlich, wann du mich umfingest;*
> *Wie freudig, wann ich wieder kam.*

> *Auch in des Himmels tiefer Ferne*
> *Will ich im Dunkeln nach dir sehn*
> *Und forschen, weiter als die Sterne,*
> *Die unter deinen Füßen drehn.*
> [...]

Bezeichnend der Fernrohrblick ins All statt des forschenden Neigens über die Enge und Einmaligkeit eines Menschenlebens. Zwischen diesen beiden Polen wird noch manches Gedicht des Jahrhunderts neue Aspekte entdecken.

Inhaltlich ist CHIRON weiter. Seine Verse grenzen — jedenfalls in der zitierten dritten Strophe — so nahe ans Verstummen, wie man es vor der Moderne des 20. Jahrhunderts kaum für möglich halten sollte. Wenn CHIRON sein Leid nicht einmal mehr glaubt mündlich, spontan mitteilen zu können, wird er den Pegnesen nicht gerade seine Verse vorgelesen haben. Er hört allerdings nach jener so wenig mitteilsamen dritten Strophe nicht etwa auf, sondern es geht noch zehn schön geschriebene Strophen weiter. Das richtet sich ganz nach innen.

> *Bald sollst Du Dich mir in Gedanken zeigen,*
> *Wo Dich mein Aug mit Sehnsucht sonst erblickt.* [...[35]]

> *Will sich mein Geist in Kummer ganz versenken,*
> *Wenn mich die Angst zu der Entbindung führt,*
> *So will [ich] stäts an die Gedult gedenken,*
> *Die Du gezeigt u. jedermann gerührt.* [...[36]]

> *Kommt aber mir Dein Tod in die Gedanken,*
> *So weis ich nicht, was mehr gedenken heist.*
> *Selbst die Vernunft verfehlet ihre Schranken,*
> *Wenn nicht der Glaub mich zu den Schöpfer weist.* [...[37]]

Stärker als im vorigen Fall verbindet sich das Hadern mit der göttlichen Vorsicht', der Vorsehung, mit einer Kalkulation des Wertes von Gefühlen, Einstellungen, ja der ganzen Persönlichkeit, und zwar im Hinblick auf gerechte Entsprechung. (Man möchte ja nicht geradezu 'Preis' dazu sagen, obwohl die besitzsprachlichen Ausdrücke gerade gegen Ende ganz naiv und grob eingesetzt werden.)

> *War ich nicht werth, dieß Kleinod zu behalten;*
> *Warum hast Du die Herzen so gelenkt?*

Ich lies ja stäts nur Deine Vorsicht walten,
Eh ich noch wußt, ob Du Sie mir geschenkt.
Du weist, wie Du mich elend zugerichtet,
Als ich den Riß das erstemal gefühlt;
Was hilft es Dir, da Du auch die zernichtet,
Daß Gram und Leid mir Seel und Leib durchwühlt?

Warum? ... Doch still; wer darf sich unterstehen,
Vor dessen Thron, der alles hat bestimmt,
Mit einem Thon, der fragend, hinzugehen,
Warum er das, was er gegeben, nimmt?
Vielmehr frag Dich, warum Er dir soll lassen,
Ein Herz, dem Er ein besser Leben gönnt?
Du wünscht dies auch; doch lerne Dich erst fassen.
Sein Wort beut dir zu beeden schon die Händ.

Wohlan, zweimal hat Er das Band zerrissen,
Worin ich fand, was Glück im Ehstand hieß.
Dies Glück will ich inskünftige auch missen,
Bis sehnsuchtsvoll ich meine Augen schlies.
Will Gott dabey dem Sohn das Leben schenken,
So soll er stäts ein großer Trost mir seyn.
Mein Fleis soll sich auf die Erziehung lenken.
Vielleicht bringt er mir den Verlust noch ein.

VOGEL, der Biograph dieses Sohnes, bezeugt: „Auch sein Vater starb weit früher, als sein Alter und seine Kräfte es erwarten ließen, doch lebte er lange genug, um die vortreffliche Erziehung, welche er seinem Sohne gab, zu vollenden."[38]

Wollte der barocke Dichter nichts auslassen, um der gattungsgemäßen Erwartung seiner Leser genüge zu tun, so findet der empfindsame erst ein Ende, wenn nichts mehr in ihm selbst nach Formung ruft; er wühlt alles in sich auf und verbreitet sich darüber bis zur wohltuenden Erschöpfung.[39] Mit der bloßen Versicherung, es ließe sich ja doch nichts über seine Lage sagen, bestünde er nicht vor seinem Inneren, weil sie, an sich selbst gerichtet, ohne Wirkung, und, an Leser oder Hörer gerichtet, wieder witzig wäre — wie LESSINGS Ode an die Faulheit, die nicht zustandekommt, weil gerade die Faulheit den erfundenen Verfasser daran hindert „zu singen".

Die bei dem Pegnesen CHIRON so überraschend neuartige, weil grundehrliche Behandlung des ihm vom Schicksal aufgedrungenen Themas läßt sich sogar noch — was die Einstellung zum Publikum betrifft — mit GOETHES Marienbader Elegie vergleichen. Hätte dieser seinen Text für die Öffentlichkeit der Abfassungszeit bestimmt, so hätte er eine ziemlich komische Figur gemacht. Daß er ihn überhaupt, wenn auch posthum, veröffentlicht hat, liegt an dem Glauben, daß die Menschheit gebessert werde, wenn ihr nichts Menschliches mehr fremd sei — eine Art individualpsychologischer Aufklärung.[40] CHIRON muß ähnlich empfunden haben, sonst hätte er seine Blätter nicht so sorgfältig zur Aufbewahrung hergerichtet. Hoffen wir für ihn, daß auch er eine befreundete Seele (wie GOETHE seinen ZELTER) in seinem verständnisvollen Kind hatte, und daß er ihm sein Werk zuweilen vorlesen konnte. (PHILIPP LUDWIG hat seinem Vater jedenfalls ein «Denkmal» geschrieben — und leider ebenfalls seinen eigenen, frühverstorbenen Kindern.[41])

Die Neuartigkeit der Haltung, von der die Rede war, hindert übrigens nicht, daß der nicht ebenso betroffene Leser oder Hörer sich auf die Dauer bei diesen Gedichten langweilt, denn das Aufbauen des Gefühls aus Einzelempfindungen und Reflexionen ergeht sich in lauter altbekannten Formeln — so wenig individuell ist das Intimste an einem durchschnittlichen Menschen! Dennoch wäre die Veröffentlichung dieser Texte damals von bedeutender zeitgemäßer Wirkung gewesen, weil die Anteilnahme am Allgemein-Menschlichen noch stärker war. Jedermann, der aus seinen persönlichen Verhältnissen heraus oder aufgrund der sich ausbreitenden literarischen Mode empfindsam war, konnte eine solche Wirkung hervorrufen und damit die Gemeinde der zarten Seelen vermehren.

Der heutige Leser aber kann CHIRONS frühe Zugehörigkeit zur empfindsamen Literaturperiode als ein gutes Zeichen für die innere Verfassung des Ordens und als eine Entschuldigung für sein schwächliches äußeres Bild zu jener Zeit auffassen.

REHBERGER-URANIO heiratete am 4. 8. 1762, und das Gratulationsgedicht dazu schrieb SCHMIDBAUER-HODEVON. Es sticht sehr ab von der rhetorischen, engagierten Sprechweise, die in MELANDERS Geiste von REICHEL-EUSEBIUS zu erwarten gewesen wäre. (Dieser war 1760, nach dem Tode SCHÖNLEBENS, zunächst einmal Schriftführer geworden und konnte wohl als solcher nach 1765 den inoffiziellen Mittelpunkt des Ordens darstellen, um so mehr, als damals das Amt des Schriftführers als das zweitwichtigste im Orden galt.)

Eine literarische Richtung, die sich als aufklärerisch verstand, sah im Vergleich zu den empfindsamen Privat- und Intimdichtungen nun erst recht karg aus.

Plattheit als Gegengift zum Bombast

GEORG ANDREAS WILL hatte in seiner Lyrik-Vorlesung, die er 1758 in Altdorf hielt, im Anschluß an GOTTSCHED gefordert, ein jeder Vers müsse mit einem Sinnschritt übereinkommen.[42] Das ist ein Rückschritt in die Frühzeit der mittelhochdeutschen Prosodik! Man wird gleich sehen, was dabei herauskommt; folgende Strophen sind typisch für den knöchernen Belehrungston der GOTTSCHED-Epigonen:

> *Die Seele der Gesellschaft ist*
> *In der Vereinigung zu finden,*
> *Aus welcher die Theilnehmung fliest,*
> *Zu der die Glieder sich verbinden;*
> *Die sich in Freud und Leid bewähret,*
> *Und überall die Pflicht bestimt,*
> *Die an der Schickung*[43] *Antheil nimt,*
> *Und unsre Regungen erkläret.* [...]
>
> *Das hier gewählte heischre*[44] *Rohr,*
> *Das unsre Freude Dir ausdrücket,*
> *Bringt nicht so laute Töne vor,*
> *Wie es dem Deinigen geglücket;*
> *Doch mindert dieses Unvermögen*
> *Die Gröse unsrer Freude nicht,*
> *Die wir nach der Gesellschaftspflicht*
> *Dir dadurch suchen vorzulegen.*
> *Dein uns allzeit geneigter Sinn*
> *Nimmt für die That den guten Willen*
> *Zum Abtrag der Pflichtleistung hin,* [...]

— ohe iam satis est. Rief denn niemand beim Verlesen dieses antilyrischen Machwerks „Aufhören!"? Für würdig ohne Bombast und daher modern werden die Zuhörer es gehalten haben. Schuld an der peinlichen Wirkung auf Heutige ist das üble 'Besitzdenken': Gefühle werden im Namen der Gesellschaft — und zwar der menschlichen überhaupt, nicht nur des Ordens — gegeneinander pflichtschuldigst verrechnet.

Das ist der poetische Tiefpunkt. Hieran überrascht nur eines: daß in einer gewerblich orientierten Stadt wie Nürnberg diese Kehrseite der WOLFFianischen Philosophie nicht eher das öffentliche Bewußtsein bestimmte. Man ist den eingefleischten Lutheranern ja geradezu dankbar für die Verzögerung. (Sieht jemand die Parallele zur ehemaligen DDR?) SCHMIDBAUER konnte nämlich auch anders, wenn er in einem Trauergedicht mehr auf die christliche Überlieferung Bezug nahm. Als er 1774 für REICHEL den poetischen Nachruf zu verfassen hatte, war er wohl auch erfahrener, aber vor allem der Gehalt erlaubte ihm kein so abstraktes Umspringen mit Hauptwörtern mehr:

> [...] *So oft wir hier die Hütten sehen,*
> *Die unser Irrhain in sich schliest,*
> *Soll unser Denken dahin gehen,*
> *Wo unser Freund verherrlicht ist*[45]*,*
> *Und vor dem Stuhl des Lammes stehet;*
> *Da ists gut seyn, wo wir Gott schauen,*
> *Da wollen wir uns Hütten bauen,*
> *Wenn unsre Zeit zu Ende geht*[46]*.* [...]

Und doch wird aus HODEVON kein halbwegs geschickter Poet: Die Tonbeugungen kann er immer noch nicht lassen, am auffälligsten bei „gut sein".

Da aus der Sammelveröffentlichung SCHÖNLEBENS nichts geworden ist, hat man andauernd auf die Einzeldrucke von Trauergedichten aus dem Archiv zurückzugreifen; so entsteht leider der Eindruck, daß der Tod zu dieser Zeit längeren und tieferen Schatten als sonst über den Orden werfe. (Anderswo schreiben die Dichter vorzugsweise anakreontische Tändeleien, harmlose Liebes- und Trinkgedichte.) Am 1. 7. 1772 wird der wackere LEUCORINUS, der Pfarrer und Schulmeister von Poppenreuth, CHRISTOPH SIGMUND LÖHNER, zu Grabe getragen und gebührend beklagt. CRAMER-IRENANDER gibt überraschenderweise im Titel seines Gedichtes an, den LEUCORINUS „beklagte die deutsche Gesellschaft in Nürnberg"! Während die regelmäßige Ordenstätigkeit zwischen LILIDOR II. und IRENÄUS I. neun Jahre lang ruhte oder noch mehr im stillen vor sich ging als sonst, muß es also Bestrebungen gegeben haben, im Programm Anschluß an die auswärtigen 'Deutschen Gesellschaften' zu finden.

Ein neuer, sehr alt gemeinter Ton

Der nationale Patriotismus löst den kleinstaatlichen Vaterlandsgedanken ab, man schwärmt von den alten germanischen (und keltischen) Barden, betrachtet die Deutschen (etymologisch falsch) als „Söhne des Teut[47]", des keltisch-germanischen Gottes Ziu, man entwickelt ein geschärftes soziales Bewußtsein. (GOETHE schreibt um diese Zeit seinen recht gesellschaftskritischen «Götz von Berlichingen».) Alles dies konnte den Obrigkeiten nicht gerade recht sein.[48] IRENANDER hebt genau das an LÖHNER hervor — darin PHILODECTES ähnlich —, was den guten Bürgerlichen ausmacht. (Und das ist nicht genau dasselbe, was den braven Bürger ausmacht.) Insofern hat sogar dieses Trauergedicht eine leicht polemische Spitze, die der Zensur allerdings zu unerheblich zum Einschreiten erscheinen konnte:

> [...] *Sagt es, ihr Seine frommen Hörer,*
> *Wem diente Sorge, Müh und Wachsamkeit?*
> *Nur Reichen? Nein; der Treue Lehrer*
> *War iedermann zu gleichem Dienst bereit.* [...]

Hierin spricht sich bereits wieder eine neue Denkart aus, die nicht mehr mit den Begriffen 'empfindsam' oder 'aufklärerisch' allein zu beschreiben ist, obwohl sie zunächst keine eigene Sprache spricht. Es ist ja oft so, daß vertraute Wörter und die Begriffe, die man sich damit gemacht hat, einfach umgewidmet werden, und die neue Verständigungs-Grundlage, der neue Diskurs, ist da, bevor noch alle geistigen Auswirkungen zu übersehen sind, die das stiftet.

Beinahe hätte so auch der Name des Blumenordens ohne große Ankündigung sein Ende in einer Standardbezeichnung für eine weitere der damals beliebten Lese- bzw. Redegesellschaften gefunden — und die Nürnberger hätten den Traditionsbruch kaum bemerkt, vielleicht für längst überfällig gehalten. Es wird noch zu sehen sein, wie ausgerechnet CRAMER durch seine patriotische Wohltätigkeit dazu beitrug, daß dies nicht geschah.

Eine Anlehnung des Blumenordens an eine damals in Altdorf bestehende 'deutsche Gesellschaft' wird überdies durch zwei Hinweise wahrscheinlich gemacht: Über KONRAD MEIERLEIN, zuletzt Pfarrer von Kraftshof, heißt es im «Denkmal der Freundschaft», das JOHANN FRIEDRICH FRANK über ihn und LUGENHEIM verfaßt hat, „[...] seine guten Dichtergaben, die ihm [!] schon ehemals der deutschen Gesellschaft zu Altorf, deren Mitglied er war, werth gemacht hatten, hatten auch für uns so viel anziehendes, daß wir seinen Beytritt zum Blumenorden für sehr wünschenswert hielten. Mit Vergnügen wurde er im Jahre 1777. unter die Mitglieder desselben aufgenommen [...]"⁴⁹. Außerdem gibt es eine Biographie des Pfarrers ERHARD CHRISTOPH BEZZEL aus der Feder seines Neffen, M. JOHANN GABRIEL BEZZEL (Nürnberg, im November 1801), in der es auf S. 8 heißt: „Schon im Jahr 1757 den 10ten August wurde er in die vom Hrn. Prof. Will gestiftete Altdorfische teutsche Gesellschaft als ausserordentliches Ehrenmitglied aufgenommen [...] und im Jahr 1776 den 23sten Mai wurde er nebst seiner Gattin und seinem jüngsten Bruder, meinem Vater, ein Mitglied unsers Ordens. Er wählte sich den Ordensnamen **NORICUS**."

Von Altdorf her kann es sogar Übernahmebestrebungen gegeben haben, zumal schon 1761 GOTTSCHED an WILL geschrieben hatte, da die Pegnesische Schäfergesellschaft ihrem Ende ziemlich nahe zu sein scheine, solle doch WILLS Deutsche Gesellschaft sich den Irrhain aneignen!⁵⁰ WILL und seine Freunde sahen vielleicht bloß nicht viel Sinn darin, jeweils den Weg nach Nürnberg auf sich zu nehmen, um im Kreise von Liebhabern der Dichtung zu sein; sie trugen ihre Mitgliedschaft im Blumenorden wie ein Abzeichen und arbeiteten anderswo zeitgemäßer. Das mußte den verständigeren Pegnesen ein Hinweis sein. Mit einer bloßen Umbenennung war es jedoch nicht getan.

Anmerkungen:

[1] vgl. J. G. Gruber, C. M. Wielands Leben, Dritter Theil, Sechstes Buch, S. 241 f., in der kleinen Göschen-Ausgabe, Leipzig 1827, repr. Greno, Hamburg 1984.

[2] Schuber LI des Archivs

[3] geboren 1716, aufgenommen 1742, gestorben 1774. Er gehörte zu den verhältnismäßig vielen Pegnesen, die noch als Studenten den berühmten Abt Mosheim in Helmstädt aufgesucht hatten. Dieser scheint ein überaus geselliger Professor gewesen zu sein. (Amarantes, S. 824 et passim.) Präses Panzer in seiner Jubiläumsrede von 1794 führt an, Reichel sei „Mosheims würdiger Schüler" gewesen (S. 26 f.).

[4] Der Krieg erschwert die Ausübung der Künste.

[5] Das heißt eben gerade nicht, daß sie sich verziehen sollen, sondern daß sie sich noch länger aufhalten sollen. (Derartige Aufklärung schuldet man heutigen nicht-wissenschaftlichen Lesern doch zuweilen, und die Kenner der alten Ausdrucksweise mögen lächeln.)

[6] Sehr eindrucksvoll, diese gedrängten Reaktionen auf das Hin und Her des Frontverlaufs!

[7] Dieses „darf nicht" ist bereits im Übergang zwischen der damals gebräuchlichen Bedeutung „nicht nötig haben, nicht müssen" und der heutigen „nicht zulässig sein".

[8] Nun folgen drei Strophen zum Lob Kaiser Karls VI., die zum Verständnis der Darstellung an sich und wegen ihres allzu zeitgebundenen Gehaltes nicht unbedingt zitiert werden müssen.

[9] Mir liegt die Ausgabe vor: Lyrik des 18. Jahrhunderts, Hg. Karl Otto Conrady, in: Rowohlts Klassiker der Literatur und der Wissenschaft, Bd. 21, März 1968, S. 93-97.

[10] vgl. Wilhelm Schwemmer, Die Schulden der Reichsstadt Nürnberg und ihre Übernahme durch den Bayerischen Staat, Selbstverlag der Stadtbibliothek Nürnberg, 1967, S. 10: Die Ausgaben der Stadtregierung für innere Angelegenheit waren verhältnismäßig gering, etwa 5% des Haushalts, während die Ausgaben für bewaffnete Macht und auswärtige Verbindlichkeiten, etwa Beiträge zu Städtebündnissen, an 30% heranreichten. — S. 11: der Siebenjährige Krieg kostete Nürnberg 2370377 Gulden; 1756 hatte die Stadt etwa 7,36 Millionen an Schulden, 1763 schon etwa 9,1 Millionen. Der Schuldendienst verschlang etwa die Hälfte des gesamten Haushalts. Schon 1751 führten die Genannten des Äußeren Rates, denen Einsicht in die Bücher verweigert wurde, Beschwerde beim Kaiser. „Drei Jahre dauerte dort die Untersuchung; ihr Ergebnis war eine glänzende Rechtfertigung der patrizischen Verwaltung, insofern ihre Ehrlichkeit außer allen Zweifel gestellt wurde." Nur die Klugheit ihrer Haushaltspolitik war nicht erwiesen.

[11] Titus Vergilius Maro

[12] Jürgensen erwähnt a.a.O. S. 134 Reichel neben Rehberger-Uranio und Schönleben-Calovius als einen der fruchtbarsten Gelegenheitsdichter im Orden; die drei hätten aber hauptsächlich außerhalb des Ordens Anlässe und Anklang gefunden (so etwa Dietelmair über Rehberger, zitiert S. 131) und ihre Ordensnamen fast nur zu den Gelegenheitsgedichten in Ordenszusammenhängen verwendet.

[13] Schuber LI, Faszikel a

[14] Druckfehler; gemeint: Tugend Bild

[15] Perrault; vielleicht nicht einmal nur ein Druckfehler: Wenn Reichel wußte, daß das französische „au" in vielen Fällen durch Verdumpfung des ursprünglichen „l" in „al" entstanden ist, besteht in seiner Schreibweise ein versteckter philologischer Kommentar.

[16] denn

[17] in Teilen erschienen ab 1748

[18] Christian Dietrich Grabbe, „Scherz, Satire, Ironie und tiefere Bedeutung", 1822.

[19] Pegnesenarchiv, Schuber LI b, zweite Mappe

[20] mehrfach vorhanden, z.B. eingelegt in die alte Stammliste, Schuber LXXXIV

[21] Das in ein Klag Geschrey verwandelte Wiegen Lied oder Chirons traurige Beschreibung der zwar glücklichen Niederkunft, den 15. July 1746, aber leider den 20. dito darauf erfolgten, unverhoften, plözlichen Todt, seiner getreuen Clarinde.

[22] Und durch Lucina Ihr die Hülffe lassen bringen,
 Die nach so langer Angst die gröste Furcht gestillt.
 Er wird Hygeä nun die Kräffte nicht versagen,
 Die sie zu leisten hat in diesem Wochenbett;
 O ja auf seine Gnad will ich es ferner wagen,
 Weil unser Leben nur in seinen Händen steht.

[23] „Innere Werte" und Beziehungen zu Mitmenschen werden nach dem gleichen Muster ausgedrückt und miteinander aufgerechnet wie Konten, während man sich zu dieser Zeit noch — als Christ — oder schon wieder — als Philosoph — der Unvereinbarkeit materiellen Besitzes mit den geistig-seelischen Dingen ständig bewußt ist und diese sogar betont.

[24] Ein echter Nürnberger Plural!

[25] Nach fünf Tagen hielt man anscheinend eine Infektion mit Kindbettfieber nicht mehr für möglich.

[26] „Über Marianens anscheinende Besserung", zitiert nach: Lyrik des 18. Jahrhunderts, Hg. C. O. Conrady, S. 37.

[27] Im Nürnberger Dialekt reimt sich „besser" auf „gresser".

[28] „Trauerode beim Absterben seiner geliebten Mariane", in: Lyrik des 18. Jhs., S. 38.

[29] Dir aber liebster Schatz und nun entrißner Liebe,
 Dir statte ich jezt ab den Danck für Deine Treu.
 Für deine zärtliche und klugheitsvolle Liebe,
 Die unvergleichlich war; war Sie nur nicht vorbey.
 Der Todt hat meinem Aug dich zwar sehr schnell entrissen
 Allein er nahm zu gleich mein halbes Herz mit fort.
 Die Hälfte die noch lebt, die läst zu lezt dir wissen,
 Daß sie Dir treu verbleibt, biß sie selbst an den Ort,
 Wo jezt Dein Aufenthalt, wird angenommen werden.
 Nun Tausend gute Nacht; nimm diese Wort zum Pfand,
 Daß unsre Liebe sey, so lange ich auf Erden,
 Ein unzertrennliches und ewig festes Band.

[30] vgl. George Saintsbury, A History of English Prosody, Vol. II, From Shakespeare to Crabbe, London 1908, p. 501 et passim.

[31] Magdalena Regina, geborene Huthin, starb nach der am 19. 5. 1752 erfolgten Geburt des Sohnes Philipp Ludwig. Siehe Denkmal der Freundschaft dem verewigten Herrn D. Philipp Ludwig Wittwer, ordentlichem Physicus in Nürnberg, und Mitgliede des Blumenordens daselbst, errichtet im Namen der Gesellschaft von Paul Joachim Sigmund Vogel, der Theologie ordentlichem Lehrer in Altdorf. Nürnberg, im December 1793., S. 5.

[32] Man beachte Modernisierungen der Rechtschreibung nach nur fünf Jahren.

[33]
Wie! soll ich auch die zweyte Gattin missen?
Stürzt unsre Lieb auch diese in das Grab?
Wird diese gar mir vor den Jahr entrissen?
Der ich mich längst schon Hoffnungsvoll ergab.
Ich glaubte nur durch Sie den Trost zufinden.
Durch Sie wurd mir auch der Verlust ersetzt.
Und wie! ich soll um Sie dies jetzt empfinden?
Was damals mich schon auf den Todt verletzt.

[34] „Blindenstil!" würde Ludwig Reimers sagen: Es gibt keinen lichteren als einen Buchenwald.

[35]
Bald wird mein Arm Dich suchen zu erreichen,
Wo mich Dein Mund mit Anmuth hat erquickt.
Bald soll ein Thon von dem Clavier erklingen,
Dem Dein Gesang so lieblich beygestimmt.
Bald soll Dein Fleis mir Trost und Lindrung bringen,
Wenn auch mein Herz durch Deine Andacht klimmt.

[36]
Weis ich ohn Dich hier keinen Trost zu spühren,
Und böthe gar dem Tode muthig Hohn;
So soll ein Blick mich zu der Wiege führen,
Wo mich belebt Dein mir gelassner Sohn.

[37]
Du fingest an, Dein Hauß selbst zu besorgen;
Und da man nichts, als von dem Ausgang spricht,
So lag in Dir der Stoff zum Tod verborgen;
Du fühltest nichts selbst da das Herz Dir bricht.

Allwissender, wer traut dieß zu ergründen,
Warum Du mich so hart verstehen willt?
Was Du mir nahmst, ließt Du mich wieder finden.
Wir prießen Dich, daß unser Wunsch erfüllt.
Die erste Frucht von unsrer zarten Liebe,
Die nahmen wir als ein Geschenk von Dir.
Was ists, das Dich zu solcher Strafe triebe?
Daß Du so schnell die Gattin reißt von mir.

[38] Denkmal der Freundschaft dem verewigten Herrn D.Philipp Ludwig Wittwer, S. 5.

[39] Doch führe mich dabey nach Deinen Willen;
Und lege mir den besten Trost ins Herz,
Daß Du mir hold; dieß kan den Kummer stillen,
Dieß lindert mir im Hoffen allen Schmerz.
Und findest Du mich treu in meiner Liebe,
So bringe mich auch zeitlich an den Port.
Verachte nicht des Geistes rege Triebe;
Er wünscht sich los und aus dem Leben fort.

Wie wohl ist Dir, daß Du so schnell entkommen,
Dem, was uns sonst bey solcher Trennung kränkt.
Kaum fühltest Du, warst Du schon aufgenommen,
Dein Glaubensblick wurd in das Licht gesenkt.
Du bist beglückt; ich aber ganz verlassen,
Und seh betrübt, die liebste Gattin nach.
Doch muß ich mich in Gottes Willen fassen,
Es ist ja recht, er thu auch, was er mag.

Indessen will so lang ich noch muß leben,
Dir liebster Schatz vor Deine Lieb und Treu,
Ein öffentlich und freyes Denkmal geben,
Wie bis in Tod ich Dir ergeben sey.
Nichts soll mich mehr vom rechten Weg abführen;
Dein Tod soll mir die beste Leitung seyn.
So wird mich auch die Ehren Krone zieren,
Wenn ich einst trett in Salems Höhen ein.

Ich halte übrigens das „öffentliche Denkmal" nicht für gleichbedeutend mit dem vorliegenden Gedicht. Er ermahnt sich hierin, auch in der Öffentlichkeit, durch freiwillig zölibatären Lebenswandel, ein Zeugnis seiner Ergebenheit abzulegen.

[40] in diesem Sinne Ulrich Fülleborn in seinem Festvortrag zum dies academicus der Friedrich-Alexander-Universität Erlangen-Nürnberg vom 4. 11. 1982: „Goethe als Lehrdichter".

[41] siehe Vogels „Denkmal".

[42] vgl. Friedrich Bock, a.a.O., S. 415.

[43] d.h. am Schicksal eines Mitmenschen. Kein Wunder, daß Wittwer solches Mitleid „frostig" vorkam.

44 das „heisere Rohr" ist ein oft angewandter Bescheidenheitstopos dieser Zeit: Der Poet als Hirt, der auf einem ungeeigneten Instrument bläst. Hodevon ahnt nicht, wie recht er damit hat.

45 Damit es sich reimt, lies „iiist" nach „schließt"! Das macht er leider öfter, siehe oben „fließt" nach „ist".

46 Man fing offenbar bereits an, „steht" auszusprechen, wo in der schriftlichen Aufzeichnung noch das gravitätische „stehet" zu lesen war — oder sollte es bloß ein Druckfehler sein, daß sich „geht" darauf reimt?

47 so allerdings schon Omeis in seiner Erörterung der Frage, ob man „deutsch" oder „teutsch" schreiben solle; vgl. den Teil der „Gründlichen Anleitung" über Rechtschreibung.

48 Bei den „deutschen Gesellschaften" in Altdorf ist allerdings zu vermuten, daß sie zunächst einmal als Gegenstücke zu der akademisch eingeführten „lateinischen Gesellschaft" eingeführt und benannt wurden, als rhetorische Übungsarenen gedacht waren und nicht zu allererst ein nationales Programm verkörperten. Dies stellte sich allerdings bald ein, wie weiter unten ersichtlich ist.

49 Denkmal der Freundschaft [...] Johann Daniel Lugenheim [...] Konrad Meierlein [...] von Johann Friedrich Frank, Diakon [...] Nürnberg, im Dezember 1789, S. 20.

49 vgl. Bock, a.a.O., S. 422; Brief Gottscheds an Will vom 27. 4.1761, Stadtbibliothek Nürnberg, Signatur Will III, 452.

ABRISS DER GESCHICHTE DES PEGNESISCHEN BLUMENORDENS ANHAND SEINER SATZUNGEN

Teil III: Der rettende Umsturz

Daß CRAMER-IRENANDER den Blumenorden bereits mit dem Namen „Deutsche Gesellschaft" belegte, erklärt sich nicht nur aus der von WILL gegründeten „teutschen Gesellschaft" in Altdorf. Es gab dort eine zweite, ähnliche, die einige Studenten gegründet hatten, und von dieser ging schließlich die längst notwendige Erneuerung des Ordens aus. Bevor das allerdings geschehen konnte, hatten alle drei Gesellschaften eine Weile nebeneinander her bestanden.

Der ewige Prätendent wird Präses

Unterdessen war REICHEL-EUSEBIUS gestorben, 1774. CRAMER scheint für kurze Zeit die Dinge in die Hand genommen zu haben: er lud die noch vorhandenen Mitglieder[1] in seine Wohnung, um eine Neuwahl durchzuführen. (Wieso dies zu Lebzeiten REICHELs nicht durchführbar war, ist unklar; wenn dieser sich allerdings als Präses gesehen hat...) Es glückte JOHANN AUGUSTIN DIETELMAIR, die Stimmen der übrigen Ordensmitglieder auf sich zu vereinigen und Präses zu werden.

Wir können uns IRENÄUS I. zu diesem Zeitpunkt als freundlichen älteren Herrn vorstellen, einen Gelehrten, den jahrzehntelange geistige Arbeit tolerant gemacht hatte, ziemlich gut informiert über das, was seine Altersgruppe noch ansprechen konnte, aber auch bereit, junge Talente zu nehmen, wie sie waren. „Schon unter seinem Vorsitz wurden die Versammlungen der Mitglieder wieder erneuert, indem der würdige Mann ausdrücklich zu diesem Ende hieher reisete, und gedachte Versammlungen in seinem eigenen Hause allhier veran-

Abbildung in 70 % der Originalgröße

staltete."² Das zeigt, wie wenig vorher unter REICHEL geschehen sein mußte.

Kurzes Zwischenspiel einer Dame

Zunächst ließ DIETELMAIR die Damen innerhalb des Ordens nach guter Überlieferung wieder zu ihrem Recht kommen. Es wurde schon erwähnt, daß er noch im selben Jahr die Tochter des AMARANTES endlich aufnahm. Vom 30. 12. 1775 stammt das Dankgedicht³ einer Jungfer SCHERBIN, die als MAGDALIS II. Ordensmitglied geworden war. Das Gedicht selbst muß hier nicht zitiert werden; es ergeht sich in üblicher Weise endlos lang in Alexandrinern. KUNIGUNDE SCHERB ist allerdings als Person bemerkenswert und geradezu eine Allegorie für den Zustand Nürnbergs.

Ihr eigenhändiger Lebenslauf⁴ weiß zu melden, daß sie 1742 als Tochter eines Nürnberger „Bordenhändlers" (also Kurzwarenhändlers) geboren wurde. Auch solche Leute ließen ihren Töchtern um diese Zeit schon Privatunterricht geben — eine Ausgabe, die ein mittelsituierter Bürger wenige Jahrzehnte zuvor für widersinnig gehalten hätte, es sei denn, seine Tochter wäre ein Ausbund von Häßlichkeit gewesen. Früh fing sie an, Verse auf Melodien zu schreiben, die sie von ihrer sangesfrohen Mutter hörte. Noch als junges Mädchen schickte sie ein Gedicht über die Prager Schlacht von 1757 an General VON SCHWERIN. Auch mit anderen Gelegenheitsgedichten erregte sie Aufmerksamkeit. Dann allerdings verdüsterte sich ihr Gemüt: An einem einzigen Tag starben drei ihrer Geschwister. DIETELMAIR wollte vielleicht durch seine Förderung ein solches Talent nicht verstummen lassen; er verschaffte ihr das Patent der 'Kaiserlich gekrönten Dichterin' und nahm sie in den Orden auf, aber MAGDALIS II. schrieb vorzugsweise in der Zurückgezogenheit religiöse

Verse und Trauergedichte. Sie blieb unverheiratet und starb am 9. 4. 1795, ohne sich an der Umgestaltung des Blumenordens beteiligt zu haben. Sie ist das weibliche Gegenstück CHIRONS. Diakon WILDER von St. Lorenz schrieb ihr die Leichenpredigt, ein in schwarzes Glanzpapier eingebundenes Geheft, und sie wurde auf mehrspännig gezogenem, schwarz drapiertem Wagen zum Johannisfriedhof hinausgefahren und dort bestattet, wo die Gräber der berühmtesten Nürnberger, wie auch der Ordensgründer, zu finden sind. Sie ist die letzte der Damen im Orden, der noch die Ehren zuteil wurden, welche die alte Reichsstadt, welche das alte Reich zu vergeben hatte — und das ganz ohne familiäre Beziehungen.

Letzte Einrichtungen nach altem Plan — auch im Irrhain

Einige der noch nicht ausdrücklich verbrieften Mitgliedschaften wurden von DIETELMAIR durch Ausfertigung der Urkunde bestätigt: Hierher gehören CRAMER-IRENANDER und seine Frau (1774), JOHANN SIGMUND LEINKER-MONASTES (1774, Ordensrat 1775, nachdem WITTWER gestorben war), GEORG ERNST WALDAU, Prediger bei St. Egidien und Inspektor sowie öffentlicher Lehrer des dazugehörigen Gymnasiums (1775), aber auch die Sippe BEZZEL (EHRHARD CHRISTOPH[5] und seine Frau MARIA HELENA KUNIGUNDA, sowie der Kaufmann JOHANN GEORG BEZZEL[6], alle 1776).

SCLEROPHILUS-HARTLIEB war mit der Wahl des neuen Präses in das Amt des Schriftführers aufgerückt (das er zumindest durch seine bildschöne, immer leserliche Handschrift verdient hatte). Als nun CRAMER den wieder einmal ziemlich verwahrlosten Irrhain instandsetzen lassen wollte, übergab ihm HARTLIEB zu den namhaften Beträgen, die dieser aus eigener Tasche aufbrachte, noch zusätzlich „alle verfügbaren Mittel des Ordens"[7]. Ungeschickterweise ließ er sich darüber keine Quittung ausstellen. Das sollte ihm noch leid tun.

Am 27. August 1778 fand ein Irrhain-Jubiläum statt. Das Datum ist ein wenig überraschend. 1676 hatte MYRTILLUS II. den Gedanken zu einem Irrhain gefaßt, und 1681 die Stadt Nürnberg in einem Wald-Verlaß diese Nutzung bestätigt. Den Mitgliedern von 1778 muß noch ein anderer Anlaß bekannt gewesen sein, der für sie den eigentlichen Anfang des Irrhains bedeutete, möglicherweise der Beginn dortiger Versammlungen oder auch die Errichtung des Zauns. Jedenfalls hat HARTLIEB zu diesem Anlaß Verse beigetragen, die, der Haltung nach, REICHELS Jubiläums-Ode ähnlich sind, ohne rhetorisch ganz so aufgeputzt zu sein:

> *Auf, Muse! preise Gottes Güte,*
> *Und bethe seine Vorsicht an,*
> *Erheb mit dankbarem Gemüthe*
> *Was seine Huld an dir gethan* [...]

Zu eben diesem Jubelfeste hielt der Präses eine Rede[8] auf seinen Amtsvorgänger und Irrhain-Stifter, in der es heißt: „Hundert Jahre sind es, seit dem wir uns in dem Besitz des lieblichen Irrhayns befinden, den wir so oft, es sey einzeln, oder in Verbindung mit mehreren Mitgliedern besuchen; [...]" Darin also bestand, selbst bei geringster Mitgliederzahl, das Lebendige am Ordenszusammenhalt. HOLZSCHUHER hatte ja so recht gehabt, als er eine Generation früher den Irrhain zum Haupthindernis einer Auflösung des Ordens erklärte. Man hätte aber dieses vorromantische Sich-Ergehen schwerlich in einem Irrhain genossen, der so ausgesehen hätte wie etwa zwischen 1980 und 1990. Daher gebührt auch DIETELMAIRs großer Dank zurecht dem IRENANDER, dafür, daß sich jener (wie er sagt, mehrmals) unter großem Kostenaufwand um die Erhaltung der Anlage gekümmert hatte.

Wenige Monate später, im November 1778, starb CRAMER. Das Wiederaufblühen des Ordens hat er nicht mehr erlebt. Wohl aber nahm ein neuer Brauch nach seinem Tode seinen Anfang: Ihm als dem ersten Mitglied wurde zu seinem Gedächtnis nicht eine hölzerne Tafel an einen Baum gehängt, sondern ein steinernes Denkmal aufgestellt. Die alten Pegnitzschäfer hatten noch in der Tradition des erdichteten Hirtenstandes ein vergängliches, ländliches, einfach zu bearbeitendes Material verwendet; soweit sie Patrizier waren, hatten sie selbstverständlich an ihren Begräbnis-Stätten in den Kirchen ihrer Landgüter oder in den Nürnberger Kirchen, die ihrer Fürsorge unterstellt waren, steinerne Grabdenkmäler erhalten. Nun aber setzte man im nicht mehr religiös verstandenen Irrhain den klassizistisch empfindenden Bürgerlichen, die es zu etwas gebracht hatten, Monumente. Man muß einmal innehalten und sich klar machen, wie herausfordernd das wohl auf einen Vertreter der alten Ordnung gewirkt haben muß, die nicht einmal den Doktoren, von Handelsleuten ganz zu schweigen, die gleichen Rechte wie den Patriziern zubilligen wollte! Damit war aber der Bann gebrochen, und die Steinmale häuften sich in den folgenden Jahrzehnten, wobei erst das jüngste einem Patrizier galt, dem späteren Präses KREß! Sonderbarerweise wurde aber gerade CRAMERS Stein, als die Inschrift verwittert war, in seiner Zugehörigkeit nicht mehr erkannt; er wurde den Gründern des Ordens umgewidmet; die Namen HARSDÖRFERS, KLAJS und BIRKENS schmücken heute das Denkmal[9] — nun ja, JOHANN FRIEDRICH CRAMER kommt so unversehens, aber nicht unverdient, in würdige Gesellschaft.

Was nun die anderen Neuzugänge betrifft, so lohnt sich, erst einmal die Errungenschaften jenes Altdorfer Studentenkreises im ganzen zu betrachten, bevor man sich mit seiner Auswirkung auf die Blumengesellschaft befaßt, damit man ermißt, wie groß der Abstand war, der hier überbrückt werden mußte.

Schuber LXXX des Pegnesen-Archivs besteht in einem ungewöhnlich kleinen Schächtelchen, das schon vor den standardisierten Archivschachteln hergestellt worden sein muß; seine sorgfältige Machart und der liebevoll darumgeklebte, braunmelierte Papiereinband zeigen, daß jemand Erinnerungsstücke an seine und seiner Freunde hoffnungsvolle Jugend mehr oder minder wehmütig der Nachwelt aufbewahren wollte. Es trägt die Aufschrift: «Arbeiten der vormaligen Deutschen Privat-Gesellschaft in Altdorf von A. 1777 bis 1794»[10]. Die vorliegende Übersicht beschränkt sich im wesentlichen auf eine Inhaltsangabe nach Titeln. Das zeigt Neigungen und Arbeitsweise der Mitglieder deutlich genug, ohne den Umfang einer Arbeit über den Pegnesischen Blumenorden in unzulässiger Weise zu erweitern. Daneben seien Bemerkungen über die Umstände gestattet, unter denen dieser begeisterungsfähige Kreis begabter bürgerlicher Aufsteiger im Hinblick auf Nürnbergs kulturpolitisches Ungeschick zu einer „privaten" Gesellschaft werden — und eine solche bleiben — mußte.

Mitglieder der 'deutschen Privatgesellschaft'

Ihre Anfänge gehen auf das Jahr 1776 zurück. Ganz ohne das Vorbild und die Unterstützung der WILL'schen Gesellschaft scheint es dabei nicht hergegangen zu sein, wie aus einem Rückblick hervorgeht: „Will [...] bezeugt, daß feine Köpfe und besonders gute Dichter darunter waren. Diese Gesellschaft erhielt sich jedoch nur so lange, als Link in Altdorf war, der eben deswegen mit [...] Colmar, Friedrich [sic] und Leuchs, im Jahr 1786 in den pegnesischen Blumenorden trat."[11]

Die frühesten Texte dieser Sammlung stammen von KARL EBNER VON ESCHENBACH. Es handelt sich um 13 Gedichte aus den Jahren 1756 bis 1775.[12]

WILHELM CARL JAKOB EBNER VON ESCHENBACH, wie ihn NOPITSCH schreibt[13], war am 24. 7. 1757 geboren, hatte 1768 bis 1775 das „Egydianische" Gymnasium besucht, ging dann zunächst nach Altdorf zum Studieren. 1778 wechselte er nach Göttingen, 1779 nach Wetzlar, „um bei dem dasigen

Kammergerichte sich besonders in den anhängigen Nürnbergischen Processen zu unterrichten [...]". Ab 1782 findet man ihn in unterschiedlichen Rechtsbehörden Nürnbergs, er starb aber schon 1793. Von seinen Gedichten erschienen einige in Wochenschriften und Musenalmanachen, darunter 'Der Schlachtgesang, meinen Freunden den Amerikanern gewidmet' in der «Nürnbergischen Poetischen Blumenlese auf 1782».

Mit der lyrischen Begeisterung hat es wohl angefangen, aber es blieb nicht beim empfindsamen oder patriotischen Alleingang. Aus der Rede, die KARL LINK am 5. Mai 1784 bei der Auflösung der Gesellschaft hielt[14], erfahren wir: „Der erste Entwurf der Geseze ist vom 13. Aug. 1777". Ohne formelle Satzung fingen diese jungen Leute keinen Freundeskreis an, im Unterschied zum Blumenorden, der dazu fünfzig Jahre gebraucht hatte! Es könnte als wichtigtuerische und lähmende Vereinsmeierei erscheinen; wenn man aber bedenkt, daß Streitgespräche über die beste Verfassung des Staates im Vorfeld der französischen Revolution große Anziehungskraft auf fortschrittlich denkende Studenten ausübten, sieht die akademische Spielwiese anders aus. (Es war jedenfalls echteres Bedürfnis im Spiele als bei der heutigen, pflichtschuldigst betriebenen Einübung der Demokratie im Rahmen der Schülermitverwaltung und Studentenvertretungen, mit Blick über die Schulter zu den Jugendorganisationen der Parteien.) Die Namen, soweit entzifferbar, waren folgende: HELMES — FRIEDERICH — KÖNIG — BALBACH — ANGERER — WUCHERER[?] — GOEZ — DRECHSLER — LINK — KLENK — SCHUNTHER — COLMAR — VON SCHEURL — VON EBNER — VON WINKLER — MARPERGER — VON GRUNDHERR — VON PRAUN — SIEBENKEES — MANNERT — ÖHRL[?] — SIXT — RIEDERER — FEHMEL[?] — HERBART[?] — LEUCHS. Angesichts des mehrfachen Auftretens einiger dieser Namen in der Nürnberger Geistesgeschichte ist man froh um jeden Nachruf, der die Individuen nachweist, denn die Vornamen werden in diesen Blättern höchst selten erwähnt. Damals sprachen selbst gute Freunde einander wohl mit dem Familiennamen an. (Das hielt sich auf Höheren Lehranstalten Nürnbergs noch bis etwa 1965.) Einiges Licht in das Dunkel bringen die Supplementbände zu WILLS Gelehrtenlexikon; von einigen der obigen Namen fehlt auch dort jede Spur.

Unter dem Namen KÖNIG hat man die Auswahl zwischen zwei Individuen. Es gab einen JOHANN CHRISTOPH KÖNIG, geboren zu Altdorf 1752, der bis 1772 auf zwei Nürnberger Gymnasien seine Schulausbildung absolvierte, von da ab bis 1775 in Altdorf studierte, zum Dr. phil. promoviert wurde, aber schon 1776 wieder nach Nürnberg ging und zunächst von Privatunterricht lebte. Er könnte der Gesellschaft also höchstens ganz zu Anfang angehört haben. Für seine Interessen sind Schriften volks-, ja jugendbildenden Inhalts über philosophisch-ästhetische Themen[15] bezeichnend. Nach einem Zwischenaufenthalt auf hessischen Hochschulen wurde er 1786 Philosophieprofessor zu Altdorf und brachte es bis zum Rektor.

Der wahrscheinlichere Kandidat ist ein JUSTUS CHRISTIAN GOTTLIEB KÖNIG, „der Rechte Doctor und Advocat", geboren 1756 in Nürnberg als Sohn eines Kaufmanns. 1775 bezog er die Universität Altdorf und studierte Philosophie, Physik, Mathematik, Geschichte, christliche Moral, Rechtswissenschaft und Gerichtsmedizin. „Auch übte er sich bei Prof. Will fleißig im disputieren." Dies ist wohl der Anhaltspunkt, ihn der „Deutschen Privatgesellschaft" zuzuordnen. 1779 wurde er Advokat in Nürnberg, ging dann nach Wien, wo er bis 1780 zum Reichshofrat-Agenten aufstieg, war aber ab 1781 wieder in Nürnberg und betätigte sich — anscheinend bei kümmerlichen Einkünften — als Freizeitdichter. Unter seinen Werken ist die «Poetische Blumenlese für 1783» genannt. „Er ist nicht nur der Herausgeber von beiden [auch der Blumenlese von 1782; beide verlegte Grattenauer], sondern hat auch eine beträchtliche Menge Gedichte selbst gefertigt." 1789 nahm man ihm die Pflegerstelle des Ebracher Hofes, für die er ausersehen war, wieder ab, weil er die Kaution nicht aufbringen konnte. Zehn Freunde steuerten das Geld zusammen — zu spät; er geriet darüber „in kümmerliche Umstände und starb den 20 Sept. 1789 an der Auszehrung. Besagte edle Freunde unterhielten ihn in seiner Krankheit und sorgten auch für sein Begräbniß. Er war als ein munterer und feiner Dichter bekannt [...]" Können nicht unter den edlen Freunden einige der „Deutschen Privatgesellschaft" gewesen sein?

„DRECHßLER (JOHANN MICHAEL) Pfarrer zu Kraftshof", geboren 1758 als Sohn eines Kaufmanns in Nürnberg, zur Schule gegangen am „Ägydien"-Gymnasium — Schreibweisen bei Eigennamen waren alles andere als fest —, nach Altdorf 1776, wo er bei den oft in diesen Einträgen erwähnten Professoren NAGEL, WILL, JÄGER und ADELBULNER (Physik, Mathematik) einen ziemlich breiten Grund des Studiums legte. 1779 ging er nach Leipzig, später Holland, nach Göttingen und 1781 nach Nürnberg zurück. 1783 war er Predigamts-Kandidat, 1784 erhielt er seine erste Pfarrstelle, 1789 wurde er von der Familie KREß VON KRESSENSTEIN als Pfarrer nach Kraftshof berufen. Traditionsgemäß kam er dadurch als „Irrhayn-Inspector" in den Blumenorden. Seine kleinen Schriften werden nicht der Grund gewesen sein. Er verfaßte aber auch im Auftrag des Ordens einen der später üblichen Nachrufe.[16]

KLENK: Ist es derselbe, der von WILL[17] als mutmaßlicher Verfasser folgender Schrift genannt ist: «*Philosophische Bemerkungen über die Republiken überhaupt, und über die kaiserl. freien Reichsstädte insbesondere. Aus dem französischen [...] übersezt. Vom Verfasser Sr. Mai. dem iezt regierenden Kaiser Joseph II. zugeeignet. Amsterdam 1787.»*? WILL bemerkt dazu: „Herr Klenk aus Frankfurt a. M. soll der Verfasser dieser Schrift seyn, die so wenig aus dem französischen übersezt, als unpartheyisch ist." (Auch der Druckort Amsterdam ist, wie bei Umgehung der Zensur allgemein üblich, wahrscheinlich fingiert.) KLENK habe sich besonders über Nürnberg und Nürnbergische (also Altdorfer) Professoren sehr abfällig geäußert. Das klingt ganz nach enttäuschtem Idealismus.

Welcher der vielen SCHEURLS ist der vorhin genannte? Dem Geburtsjahrgang nach kommt wohl am ehesten in Frage „SCHEURL VON DEFERSDORF (GOTTLIEB CHRISTOPH WILHELM)", geboren den 8. 12. 1757. „Er studierte zu Altdorf, wurde Assessor im Untergericht zu Nürnberg, gieng in K.K. Kriegsdienste und privatisirt seit 1795. zu Feucht."

„WINKLER VON MOHRENFELS (JOSEPH JOHANN PAUL CARL JACOB)" war geboren 1761, erhielt schulische Unterweisung bei Diakon SCHÖNER von St. Lorenz, besuchte aber auch das Gymnasium in Ansbach und ging erst 1779 nach Altdorf, dann auf die neue Universität Erlangen, schließlich nach Wien. Auch er „privatisierte" von 1792 bis zu seinem frühen Tod 1798 in Altdorf und bekleidete keine Stelle. „Er hatte ein ausserordentliches Gedächtniß und war ein guter Dichter, welches er durch allerhand Proben, besonders in den Fränkischen und in den Wiener Almanachs bewies." Ein Band Gedichte von ihm kam 1789 in Wien heraus.

„RIEDERER (GEORG ANDREAS) [geboren in Altdorf 1767, also bei weitem der Jüngste der Gruppe, kam wohl nur als Schutzbefohlener eines älteren Studenten dazu, der ihn mitnahm.] Durch die [...] Unterweisung des damals in Altdorf Studierenden [...] Joh. Balbach, gebildet und zu höhern Wissenschaften vorbereitet, widmete er sich der Arzneikunde und der Chirurgie [...]"

Das älteste und damals schon gesetzte Mitglied war: „SIXT (JOHANN ANDREAS) Doctor der Theologie und derselben vorderster Professor zu Altdorf, ist gebohren den 30. November 1742 [...]" Er stammte aus Schweinfurt, hatte vorwiegend in Jena studiert, wo er 1765 Magister geworden war, war 1771 nach Altdorf als ordentlicher Professor der Theologie berufen worden und hatte 1773 geheiratet. Aus der Ehe gingen 5 Töchter und zwei Söhne hervor, von denen aber keiner alt genug war, um statt des hier verzeichneten SIXT zur deutschen Privatgesellschaft gehört haben zu können. Man möchte gar nicht glauben, daß um 1780 dieser Enddreißiger sich in dieser Gruppe aufhalten mochte, ohne die Führung zu beanspruchen, wenn man nicht erwägt, daß er gutmütig genug gewesen sein kann, nach außen hin durch seine Mitgliedschaft der Gesellschaft den Anschein der Seriosität zu geben, ohne den sie leicht verboten werden hätte können, und daß er dazu auch hinreichend literarisch interessiert war. Immerhin soll er viele deutsche und lateinische Gelegenheitsgedichte verfaßt haben und hatte 1770 in Jena ein Groß-Duodez-Bändchen «Poetischer Kalender auf das Jahr 1771» herausgebracht.

„LEUCHS (JOHANN GEORG) gebohren in dem Nürnbergischen Pfleg-Städtchen Lichtenau bei Ansbach, am 24. Februar 1761. Sein Vater, damals Gastgeber zur goldenen Krone und Bierbräuer, nachher Gerichtsschöpfe, ist jetzt Richter daselbst." 1778 ging LEUCHS nach Altdorf und studierte die Rechte, Philosophie bei WILL, Geschichte u.a. bei DIETELMAIR; 1780 ging er nach Göttingen, kam 1782 zurück und wurde Licentiat, gleich darauf Advokat in Nürnberg, 1783 Doktor, wurde 1786 in den Blumenorden aufgenommen und 1803 Kurbadener Justizrat. „Dem Vernehmen nach ist er Verfasser verschiedener Schriften, bei welchen er sich nicht genannt hat. [...]" Ob diese Bemerkung NOPITSCHS, des Zeitgenossen, WILHELM SCHMIDT veranlaßt hat, LEUCHS die Verfasserschaft jener Schrift «Deutschland in seiner tiefsten Erniedrigung» zuzuschreiben, für deren Verbreitung NAPOLEON den Erlanger Buchhändler PALM nach Braunau verschleppen und dort erschießen ließ? Weitere Einträge lassen es geraten erscheinen, der Sache im weiteren Verlauf dieser Darstellung noch einmal nachzugehen: LEUCHS ist der Verfasser eines Artikels «Adolf der Nassauer, Kaiser und König der Deutschen. Für Wahrheitsfreunde, Patrioten und denkende Köpfe ietziger Zeit. Leipzig [...] 1802.» „Er war auch Mitarbeiter an der Erlanger Zeitung in den 2 letztern Jahren der Redaction des Hrn. Hofr. Meusels, hauptsächlich für das Fach der Geschichte und des deutschen Staatsrechts."

Mehr von den übrigen Mitgliedern nach und nach, wie es sich trifft.

Bestrebungen der 'deutschen Privatgesellschaft'

Schon ziemlich zu Anfang unterhielt man Beziehungen zu mindestens einer gleichgesinnten Studentenrunde, wie aus folgendem Schriftstück hervorgeht: «Pinselstriche zur Charakteristik der teutschen Privatgesellschaft zu Heidelberg, welche am 19ten des Christmonats 1777 ihre erste Sizzung hielt, entworfen von Johann Wolfgang Helmes, Kurfürstl. PfalzSulzbachischen Regierungsadvokat und Mitglied der teutschen Privatgesellschaften zu Altdorf und Heidelberg.»[18] „Pinselstriche" — man gibt sich genialisch-fragmentarisch;

„Christmonat" — man gibt sich deutsch, jedenfalls mit viel mehr sprachpflegerischer Absicht als die vorige Generation.

Zu den frühesten in der Schachtel aufbewahrten Gedichten gehört eines aus der Zusammenstellung, die FRIEDERICH gegen seine Gewohnheit einmal gemacht haben muß.[19] «*An M.D. im Jahr 1777, d. 9. Jan.*» — Weitere Titel mit zeittypischem Klang sind: «*Lied eines Deutschen*», «*An mein Mädchen*» und «*An die Sterne*». Man erwarte keine SCHUBART'sche oder gar GOETHEsche Jugendlyrik unter diesen Überschriften. In der Wahrnehmung und bei den Gegenständen auf der Höhe der Zeit zu sein, bedeutet eben noch nicht, daß man auch den stärksten Ausdruck dafür findet.

Friedrich, der Schillernde

Dennoch lohnt es wegen anderer Verdienste, die Person FRIEDERICHS noch genauer zu beleuchten. Wer könnte es besser als sein Freund LEUCHS? «D. Johann Andreas Friederich, Reichsstadt Nürnbergischer ordentlicher Advokat. Eine treue biographisch karakteristische Schilderung, im Namen des Pegnesischen Blumenordens, dessen würdiges Mitglied und thätiger zweiter Consulent er war, gefertiget von einem seiner Freunde und Kollegen, D. Leuchs. Nürnberg, 1802.»[20] FRIEDERICH war etwa ein Altersgenosse SCHILLERS, geboren am 26. Februar 1758. Sein Vater war „Großpfragner" (Lebensmittel-Großhändler) und Salzhändler. Es war nicht selbstverständlich, daß man bei solcher Herkunft Jura studierte. Er war eben ein tüchtiger Schüler und fand Gönner. Schon auf der Schule war er übrigens mit LINK zusammen. Später studierte er eine zeitlang in Jena, dann wieder in Altdorf. 1781 begann er seine Berufslaufbahn als „außerordentlicher Advokat" in Nürnberg, wurde bereits ein Jahr später als „ordentlicher Advokat" zugelassen und konnte in dieser Stellung ans Heiraten denken. Seine Erwählte war die älteste Tochter „des ehemaligen Vorstehers des Pegnesischen Blumenordens, des verstorbenen Doctors und Professors der Theologie, Johann Augustin Dietelmairs zu Altdorf." Hieraus erklärt sich zum guten Teil, wie die „teutsche Privatgesellschaft" später zum Blumenorden kam; was an der Erklärung noch fehlt, ergibt sich aus FRIEDERICHS Charakter: Er war ein leidenschaftlicher Pläneschmied, um nicht zu sagen Intrigant, und als Jurist ein Naturtalent. „Während Link ängstlich über dem Buchstaben des Gesezes brütete, spührte Friederich dem Gange der Cabale nach, und während Jener an einer gelehrten Deduction arbeitete, hatte dieser mittelst seiner Welt- und Menschenkenntnis die Cabale erreicht und durch Beredsamkeit besiegt. In den meisten Processen, von welchen ich weiß, daß Friederich Links Gegner war, verlohr Lezterer; [...]"

Sein Pläneschmieden artete allerdings zuweilen in Luftschlösserbau aus. Wie sollte es nicht — ohne Gewerbefreiheit, ohne große Kreditanstalten. Viele aufgeweckte Köpfe machten sich in jener Zeit Gedanken, wie der drückenden Enge und den Geldsorgen eines klein- oder mittelstädtischen Gelehrtenlebens mit Finanzprojekten oder Landgut-Bewirtschaftung zu entkommen wäre. WIELAND, HEINRICH VON KLEIST... Von den wenig bemittelt geborenen Schriftstellern jener Zeit gibt es fast keinen, der nicht Projekte gemacht hätte, und keinen, dem sie gelungen wären. (Selbst GOETHES Freund MERCK verspekulierte sich und nahm sich das Leben.) Und FRIEDERICH: „[...] sein Geist ließ sich durchaus nicht an

80 % der Originalgröße

einerlei Gegenstände fesseln. So verfiel er mit unter, auf Projecte und Negotiationen." Manche sollen geglückt sein, seltsamerweise aber nicht die, worin er auf eigene Rechnung arbeitete. Auch beruflich ging nicht alles glatt. Ab 1794 war er Genannter des Größeren Rats — eine Ehrenstelle, ohne jede Besoldung. Als er sich bei der Beförderung übergangen fühlte, zeigte er die Charakterfestigkeit, sie niederzulegen, grämte sich aber nicht, weil, wie er sich richtig vorsagte, „[...] wenn er jene Stelle erhalten hätte, sie ihm mehr schädlich als nüzlich gewesen wäre [...]" Nebenbei arbeitete er wissenschaftlich, und zwar das Handels- und Finanzwesen betreffend, und leitete seine Aufsätze den zuständigen Behörden zu. (Hier haben wir wieder eine der Quellen, aus denen sich die industrielle Wiedererweckung Nürnbergs im 19. Jahrhundert speiste.) Er dilettierte auch auf theologischem Gebiet. (Ob er sich damit seinen Schwiegervater warmhielt?)

Am liebsten aber widmete er seine Freizeit der Dichtkunst. Er hätte nach Schätzung seines Freundes LEUCHS zwei Oktavbände gesammelter Gedichte herausgeben können, aber nur weniges wurde verstreut in Almanachen veröffentlicht, das meiste ging wohl verloren. Ihm war das gleichgültig. (Illusionsloser Welt- und Menschenkenner, der er war, machte er sich wohl auch bezüglich des ästhetischen Wertes seiner Sachen nichts vor. Dichten machte ihm halt einfach Spaß.) In den Orden wurde er 1786 aufgenommen, und es hätte jeden gewundert, wenn er nicht 1788 schon zweiter Ordensrat geworden wäre. (Von diesem Trubel später mehr.) „Als unser jezige[r] verdienstvolle[r] Präses, Herr Doctor und Schaffer[21] Panzer, den schönen Entschluß faßte, den Orden von mancherlei alten auf unsere Zeiten nicht passenden Flecken zu reinigen, dafür mehr innere Würde in solchen zu legen, mehr Geist darein zu bringen, und ihn an eigentliche gelehrte Gesellschaften anzureihen; kurz, als Panzer zu unserm immerwährendem Dank, als zweiter[22] Schöpfer des Pegnesischen Blumenordens auftrat; da war Friederich [eine Fußnote stellt ihm COLMAR an die Seite] überaus geschäftig dabei [...]".

LEUCHS rühmt ihn als guten Erzähler; es scheint, daß er in Gesellschaft mit der Fertigkeit glänzte, Heiterkeit um sich her zu verbreiten. Ohne ausgebildeter Sänger zu sein, gefiel er durch vorzüglichen Liedvortrag mit starker Tenorstimme. Sein Fehler war (wie gesagt, teilte er ihn mit den Besten), daß er Landwirtschaft zu seinem Steckenpferd machte. Dadurch hätte er beinahe seine Familie ruiniert. Bevor das geschah, starb er. (Soll man sagen: zum Glück? Ja, FAULWETTERS Beispiel legt es nahe; davon später mehr.) Er war nur 43 Jahre alt geworden. Die Schilderung seiner Todesstunde deutet auf Herzinfarkt. Bei der Leichenöffnung bemerkte man „Engbrüstigkeit" und, daß sein Herz „mit Fett überwachsen" war. „Die Gelehrtenrepublik verlohr an ihm einen Mann von vielen Kenntnissen, ohne es selbst recht gewußt zu haben, weil er sich nicht öffentlich dafür bekannt machte." Und wieso nicht? Ansonsten wußte er doch, daß Klappern zum Handwerk gehört, und machte dabei, dank seinem angenehmen Temperament, eine gute Figur. Er wird aber zu klug gewesen sein, um mit gewissen fortschrittlichen Ansichten bei der Nürnberger Obrigkeit anzuecken. Man durfte anscheinend wohl dies und das vorschlagen, aber niemals die Stellung der Stadt im herkömmlichen Machtgefüge nach außen hin in Zweifel setzen. Sollten Nürnberger etwa doch NAPOLEON für das

Ende dieses Spuks dankbar sein, auch wenn er ihnen letztlich die Bayern beschert hat?

Aktivitäten der 'deutschen Privatgesellschaft'

JOHANN ALBERT COLMARS Schriften für die „teutsche Privatgesellschaft" sind am saubersten zusammengestellt, -geheftet und auch am leserlichsten geschrieben. Er wurde am 11. November 1778 aufgenommen und hielt eine Eintrittsrede.[23] Schon am 2. Dezember 1778 war er wieder an der Reihe: Er las über den Streit der Horazier und der Curiazier.[24] (Das Thema diente einige Jahre später JACQUES LOUIS DAVID zu einem republikanischen Gemälde.) Es scheint üblich gewesen zu sein, daß reihum eines der übrigen Mitglieder zu solchen Vorträgen Rezensionen schrieb. Das entsprechende Blatt ANGERERS liegt bei. COLMAR fand offenbar Anklang und ließ sich davon anspornen. Zum Abschied DRECHSLERS am 24. März 1779 lieferte er wieder vier Oktav-Seiten. Und unter dem Datum vom 21. April 1779 findet man ein Geheft von zwölf Seiten, acht davon reine Textseiten, mit einer Übersetzung COLMARS aus dem OVID: «*Phillis an Demophoon*»[25]

Das Frühjahr 1779 scheint in der Gesellschaft besonders geschäftig verlaufen zu sein. ANGERER wagte sich mit etwas Satirischem vor die Leute: «*Der Landgeistliche im Coelibat, ein Gedicht in der Altdorfischen Deutschen Gesellschaft vorgelesen von Johann Gottfried Angerer. D. 17. März 1779.*»[26] Ein anderer tat dem bardenseligen Zeitalter den Gefallen, jene berühmte literarische Fälschung wiederum teilweise ins Deutsche zu bringen — GOETHES Werther tat's ja auch —: «*Johann Balbach, Ossians Colmar und Colmal, Nach Macphersons Ausgabe, dieses Dichters, aus dem Englischen übersezt, Altdorf im Monat April 1779.*»[27]

Über BALBACH schreibt NOPITSCH in der erwähnten Ausgabe des „Nürnbergischen Gelehrtenlexikons", daß er 1757 als Sohn eines Bäckers in Nürnberg geboren war. Er besuchte die Lorenzer Schule und studierte dann in Altdorf Philosophie und Philologie (u. a. bei WILL und NAGEL), Theologie (u.a. bei DIETELMAIR) und wurde Hauslehrer bei dem Dozenten Dr. RIEDERER. Erwähnt ist auch seine Mitgliedschaft in der deutschen Privatgesellschaft, „in der er allerlei gute Aufsätze lieferte und theils zum Druck brachte." Mit seiner Berufslaufbahn ging es nicht sehr gut voran; er war 11 Jahre lang Kandidat, davon 9 Jahre Katechet bei St. Peter, bevor er 1791 Zweiter Hospitalprediger wurde. Kein Wunder, daß er aus seiner — damals noch recht seltenen — Beherrschung der englischen Sprache Gewinn schöpfen wollte und unter anderem zum Druck gab: «Tales of Ossian, for use and Entertainment. Nbg. 1784, 2. Aufl. 1794 — A new Collection of Commercial-Letters. Ein Lesebuch für diejenigen, welche die englische Sprache in Hinsicht auf Kaufmännische Geschäfte erlernen wollen. Nürnb. 1789.» Dazu vier bebilderte Werke über Neu-Süd-Wales, 1791 bis 94. (Die Bereitschaft, wenigstens in Gedanken bis nach den Antipoden zu schweifen, ist in den beengten Verhältnissen dieser Jahre ein Silberstreif am Nürnberger Horizont.) BALBACH verfaßte auch moralische Jugendschriften, etwa «Lebensgeschichte der Rosine Meyerin; oder die glücklichen Folgen eines guten Verhaltens. Ein Lehrbuch für Mädchen und Jünglinge zur Beförderung einer würdigen Ausbildung ihres Geistes und Herzens. Mit Kupfern. (Nach dem Englischen) Nürnb. 1793» — und erinnert dadurch an den Umstand, daß das Aufkommen einer speziell für Jugendliche verfaßten Literatur oft nach englischem Muster betrieben wurde.

Am 28. April 1779 nahm sich LINK der Theorie der Sprachpflege an und hielt «*Eine Vorlesung über Sprache, und ihren Einflus in Sitten und Denkungs-Art der Menschen,* [...] »[28] Den Zusammenhang einmal in dieser Richtung zu sehen, war damals gewiß noch außerordentlich, wenn erst im nächsten Jahrhundert eine autoritative Stellungnahme dazu durch WILHELM VON HUMBOLDT erfolgte.

COLMAR wurde abermals tätig: «Über das Mitleid, den 9. Junius 1779 vorgelesen von Colmar»[29] ist die vierte seiner „Vorlesungen", die er fortlaufend bezifferte. Zwei Rezensionsblätter liegen bei, das eine von GOEZ, das andere anscheinend von LINK. COLMARs fünfte Vorlesung[30] war am 24. August 1779 fällig; sie besteht aus einem «Teil A: Die Zufriedenheit, Horaz nachgeahmt, Buch II ode 18» und einem theoretischen «Teil B: Über die Übersezung. Ein Fragment.» Rezensiert wurde der Vortrag von LINK. Ebenfalls zwei Teile hatte die sechste Vorlesung[31], die COLMAR am 20 Oktober 1779 hielt: «Teil A Der Tadler» und «Teil B Abschied von meinem lieben Dörfgen, ein Gedicht». Dazu schien COLMAR eine Anmerkung notwendig, da er ja schließlich nicht zu der Gesellschaftsklasse gehörte, die ein Dorf ihr eigen nennen konnte. Wir haben an dieser Anmerkung ein besonders schönes Beispiel dafür, wie das Ablösen eines besitzsprachlichen Ausdrucks von seiner ursprünglichen Bedeutung seelische Güter statt der materiellen möglich macht, sie aber dadurch auch um ihre rein seelische Funktion bringt; plötzlich wird die Freundschaft eine Art von Ware, oder genauer, von Währung, womit man Empfindungen von Gütern anderer Menschen erwerben kann, als ob sie einem selber gehörten: „Almeshof, bei Nürnberg. Ein Teil davon gehört dem Vater meines Freundes von Praun. Obgleich keine Scholle mein war, so war doch, durch den Besiz der Freundschaft, alles mein." — «Das Leben ein Traum, Oeuvres du Philosophe de Sans Souci, p. 28. vorgelesen d. 8. des Christmonats 1779 von Colmar.»[32] Rezension von LEUCHS.

Ein formeller Jahresabschluß gehörte nun offenbar zu den Gepflogenheiten. LINK, der allem Anschein nach als das Haupt der Gruppe angesehen werden muß, lieferte acht Doppelblätter, in denen eine Übersicht sowie ein Gedicht geboten wurden: «Am Schluß der teutschen Gesellschaft, im Jahr 1779.» Vielleicht handelt es sich bei dieser Neueinführung um den Versuch, eine Standortbestimmung vorzunehmen, denn es scheint Spannungen gegeben zu haben. Jedenfalls wurden die Mitglieder, wie schon unter LILIDOR I. im Blumenorden, zu Verbesserungsvorschlägen der Satzung angehalten, und einige beeilten sich mit Entwürfen. Schon am 16. Januar 1780 waren COLMARS „Verbesserungsvorschläge" zur Stelle. LINK selbst datierte sein Opus nicht, ließ sich aber ganze sechs Seiten einfallen: «Revision der Sazung und Ordnungen und Gebote der teutsch. Gesellschaft, von einem ihrer Mitglieder, Karl Link.» Und noch ein Schreiben lief ein[33]: «Scherflein zur Revision der Geseze der deutschen Gesellschaft, von J.[ohann] A.[dam] Goez.»

Von letzterem erscheint solche Beteiligung zunächst überraschender als etwa von FRIEDERICH, der sich aber hier zurückhielt; GOEZ ist in der Schachtel sonst nur durch einige Gedichte (und die erwähnte Rezension) vertreten. Wieder berührt es sonderbar vertraut, die Titel seiner Gedichte[34] zu lesen: «Todtengesang — Wohltätigkeit gegen die Armen — Freundschaft — Luna — Auf seine Taube — Anakreon an die Leier — Anakreon auf die Mädchen — Anakreon auf den Eros — An den Mond». Er war 1756 in Nürnberg geboren und hatte 1775 in Altdorf zu studieren angefangen, „wo er sowohl ein Mitglied der lateinischen öffentlichen als auch der deutschen Privat-Gesellschaft daselbst war." Diese Unterscheidung aus dem «Nürnbergischen Gelehrten-Lexicon», das ihn übrigens „Göz" schreibt, zeigt in aller Schärfe, wie die institutionalisierten Übungsstunden für die Disputationen, die am Ende der akademischen Ausbildung zu stehen pflegten, das Muster abgegeben haben müssen für die auf eigene Initiative errichteten geistigen Freiräume, in denen man einander auf deutsch Aufgaben vorlegte, die zu bürgerlicher Verantwortung für das Gemeinwesen befähigen sollten. Und GOEZ brachte sogar derartige Ausarbeitungen noch in Altdorf zum Druck; NOPITSCH nennt u.a. „Ueber das Wollüstige im Studiren. Unserm von Scheurl bey seinem Abschied geheiligt. Altd. (1778.)" und „Ueber den Einfluß des guten Herzens in die Empfindung des Aesthetisch-schönen. Unserm Friedrich [sic] geheiligt. 1779." Vielleicht finden sich diese Arbeiten, die deutlichen Bezug auf die Privatgesellschaft verraten, nur deswegen nicht unter ihren Papieren, weil ein Drucker damals das Manuskript in der Regel nicht zurückerstattete sondern makulierte, sobald der Druck beendet war. GOEZ, der mit Titeln dieser Art an das pädagogische Hochgefühl eines BASEDOW'schen Philanthropinen erinnert, brachte es 1788 zum Lehrer an der Schule von St. Sebald, 1800 zu ihrem Rektor.

Die eigentliche Arbeit der Gesellschaft wurde durch die Erörterung der Satzung nicht aufgehalten. Es scheint, daß die Studenten jener Tage nicht nur keinen Ekel davor empfanden, Aufsätze zu schreiben; man hatte im Laufe ihrer Ausbildung von ihnen derartige Ausarbeitungen verlangt, aber auf lateinisch und oft mit unzeitgemäßer Problemstellung, und sie müssen einen starken Reiz empfunden haben, ihre Gedanken — neuartig empfundene! — nun auch auf deutsch niederzulegen. Im Grunde holte diese Generation nach, was auf höherer Ebene schon zu HUTTENS und MELANCHTHONS Zeiten fällig war und von einzelnen in wenigen Gattungen auch geübt wurde, nämlich, den lateinisch- und griechischsprachlichen Humanismus zu nationalisieren. In anderen Ländern hatten diese Bestrebungen in die Breite gewirkt; bei uns war noch HARSDÖRFER ein Wegweisender unter mehreren, aber nicht eben vielen gewesen. Die alten Ziele des Pegnesischen Blumenordens waren um 1780 bei einer neuen Schicht und Altersgruppe ganz gut aufgehoben, wenn die Verbreiterung des Ansatzes auch zunächst auf dem Niveau des Schulaufsatzes daherkam und die Gediegenheit einzelner Leistungen barocker Gelehrter nicht erreichte. Aber gerade weil die jungen Leute sich der Sache annahmen, um sich von den alten Zöpfen abzusetzen, ganz unbekümmert um Vergleiche mit den Spitzenleistungen anderer Zeiten, im Vollgefühl der Originalität (auch wenn es trog) — gerade deshalb hatte die deutsche Kultur auf einmal Zukunft. Von der Null-Bock-Mentalität unserer Achtzehnjährigen hatten diese Studenten jedenfalls nichts. Sie mußten ja auch solche Dinge nicht im Rahmen regelmäßiger Leistungserhebungen verzapfen. Sie beurteilten einander gegenseitig. Das sollte man einmal wieder zulassen, auf die Gefahr hin, daß die Unwilligen und Unfähigen sich drückten, und die geplagten Deutschlehrer könnten aufatmen. (Wenigstens erhält es von daher Sinn, daß der Pegnesische Blumenorden seit 1994 Deutsch-Facharbeiten aus der Kollegstufe prämiiert.)

Der unermüdliche COLMAR lieferte das Manuskript einer ganzen Vorlesungsreihe: «Ciceros Paradoxa (Geheimnisse) an Marcus Brutus. Eine Übersezung. vom 23. Febr. bis den 15. März 1780 vorgelesen v. Colmar.»[35] Das war seine Abschiedsvorstellung, denn er ging zeitweise an eine andere Universität. Zuletzt ließ er auf seine sorgfältige Weise noch ein Geheft mit 5 Seiten Text zurück: «Beim Abschied an die Mitglieder der teutschen Gesellschaft. d. 15. März 1780 vorgelesen v. Colmar» samt einem «Verzeichnis meiner sämtl. Arbeiten.» Hier kündigt sich der spätere gewissenhafte Präses des Blumenordens an.

LINK datierte ein zweiseitig beschriebenes Oktavblatt vom 21. Juni 1780, auf dem die Rezension eines Aufsatzes ohne Namensnennung des Verfassers zu finden ist. Entweder handelt es sich um eine Selbstrezension — auch SCHILLER schrieb anonym über eigene Werke —, oder das Thema erschien so gewagt, daß man den Verfasser vorsichtshalber nicht nannte. Es hatte gelautet: «Vaterlandsliebe, meist nur fromme Chimäre.» Damals bedeutete 'Vaterland' ja zunächst die kleinste politische Einheit, in der man geboren und herangewachsen war, in unserem Falle die „Nürnbergischen Vaterländer" von Hersbruck bis Lichtenau. Irgendwelche Ausfälligkeiten gegen diesen Lokalpatriotismus hielten selbstverständlich die Stürmer und Dränger Altdorfs nicht davon ab, glühende deutsche Patrioten zu sein; im Gegenteil: sie waren die Folge des erweiterten Nationalbewußtseins.

Das nächste Doppelblatt ist undatiert und trägt zwei kürzere Aufsätze von LINKS Feder: «Rhapsodien» (wenn man nicht „Barde" sagte, sagte man „Rhapsode" und meinte in beiden Fällen einen unter Eingebungen in offenen Formen improvisierenden Verfasser) sowie «Was ist Welt, Lebensart, guter Ton?» Übrigens wird in der „Rhapsodie" aus LESSINGS «Nathan» zitiert, der gerade erst im vorhergehenden Jahr veröffentlicht worden war. Dahinter liegt in der Schachtel ein weiteres Doppelblatt von LINK mit den zwei Aufsätzen: «Warum man doch so gerne vom Einzelnen aufs Ganze schließt? Vorgelesen den 5. Jul. 1780.» und «Nähere Bestimmung der Begriffe: Fleiß und Thätigkeit.»

Wenige Tage später, am 11. 7. 1780, muß es in einer Versammlung der Gesellschaft hoch hergegangen sein. LINK bemühte sich sehr, zu kitten, was auseinanderstrebte, indem er schon mit dem 13. 7. ein Grundsatzreferat (im gewöhnlichen Format und Umfang) herausbrachte: «Beilage zur Geschichte der t. Gesellschaft, die ohne gewisse Seitenstücke allen ausser uns unverständlich seyn wird.» Es ging aber um die Streitfrage, ob noch weitere Patrizier aufgenommen werden sollten. Die „deutsche Privat-Gesellschaft" wurde in vorliegender Übersicht als eine Vereinigung bürgerlicher Studenten dargestellt, doch sollen damit VON EBNER, VON PRAUN, VON SCHEURL und andere nicht zu Bürgern im ständischen Sinne erklärt werden. Zugespitzt lautet die Schwierigkeit, in die jene Studenten damals kamen, ob jungen Leuten patrizischer Herkunft zugetraut oder zugemutet werden könne, sich die bürgerlichen Ideale zu eigen zu machen. SCHUNTHER sprach sich dagegen aus, als es darum ging, VON WINKLER und VON GRUNDHERR aufzunehmen. Zum Glück entstanden daraus keine langanhaltenden Zerwürfnisse, weil SCHUNTHER sich ohnehin anschickte, den Studienort zu wechseln.

Der Handschrift nach muß das Gedicht «Unserem Schunther. bei seinem Abschied. Altdorf den 16. Sept. 1780.»[36] von LINK sein. Es trägt in großer Schrift den Vermerk „Imprimatur" (mit unleserlicher Unterschrift), wurde also dem Zensor vorgelegt, um veröffentlicht zu werden. Der Bescheid erging übrigens erst am 2. Dezember. Vielleicht erschien es dann gar nicht mehr im Druck, weil dieser sonst liebevoll aufbewahrt worden wäre. SCHUNTHER hatte der Gesellschaft bis dann anscheinend nur eine undatierte Abhandlung vorgelegt, die das Konzept einer Vernunftreligion und deren moralische Konsequenzen zum Thema hatte.[37] Er ging nach Göttingen, und sein Tagebuch aus der dortigen Studienzeit gelangte hinterher wieder in diese Sammlung, ein Oktav-Büchlein von 92 Seiten mit Papp-Einband, dessen erster Eintrag überschrieben ist: „Göttingen am 2ten October 1780".

Um dem undeutlichen Bilde JOHANN ANDREAS SCHUNTHERS (oder SCHUNTERS) ein wenig aufzuhelfen, entnehmen wir dem Nürnbergischen Gelehrtenlexikon: „Derselbe widmete sich den Rechten und den schönen Wissenschaften, studierte von 1777. bis 1781. in Altdorf und Göttingen, war ein vortrefflicher Dichter, von dem Bodmer schon im J. 1779. das Urtheil fällete, daß er dem Klopstock gleich käme und denselben in der Folgezeit weit hinter sich zurücklassen würde. [Müssen BODMER und KLOPSTOCK sich gestritten haben!] Er gieng in Dänische Militärdienste [...] Ehe er nach Frankreich gieng übergab er seinem Freund D.G.Ch.C. Link, zu Nürnberg, eine Sammlung von seinen Gedichten und Aufsätzen im MS. mit dem Auftrage selbige zum Druck zu befördern, so bald er ihn die Erlaubniß dazu ertheilen würde. Allein diese Erlaubniß erfolgte nicht, und Link starb 1798."

Es blieb im Herbst 1780 anscheinend LINK alleine vorbehalten, der Gesellschaft Vorträge zu bieten. Er griff lieber innerhalb des üblichen Umfangs mehrere Themen auf und handelte sie knapp ab, wie um mehr Gelegenheit zur Aussprache über seine Thesen zu geben. Das wäre auch eine geeignete Maßnahme gewesen, den anderen wieder Lust auf eigene Beiträge zu machen. Am 8. November 1780 waren folgende Gegenstände auf der Tagesordnung: «Über die Ehe. Einige abgerissene Säze.» — «Religion»: Dabei handelte es sich um eine Abgrenzung von der Orthodoxie. (Und das auf der Nürnbergischen Universität! Wenn das kein Reizthema war!) Übrigens zitierte LINK darin nicht nur SULZER, sondern den materialistischen Gottseibeiuns LA METTRIE. Es folgten für die gleiche Zusammenkunft noch Raritäten und Kollektionen; wie man sich vorstellen kann, half derart geschickte Themenwahl der Gesellschaft wieder auf die Sprünge, bevor sie, wie leider der Blumenorden, ins Langweilige und Gewohnheitsmäßige absacken konnte. Vielleicht ist LINK dem einen oder anderen dabei auch einmal zu weit gegangen. Jedenfalls entspann sich eine — vielleicht nicht gar zu ernst gemeinte — literarische Fehde in der Gesellschaft.

Es berührt seltsam, den Abtausch der im folgenden genannten Schriften zu verfolgen. Schließlich hätten die zwei Kontrahenten die Sache ja auch mündlich in einer Altdorfer Wirtschaft austragen können. Daß man sich hinsetzte, Repliken und Dupliken schrieb wie zwei Jahre zuvor LESSING und der Hauptpastor GOEZE, zeigt das halb Spielerische, halb Modellhafte dieser Einübung in die Rolle des Staatsbürgers. Außerdem schielte man wohl auch ein wenig auf die Nachwelt, was den jungen Leuten ein gewisses Verantwortungsgefühl zu ihrem Selbstbewußtsein hinzu eintrug.

«Link, Rhapsodische Betrachtungen»[38] — «Von Grundsäzen, den 6. Dec. 1780.»[39] — MANNERT muß darauf in einer Weise geantwortet haben, von der kein Zeugnis mehr vorhanden ist. «Von den Grundsäzen, Antwort auf Hr. Mannerts Einwurf.»[40] — «Link, Anmerkungen über den Aufsaz von Grundsäzen.»[41] — «Mannert, Von den Grundsäzen. Antwort der Antwort des Hr. Link.»[42] — «Meine schlüßliche Antwort auf Hrn. Mannerts Duplik.»[43]

CONRAD MANNERT erwies sich im Hinblick auf die Häufigkeit seiner Beiträge als würdiger Nachfolger COLMARs neben LINK. Am 16. Januar 1781 hielt er den Vortrag «Entwurf einer Lebensbeschreibung des Königs in Polen Stanislaus Lescynski.»[44] Dazu liefen zwei Rezensionen ein, die als Einzelblätter beigelegt sind; eines davon ist „Siebenkees" unterschrieben.

„SIEBENKEES eigentlich SIEBENKÄS (JOHANN PHILIPP)" war 1759 als Sohn des Organisten von St. Sebald geboren. Seine Mutter war eine geborene NOPITSCH. Er besuchte die Schule von St. Lorenz und bezog 1778 die Altdorfer Universität, um Philosophie, Philologie und Theologie zu studieren. Unter seinen akademischen Lehrern sind hervorzuheben sein Vetter SIEBENKEES, DIETELMAIR, NAGEL und WILL, bei dem er sich im Disputieren übte. „In einer deutschen Privatgesellschaft, die sich damals zu Altdorf hervortat, hat er allerhand artige Materien bearbeitet [...] auch war er Mitglied der dasigen lateinischen Gesellschaft." Nun nahm seine Laufbahn eine ziemlich ungewöhnliche Wendung: Als Hofmeister hatte er Gelegenheit, nach Venedig zu reisen; es folgten Reisen nach Rom und Neapel. 1789 wird er Mitglied der Gesellschaft der Volscer zu Velletri. Man möchte fast sagen, er wiederholt im kleinen

HARSDÖRFERS Bildungsreise und Kontakte. 1790 finden wir ihn wieder in Nürnberg, und schon 1791 wird er außerordentlicher Professor der Philosophie und Lehrer der abendländischen Sprachen zu Altdorf. Die ordentliche Professur der Sprachen erhält er 1795. Auch Archäologie gehört zu seinem Lehrgebiet. Er unterstützt WILL während dessen Alterskrankheit, stirbt jedoch schon 1796 selber „am Schlag".

MANNERT ist im Jahre 1781 auch der Autor eines Stückes von seltenem Humor. (Humor ist bei der Betrachtung der überlieferten Pegnesen-Werke der letzten und vorletzten Generation nicht mehr untergekommen; auch daran, wird nachträglich klar, ist der Niedergang abzulesen. „Wer sich nicht selbst zum besten haben kann, der ist gewiß nicht von den Besten.") MANNERT jedenfalls hielt eine Art „Maikäferrede", d.h. er parodierte in gelehrtem Gewand das Bemühen der Deutschen Gesellschaft, sich um Städtchen und Nachwelt verdient zu machen, indem er die Perspektive nach Mauretanien verschob: «Kurzer Entwurf einer Geschichte des Völkerstammes der Mauren.»[45] Darin ergeht er sich in Betrachtungen, wie er einmal von den Mauren als „der gröste Geschichtschreiber den ie das barbarische Volk der Franken aufzeigen konte" zitiert werde. Nun ja, er und SIEBENKEES brachten es in diesem Fache immerhin zu einer Professur. Er wurde in einer Hinsicht sogar der Nachfolger des letzteren:

Geboren 1756, hatte CONRAD MANNERT ab 1778 in Altdorf bei NAGEL, WILL und JÄGER studiert, wurde 1783 Magister und wird im Gelehrtenlexikon als Mitglied der deutschen Privatgesellschaft bezeichnet. (NOPITSCH wußte offenbar nur bei wenigen, über die er Einträge schrieb, von dieser Mitgliedschaft.) Ab 1784 schlug sich MANNERT vorwiegend als Französischlehrer durch, folgte 1797 SIEBENKEES auf dem Gebiet der abendländischen Sprachen als ordentlicher Professor nach und vertrat auch das Fach Geschichte. 1801 wurde er Ehrenmitglied der Herzoglichen lateinischen Gesellschaft in Jena und übernahm 1803 die wissenschaftliche Leitung der weithin bekannten Homännischen Landcharten-Officin in Nürnberg. Er hat es nicht verdient, daß die nach ihm in Nürnberg benannte Straße keine gute Adresse ist, jedenfalls nicht für die, welche dort unfreiwillig wohnen.

LINK las am 4. April 1781 wieder Rhapsodien[46], und zwar über die Themen «Was ist rechts? Was ist links?» sowie «Ehre und Schande». Ein Rezensionsblatt liegt bei; der Schrift nach könnte es von MANNERT stammen. Von MANNERT unterzeichnet ist der Rezensionszettel[47] vom 24. 6. 1781, der weiteren Rhapsodien LINKS beiliegt. In diesen finden sich recht aufmüpfige Sätze, z.B.: „Wie ich glaube, herrscht im Durchschnitt in ganz Teutschland gleiche Aufklärung, oder eigentlicher gesprochen, gleiche Finsternis. Wenn in d. Berliner Realschule Griechische Reden gehalten, und in den dasigen Kirchen eigentlicher Unsinn gesungen wird, so darf der höllschleudernde Pfarrer B. in unserer lieben Vaterstadt noch immer nicht als Wunderthier im Reich der Intoleranz genannt werden. [...] Pöbel bleibt überall Pöbel — und der grosse Pöbel macht überall die herrschende Kirche aus. [...] Schulprämien wollen mir schlechterdings nicht gefallen. Sie ernähren den Geist der Milchzähne in den Seelen der Jünglinge, der nicht zu früh abgelegt werden kan." Die letzte Aussage wäre eines GEW-Funktionärs würdig — oder eines egalitären Elternbeirats, wie ihn manches Gymnasium noch vor zehn Jahren hatte. Wir müssen aber nicht glauben, dieser Jüngling LINK in seinem Freiheitsrausch wäre nicht mehr darauf aus gewesen, daß der Mensch etwas Rechtes lerne. Dies zeigt sich an seiner Verzweiflung über den alten Schlendrian an den neugegründeten Realschulen, die ja eigentlich dafür bestimmt waren, der aufkommenden Industrie brauchbare Ingenieure heranzuziehen. Hierin denkt er ganz bürgerlich, und nicht neusentimentalisch-pädagogisch. Insofern darf er als Vorläufer einer Richtung gelten, die es nach 1820 in Nürnberg zum Aufbau einer polytechnischen Lehranstalt brachte. Seine Protesthaltung ist noch ganz außenseiterisch und daher nicht so sehr in Gefahr, ins Blind-Ideologische abzurutschen, wo diejenigen sich treffen, die urteilen, ohne hinzusehen. LINK hat sich noch zu wehren gegen Leute, die sich im Alleinbesitz der Wahrheit wähnen, und macht noch nicht denselben Fehler. Er mißt lediglich die Ergebnisse aufklärerischer Neuansätze an ihrem eigenen Anspruch und stellt resignierend fest, daß diese nicht bloß die Erwartungen enttäuschen, sondern daß die Dunkelmänner wieder (im Berlin des Philosophenkönigs) bzw. immer noch (in Nürnberg) obenauf sind. Nebenbei wischt er eine Art von pietistischer Gesangbuchlyrik beiseite, wie sie gerade von Pegnesen des letzten halben Jahrhunderts immer wieder verfaßt worden war. Daß der Pöbel aus den oberen Gesellschaftsschichten — ein schon bei GOTTSCHED beliebtes Paradox — die herrschende Kirche ausmache, ist dabei nicht im Sinne einer Beschimpfung der Kirche zu sehen, auch wenn LINK das wohl auch fertiggebracht hätte, sondern in übertragenem Sinn: Statt 'Kirche' lies 'Partei'. Und so stimmt's ja wohl.

Link, der Linkische

Ein wenig von der Wahrheitsliebe muß man allerdings auch der Mentalität auf die Rechnung setzen; ganz geistig kommt so etwas selten daher. Es ist nun Zeit, den vorher zitierten Nachruf auf LINK[48] etwas genauer anzusehen. Er war am 3. 12. 1757 als Sohn eines Jura-Professors in Altdorf geboren. Alte

Gelehrtenfamilie. Mit neun Jahren nahm man ihn aus der öffentlichen Schule und übergab ihn der Erziehung durch einen offenbar sehr guten, nach heutigen Begriffen anti-autoritären[49] Hauslehrer namens STRAUSS. Als der Vater nach Nürnberg zieht, um als Rechtsanwalt ein wenig mehr zu verdienen — wir erinnern uns, wie es um die Professorengehälter in Altdorf damals bereits steht —, kommt ein Hauslehrer der üblichen Art für den Jungen nicht mehr in Frage. (Für so etwas ist er nun schon verdorben, sozusagen, aber leider auch, wie sich zeigen wird, für gewisse unumgängliche Tugend-Anforderungen der gesellschaftlichen Realität.) Er besucht dann schon lieber das Egidiengymnasium, vor allem die darin traditionellerweise stattfindenden öffentlichen Vorlesungen, unter anderem bei HARTLIEB-SCLEROPHILUS. Am 25. 4. 1775 zieht er wieder nach Altdorf, diesmal als Student, aufgenommen vom Onkel, CHRISTOPH KARL LINK. Er und die oben erwähnten Kommilitonen gründen die „Altdorfische deutsche gelehrte Privatgesellschaft", wie die hier betrachtete Gruppe sich anfangs nennt. Es ist nicht so, daß es LINK ansonsten an Beschäftigung fehlt: Seine akademischen Lehrer, denen daran gelegen ist, daß er eine gewisse Befangenheit verliert, spannen ihn ständig für die lateinischen Disputationen ein — von zwölfen ist die Rede — die er, zum Teil ohne Vorbereitung, glänzend besteht. Aber Begabung und Fleiß, das wissen diese Professoren aus ihrem eigenen Leben, geben für sich noch nicht Gewähr des äußeren Erfolges. Fränkische Schicksale! LEUCHS erwähnt mehrmals, unter anderen, den Professor NAGEL, einen Orientalisten, der zu den ersten Könnern

Abbildung in 80 % der Originalgröße

seines Faches in Europa zählt, aber sich einfach nicht verkaufen kann — im Unterschied zu manchem anderen Windbeutel (etwa dem von LESSING nach Strich und Faden fertiggemachten Jenenser Professor KLOTZ).

LINKs Hemmung bestand in einem Anstoßen der Zunge. Daher scheute er sich lange, den Juristenberuf auszuüben, und arbeitete nach Abschluß seiner Studien erst einmal als Repetitor für die jüngeren Studenten, verfaßte Gelegenheitsschriften und Übersetzungen. Erst der Tod seines Vaters, dessen Praxis er übernehmen konnte, eröffnete ihm einen nicht gar zu selbstständigen Weg. Sein Ruf als Rechtsanwalt war gut, seine Einkünfte blieben mäßig, obwohl er viel Arbeit hatte. Aber er arbeitete in vielen Fällen für Bedürftige unentgeltlich. Die Kehrseite dieser hochgesinnten Tour war, daß er Gefühle nicht verbergen konnte und mochte, vor allem, wenn es um seine Ablehnung allen Geburts- oder Geldadels ging. Allein Verdienste um das öffentliche Wohl konnte er achten, und seine Freiheitsliebe ging so weit, daß er nicht heiratete. Als Rohköstler — vermeintlich wie die alten Germanen — lebte er dahin, wenn auch nicht sehr gesund, und verstarb „am Stickfluß" (Embolie?) am 10. 11. 1798.

Höhepunkt der 'deutschen Privatgesellschaft'

Ja, der akademische Nachwuchs Nürnbergs war politisch unzuverlässig geworden. MANNERT las am 1. Juli 1781 eine Übersetzung aus VOLTAIRES «Candide», des 25sten Cap.[50]: nicht das Neueste, aber so lange tot wie LUTHER war VOLTAIRE nun auch wieder nicht — ganze drei Jahre. Und naturverbunden empfanden sich die jungen Kerle auch noch. «Gesellschaftsmusterung, vorgelesen am 5. Julius 1781 zu Markt Allersberg, wohin die sämtlichen Mitglieder unserer Gesellschaft, ausser v. Grundherr, zu Begehung des 1sten Jahresfestes lustwandelten. Von Karl Link, dermal. Sekretair.»[51] Erst durften die Guten zu einem Anlaß, der trotz des schon mehrjährigen Bestehens der Gesellschaft zum erstenmal vom Zaun gebrochen worden war, an die dreißig Kilometer einfache Strecke laufen, zum Teil wahrscheinlich durch die Schwarzachschlucht. (BIRKEN und seine Pegnesen hatten in ihrer Jugend auch derartige Streifzüge durch die „Berinorgischen Gefilde" unternommen.) Dann ließ der hier zum erstenmal „Schriftführer" genannte Kommilitone LINK allerlei launige Aufzieherei auf sie los. Und dann ging es womöglich wieder zurück nach Altdorf? Selbst wenn es am nächsten Tage geschah — das verbindet, wie SCHILLERS etwa gleichzeitige Räuberspiele auf dem Bopser.

Man denkt bei LINKs nächsten zwei Titeln auch unwillkürlich an SCHUBART und SCHILLER, aber die «Zwei Amerikaner Lieder»[52] lassen es merkwürdigerweise ganz an Kritik fehlen, und man kann nicht sicher sein, ob sich in dem «Aufsatz Über den Saz: Die Tugend ist um ihrer selbst willen zu begehren»[53] tatsächlich schon kantianischer Einfluß bemerkbar macht. (Das konnte ja ein Christ schon lang sagen. Bloß hätte er vermutlich 'Gotteskindschaft' oder dergleichen statt 'Tugend' gesagt.)

Zum Austritt eines Mitgliedes, dessen Teilnahme vielleicht nie ganz unproblematisch gewesen war, hielt LINK eine lange, wohlvorbereitete «Rede: den 11. Jul. 1781 bei Hr. von Grundherr, als er abdankte»[54].

Es war die Zeit, in der COOPER's „Lederstrumpf" spielt und die U.S.A. unabhängig wurden. MANNERT erweiterte das Bewußtsein seiner Gesellschaftsfreunde in diesem Sinne durch die «Nacherzählung einer Begebenheit eines jungen Engl. Officirs unter den wilden Amerikanern, den 13. Sept. 1781.»[55]. Er griff aber auch geisteswissenschaftliche Theorie dieser Sturm- und Drang-Zeit auf mit dem Beitrag «Der Poet, der Erfinder (Genie im guten Verstand) wird geboren: nicht so der schulgerechte Philosoph, der Gelehrte. 17. 10. 1781.»[56] Einem ähnlichen Thema widmete sich LINK am 30. Januar 1782: «Über Litteratur und Gelehrsamkeit», wozu er aber noch ein Gedicht «Nichts» anhängte, dem die Rezension beiliegt. Nie verlegen um anziehende Themen, handelte er «Über Sokrates und Xanthippe. In der teutschen Privatgesellschaft vorgelesen von Karl Link, den 24. April 1782.»[57] Und dann tritt in diesen Überlieferungen eine Pause ein. Es ist allerdings durchaus möglich, daß einige der bisher undatiert eingereihten Stücke in diesen Zeitabschnitt gehören, denn der erste Sammler dieser Papiere — höchstwahrscheinlich LINK selber — hat auch die datierten nicht immer in zeitlicher Reihenfolge, sondern nach Verfassern geordnet. (Und auch darin herrscht kein eindeutiger Grundsatz.)

Am 11. September 1782 fand bei RIEDERER wieder eine mehr oder weniger humorige Durchzieherei der Mitglieder statt. «Beim 2ten recht solennen JahresFest der teutschen-Privatgesellschaft zu Altdorf vorgelesen von K. Link» umfaßt 16 Seiten des kleinen Formats samt Schlußversen. Bemerkenswert für die Sturm- und Dranggefühle scheint mir folgendes kulturfeindliche Zitat: „[...] und wieder ist einem alles so unbehaglich, so enge, daß ich im Sommer immer nackt gehen möchte. Aber man darf nicht, so lange man in seinen Kerker gesperrt ist. Im Himmel muß die Seele ganz nackt gehen; und auf der Erde wird sogar ihr tagtäglich Gehäuse, der Körper, von Leinwand, groben und feinen Tuch, Hasen- oder Fuchspelz gesteckt [sic; ...]" Ein gutes Jahrhundert später findet dieselbe Stimmung innerhalb der Wandervogelbewegung Ausdruck in den Bildern VOGELERS, mit dem Unterschied, daß man die christlich beeinflußte Vorstellung, der Körper sei zeitlebens der Kerker der Seele, nicht mehr hat. Im Gegensatz dazu hatten im Spätmittelalter unterschiedlichste Gruppen von religiösen Ketzern ihren Fanatismus erotisch ausarten lassen, und rituelle Nacktheit spielte überhaupt in dionysischen Kulten aller Völker eine große Rolle. Fortschritt des Geistes und Entfesselung des (oft zerstörerischen) Eros gehen Hand in Hand, wenn sie nur eine halbe Chance bekommen. Die von jenen Altdorfer Studenten so herbeigesehnte Helligkeit der Aufklärung hat ein lasterhöhlendunkles Gegenstück: das Aufbegehren dumpfheißer, in ihrem Kreise wahrscheinlich nur in solcher Andeutung eingestandener Körper-Bedürfnisse gegen all die Gescheitheit und gesellschaftlichen Rücksichten. Jetzt fehlt bloß noch, wie in GOETHES Satire[58], daß man rohe Kastanien als göttlichen Fraß empfiehlt. Freilich lassen es jene Privatgesellschafter bei aller Privatheit nicht dazu kommen, sich vor sich selber lächerlich zu machen. Selbstverständlich wird auch das bald wieder über den Kopf verarbeitet. ROUSSEAU läßt grüßen (statt DE SADE).

MANNERT gab am 10 November 1782, ganz nach seiner Art, «Anekdoten zur Reichsgeschichte»[59] zum besten. LINK allein scheint es von da an überlassen geblieben zu sein, seine Freunde mit Beiträgen anzuregen, die sich an der Grenze zwischen zivilisierter Erörterung und Wühlarbeit gegen herkömmliche Begriffe bewegen. «Über Tapferkeit, Höflichkeit, Complimenten. Eine Vorlesung in der teutschen Gesellschaft von A. [Schreibfehler?] Link. den 12. Febr. 1783.» — «Skizze von der Ehrlichkeit der Scharfrichter, aus Urkunden.»[60] — «Warum brandmarkt man doch ein böses Herz mehr als einen schlechten Verstand?» mit Rezension von SIEBENKEES. «Dritte Musterung der teutschen Gesellschaft und ihrer Glieder. Nach dem Jahresfest, das den 5. Jul. mit Besichtigung der Festung Rothenberg und Laufs begangen wurde, vorgelesen in der Versammlung bey Hr. Scheurl den 16. Jul. 1783.» Die Marschleistung war nicht minder eindrucksvoll als im Jahr zuvor. «Rhapsodien. Den 5. Nov. 1783. von K. Link.» — «Von den Gränzlinien zwischen Hofnungslosigkeit und Verzweiflung.» — «Sorglosigkeit, ein notwendiges Ingredienz zur Mühe des Lebens.» — «Nähere Bestimmung des Sazes: De gustibus non est disputandum.»

Die Zeit des Abganges von der Hochschule rückt für die Hauptgestalten des Gesprächskreises näher; man merkt ihnen einen leicht unbehaglichen Ernst an. Die schriftlichen Niederlegungen reißen ab; nur COLMAR, der von auswärts zurückkehrt und schon eine Stelle zur Probe bekleidet, macht sich in

Albert Colmar
Abbildung in Originalgröße

altbewährter Weise die Mühe: «Die Jahrsfeier. Eine auserordentliche Vorlesung von Albert Colmar. Den 18. Julius 1784. Bei meinem Aufenthalt als Candidat.»[61] Dann verläuft sich der Kreis — nein; im Blumenorden treffen sie sich wieder.

Schon aus dem bisherigen läßt sich ersehen, daß diese letzte Blüte der Altdorfer studierenden Jugend, kurz bevor die Universität aufgelöst wurde, sich neben den literarisch Ansprechbaren der anderen Gegenden Deutschlands durchaus sehen lassen kann, wenn sie auch nicht den Rang der Neuerer erreichen, in deren geistigen Spuren sie wandeln. Es stellt diesen nachmaligen Mitgliedern des Pegnesischen Blumenordens ein gutes Zeugnis aus, wie sie mit Schwung und Fleiß daran arbeiteten, den Anschluß an die literarische und geistesgeschichtliche Entwicklung nicht zu verpassen. Man müßte die Studienerfahrungen und die Jugendwerke dieser Gruppe noch näher erforschen! Sie hat Anteil an derjenigen Traditionslinie, die als Subkultur unmittelbar aus Rokoko und Empfindsamkeit über Sturm- und Drang-Jahre in den vorklassischen Klassizismus führt, fast ohne Übergang zum Biedermeier, vielleicht sogar zum Frührealismus, ohne an der Weimarer Klassik der beiden Größten viel Anteil zu nehmen. Ob man diese in Nürnberg, wenn man den Unterschied zu Leuten wie WIELAND überhaupt wahrnahm, begriff und schätzte, müßten Einzeluntersuchungen klären.

Ende und Anfang

Um die Altdorfer Universität sah es seit 1775 so schlecht aus, daß im Jahr nicht mehr als 50 Neueinschreibungen von Studenten erfolgten und die Professoren nicht mehr als 200 Gulden im Jahr Besoldung erhielten. (In Erlangen bekamen die Kollegen 500.) Man spielte mit dem Gedanken, die Universität nach Nürnberg zu verlegen, das kam aber nicht zustande. Als 1789 ein Mitglied des Berliner Oberschulkollegiums, FRIEDRICH GEDICKE, Deutschland durchreiste und auch über Altdorf Bericht abzustatten hatte, war zu melden, daß dort noch etwa 100 Studenten ausgebildet wurden. Obwohl sich GEDICKE anerkennender über manche Professoren äußerte, zumal über WILL, als er es über SCHILLER in Jena getan hatte, konnte er über die Mediziner nichts sagen — die Lehrveranstaltungen waren gerade ausgefallen, da die zwei Medizinstudenten nach Nürnberg geritten waren.[62]

Doch gerade am Ende dieser Epoche schwangen sich Altdorf, Nürnberg, der Blumenorden wieder auf. DIETELMAIRS Verdienst, wie erwähnt, bestand vor allem darin, daß er junge Leute aufnahm. Zu nennen sind für das Jahr 1775 ein „Candidat LINK" (**XENOPHILUS**), später Vikar in Hersbruck[63], (nicht der mehrfach erwähnte Jurist), und ein Diakon JOHANN FRIEDRICH FRANK (**PYLADES**). Der dazugehörige **ORESTES** war DIETELMAIRS Sohn, ebenfalls auf der theologischen Laufbahn. 1776 kam der junge Jurist FAULWETTER hinzu, der bei schmalem Mitgliederbestand die Waagschale weiter auf die Seite der „Neuerer in Wartestellung" drückte. Eine weitere Dame, MARIA MANDLEITNER, wurde unter dem Namen **LAURA**[64] noch 1784 aufgenommen, bevor die Konjunktur für Frauen im Blumenorden wieder einmal auf einige Zeit vorbei war.

Es kamen nämlich heroische Zeiten! Die eigentlichen Umstürzler KARL LINK, LEUCHS und FRIEDERICH, den letzten als Schwiegersohn, hätte DIETELMAIR sicher selbst noch berufen; es scheint auch, daß er entsprechende Absichtserklärungen schon getan hatte. „Unter Dietelmairs Vorsitz [...] glaubten die damaligen Mitglieder es wagen zu dörfen, verschiedene würdige Männer aufzufordern, sich mit ihnen zu vereinigen, um nicht nur in der Folge dem Orden selbst, durch erneuerte Thätigkeit, auch neues Ansehen zu verschaffen, sondern auch die Wahl ihres neuen Vorstehers nach Dietelmairs Hintritt glänzender zu machen"[65] PANZER stellt also den Vorgang nachträglich so dar, daß man an eine von Nürnberger Mitgliedern ergriffene Initiative denkt, bei Abwesenheit und in Erwartung des baldigen Ablebens DIETELMAIRS, die auf eine bereits als Gruppe bestehende Anzahl von Leuten gerichtet ist. Diese werden durch PANZERS Beiwort 'patriotisch' hinreichend als fortschrittlich denkende Studenten kenntlich. Man konnte so vorgehen, da der Präses diese Personen von Altdorf her kennen mußte und sie wahrscheinlich von ihrer angenehmen und kompetenten Seite sehen gelernt hatte. Nicht gering zu veranschlagen ist auch der Einfluß des Ordensrates LEINKER-MONASTES, dessen Schwiegersohn COLMAR wurde.[66] So konnte der nächste Präses, selbst wenn er schon einen Grund gehabt hätte, dies nicht zu wollen, die Aufnahme dieser Leute zu Anfang seines Präsidiums (1786) nicht gut unterlassen. Merkwürdig erscheint es schon, daß selbst innerhalb der sehr glimpflichen Ausdrucksweise PANZERs in seiner Festrede gerade vier Sätze unterhalb der Stelle, wo vom Glanz der Wahl des neuen Präses die Rede ist, dem dann Gewählten „durch das herannahende Alter geschwächte Geisteskräfte" bescheinigt werden. PANZER stellt sich nachträglich ganz auf die Seite der Jungen, obwohl das anfangs vielleicht nicht so schien. Es ist einmal bemerkt worden, eine Revolution könne nur Erfolg haben, wenn die herrschende Klasse in sich gespalten sei und ein Teil davon innerlich auf der Seite der Umstürzler stehe. Das war der Fall mit LEINKER-MONASTES und PANZER-THEOPHOBUS.

IRENÄUS I. starb leider schon 1785, bevor es richtig losging. Mit ihm wäre die Erneuerung leichter zu machen gewesen. K. LINK, FRIEDERICH und Genossen hatten darauf jedoch nicht setzen wollen und taten in Anbetracht der kurzen ihm noch vergönnten Frist auch nicht unklug daran. Weiterer Beweis für das allmähliche Einfließen Altdorfer Denkart ist die Bezeichnung, die FRANK in seiner Trauerode auf DIETELMAIR dem Blumenorden angedeihen läßt: „Den traurigen Verlust ihres [...] Vorstehers Irenaei beklaget [...] die deutsche Pegnesische Blumengesellschaft [...] durch ihren innig gerührten Pylades. 1785."

Der aufrückende Präses

Nun war LEINKER die treibende Kraft. Etwas eigenmächtig, wie es WILHELM SCHMIDT schien, lud er durch Rundschreiben zu einer Präseswahl ein. Da diese aber auf den 5. September 1786 in SCHMIDBAUERS Haus anberaumt war, hatte er wohl von vornherein dessen Einverständnis. HARTLIEB hatte sich ohne große Konkurrenz lange genug hochgedient, um sein Schriftführeramt mit einer gewissen Selbstverständlichkeit gegen das des Präses zu vertauschen; an seiner statt rückte der trockene SCHMIDBAUER-HODEVON zum „Secretair" auf. Sie sahen sich sehr bald im Zugzwang.

Vor der Sitzung waren, wohl auch auf LEINKERS Betreiben, auf einmal eine ganze Menge Neumitglieder aufgenommen worden: FRIEDERICH und COLMAR als Schwiegersöhne des vorigen Präses bzw. des amtierenden zweiten Ordensrates, der Arzt Dr. GEORG WOLFGANG FRANZ PANZER als Bruder des Schaffers PANZER-THEOPHOBUS, unter den Juristen ferner KARL LINK, LEUCHS, Syndicus ZAHN; unter den Geistlichen Diakon SPRANGER von Hersbruck, Pfarrer LINK von Beringersdorf und ein Diakon von St. Sebald, CHRISTIAN HEINRICH SEIDEL[67]. Außerdem der Altdorfer Theologe Dr. SIXT. WILHELM SCHMIDT ersah aus dem Sitzungsbericht[68], daß die Mitglieder bereits vorher HARTLIEB um Übernahme „der Vorstandschaft in ihren schriftlich ausgestellten votis ersucht" hatten. Es ging also nurmehr um eine feierliche Amtseinführung. HARTLIEB wurde in aller Form mit einer Kutsche abgeholt und willkommengeheißen. LEINKER bat ihn in einer „zierlichen Rede", die einstimmige Wahl anzunehmen, was er in einer „kurzen bündigen Rede" auch tat. Nach der Wahl SCHMIDBAUERS folgte der gesellige Teil beim Kaffee im Hausgarten der SCHMIDBAUERS. Von 7 bis 10 Uhr ging man dann wieder ins Haus. Dort wurde noch „allgemein gewünscht und festgesetzt", daß man sich in Zukunft vierteljährlich treffen solle, und zwar jeweils am Montag nach Lichtmeß, Walburgis, Lorenzi und Allerheiligen. Auf diese Weise entfielen besondere Einladungsschreiben.

Die Feierlichkeit muß aber auch mit einigen unfeierlichen Fragen, die offen blieben, geendet haben. Am 22. 10. 1786 ließ SCHMIDBAUER ein Rundschreiben ergehen, in dem die mündlich ausgesprochene Unzufriedenheit mit dem trägen Betrieb aktenkundig wurde, aber der Ball auf eine feine Weise zurückgespielt werden sollte, indem die bisher von Neumitgliedern unterlassene Namenwahl zur Sprache gebracht wurde.[69] „[...] Da in der letztern Versammlung von verschiedenen Mitgliedern das Verlangen geäußert worden, durch wiederholte Zusammenkünfte [...] mehr Lebenskraft in die Gesellschaft zu bringen und auch Gelegenheit zu verschaffen, daß wir einander näher kennen lernen: [...] Wir haben ohnehin in der letztern Gesellschaft nicht das mindeste von ihrer Einrichtung gesprochen, welches doch verschiedene erwartet hatten, die nachher ihr Befremden darüber zu erkennen gegeben haben. [Es ging also schon mit den Wünschen nach einer Überarbeitung der Satzung los!] Es sind auch von den mehresten noch keine Namen, Motto und Blumen gewählet worden, welche doch zur Ausfertigung des Diploms erforderlich sind. [Das heißt: Ihr seid ja noch nicht einmal richtige Mitglieder!] Herr Dr. Sixt und Herr Synd. Zahn haben den Anfang gemachet, deren Namen und Blumen ich zugleich hier bekanntgeben will, damit andere in der Wahl nicht auch darauf verfallen. [...] Es wird mir lieb sein, wenn jeder Herr Gesellschafter wegen der abzuhaltenden wiederholten Zusammenkunft in Ansehung der Zeit, des Orts und der übrigen Umstände seine freimüthige Gesinnung in diesem Bogen zu erkennen gibt. In dieser Erwartung verbleibe Dero dienstbereitwillige E.M. Schmidbauer."

Unter den Beischriften ragen heraus die Zusage des Präses, er werde erscheinen, und die Antworten zweier Landgeistlicher. JOHANN SIGMUND STOY, **ASTERIO III.**, Sohn von ASTERIO II. und Schwager FRANKS, geboren

1745, aufgenommen im selben Jahr 1775 wie dieser, Pfarrer in Henfenfeld, entschuldigt sich, er habe schon vor mehreren Jahren zu erkennen gegeben, daß er den Versammlungen nicht beiwohnen könne. Das kann man ihm ja wegen des abgelegenen Ortes seines Wirkens abnehmen. Er verbittet sich aber deswegen nachteilige Auslegung, da er die Ehre zu schätzen weiß, Mitglied eines Ordens zu sein, „dessen Verehrung ich ia schon von den Stiftern desselben, meinen Voreltern, geerbt habe [...]". Auf eine in der soundsovielten Generation vererbte Mitgliedschaft und diesbezügliche Verehrung kann der Orden aber ohne sonstige Beiträge verzichten, und das nicht nur in seinem damaligen Stadium. STOY zog 1792 die Konsequenz und trat aus. Ganz anders äußert sich ein LEONHARD STEPHAN LINK (wieder nicht der Jurist, sondern der dritte dieses Namens im Orden, aus Beringersdorf): „Da mir aus der geäußerten mündlichen Unterredung bei der letzten feierlichen Versammlung noch wohl erinnerlich ist, daß der Wunsch der Herren Ordensgesellschafter auf den ‚Gasthof zum rothen Hahnen', also einen sehr bequemen Versammlungsort gerichtet ist, sowohl wegen der wohl eingerichteten Zimmer, als auch des dort eingeführten guten Abendtisches halber, so fürnehmlich zur Beförderung der öftern Zusammenkunft der löblichen Ordensgesellschaft sehr dienlich sein möchte, [wenn man, wie er, von auswärts kam und übernachten mußte] so verstehe ich die vorstehenden sämtlichen Unterschriften [...] auch für diesen Gasthof übereinstimmend. Ich werde es mir daher zur Ehre rechnen, montags, den 6. November a. o. um 4 Uhr nachmittags daselbst bei der Ordensversammlung mich gewiß einzustellen. Den 24. Oktober L. St. Link, Pfarrer in Peringersdorf."

Am vereinbarten 6. November fand zwar eine Sitzung statt, aber ohne den Präses, der doch nicht erschienen war. „Schmidbauer leitete die Sitzung mit Geschick und Eifer. Auf seinen Wunsch wurde ihm ein ‚Kontrolleur' beigegeben, ‚um den ehemaligen Unordnungen vorzubeugen', die sich angeblich schon vor Hartliebs Geschäftsführung [in die Finanzen] eingeschlichen hatten. [...] Kontrolleur wurde Zahn."[70] Bemerkenswert die Begründung, die nun dem Verlangen nach Ordensnamen unterlegt wurde: Weil man sich innerhalb des Ordens nicht mit dem jeweiligen Titel anreden wolle, seien solche zu wählen. Das greift deren ursprünglichen Zweck wieder auf. Ob sich aber diese Sitzungsteilnehmer nicht als unerhörte Neuerer vorkamen? Neu aufgenommen in dieser Sitzung wurden noch ein Herr VON WILDUNGEN, Dr. LUGENHEIM (ein Jurist), Diacon KOHLMANN von St. Sebald, BÜCHNER aus Hersbruck und Registrator VOLKERT. Man regte unter Punkt 5. an, die Satzung wieder einmal zu überdenken, und verständigte sich zum Schluß darauf, daß in jeder folgenden Sitzung je ein Beitrag eines Mitgliedes abgelesen werden solle.

Streit

Die folgenden Aufzeichnungen stammen vom 8. Februar 1787. Dies war der denkwürdige Tag, an dem vom Topf der Deckel flog. SCHMIDBAUER notierte in aller Eile und mit beträchtlichem Ärger halbspaltig die «Data zur Verfertigung des Protocolls», aus denen er dann für die regelrechte Niederschrift, die unter den Sitzungsberichten[71] zu finden ist, den Ärger wieder herauskürzte.[72] „Herr Praes. eröfnete die Session mit Beklagung des [...] Verlustes, den unsere Gesellschaft erlitten[73] u. dankte den 2 Herren Verfassern der Gedichte mit der Bemerkung daß das leztere gar nicht ausgetheilte auch wider den Willen u. die Erwartung der Fr. Wittiben ausgefertiget worden." Er hatte ja recht damit, daß unerbetene Leichengedichte die Witwe in die unangenehme Lage bringen könnten, sich zu einer geldlichen Erkenntlichkeit verpflichtet zu fühlen. Wenn das Gedicht aber, nicht vervielfältigt, eine rein private Beileidskundgebung darstellte, mußte eine solche Bemerkung wie eine unverdiente kalte Dusche wirken. Überhaupt — fängt man wohl eine Sitzung mit Nörgeln an? Doch nur, wenn man Nörglern — in diesem Fall gezielt dem Herrn Dr. FRIEDERICH — von vornherein die Schneid abkaufen will.

„Erinnerte 2) die Einsendung des Ordensnamens [...]" — „Reiner Formalismus", werden da einige gedacht haben. Daß man so etwas bei drei LINKs, drei BEZZELs und zwei PANZERs im Orden doch brauchen könne, fällt hitzigen Aufklärern nicht ein, aber bei einigem Abstand muß man HARTLIEBS Standpunkt achten.

„Behauptete 3) daß unsere Geseze keine Veränderung leiden weil sie oberherrlich bestätiget sind" — So unselbständig hatte v. HOLZSCHUHER 35 Jahre zuvor nicht gedacht, wenn er auch einige Bedenken trug. Aber vor den jungen Juristen von 1787 konnte sich ein Präses, der es als Sohn eines Tuchmachers zum Pfarrer gebracht hatte, mit derlei Staatsfrömmigkeiten nur blamieren.

„Bemerkte 4) das Verhältniß zwischen Einstand Geld u. Trauercarmen, so wie es auch in gedruckten Gesezen bemerket ist. Da die Ermangelung des einen auch die Ermangelung des anderen nach sich zieht, dann wenn die Cassa nichts bekomt, wie sol sie was hergeben? Dem wurde bald wiedersprochen." — Das war zu erwarten, wenn HARTLIEB nicht einmal angeben und belegen konnte, welche Gelder seit 1774 durch seine Hände gegangen waren und wo das Ordensvermögen abgeblieben war. Er hatte sich von CRAMER seinerzeit keine Quittung geben lassen und soll nach den Nachforschungen WILHELM SCHMIDTS auch in anderen Geldangelegenheiten sorglos verfahren sein. Um so kleinlicher wollte er es nun mit den Eintrittsgebühren halten. WILHELM SCHMIDT stellt den Vorgang so dar, als hätte es Mißhelligkeiten allein wegen HARTLIEBS Kassenführung gegeben. Doch er unterschätzt das ideologische Moment, denn sehr genau nahmen es die Neumitglieder mit ihrer Eintrittsgebühr auch nicht. Statt sich gegenseitig schlechte Zahlungsmoral bzw. Leichtsinn vorzuwerfen, hätten sie, wenn nicht Unterschiede in der gesamten Einstellung bestanden hätten, einen Mittelweg finden können: Stundung der Gebühren (Präzedenzfall: MELINTES) bzw. Nachweis der belegbaren Ausgaben (Irrhain, bisherige Drucke von Gedichten), die während HARTLIEBS Kassenführung dem Orden entstanden waren. Wie die Dinge aber lagen, versteiften sich die Jungen auf die Satzung, und die Alten hielten jede Kritik von vornherein für ungehörig. Nun hatte SCHMIDBAUER als Schriftführer die Kasse und den „schwarzen Peter", aber er war weit davon entfernt, HARTLIEB einen Vorwurf zu machen. Die Notwendigkeit, Eintrittsgebühren zu erheben, veranschlagt er offenbar höher als dessen Verantwortlichkeit oder gar Haftpflicht. Man sieht, daß SCHMIDBAUER sich aus Treue zur alten Ordnung hinter die nicht unvernünftigen, aber für eine Gesellschaft von Liebhabern der Dichtung entsetzlich borniert en Argumente seines Präses stellt. Es war den beiden kleinen Geistern nicht gegeben, mit Idealisten in gütlicher Weise zurechtzukommen, die im kleinen ein bißchen zahlungsunwillig oder vor lauter Genialität schlampig waren, auch wenn sie sich in Bezug auf die Aufgaben des Ordens und die dazu notwendigen Mittel aufs hohe Roß setzten. Dabei hatten die guten Alten recht, insofern es nur um den Druck von Trauergedichten ging. Und wer sich im Recht fühlt und dazu den Vorsitz hat, meint leicht, er müsse nicht überzeugen. Die anderen regten sich um so mehr auf. Man könnte sich vorstellen, daß der Lebenslauf eines Pegnesen karikiert wurde: Er geht zur Schule, lernt den Präses kennen, zahlt ein paar Gulden, schreibt anderen ein paar Trauergedichte und stirbt, um andern um seine Gulden Gelegenheit zum Druck eines Leichengedichts zu geben. Jedenfalls sah die Praxis des Pegnesenordens zu dieser Zeit so aus, und nun waren Leute darin, denen das von höherer Warte aus bloß noch lächerlich vorkam.

„Der Streit begunte sich zu verstärken u. übertraf endlich einen Polnischen Reichstag. Herr Präses trat mitten unter dem Streit ab u. begab sich nach Haus. Ich trat wieder auf den Kampfplatz und endlich gelung dar bey durch H. Schaffer Panzern dessen Vorschlag: soviel Geld als zur Druckung des nächsten carminis nöthig wäre zum voraus zusamzulegen vollstimmig durchgesezet wurde und auch dem H. Praesidi bey meiner Relation des anderen Tages wohlgefiel. Das gratis worüber so stark debattiert worden, daß ich mir nicht mehr wünsche einer so tumultuarischen Versammlung beyzuwohnen, nahm (wie die wahre der Sachen Beschaffenheit[74] hiermit vorgeleget wird) seinen Ursprung 1) daher, weil Personen gesuchet worden, die zum Arbeiten, nicht zu bloßem Beytretten sich gebrauchen lassen, drum sollte antragsgemäs davon Eröfnung geschehen, daß ihnen der Zutritt franco offen stehe."

Das kommt ja ganz so heraus, als hätten die Stürmer und Dränger keinem, der nicht arm war, ordentliche Mitarbeit zugetraut. Im ausgearbeiteten Sitzungsbericht[75] steht genauer, „daß in Ansehung der am 5. September vorigen Jahres recipierten Mitglieder dießfalls um deßwillen eine Ausnahme zu machen, u. selbige mit dessen [9 Taler zu bezahlen] Anforderung zu verschonen seye, als a) damalen die Anzal der Ordens-Mitglieder sehr zusammen gegangen u. zur Aufnahme desselben vorzüglich brauchbare Personen, und gute Dichter gesuchet, auch b) solchen die Aufnahme [...] ohnentgeltlich zugesichert, und füglich c) die Absicht erreichet worden, [...] dem Wahltag [...] desto größere Feyerlichkeit u. Ansehen zu verleihen."

Zur Debatte stehen die Gebühren aller Neuaufgenommenen, die am Wahltag des „neuen" Präsidis, also HARTLIEBS, dem Orden beigetreten sind. Das ist wahrscheinlich, denn all diesen konnte der Vorwurf gemacht werden: „Zahlt ihr erst einmal, bevor ihr euch um meine Kassenführung kümmert!" Daran schließt sich die folgende Textstelle des Entwurfs:

„Mit demselbigen Tag aber gieng alles per se wieder in Ansehung deßen Ausnahm zu Ende ohne daß nur weiters Ausdehnung davon Platz finden kunte welche aber doch geschehen ist."

Wenn man diesen krausen Satz genauer überlegt, scheint er auszusagen, daß FRIEDERICH und andere von der Beitrittsgebühr entbunden worden waren. Spätere Neuaufgenommene sahen diese besondere Vergünstigung nicht ein und beanspruchten sie ebenfalls, drangen aber damit rechtlich nicht durch. Sie nahmen sich daher heraus, die Gebühr einfach schuldig zu bleiben.

„Dies ist der Gegenstand worüber laut und lang gestritten worden war. [...] Auch wurde in Vorstellung gebracht die Todesschilde im Irrhain lieber deutsch als lateinisch geschrieben zu lassen weil wir ja eine deutsche Gesellschaft ausmachen; [...] Zuletzt lasen H. Dr. u. Consil. Leinker eine wohlgerathne Poesie vor auf die Durchreise P.P. Kaiser Josephs II. u. seinen Aufenthalt an dem Ort, wo wir zusamen gekommen sind."

Die Intrige

Die Sonderstellung der Altdorfer Gruppe hätte den Blumenorden leicht spalten können, wenn sie sich nicht im Hinblick auf die Neueinrichtung des Blumenordens mit den Fortschrittlichen unter den früheren und späteren Mitgliedern verbündet hätte. FRIEDERICH mußte sich zum Handeln gedrängt fühlen, und er fädelte mithilfe seines Freundes KARL LINK eine Intrige ein. Man schickte unter Umgehung des verschnupften Schriftführers eine vom Präses nicht authorisierte Liste herum, auf der Stellungnahmen der Mitglieder zur weiteren Einberufung von Zusammenkünften gesammelt wurden. Dieses undatierte Doppelblatt findet sich[76] gerade hinter dem vorigen Papier. LINK führt die Liste an und schlägt eine Sitzung am 11. des kommenden Monats im Roten Hahn vor. ZAHN-EVANDER bezieht sich auf eine „im Monat Sept. 1786 gefaßte allgemeine Entschließung, daß hinfüro alle Vierteljahr in dem Gasthof zum rothen Hahnen eine Zusammenkunft [...] veranstaltet werden solle." COLMAR teilt knappstens mit, er komme auch. Ausführlicher Dr. PANZER-ARETHAEUS[77]: „Daß des Hr. Praesidis Hochwürden Ihre Gründe haben mag — keine Gesellschaft zu convociren — bezweifle nicht im mindesten — so wenig, als daß solche sich würden heben lassen, wenn man offenherzig zu Werke gehen wollte." Der auch erst 1786 aufgenommene Diakon KOHLMANN von St. Sebald macht sich Gedanken über das Grundsätzliche: „Die resp. sämtlichen Herren Mitgliedere wünschen durch Ihre Kenntnisse und Fertigkeiten nüzlich zu werden. Durch Zusammenkünfte und Verabredungen können dienliche Mittel zur Erlangung dieses Endzwecks ausfündig gemacht werden." — Daß man's nur mal erfährt! — FRANK tut auch ganz unschuldig und freut sich auf „Wiedereröffnung unserer Versammlungen". Der jüngere DIETELMAIR, Pfarrer WALDAU, VOGEL-OENUS (Konrektor der Sebalder Schule), Dr. LEUCHS und Dr. LUGENHEIM teilen ohne Umschweife mit, sie kämen. Diakon SCHÖNER von St. Lorenz, der in SCHMIDBAUERS Protokoll-Entwurf (neben HÄßLEIN) als Neuaufgenommener von 1787 erwähnt worden war, möchte sich noch rückversichern: „Ob ich gleich, weil ich am Wahltage des Herrn Praesidis abwesend war, von den damaligen Resolutionen nichts weiß. so wünsche ich mir doch das Vergnügen der Zusammenkunft und werde [...] erscheinen. Hofentl. nehmen P.T. Hr. Praeses diese meine Erscheinung nicht als Beleidigung auf." Zusagen ohne Einschränkungen von einer weiteren Reihe von Mitgliedern: MERKEL, KIENER, Registrator VOLKERT, Diakon SPRANGER von Hersbruck, BEZZEL[78], LEINKER und Vikar LINK-XENOPHILUS. FAULWETTER gibt zu erkennen, daß er die Intrige sofort durchschaut und trotzdem mitspielt: „Ohngeachtet mir von Entschliessungen, welche allgemeine Verbindlichkeiten haben sollten, keine Mittheilung geschehen, welche doch immer erforderlich ist, so werde ich dennoch [...] erscheinen."

Beachtlich viele haben sich dafür erklärt, eine Abrede ernst zu nehmen und einzuhalten, die selbstverständlicher für einen Verein nicht sein kann, wenn man seine Ziele ansieht; aber das Verfahren war nicht satzungsgemäß. Die Neuerer nahmen einen Ausnahmezustand für ihr Vorgehen in Anspruch, wie er in der damaligen Naturrechtstheorie diskutiert wurde — unverhüllt hätte die Begründung gelautet: „bei Gefahr im Verzug, wegen völliger Unfähigkeit und Geschäftsunwilligkeit der Ordensführung" — und ließen es darauf ankommen, daß sich der Orden spaltete. Bei der überraschend hohen Zahl der in einem Schwung aufgenommenen Mitglieder kann Einigkeit im Orden trotz LEINKERS und PANZERS Vermittlung eigentlich nicht vorausgesetzt werden; Loyalitätskonflikte waren sogar innerhalb der Partei der Jungen zu erwarten. Um so mehr wundert es, daß sie nicht in stärkerem Maß auftraten. Hatten die Verbreiter der Umfrage nicht jedem reinen Wein eingeschenkt? Oder hatte HARTLIEB bei seiner Sitzungsleitung und seinem Davonstürmen eine gar so schlechte Figur gemacht, daß fast jeder sehen mußte: Mit dem geht es nicht mehr so weiter?

FRIEDERICHS nächstes war, an den Schriftführer das Ergebnis dieser Umfrage zu melden, mit der zusammenfassenden Bemerkung, daß der Wunsch der Gesellschafter nach einer Versammlung täglich lauter werde. (Schreiben vom 26. Januar 1788, als vorsorglich angefertigte „Copia" FRIEDERICHS im Archiv erhalten.) Antwort des offensichtlich leicht auf die Palme zu bringenden SCHMIDBAUER vom selben Tag: Der Präses „berufen sich auf Dero wohlEhrw. Herrn Schwiegerpapa, dessen Nachfolger Sie sind. Diese haben nach Gutbefinden die Zusammenkunft ausschreiben lassen; in manchem Jahr nur eine, in manchem auch gar keine verordnet, ohne daß deswegen ein Unwille entstanden." Er, SCHMIDBAUER, könne nichts weiter tun. — Das ganze gereizte 'Was hat DIETELMAIR sich und uns mit diesem Kerl aufgeladen' kann ihn nicht daran hindern, FRIEDERICH als dessen „Nachfolger" zu bezeichnen. Es fragt sich, in welchem Sinne. Es soll schon vorgekommen sein, daß ein für ein hohes Amt wählbarer Mann nur einstweilen zu jung war und man daher einen Zwischenkandidaten erkor, während alle doch wußten, daß der betreffende über kurz oder lang nachfolgen werde. Mit DIETELMAIR selbst war es „über lang" so ähnlich gegangen. War HARTLIEBS Stellung etwa wegen der Familienkonstellation so schwach, daß FRIEDERICH als designierter Präses zu diesem Zeitpunkt offen gegen ihn rebellieren konnte? Oder bezieht sich das 'Nachfolger' nur auf den Sachverhalt, daß FRIEDERICHS Ordensname **IRENÄUS II.** lautete?

Eine familiäre Tradition sollte sich gewiß auch darin geltend machen. Wie dem auch sei, falls HODEVON und SCLEROPHILUS gedacht hätten, daß FRIEDERICH als unselbständiger Nachtreter des ersten IRENÄUS in die Pflicht zu nehmen sei, hätten sie sich gewaltig getäuscht.

Wenn FRIEDERICH nun ein „Gehorsamstes Promemoria mit Beylagen sub N. 1 et 2" (vorstehende Briefe) im Kreise der Mitglieder herumschickt, fragt man sich erheitert, was das „gehorsamst" noch heißen soll. Nun gut, der Sache dient er damit. Er widerlegt darin den von HODEVON mitgeteilten Standpunkt des Präses: „Sie beruften sich diesfalls auf meinen Seel. Herrn Schwiegervatter, der, wie alle noch lebende Hochschäzbare Mitglieder wissen, nichts ohne Vorwissen und Genehmigung der Gesellschaft vorgenommen; [das konnte, falls es stimmte, zu sehr weitgreifenden Umdeutungen der Rolle des Präses führen] ohne dabey zu bedenken, daß dazumahl die Zusammenkünfte selten sein mußten, da die Zahl der Mitgliedere sehr gering, [das Gegenteil hätte ebenso davon erwartet werden können] der Kosten Aufwand aber sehr groß, und für ein einzelnes Mitglied bey einer Zusammenkunft grösser war, als er jezt bey 4 Zusammenkünften ist, daß ferner [DIETELMAIR] nicht an Ort und Stelle wohnte [...]"

Hier geht es nicht um die Ideale des Gesellschaftslebens, sondern um das Praktische und Finanzielle. So kann er vielleicht sogar die älteren Mitglieder gewinnen. Das Vergnügen, solchen Versammlungen beizuwohnen (wenn nicht gerade gestritten wurde), muß in einer Zeit ohne viele andere gesellige Zerstreuungen ein ungeheucheltes gewesen sein. Er konnte sich ausrechnen, daß der nun folgende Vorschlag, die Zusammenkünfte in Zukunft auch ohne den Präses zu halten, trotz seiner Dreistigkeit etwas Anziehendes haben werde.

Es folgt das Protokoll der Sitzung vom 11. Februar 1788.[79] Bei dieser fehlten allerdings — in Bleistift von späterer Hand nachgetragen — eine ganze Reihe von Mitgliedern, auch solche, die auf die Umfrage zustimmend geantwortet hatten: neben Präses und Schriftführer auch der vorsichtige FAULWETTER, STOY sowieso, SEYFRIED, Dr. PANZER[80], L. ST. LINK (der nach erster Wahrnehmung der Querelen wohl von dem gesamten Orden in Zukunft nichts mehr wissen wollte), aber auch LEUCHS. Dr. LEINKER eröffnete die Sitzung mit der Bemerkung, daß etwas geschehen müsse, „[...] um zu zeigen, daß der Orden nicht, wie auswärtige Gelehrte neuerlich vorgegeben, erloschen seye, das Publicum in der Folge durch gelehrte Ausarbeitungen von dem Gegenteil zu überführen." (Es ist bemerkenswert, daß von Dichtungen des Ordens gar nicht die Rede ist.) In dieser Hinsicht sei lange nichts geschehen. LEINKER nimmt Bezug auf die Sitzung vom 5. 9. 1786, in der regelmäßige Tagungstermine festgesetzt worden seien. Aber selbst der übliche gemeinsame Besuch des Irrhains sei unterblieben. Die Mitglieder hätten keine Arbeiten, nur Geldbeiträge geleistet. Einige seien wegen dieser Lage der Dinge schon ausgetreten. (Das stellt wohl eine zweckdienliche Deutung dar, die wirklich haltenswerte Mitglieder nicht betreffen kann; Trägheit, selbst etwas zur Änderung zu tun, mag häufiger die Ursache gewesen sein.) Um nicht auch diese Versammlung ohne Nutzen verstreichen zu lassen, liest THEOPHOBUS teilweise ein deutsches Gedicht vor, das einen zu FREYDANK parallelen englischen Text von einem Abt ANIS (oder AMIS) wiedergibt. Verfaßt hat es ZAHN-EVANDER. Damit endet die Sitzung (wie die vorige mit LEINKERS Gedicht). Während sich also die Absichten der arbeitswilligen Mitglieder mehr auf Geschichtliches zu richten beginnen, spielt Poesie eine einkleidende Rolle. (Deutlich wird dies etwas später aus der Niederschrift einer Sitzung vom 18. August 1788, in der steht, es sollten nicht nur Dichtungen, sondern auch historische Gegenstände behandelt werden.[81])

Starre Gegenwehr

Die Sitzung kam dem Präses zu Ohren — erstens war Nürnberg nach heutigen Begriffen eine Kleinstadt, und zweitens sollte gerade das ja geschehen. Und SCLEROPHILUS ließ sich herausfordern. Aus seiner Sicht stellte das ganze eine völlig ungerechtfertigte Hetzerei dar.

Am 28. Februar 1788 verfaßte er eine Gegendarstellung: Schon seine erste Versammlung habe einem „Polnischen Reichstag" geglichen. Man befand sich damals in der Zeit der Polnischen Teilungen, und die Polen hatten wohl guten Grund zu lebhaften Parlamentssitzungen. Es ist ein bißchen ärgerlich, wie gedankenlos sich HARTLIEB hier SCHMIDBAUERS Schimpfwort zu eigen macht. Was er sagen will, ist schlicht, man habe ihm von Anfang an keine Gelegenheit gegeben, sich mit einem Neuanfang nach seinen Vorstellungen durchzusetzen. Das mag wohl wahr sein.

Sein Rundschreiben bezüglich einer Versammlung im Irrhain habe so wenig Gegenliebe gefunden, daß er darauf nicht mehr zurückkommen wollte. Er hätte vorgehabt, auch die älteren Mitglieder wieder in die Versammlungen zu bringen. Daran war den jüngeren vermutlich nicht viel gelegen. Die Sturm- und-Drang-Periode hatte den Anfang vom Ende des selbstverständlichen Ehrens jeglicher älteren Leute gemacht.

Beleidigte Würde einer ganz und gar unwirksamen Art spricht sich in dem Satz aus, er sei unter dem vorigen Präses 24 Jahre lang Schriftführer gewesen.

Erstens stimmt es nicht, denn sein Amt als solcher rechnet erst seit 1774, was seine Funktionen vorher auch gewesen sein mögen, und zweitens hat man von seinen Jahren der Amtsführung keine Leistungen. Das wäre noch schöner, sich das Ersitzen einer langen Dienstzeit zur Ehre anzurechnen. Bei jungen Leuten, die Tatendrang in sich fühlen und sich von so etwas zurückhalten lassen sollen, stößt man mit derartigen Schmollwinkel-Prahlereien nur noch auf höhnisches Gelächter.

Er nimmt Anstoß an einem Satz im zuletzt erwähnten Protokoll, wo es heißt, daß es den Mitgliedern zukomme, Gesetze zu machen, und auch, auf deren Durchführung zu achten. Das ist die amerikanische Unabhängigkeitserklärung im kleinen.

HARTLIEB möchte „eine gelehrte Gesellschaft in ganz Deutschland wissen, die dergleichen paradoxen Satz statuire." Hieraus erhellt mit aller Deutlichkeit, daß er die Zeichen der Zeit nicht erkennt. Wenn er „paradox" schreibt, verwechselt er die Verfahrensfragen des Vereins mit der Wahrheitsfindung. Über die Wahrheit kann man nicht abstimmen, aber eine Gelehrtengruppe ist demokratisch zu organisieren, ohne daß die Forschung leidet. LILIDOR I. hatte aufgrund seiner Kenntnis ausländischer Gesellschaften einen fortschrittlicheren Standpunkt eingenommen als sein kleinkarierter Nachfolger, der nur die obrigkeitshörigen deutschen Verhältnisse kannte.

Die Gesinnung LEINKERS und FRIEDERICHS gegen den Orden erinnert ihn an die Art des Patriotismus in Holland. Er hatte es gerade nötig, die republikanische Gesinnung in den Verdacht des undisziplinierten Eigennutzes zu bringen und auf andere, fortschrittlichere Gesellschaften herabzusehen.

Abschließend bietet er an, vierteljährlich nach Möglichkeit eine Versammlung einzuberufen, wie es verlangt wird, falls seine Rechte als Präses nicht angetastet werden, aber nicht an einem bestimmten Tag, wegen der Art seiner Geschäfte. Wenn er das ohne das begriffsstutzige Polemisieren eher getan hätte, hätte er weniger oder gar keine Angriffsfläche geboten, und der Vorstoß der Stürmer und Dränger wäre auf gut Nürnbergische Art im Sande verlaufen.

Der cholerische HODEVON kann sich nicht verkneifen, zu dieser Stellungnahme eine Beilage zu schreiben, in der er es den Wühlern ganz ordentlich hinreibt. Er bestreitet — wie FAULWETTER! — die Gültigkeit der Abrede vom 5. 9. 1786 über Sitzungstermine, da sie „In der Tabacscompagnie, welche sich nach Beendigung der wesentlichen Geschäfte des Löbl. Ordens in meiner Wohnstube formierte [...]" von zehn Mitgliedern ohne Beisein des Präses getroffen worden sei. Dazu schrieb ZAHN später mit Bleistift, SCHMIDBAUER habe doch selber die entsprechenden Zusätze zum Original-Protokoll gemacht; außerdem hatten Präses und Schriftführer durch teilweises Eingehen auf die vorgesehenen Sitzungstage durch die Tat anerkannt, was beschlossen worden war. (So sieht es WILHELM SCHMIDT.)

Hier prallen zwei Welten voller Selbstgerechtigkeit aufeinander. Heute versteht man auch wieder etwas besser, wie gereizt SCHMIDBAUER (und vielleicht seine Frau Gemahlin) über den Tabakrauch in ihrer guten Stube wurden, als das geradezu burschenschaftliche Herumhocken immer länger dauerte. Für die Jungen war ihr Qualmen — noch ganz ohne Einfluß einer Reklame — der Ausdruck ihres Freiheitsgefühls. Dabei waren sie für HODEVON anmaßende Hungerleider, denen vielleicht der Anzug nicht gehörte, den sie am Leibe trugen. Er stichelt, die Gesellschaft rede zwar von Geldbeiträgen, aber nicht vom Schuldigbleiben. 50 Gulden habe er noch zu bekommen. Auf ein entsprechendes Rundschreiben hätten sogar zwei ältere Mitglieder nur mit einem „Compliment" erwidert. „Die Handwerksleute aber lassen sich von mir mit einem blosen Compliment nicht abspeisen."

Wie recht er doch hat! Es geht nicht an, daß man es vor lauter geistigem Höhenflug in diesen Dingen nicht genau nimmt (nur daß man einen andererseits Philister nennt, der es darin genau nimmt, aber keinen geistigen Höhenflug zustandebringt). Nun war aber das Schuldenmachen in fast allen Gesellschaftsschichten damals Mode; je besser einer situiert war, desto ungestrafter konnte er in der Regel das Zahlen aufschieben. Um einen standesgemäßen Lebenswandel zu führen, blieb einem innerhalb der auf der Stelle tretenden Wirtschaft oft nichts anderes übrig, denn bei strenger monetärer Kontrolle auf der Basis der Edelmetallwährung konnte nicht einfach die Notenpresse angeworfen werden, um die Ausgaben von heute mit dem Erwirtschafteten von übermorgen zu bezahlen, und Kredit war in dieser Schrumpfökonomie nicht unter halbwegs annehmbaren Bedingungen zu haben.[82] Junge Leute, die auf späteres gutes Einkommen zu hoffen hatten, fühlten sich geradezu berechtigt, schlechte Zahler zu sein, und der verschuldete Student oder Berufsanfänger war schon damals ein Klischee, wie KORTUMS «Jobsiade» genugsam erweist. Es war aber gar nicht schön, die schwächsten Glieder der Schuldenmacherkette, die kleinen Handwerker, damit und mit Verschleppung ihrer Beschwerden um ihren redlichen Gewinn zu bringen, und im weiteren Verlauf der Betrachtung wird man von dem Fall hören, daß einem solchen einmal auf katastrophale Weise der Kragen platzte.

SCHMIDBAUER jedenfalls liebte es gar nicht, Drucker, Kupferstecher, Posamentierer, Gärtner und dergleichen andauernd vertrösten zu müssen, und das ist ihm nachzufühlen. Er habe, schreibt er, noch 3 fl. und einige „Creuzer" in der Kasse; davon solle er drei Rechnungen von 85, 32 und 26 fl. bezahlen. Nun sei er aber keineswegs zu unverzinsten Vorschüssen verpflichtet. Statt sich mit dieser Beschwerde an HARTLIEB zu wenden, der ja versäumt hatte, Rücklagen zu bilden, verwendet er dieses Argument zu einer Spitze gegen die Einmütigkeit der Protestlümmel: Die von Schaffer PANZER seinerzeit vorgeschlagene Sammlung für den „Leichenfall" sei auch „einmüthig unterblieben". Der einfachste Weg aus der Misere wäre allemal das Beschränken der Ausgaben, und bei den unnötigsten fängt man an. Darin, was unnötig sei, war aber SCHMIDBAUER mit den Jungen nicht einig. In der „außerordentlichen" (lies: illegitimen) Versammlung von neulich sei auch „die Meynung gar dahin geäußert [worden], daß man der Namen u. Diplomatum gar nicht nöthig habe. Wie aufgeklärt! So kan jeder sich für ein Mitglied ausgeben [...] und nur seine Zulassung im Gasthof dienet ihm zum Beweis." Diese scheinvernünftige Argumentation, die der in Panik geratene Aufklärer gegen die vom Stapel läßt, die ihn links überholt haben, ist leicht zu entkräften, wenn man den überschaubaren Bereich ins Auge faßt, in dem sich die befürchtete Hochstapelei abspielen hätte müssen, und den geringen Ertrag derartigen Schwindels. Aber HODEVON dreht jetzt nur noch durch. Eindeutiges Symptom dafür ist wieder einmal die ins Leere zischende Schlußpointe, er habe dem Orden nun schon 40 Jahre die Treue bewährt.

Übergewicht der Neuerer

Aber FRIEDERICH konnte sich die Hände reiben! Nun hatte er die beiden Alten da, wohin er sie durch gezielte Provokationen bringen wollte, denn der Pfiff an der Taktik ist, die Angegriffenen ins Unrecht zu setzen. Sein „Gehorsamstes Promemoria" vom 24. 3. 1788 geht an zehn Mitglieder. (Welche wohl?) Er schickt die beiden Stellungnahmen der Ordensleitung mit und bemerkt dazu: „Diese Beylagen enthalten nun die auffallendsten Beleidigungen, Injurien aller Art — und mitunter auch Grobheiten der ersten Grösse, die auf keine Weise von irgend einem ehrliebenden Mann gelassen angenommen werden können." Kriegsrat soll auf einer außerordentlichen Versammlung in seiner Behausung gehalten werden. Von den Adressaten melden sich dazu durch Unterschrift: COLMAR, K. LINK, Dr. PANZER, Schaffer PANZER, FRANK, WALDAU, ZAHN; Diakon DIETELMAIR erklärt sich solidarisch mit FRANK und Schaffer PANZER, entschuldigt sich aber, fernbleiben zu müssen; Rektor VOGEL und der Kaufmann BEZZEL, der in der Laufer Gasse wohnt, antworten nicht. (Daß LEINKERS Name hier nicht erscheint, mag mit einer Krankheit zusammenhängen; nicht lange darauf starb er.)

Von der außerordentlichen Sitzung vom 1. April 1788 ist das Konzept[83] ZAHNS für seine Niederschrift[84] vorhanden. Es heißt dort, Diacon SPIES, Pfarrer LINK von Beringersdorf und SEYFRIED seien ausgetreten; mehrere andere, „welchen das bisherige unfriedfertig- und despotische Verfahren äußerst unangenehm fallen müssen, [hätten das] allbereits zu erkennen gegeben." Der Vorwurf, den Frieden im Orden gestört zu haben, und zwar auf „despotische" Weise — ein Leitbegriff der politischen Opposition jener Tage — wird also ziemlich einseitig auf die Ordensleitung abgewälzt. Wie zur Beschämung des Pfennigfuchsers SCHMIDBAUER ist diese Niederschrift auf bestem Lumpenpapier abgefaßt, das auch bis heute kein bißchen verblichen ist. Von da an besteht eine große Lücke zwischen den Niederschriften und im Briefwechsel, die bis in den August reicht. Es muß aber vorher schon ausgemachte Sache gewesen sein, daß Präses und Schriftführer den Orden oder jedenfalls ihre Ämter verließen. COLMAR scheint beauftragt worden zu sein, eine neue Satzung vorzubereiten. Man wollte, nachdem der Widerstand der Perücken gebrochen war, streng nach bürgerlichem Rechtsempfinden vorgehen.

Eigentlich hätte es dem Grundsatz dieses historischen Rückblicks

60 % der Originalgröße

entsprochen, wenn er sich auf einen Vergleich der Satzungen aus verschiedenen Zeiten beschränkt und eine Schilderung dieser Stürme im Wasserglas taktvollerweise unterlassen hätte. So etwas kommt in jedem Verein einmal vor, mit mehr oder weniger dramatischen Nebenumständen. Doch im Unterschied zu den unerfreulichen Aufarbeitungen irgendeines unwichtigen Hickhack in irgendeiner „Szene" geht es hier nicht um unwürdiges Affentheater in Schilda oder Abdera, sondern die Szene dieser Geschehnisse ist Europa am Vorabend der Französischen Revolution. Man kann nicht umhin, den Vorgängen dieser Jahre im Blumenorden höhere geistesgeschichtliche Beispielhaftigkeit zuzuschreiben. Übrigens setzte sich auch hier, in vereinfachter Weise ähnlich wie in Frankreich, am Ende nicht die radikalste Partei durch, sondern eine weitgehend traditionsgebundene Kraft, die aber den geistigen Neuanfang zum Teil in den Formen des Zusammenschlusses aufhob.

Die folgenden Auszüge aus COLMARs Satzungsentwurf[85] sind verkürzt um diejenigen Stellen, die auf der Grundlage der bisherigen Satzungen nicht als neu anzusprechen sind.

Colmars Entwurf einer neuen Satzung

„§1. Unsre alten Geseze [...] enthalten zum Teil solche Regeln, welche sich auf iedes Sitten-Brauchtum gründen, und die also wol nach unseren Sitten, einem neuen Mitglied nicht füglich empfohlen werden dürfen [d.h. brauchen!]; beinahe gar nichts ist darin von der inneren Verfassung des Ordens gesagt; es bedarf also einer neuen Verbesserung und Vermehrung, welche bekantlich endiglich von dem Willen der Gesellschaft abhängt." — Man fordert, anders gesagt, den Übergang vom Naturzustand zum bewußten „Contrat Social".

„§2. [...] Meiner Meinung nach ist auch das Amt des Sekretärs, mit dem Konsiliariat nicht wol kompatibel. [...]" — Der Schriftführer soll also kein richtiger Ordensrat sein: eine Kehrtwendung gegenüber der Einschätzung nach AMARANTES. Ist es aber nur die jeweils letzte Erfahrung mit einem Schriftführer, die solche Umwertung herbeiführt, oder sieht COLMAR einen tieferen Grund; etwa den, daß der Schriftführer zu sehr dem Praktischen verhaftet sei, um geistig bedeutsame Entschlüsse mitzutragen?

„§8. [...] Für die Aufnahme auf Anmelden wird 10 fl. bezalt; für die Berufung zur Gesellschaft aber wird nichts gefordert. [...]" — Das leuchtet ein:

Man wollte sich brauchbare Mitglieder heranholen, ohne Gefahr zu laufen, daß diese sich für die vorerst noch zweifelhafte Ehre im Hinblick auf die hohen Kosten schön bedankten und abwinkten, während man dem Sich-Einkaufen von weniger geeigneten Leuten eine hohe Schwelle setzen — und doch gegebenenfalls davon profitieren — wollte.

„§9. [...] ieder der viermal nacheinander, ohne warhaft gegründete Ursache anzugeben, ausbleibt, wird der Gesellschafts-Rechte verlustig [...]" — Auch sehr verständlich: Man wollte keine Karteileichen mitschleppen. Darunter fallen durchaus einige der bisherigen Mitglieder.

Unter §11 listet COLMAR in Frageform einige Punkte auf, die er für besonders erörternswert hält und wozu er sich noch keine eigene Meinung gebildet hat. „[...] c, ob die getroffene Wal des Hrn. Praes. dem Scholarchat angezeigt (cf. Lex V) oder lieber nach alter Observanz [Brauch] es unterlassen werden wolle? [...] d, ob die Vorlesungen nicht immer oder mehr Revisionen zu unterwerfen? [d.h. ob, wie bisher, eingereichte Vortragstexte vom Vorstand erst auf ihre Eignung hin beurteilt werden müssen.] [...] f, [...] b, ob die Geselschaft ohne Schulden zu machen, oder nur onera [Lasten; hier wohl Kreditaufnahme] zu tragen, oder vom Kapital zu verlieren, bestehen kan [...] h, [...] ob nicht der, vom Hrn. Präses anzunehmende Geselschafts-Aufwärter, lieber bei jedem Konvente ein fixum ex cassa bekommen solle? weil er sonst bei gleicher Bemühung, nach Anzal der Anwesenden nur ungleiche Bezalung erhält. z.B. [...] Aufwartung bei der Tafel [...] 2 fl. 24 x [Kreuzer] [...] l, Ob die Portraits im Stiftungsbuch nicht fortgesezt werden könten? m, auf welche schickliche Art dem abgegangenen Herrn Präses die von ihm verwahrten Akten u. anderes abzunehmen, ob es bis zur Wal der Herren Vorsteher ausgesezt werden will, oder einsweilen von den Gliedern besorgt werden soll, welcher Punkt bei der nächsten Session, n, wo ohnehin wahrscheinlich auch wegen des Herrn Ferd. Schmidbauers etwas bestimtes referirt werden kan, mehr Licht zur näheren Erörterung erhalten wird. Im Monat Julius 1788 Salvo S[uperiori; „unbeschadet eines besseren Vorschlags"] Themisander II. [!] i.e. Dr. Colmar."

Resignation des alten Vorstands und Neuwahl

In der schon erwähnten Sitzung vom 18. August 1788, die wieder im Gasthof „Rother Hahn" am Kornmarkt 2 stattfand, wurde die Wahl des neuen Vorstands auf 1. September anberaumt und auch eine Einladung an HARTLIEB und SCHMIDBAUER ausgesprochen. Doch schon am 17. August 1788 raffte sich

HARTLIEB, der das wohl hatte kommen sehen oder anderweitig von den Absichten unterrichtet war, zu einer bemerkenswert würdigen Kurzmitteilung auf: „Da mir meine Gesundheit und Gemüthsruhe viel zu lieb ist, als daß ich dieselbe wegen einiger Mitglieder des löbl. Pegnesischen Blumen-Ordens aufopfern sollte; so lege ich mein bisheriges Praesidium bey demselben mit Freuden nieder. PS[alm] CXX, b.[eim] 7. Sclerophilus." Die angegebene Bibelstelle ist mit Bleistift, also wahrscheinlich wieder von ZAHN, aufgelöst: „Ich halte Frieden, aber wenn ich rede, so fangen sie Krieg an."

Pfarrer HARTLIEB kann einem eigentlich leid tun. Subjektiv hatte er sich nichts zuschulden kommen lassen. Daß er zu einer Symbolfigur für den pfäffisch-oligarchischen Schlendrian geworden war, unter dem Nürnberg als Ganzes litt — und nicht nur Nürnberg —, konnte ihm am letzten klar werden. An seinem Befinden wird er ohne Blutdruckmeßgerät gemerkt haben, was es heißt, in diesem Alter noch so behandelt zu werden. Drei Jahre später war er tot.

SCHMIDBAUER freilich kann es sich wieder nicht verwehren, dazu eine zweieinhalbseitige Erklärung abzugeben. Seine eigene Austrittserklärung legt er bei.

Unterdessen hat für die Sitzung am folgenden Tag FRIEDERICH mit einem neuen 'Promemoria' — heute würde man sagen 'Memorandum' — den Weg zur Wahl eines neuen Vorstands gebahnt. Um die Form zu wahren, macht er den Vorschlag, HARTLIEB und SCHMIDBAUER möchten ruhig einfache Mitglieder bleiben; es war zu erwarten, daß diese dann ablehnten, was sie auch noch zu schlechten Verlierern stempelte. Das Wahlverfahren wird als Modell künftig zu erhoffender demokratischer Zustände ganz genau festgelegt: „[...] daß nemlich jedes Mitglied einen zusammengerollten Zettel in der Größe eines halben Octavblats, auf welchen nur der blosse Zuname des neu zu erwählenden Herrn Praesidis, mit der Weglassung aller Titulaturen entweder eigenhändig mit Versalbuchstaben [Großbuchstaben, um die Handschrift unkenntlich zu machen] oder von unbekannter Hand geschrieben mitbringen — und solchen zwey aus der Gesellschaft hirzu deputirt werdenden Mitgliedern behändigend, diese aber solche Zettel bey gesammter Versammlung eröfnen, und sodann durch die Mehrheit der Stimmen der neue Herr Präses erwählt und eine gleiche Methode bey der Wahl der Herren Consulenten und Sekretärs beobachtet werden solle." — Geheime Wahl, Gleichheit der Kandidaten gegenüber dem Verfahren, Wahlausschuß unter öffentlicher Aufsicht, einfache Mehrheitsentscheidung. Was für Umwege die Geschichte geht! Gut zweihundert Jahre danach lernen unsere neuen Mitbürger im Osten diese Errungenschaften erst wieder kennen und schätzen.

Offenbar war FAULWETTER als schon etwas erfahrenerer Jurist gebeten worden, zu dem COLMARschen Satzungsentwurf ein Gutachten anzufertigen. Er entledigte sich dieser Aufgabe, nicht ohne in einer längeren Vorbemerkung entschieden klar zu machen, daß er auf der Seite der Neuerer stehe. Das betreffende Doppelblatt im Quartformat[86] sendete er am 29. August 1788 als Rundschreiben an die Mitglieder, damit sich diese vor der Abstimmung darüber eine Meinung bilden konnten. (Ich hoffe nur, es ist ihnen nicht so schwer geworden wie mir, FAULWETTERS genialisch ausfahrende und verschnörkelte Handschrift zu entziffern.)

Faulwetters Gutachten zum Satzungsentwurf

„ad §1.) Es lehrt die Erfahrung, daß die nüzlichsten Anstallten oft vielen lächerlich scheinen, & daß ihre Vortrefflichkeiten oft und deswegen verkannt werden, weil noch manches damit verbunden ist, welches auf die Sitten & den Geist unsres Jahrhunderts nicht mehr paßt. Man betrachtet nicht selten diese Anstallten von dieser Seite, faßt dagegen Vorurtheile, spricht nach selbigen davon, macht sie lächerlich, u. siehe da! die guten Anstallten gewinnen kein Gedeihen, bloß darum, weil dasjenige nicht davon abgesondert wird, was sie tadelloser (fürnehmlich nach den Zeiten) machen kann. [Dies ist freilich auch eine Warnung an die ganz Radikalen, die letzten Jahrzehnte des Blumenordens bloß lächerlich zu machen.] Wenn ich hier wage, dieses auch in Bezug auf unseren löblichen Orden zu sagen, so bitte ich zugleich, meine Freymüthigkeit mit der Reinigkeit meiner Absicht u. meines Eifers, das wahre Wohl des Ordens zu befördern, gütig zu entschuldigen. Ich verehre den Löblichen Orden als eine Anstallt, die nüzlich u. vortreflich u. für sich betrachtet also beschaffen ist, daß weder Tadel, noch Spott dessen Werth verringern können: allein hat er nicht noch Nebensachen &&., welche wohl den Zeiten der Stiftung, aber keinesweges unseren Zeiten angemessen sind? [Hier am Rand Bleistiftstriche als Zeichen der zustimmenden Hervorhebung.] Kan die Annahme arkadischer Namen & die Wählung besonderer Blumen, die oft wizelnde Erklärung &&. nicht manchem anstößig scheinen, u. ihn von dem Vorhaben, ein Mitglied zu werden, abwenden? Ist der anfängliche Endzweck nicht zu sehr eingeschränkt? Letzteres hat schon der im Jahr 1740 seel. verstorbene Ergasto eingesehen, u. deßwegen beliebte Vorschläge gemacht. [Am

Rand: s. Amarantes Histor. Nachr. && S. 889]" — Davon sollen sich auch ältere oder legalistische Mitglieder angesprochen fühlen: Die Umgestaltung des Ordens ist seit siebzig Jahren überfällig, unsere Gedanken haben Tradition. — „Dieses alles [Randnote: u. noch mehreres, welches auszuführen hier weder Zeit, noch Ort ist,] überzeugt mich, daß Vermehrung u. Verbesserung unserer alten Geseze sehr nothwendig sind, u. bekenne mich in dieser Überzeugung dem vortrefflichen Verfasser des hierzu gemachten Entwurfs besonders verbunden; ich glaube auch, daß diese Verbesserung u. Vermehrung [hier Unterstreichungen, zum Teil mehrfach unter einem Wort, in roten Bleistiftstrichen] in so ferne und so lange ganz allein von dem Willen der Gesellschaft abhange, als von dem Wesen selbst des von Hoher Obrigkeit bestättigten Ordens u. seiner Geseze nichts abgethan wird." — Hier äußert sich wieder der vorsichtige Jurist. Auf Neudeutsch: Ihr müßt eure Satzungsänderungen als bloße Schönheitskorrekturen ausgeben, sonst weckt ihr schlafende Hunde und bringt sie beim Scholarchat nie durch. — „Durch die dermalige Verbesserung u. Vermehrung aber wird im Grundwesen des Ordens u. der Gesetze nichts abgeändert, sondern vielmehr demselben mehr Würde u. Dauer gegeben werden, folglich geschieht dadurch nichts, als daß die Mitglieder ihre dem Orden schuldigen Pflichten thätig erfüllen."

„ad §2.) Nach den Gesezen [...] scheint es, als wenn anfänglich das Sekretariat mit dem Konsiliariat verbunden gewesen seye. Allein nach meinen Begriffen lassen sich beede Aemter gar nicht miteinander vereinigen. Es kan sich treffen, daß einer, oder der andere Konsiliarius einen abwesenden Vorsteher vertretten muß: Es ist aber eine unziemliche Unordnung, wenn ein Präses das Protokoll führt. Da wir auch keine Titulsucht bey einem unserer Mitglieder vermuthen können, so wird sich derjenige, welcher zum Sekretär gewählt wird, auch nach keinem anderen Titul sehnen. Übrigens ist es sehr räthlich, zween Konsiliariis anzustellen."

Zu §3 schlägt FAULWETTER vor, dem Präses bei Stimmengleichheit die Entscheidung zuzugestehen, außer natürlich bei Präseswahlen, wo die Stimme des Ersten Ordensrats den Ausschlag geben soll. Der Schriftführer, das zu §4, kann von einem einfachen Mitglied vertreten werden. Ein Schatzmeisteramt wird immer noch nicht ins Auge gefaßt; dem Schriftführer bleibt nach §5 die Verantwortlichkeit für die Kasse, aber ob er Kaution leisten müsse, „möchte wohl zu umgehen seyn". Dazu aber eine spätere Bleistiftnotiz: „Die Caution ist fest gesetzt." FAULWETTER war es um spannungslose Beziehungen innerhalb des Ordens zu tun; andere Mitglieder, die sich wohl den geringen Kassenbestand nicht allein aus den Ausgaben für Trauergedichte erklären konnten

— obwohl diese, der Kupferstichausstattung nach, verhältnismäßig hoch waren — wollten den Kassenwart in seinem eigenen Interesse auf größere Sorgfalt verpflichten.

„ad §6.) Aus sehr weißen Gründen empfiehlet sich der Vorschlag, daß Präses, Konsulenten u. Sekretät hiesige Bürger seyen, u. in der Stadt, oder doch wenigstens innerhalb der Linien wohnen, [...]" — Die Linien sind gleichbedeutend mit dem damals noch bestehenden System von Außenschanzen weit vor den Mauern (wovon heute noch Namen wie „Bärenschanzstraße" zeugen).

„ad §7.) Nach meiner Einsicht mögte die Anzahl von 5. Ausschüssen genug seyn: Ungerade muß aber auch selbige seyn, weil bey Vorfällen, wo Ausschüsse beyzuziehen sind, auch noch 3. Vota, nemlich der beeden Konsulenten, u. des Sekretärs, mithin 8. Vota, gegeben werden, u. nur bey gleich fallenden zweyerley Votis ein Votum decisivum Präsidis sich denken lässet." — Ausschüsse kamen in COLMARs Entwurf auch vor, und durch deren Einführung würde sich der Orden wiederum auf die Bahn einer Gelehrtenversammlung begeben. FAULWETTER möchte den Entscheidungsspielraum des Präses gegenüber den auseinanderstrebenden Spezialisten stärken — der Mann hätte nicht übel in eine verfassunggebende Versammlung der Nation gepaßt, nur bestand darauf vorerst wenig Aussicht.

Zu §8 und §10 fällt FAULWETTER nichts Neues ein, aber die Fragen COLMARS ergänzt er noch:

„ad §11.) [...] c.) Ist es nur Observanz, daß bißher die getroffene Wahl dem Scholarchat nicht angezeigt worden ist, so möchte auch dermals davon nicht abzugehen seyn." — Man gibt ein Gewohnheitsrecht nicht ohne Not auf. — „d.) Wenn ich Revisionen für nicht räthlich halte, so gründet meine Meinung sich auf Erfahrung. Ich weiß Fälle, wo dadurch gutes Verständnis, u. die allen Gesellschaften nöthige Eintracht unterbrochen worden ist. Doch möchte es, wenn Jemand, als Mitglied des Ordens etwas in Druck herausgeben wollte, bey demjenigen verbleiben, was in den alten Gesezen deßhalben verordnet ist. [...]" Zu der Möglichkeit, auswärtige Mitglieder zu haben, rät FAULWETTER, daß man erst den Orden wieder in Gang bringen müsse, dann könnten solche Beziehungen rühmlich sein. Und was die Grundsätze des Umganges mit dem Vereinsvermögen angeht, so müsse man erst einmal herausfinden, wie es wirklich um die Kasse bestellt ist.

Unter Punkt 12 fühlt FAULWETTER vor, „[...] ob nicht in Zukunft, neml. in dem Falle, daß Ordens-Namen aufgehoben werden, bey Ordensversammlungen ein jedes Mitglied, mit Umgehung seines sonstigen Charakters [seiner gesellschaftlichen Stellung], bloß bey seinem Namen, als Herr N! angeredet u. zum Votieren aufgefordert werden solle?"

Zum Abschluß greift auch FAULWETTER, unter 13, auf den Gedanken an eine Nürnbergische Akademie der Wissenschaften zurück: „Wird es gewiß den Löblichen Orden zieren, wenn nicht nur bloß Dichtkunst, sondern mehrere Theile der Wissenschaften darinnen bearbeitet werden. [...]"

Der Unterschrift FAULWETTERs vom 20. August 1788 folgt eine Reihe von Namen, zum Teil mit Zusätzen, die erkennen lassen, daß dieses Gutachten als Rundschreiben umlief (und zwar noch ziemlich lange): „Mit diesen hocherleuchteten Erinnerungen confirmiert sich gänzlich Dr. J.A. FRIEDERICH, OrdensKons.[ulent]" — J.D. LUGENHEIM Dr. — Dr. J.G. LEUCHS — Dr. J.K. LINK — SEYFRIED u.s.w. bis zum 8. Februar 1790.

Einstweilen fand am 3. November 1788 im Roten Hahn eine Sitzung statt.[87] Es war die erste nach der neu beschlossenen Regel, daß man „normal jedesmals am nächsten Montag nach den vier Quartalen" zusammenkommen wolle, und zum ersten Mal hatte der neue Präses den Vorsitz.

Der Reformpräses

Unterdessen, am 1. September, wie beschlossen, war nämlich die Wahl vor sich gegangen, und zum Präses war GEORG WOLFGANG PANZER-THEOPHOBUS erkoren worden — nicht FRIEDERICH, sei es, daß er gerne als Ordensrat aus zweiter Reihe wirken wollte, sei es, daß er weiterhin als zu jung galt, oder, daß in einer geheimen Wahl, also ohne Fortwirken der schwiegerväterlichen Protektion, die Vorbehalte gegenüber einem Macher, der ein bißchen zu tüchtig zu Werke gegangen war, um sympathisch zu wirken, zum Tragen kommen konnten.

Zweiter Ordensrat, da LEINKER unterdessen gestorben war, war FAULWETTER geworden. COLMAR, LINK, WALDAU, SEYFRIED[88] und REICHEL wurden als Ausschußvorsitzende dem Vorstand neu hinzugefügt. Schriftführer wurde ZAHN.

Er bekam bald viel zu tun, noch fehlten ihm wichtige Unterlagen. Schon am 3. September 1788 richtete FRIEDERICH ein „Promemoria" an PANZER, in dem es unter anderem heißt: „Wer soll die bey dem Transport der Behälter, Akten etc. aufgehende Kosten bestreiten, da Herr Hodevon die Cassa und Rechnungen noch in Händen hat?" Man muß es nicht so sehen, als hätten die bisherigen Amtsträger mauern wollen; in einer Zeit, in der jeder Wechsel des Schriftführeramtes einen Umzug der gesamten Archivalien mit sich führte, nicht nur einiger Schachteln mit Briefen, kostete diese Umstellung Geld. Und SCHMIDBAUER konnte nicht gut zugemutet werden, von sich aus für den Transport zu sorgen. Es ist fraglich, ob bei der schließlich doch zuwege gebrachten Übergabe wirklich alles übergeben worden ist. Warum sollte seit den Tagen HOLZSCHUHER-ALCANDERS nichts, aber auch gar nichts an Schriftwechsel dazugekommen sein? Andererseits hätte SCHMIDBAUER, wenn er nichts aus seiner und REICHELS Amtszeit auszuliefern gehabt hätte, den Vorwurf bestätigt, es sei nichts getan worden. Er wird behauptet haben, es sei

70 % der Originalgröße

etwas da, gehe aber die Verächter seiner Amtsführung nichts an, und diese werden sich an dieser überwundenen Epoche nicht sehr interessiert gezeigt haben. Vielleicht kommt sogar noch einmal aus dem unübersichtlichen Archiv oder anderswo her etwas ans Tageslicht, was der jüngere FÜRER verordnete, was DIETELMAIR schrieb, was die wenigen Mitglieder um 1765 trieben.

Am 3. 11. 1788 hat HARTLIEB schließlich den Amtsnachfolgern alles ausgehändigt, was sie erwarteten — auf jeden Fall seinen nachgetragenen Kassenbericht 1774 bis 1786, diesmal gegen Quittung — und sie der guten Form halber beglückwünscht. Er scheint mit der Verleihung der Ehrenmitgliedschaft zufrieden gewesen zu sein. Eine alte, wahrscheinlich noch um 1800 eingetragene Randbemerkung mit Bleistift: „Diese Bitte ist Unglaublich und im Hinblick auf das Verhalten des Praeses Sclerophilus geradezu unbegreiflich."[89] Fragt sich nur, wer wen gebeten hatte — war es Großmut des Siegers oder Wahren des Gesichts? Daß man nun gemeinschaftlich versuchte, nach außen hin alles als ganz normalen Verlauf hinzustellen, zeigt nicht allein Panzers wenige Jahre danach gehaltene, hier mehrfach zitierte Festrede.

Ganz so schroff, wie es die neuen Vordenker erwartet hatten, war nämlich der Bruch mit der Vergangenheit unter Präses Panzer nicht. Er war immerhin eines der ältesten Mitglieder. In jener Festrede von 1794 gibt er bekannt, daß er 1729 zu Sulzbach in der Oberpfalz geboren und noch unter Anton Ulrich Fürers Vorsitz 1764 „unter die Ordensmitglieder aufgenommen" worden sei. Es scheint ein gewisser Widerspruch zu der an gleicher Stelle erhobenen Behauptung zu bestehen, er gehöre zu den von Reichel Aufgenommenen, aber wer den geringen zeitlichen Abstand zwischen 1764 und des jüngeren Fürer Ableben ins Auge faßt, kann für wahrscheinlich halten, daß Panzer, durch familiäre Verbindung mit dem Hause Jantke ohnehin dem Orden nahe, von Reichel nur noch die Urkunde zu erhalten hatte. (Nebenbei sieht man daran, wie Reichel in die Aufgaben eines Präses hineinwachsen konnte, ohne gewählt zu sein.) Das Weiterleben der Tradition ersieht man aus dem folgenden Satz aus Friederichs eben zitierter Denkschrift: „Außerdem werden auch neue Diplomata gedruckt werden müßen und mit dem Ordens Siegel zu signieren seyn."

Am 9. Februar 1789 wurde Colmars Satzungsentwurf besprochen. Weiter oben war zu sehen, daß sich Colmar bereits im Juli 1788 „Themisander II." genannt hatte. Wenn man ein wenig vorausgreift bis zu dem Rundschreiben mit Protokoll einer Ordenssitzung, das Panzer durch Zahn am 11. August 1789 ausgehen ließ und in dem unter anderem dazu aufgefordert wird, die gewählten Ordensnamen und Blumen einzutragen, sieht man, wie die Reste der Schäfermode doch wieder durchdrangen: Sechs Einträge sind bis zum 8. Februar 1790 geschehen;[90] Link wollte auf die Dauer gegenüber älteren Mitgliedern auch nicht zurückstehen und nannte sich **Evonymus**. Theophobus — „der Gottesfürchtige", oder ist nach Gellerts Vorbild der Name als „Fürchtegott" zu verdeutschen? — wollte die arkadischen Namen nicht abschaffen. Er muß noch um den christlichen Hintergrund der Pegnitzschäferei gewußt haben, in einer Zeit, da republikanische Franzosen die Schäfereien der Marie Antoinette unsäglich albern und provozierend fanden.

In einer anderen Hinsicht jedoch hielt es Panzer nicht mit gutem altem Herkommen: Er dachte offenbar wenig von Frauen im Orden, oder mindestens von den einsamen, gramvollen Frauengestalten (Witwen und älteren Fräulein), die dem Orden zu dieser Zeit noch angehörten. Ein Zusatz, den er auf Friederichs Promemoria anbrachte, zeigt das mit aller Deutlichkeit: „Den, in dem Orden befindlichen Frauenzimmern die Wahl zu notificiren [zur

Kenntnis zu bringen], halte ich nicht für nöthig."[91] Gemahlinnen zu den Sitzungen zuzulassen, auch wenn sie nicht Mitglieder waren, konnte er den Blumengenossen aber offenbar nicht abschlagen. In einem Einladungsschreiben vom 22. Dezember 1790 heißt es, die Versammlung solle um vier Uhr nachmittags im Sebalder Pfarrhof beginnen; der Präses als Hausherr bitte aber, wegen der Enge außer Gemahlinnen keine Nichtmitglieder mitzubringen[92] und für das Abendessen 30 Kreuzer zu bezahlen.

Nach der Reihenfolge der überlieferten Sitzungsberichte: Am 4. 5. 1789 wurde festgestellt, daß in HARTLIEBS Rechnung eben doch noch ganze 174 Reichstaler fehlten. Fast einstimmig votierte man für gütliches Erlassen. — PANZER schlug in ausgefeilter Form eine Erweiterung der Ordensziele vor, darunter „deutsches Sprachstudium"; man solle es theoretisch, literarisch und praktisch betreiben und etwa Aufsätze über Richtigkeit und Schönheit der Schreibart liefern. — Die Ordensnamen waren erhalten geblieben, aber nun wurden ausdrücklich Band und Denksprüche zu den gewählten Blumen abgeschafft. — Im Hinblick auf die Ausstattung des Irrhains mit Monumenten ist bemerkenswert: Die Marmorplatte, welche LEINKERS Frau hatte anfertigen lassen, paßte angeblich nicht gut an einen Baum, also wurde COLMAR beauftragt, dafür einen Stein im „Kirchhof" setzen zu lassen — den zweiten.

10. 8. 1789: Nun soll auch noch HARTLIEBS Bildnis für das Große Ordensbuch gemalt werden. Die Sieger überbieten sich geradezu in Großmut.

Man besichtigte am 28. August 1789 den Irrhain gemeinschaftlich.[93] Mehrere Hütten waren herrenlos, diejenige der Jungfer SCHERB ohne Dach. Wie sollte sich das arme Fräulein darum kümmern? Die lud doch keiner mehr in die Kutsche und fuhr sie hinaus. Man ließ es sich aber gern gefallen, daß am 3. Mai 1790 die BEZZELS im Namen einer anderen vereinsamten Frauensperson, der Tochter des AMARANTES, dem Orden zwei silberne Medaillen mit Abbildungen zweier Präsides nebst schriftlichen Beilagen überreichten.

Eine der herrenlosen Hütten übernahm Dr. WITTWER-CHIRON II. Er durfte auch im selben Jahr seinem Vater CHIRON I. eine Gedenktafel aufhängen. Im Mai 1790 entstanden größere Schäden durch Windbruch. Es scheint allerdings zweifelhaft, ob das Unwetter, wie 1990, gleich 40 Bäume umgestürzt hat. Die folgenden Besichtigungen der Aufräumarbeiten — am 21. Juni und 26. August 1790 — wurden auch zum Anlaß genommen, Gedichte vorzutragen (HÄßLEIN, ganz altmodischer Autodidakt, las ein Gedicht über Amor, das andere Mal durfte auch PANZERS Tochter eines vortragen).

Verlagerung der Interessen

Die geschichtswissenschaftlichen Neigungen einiger Ordensmitglieder wirkten sich in diesen Jahren auf einem Großteil der Versammlungen aus.[94] Dabei mutet es merkwürdig an, schon etwa hundert Jahre, bevor die gründerzeitliche Renaissance-Schwärmerei einsetzte, an der Wahl der Gegenstände bei diesen Nürnbergern ähnliches zu beobachten. Vielleicht hängt es mit dem absehbaren endgültigen Untergang der Reichsidee und des reichsstädtischen Wesens zusammen, daß man sich auf deren beste Zeiten gerne besann. Kaum war SIEBENKEES aufgenommen (16. 8. 1790), las er schon über «Quellen Nürnberger Geschichte» (8. 11. 1790). Präses PANZER und WILL gruben den Barbier und Meistersinger HANS VOLZ aus (16. 8. 1790), COLMAR des gleichzeitigen Meisters ROSENBLÜTH «Komödie von Troja» (22. 8. 1791). KIEFHABER las am 16. 2. 1792 über WILLIBALD PIRCKHEIMER, VOLKERT aus Originalbriefen von CELTIS (7. 5. 1792). Auch über Nürnberger Goldmacher und die

70 % der Originalgröße

ältere Geschichte Straßburgs konnte man auf letzterer Sitzung etwas vernehmen. Am 5. 11. 1792 griff PANZER sogar ins Mittelalter zurück und las aus HUGO VON TRIMBERG. Daß am 12. 8. 1793 VOGEL einen «Versuch über die Religion der alten Ägypter» verlas, gehört allerdings eher zu den freimaurerischen Bezügen, die einzelnen Ordensmitgliedern wohl nicht abzusprechen sind.

Die Geschichte des Ordens selbst wurde zunächst nur soweit ins Auge gefaßt, daß man den neuaufgenommenen Candidaten WIßMÜLLER (16. 8. 1790) damit beauftragte, das Ordensarchiv in Ordnung zu bringen, und daß man von den Neumitgliedern verlangte, ihre Lebensläufe einzureichen (7. 2. 1791). Am 6. 5. 1793 wurde dies noch einmal zur Sprache gebracht mit der ausdrücklichen Absicht, den «Amarantes» fortzusetzen. Daraus wurde freilich nichts. Die zünftigen Historiker, die dem Orden nun angehörten, blickten doch mehr nach außen und weiter nach hinten, mußten es wohl auch, um Deutschlands steigendem Selbstbewußtsein die beruflich von ihnen erwarteten Dienste zu leisten.

Am 3. August 1791 fand im Irrhain eine Feier zu Ehren des Präses PANZER statt. Dazu war ein Laubentempelchen aufgebaut, der „Tempel der Freundschaft", an welchem Inschriften angebracht waren. Abends wurden das Tempelchen und der „Kirchhof" beleuchtet. Das hatte KONRAD GRÜBEL eingerichtet, der Stadtflaschnermeister. Damit empfahl er sich für die weit aufwendigere Illumination zur Jubiläumsfeier 1794.

Auf dem erneuerten inneren Portal, das von FRIEDERICH mit einem deutschen Text versehen worden war, waren die beiden Buchstaben V und F angebracht und beleuchtet, was „Vivat Friederich" bedeuten sollte. Der so Mitgefeierte gab wieder eine Probe seiner geselligen Tugen-

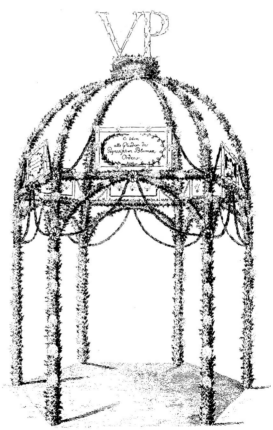

VP = Vivat Panzer!
Abbildung in Originalgröße

den: Er sang mit seiner schönen Tenorstimme die Strophen des SCHILLER'schen Liedes «An die Freude», die anderen Mitglieder hielten beim Kehrreim mit. Fünf „Stadt-Hautboißten" werden dabei auch ihr Bestes getan haben. SCHILLER wußte nichts davon...

Am 1. November 1791 mußte besprochen worden, wie sich der Orden gegen eine abträgliche Darstellung in der Berliner «Deutschen Bibliothek»[94] (des After-Aufklärers NICOLAI, dem Nürnberg sowieso wegen seines nicht schachbrettartigen Straßenverlaufs ein Greuel war) zur Wehr setzen sollte. Ein Widerhall davon war auch in der «Jenaischen Allgemeinen Literaturzeitung» in einem der neuesten Stücke zu lesen gewesen. — Das war doch schon mal dagewesen, nur waren's ein Jahrhundert früher die Sachsen, im Namen der Galanterie! Was mochte nun dahinterstecken? Ohne einer genaueren Untersuchung vorzugreifen, die einem Erlanger Studenten als Zulassungsarbeit zu gönnen wäre, vermute ich einmal, daß es politische Gründe waren, die den Journalismus jener Tage veranlaßten, Nürnberg zum Gegenbild all dessen hinabzustilisieren, was man für fortschrittlich hielt. Statt des Josephinismus einen ordentlichen Jakobinismus, oder so ähnlich. — Die Pegnesen rückten dem «Journal von und für Franken» eine in ihren Augen zweckmäßige Abhandlung ein, desgleichen dem «Intelligenzblatt» Nürnbergs. SCHILLER hat's nicht wahrgenommen...

Weil im Irrhain einige fremde Leute gestört hatten, wurde am 22. 8. 1791 vereinbart, daß Mitglieder zu Versammlungen nur noch „Hausgenossen" mitbringen dürften; selbst Personen von Ansehen müßten sich in Zukunft Abweisung gefallen lassen, wenn sie nicht an Ort und Stelle durch eine Abstimmung der Mitglieder eingeladen würden.

In den nächsten Jahren gediehen die Hecken trotz mehr und mehr stützenden Lattenwerks immer schlechter, da der zum Hochwald herangewachsene Baumbestand immer mehr Schatten warf. Auf die Dauer wurde daher aus den künstlichen Gängen ein Park nach romantischem Geschmack.

Am 13. 8. 1792 machte man sich allmählich Gedanken über die Feiern zum einhundertfünfzigjährigen Bestehen des Ordens. Es wurde eine Sammlung angeregt: Jedes Mitglied sollte vierteljährlich einen Taler zwölf Kreuzer in die Kasse liefern. (Das, im Zusammenhang mit den Aufwendungen für Trauerfälle, war dem damaligen Hersbrucker Stadtpfarrer wohl zu viel; als anläßlich des Ablebens des Dr. WITTWER-CHIRON II. die Liste an ihn kam, strich er seinen Namen einfach durch.) Im übrigen drängte der Präses darauf, die Satzung rechtzeitig vor dem Jubiläum zu überarbeiten, und am 12. 8. 1793 wurde endlich deren letzte Fassung innerhalb der Epoche erstellt.[96] Man hat sie dann augenscheinlich vordatiert:

Verneuerte Geseze des Pegnesischen Blumenordens in Nürnberg, im Jahr 1791.

In Punkt I. erscheint die Bezeichnung 'Vorsteher' statt 'Präses'. Dies ist daran etwa das Bemerkenswerteste. Punkt II. geht ebenfalls über die Colmarschen Vorschläge und FAULWETTERschen Zusätze nicht hinaus, außer in der Beschreibung der Vorsteher-Befugnisse: „Wie er selbst nichts willkührlich oder einseitig zu thun berechtiget ist; so kann auch ohne sein Wissen, und ohne seine Einwilligung nichts vorgenommen werden."

„III. Die zween Consulenten geben ihre Stimmen zuerst, und haben die Gesellschaft mit Rath und Beystand zu unterstüzen. Wenn schriftliche Aufsäze zu entwerfen sind, so verfertigen sie dieselben entweder selbst, oder prüfen solche, im Fall man sie einem andern Ordens Mitgliede sollte aufgetragen haben." — Bei diesen Aufsätzen ist an Schriftstücke aus der Verwaltungsarbeit zu denken.

„IV. Der Secretair [...] hat die sämmtlichen Schriften, Dokumente, Bücher u.d.[gl.] sammt dem Pokal in seiner Verwahrung. Eben derselbe hat auch die Kasse [...] Von ihm erhalten die Mitglieder die Schlüssel zum Irrhain [...] Kleine Verbesserungen in dem Irrhain veranstaltet er auf Anzeige und unter der Aufsicht des iedesmaligen Garteninspectors[97], des Herrn Pfarrers zu Kraftshof, mit Vorwissen des Präses. Alle andere erhebliche Bau, und den Irrhain betreffende Sachen aber, werden von dem Präses, beyden Consulenten und dem Secretair gemeinschaftlich besorgt, und der Gesellschaft davon Rechenschaft abgeleget. [...] Er erhält jährlich aus der Kasse Sechs Gulden für seine Bemühung. [...]"

„V. Die Wahl des Präses, der beyden Consulenten und des Secretairs hängt ganz von der Willkühr der Ordens Mitglieder ab, ohne daß dabey auf Stand oder Gesellschafts Alter[98] Rücksicht genommen werden darf, sondern blos die Ehre, der Flor und das Wohl der Gesellschaft in Betrachtung gezogen werden muß. Doch müssen die zu diesen Stellen zu erwählenden Personen, ordentliche Mitglieder der Gesellschaft und hiesige Bürger seyn, auch innerhalb der Linien wohnen. Sie legen daher, wenn sie ihren Wohnort verändern, ihr Amt nieder, [...]" Das Wahlverfahren wird beschrieben wie bei COLMAR, mit dem Zusatz, daß die Zettel nach der Wahl sogleich vernichtet werden.

Unter Punkt VI. ist nicht von Ausschüssen, sondern von einem Ausschuß von fünf Mitgliedern die Rede, die der Präses bei außerordentlichen Vorfällen und eiligen Angelegenheiten statt einer Vollversammlung berufen kann. Ihre Wahl erfolgt alle zwei Jahre, wobei immer zwei der fünf weiterhin im Ausschuß verbleiben, auch wenn sie es schon mehrere Wahlperioden lang gewesen sind. Eine gewisse Stetigkeit des zweitinnersten Entscheidungsorgans wird dadurch erreicht; es läßt sich aber auch denken, daß man eine solche Einrichtung zum Tummelplatz einer grauen Eminenz umfunktionieren kann. Waren die Umstürzler von 1786 nicht bereit, ihrerseits schnellen Wandel im Orden zu tolerieren? Das sieht gar sehr wie eine Nachahmung der französischen „Directoire"-Verfassung nach ROBESPIERRES Sturz aus.

Punkt VI. regelt die Aufnahme. Personen, die „bey dem Präses um ihre Aufnahme in die Ordens Gesellschaft Ansuchung gethan, oder die von einem der Ordens Mitglieder [...] dazu vorgeschlagen werden, können nicht anders, als bey der gewöhnlichen Ordens Versammlung, durch die Mehrheit der Stimmen aufgenommen werden [...] aber doch nicht eher als nach Verlauf eines Vierteljahrs [...] Ob sich die neu aufgenommenen Mitglieder wollen gefallen lassen bey ihrem Eintritt in den Orden, der Gesellschafts-Kasse ein Geschenk zu machen, das bleibt ihrem eigenem [sic] Belieben anheimgestellt. Will ein Mitglied wieder aus dem Orden tretten, so muß solches vorher dem Präses angezeigt werden, der sodann der ganzen Gesellschaft hievon bey der nächsten Versammlung Nachricht giebt."

„VI. [Festschreibung der Sitzungstermine.] Der Anfang der Sitzung geschiehet nach fünf Uhr. Derselbe wird mit Ablesung des leztgehaltenen Protocolls gemacht, welches sodann von dem Präses und den beiden Consulenten [...] unterschrieben wird. Hierauf läst der Präses [über die anstehenden Angelegenheiten] votiren, und alles durch die Mehrheit der Stimmen entscheiden. Da diese [...] Sitzungen vorzüglich dazu bestimmt sind, sich den Absichten des Ordens immer mehr zu nähern, so haben die Mitglieder unter sich festgesetzt, daß dabey wechselsweise gelehrte Abhandlungen vor und abgelesen werden sollen, die entweder in die schönen Wissenschaften überhaupt einschlagen, oder die deutsche Sprache und Dichtkunst zum Gegenstand haben, ohne jedoch die vaterländische Geschichte auszuschliesen." — Die Vortragsmanuskripte erhält anschließend der Schriftführer für das Archiv.

Punkt IX. setzt den Jahresbeitrag auf einen Gulden und zwölf Kreuzer fest. Das sind zwölf Kreuzer weniger als 1699!

Unter X. werden die Rechte und Pflichten auswärtiger, „aber doch im Nürnbergischen sich aufhaltende[r] Mitglieder" geregelt. Sie zahlen denselben Beitrag, haben Zutritt zu den gewöhnlichen Versammlungen, können sogar Abhandlungen schriftlich einschicken und ihre Stimme zur Präseswahl, zu der sie eingeladen werden müssen, im Verhinderungsfall nach Art einer Briefwahl abgeben. Eine stärkere Unterscheidung als siebzig Jahre zuvor zwischen Stadtbewohnern und Nürnbergischen Untertanen im Umkreis wird sichtbar. Am Ende war es doch ein organisch-kultureller, kein allzu gewaltsamer Wandel, daß Nürnberg einige Jahre später seine Territorialherrschaft verlor.

Punkt XI. macht aus dem Vorschlag, für die Druckkosten eines Trauergedichts oder Nachrufs jeweils Geld von den Mitgliedern einzusammeln, eine Regel. Trauergedichte scheinen aber aus der Mode gekommen zu sein. In einem dieser Nachrufe heißt es: „Was unlängst der Herr Geheimde Rath Zapf in Augsburg wünschte, es möchten statt der Leichengedichte, welche noch an manchen Orten in der Mode seyen, von den verstorbenen Personen Biographien geliefert werden; dies ist statt der, sonst auch bey dieser Gesellschaft gewöhnlichen Leichengedichte, seit dem Jahre 1788 eingeführt."[99]

Was Veröffentlichungen allgemeiner Art angeht, so wird für das Ordensarchiv nurmehr ein Exemplar gefordert. (XII.)

In XIII. heißt es: „Jedes Mitglied fertigt bey seinem Eintritt in den Orden, eine kurze Lebensbeschreibung von sich, welche ebenfalls dem Ordensarchiv beygelegt wird."

Eine neue Sicht der Dinge bereitet sich durch Sammeln von Tatsachen vor, auch wenn die Gesichtspunkte des Sammelns noch herkömmlicher Art sind. So stellte man im 17. Jahrhundert „Realien-Lexika" zusammen, die unter dem Aspekt der Kuriosität und zum Zwecke rhetorischen Aufputzes mit gesuchten Bildern und Vergleichen alle möglichen Sachverhalte aus Natur- und Länderkunde sowie Gewerben enthielten. Damit wurde der Aufklärung vorgearbeitet. Was sich der Blumenorden am Ende des 18. Jahrhunderts zum Ziel setzt, ist zunächst noch zu verstehen aus der Anteilnahme an allem Menschlichen: Man wünscht über das Subjekt der Aufklärung, den mündig werdenden Bürger, noch mehr zu erfahren. In ADALBERT STIFTERS frühem Roman «Die Narrenburg» wird diese introspektive Neugierde eine Generation später dem Zweifel, ja der Lächerlichkeit preisgegeben: Es ist gar nicht so weit her mit dem Individuum, und es sollte sich lieber nach außen richten. Das könnte man als den Beginn des Realismus in der Dichtung bezeichnen. Die Pegnesen gehören zu jenen, die im Zeitalter des Bildungsromans unwillentlich diesen

Umschwung vorbereiten, indem sie über den durchschnittlich gebildeten Menschen das Charakteristische aufschreiben lassen. Ein Nürnberger Bildungsroman könnte einem freilich lieber sein, aber den könnte man sich höchstens aus den kollektiven Daten unter Vergleich mit dem «Wilhelm Meister» nachträglich zusammenstellen.

Kurios und in keiner weiteren Satzung des Ordens enthalten sind die Bestimmungen der nächsten beiden Punkte:

XIV. sollen die Irrhain-Hütten des Vorstands aus der Ordenskasse unterhalten werden, während die übrigen Hütten aus den privaten Mitteln ihrer Besitzer instandgesetzt werden. (Dieser „Staat im kleinen" kennt bereits „öffentliches Eigentum", welches den Funktionären zugutekommt. Wo das endet, ahnten die Guten wohl nicht. Die dachten noch in den Kategorien von „Ehrensold" und dergleichen materieller Anerkennung.)

XV. muß ein jedes Mitglied nach Möglichkeit das Archiv retten helfen, wenn es beim Schriftführer brennen sollte. Darin spiegeln sich alteingeführte Bräuche für den Verteidigungsfall und zivilen Notstand, die im alten Nürnberg mit seiner Stadtmauerbemannung und der Stadtviertelfeuerwehr nach wie vor gut organisiert waren. 1791 war man auf so etwas erst recht stolz. „Gemeinsinn".

Zuletzt legen die belletristischen Juristen in XVI. noch fest, daß die gesamte Blumengesellschaft diese Gesetze unterschreibe und sich dadurch „zu deren Vesthaltung und Beobachtung verbindlich mache." Sanktionen werden nicht in Aussicht gestellt. Man war ein Ehrenmann, und das genügte. Man wird noch sehen, ob.

Die Jubelfeier von 1794

Am Nachmittag des 15. Juli 1794 verfügten sich die Ordensmitglieder, alle in schwarzer Kleidung (wie die Abgeordneten des Dritten Standes in der Französischen Nationalversammlung), in den oberen Rathaussaal. Dort, wo JUVENELLS Deckengemälde aus reichem Rahmen herableuchtete, sowie in den anstoßenden beiden Zimmern, wo Dienerschaft einen Imbiß und die Stadtpolizei eine Wache hingestellt hatte, begab sich der mit Reden vollgestopfte Teil der Feier.[100] „Der Herr Vorsteher beschenkte die Gesellschaft mit dem zweyten Bande seiner typographischen Annalen [...]"[101] Mit folgenden Neumitgliedern aus räumlich oder weltanschaulich entfernteren Bereichen schmückte sich der Orden zu diesem besonderen Anlaß: „Herr Georg Jacobi, Praeses des catholischen Religionsexercitii im deutschen Haus allhier[102] [...]; Herr Johann Georg Meusel[103] Königl. Preuß. und Hochfürstl. Quedlinburgischer Hofrath, und öffentlicher ordentlicher Lehrer der Geschichtskunde zu Erlangen[104]; Herr Christian Wilhelm Jacob Gatterer, Churpfälzischer wirklicher Bergrath und öffentlicher ordentlicher Lehrer zu Heidelberg; [...] Herr Carl Beniamin Lengnich, Archidiacon und Bibliothekar bey der Oberpfarrkirche zu St. Marien in Danzig."[105] Anschließend ging man in die obere Rathausvogtei zum Essen. Dort überreichten dem Präses der älteste Sohn des Arztes PANZER und dessen Freund, Dr. FRIEDERICH, sein Porträt. Sein eigener Sohn, der Kandidat PANZER, sprach einen Glückwunsch.[106]

Am nächsten Tage ging es hinaus in den Irrhain, wo „von dem geschickten Flaschner Herrn Grübel eine geschmackvolle Illumination veranstaltet war." (Ob der geschickte, auch von GOETHE gelobte Mundart-Dichter GRÜBEL einige Jahre später in den Orden aufgenommen worden wäre, auch wenn er sich nicht mit zwei Illuminationen zu Bewußtsein gebracht hätte?) Über 1000 Personen sollen damals an diesem Fest im Freien teilgenommen haben.

Zu dem noch nicht hinlänglich erklärten Begriff 'Privatgesellschaft', der zuerst im Namen der Altdorfer Studentenvereinigung aufgefallen war, gab PANZER in seiner Rathaus-Festrede die abrundende Auskunft. Die Anrede an die Versammelten ist im Sinne des alten ständischen Systems öffentlich genug: „Hochpreislicher Herr Kirchenpfleger, Hochansehnliche Herren Scholarchen, Hochverehrliche Herren Gesellschafter". Doch beeilte er sich, der vernachlässigten Kulturpolitik der abgesackten alten Reichsstadt die Initiative gegenüberzustellen, die der Blumenorden, trotz aller Beschränkungen, immerhin in neuere Zeiten herübergerettet hatte: „Es ist blos eine Privatgesellschaft [...], die das, was sie werden wollte, und was sie wurde, immer aus sich selbst nehmen muste — eine Gesellschaft, die ihrer Art und Einrichtung nach, dasjenige weder leisten wollte, noch konnte, was andere Academien und ausgebreitetere Gesellschaften, denen ein ungleich größerer Wirkungskreiß angewiesen werden muste, und denen es daher nie an der thätigsten Unterstützung, nie an den ehrenvollsten, ihre, nothwendigerweise größere Anstrengung, belohnenden Ermunterungen fehlen konnte, zu leisten imstande waren."[107] Das war der Vergleich nach außen. Zum Geist einer privaten Sprach- und Dichtungsgesellschaft fiel aber PANZER folgendes ein: „Wer wollte ferner mit den Musen einen vertrauten Umgang zu pflegen wünschen, wenn dieses blos zum Zeitvertreib und zur Ausfüllung müßiger Stunden geschehen sollte, wenn man von ihnen nicht auch die einzige große Kunst — der Welt nützlich zu seyn — lernen könnte?"[108] Dies ist nun allerdings platter Rationalismus, graudämmriges achtzehntes Jahrhundert; hier scheidet sich der Geist des Blumenordens vom Geist der Klassiker, namentlich GOETHEs. Von der Autonomie des Kunstwerks, vom Menschen, der, fern von dem Nützlichkeitszwang des Alltags, als Spielender zu höherem Menschsein findet, und von ästhetischer Erziehung nach SCHILLERs etwa gleichzeitigem Entwurf ist hier noch nicht die Rede.

Anmerkungen:

[1] Wilhelm Schmidt, der sich genaue Kenntnis der Mitgliederlisten erworben hatte, schrieb in seinen Vorarbeiten zur Festschrift von 1944: „Daß 1774 nur mehr 6 Mitglieder vorhanden gewesen seien, ist ein alter, oft wiederholter Irrtum. Müller beging ihn, als er 1801 die Stammliste nachtrug, Cramer erst unter Dietelmair buchte und die weiblichen Mitglieder nicht mitzählte. Von ihm übernahm Mönnich den Fehler und von diesem alle anderen."

[2] Gg. Wolfg. Panzer, Erneuertes Gedächtnis, S. 27, Fußnote r).

[3] Pegnesen-Archiv Schuber LII, Faszikel a)

[4] Schuber LII

[5] Er war der Freund des oben erwähnten, bedeutenden Gelehrten Will und teilte dessen vorwiegend heimatgeschichtliche Interessen, allerdings auf die Art, daß er sich zum Stammbuch-Spezialisten und Wappenkundler ausbildete.

[6] Wilhelm Schmidt verweist auf einen Bericht über diese Zeitspanne, den dieser Bezzel (Bellisander II.) am 3. 2. 1806 im Orden verlas.

[7] behauptet Wilhelm Schmidt. Ich habe im Einnahmen- und Ausgabenbuch des Ordens nachgeschlagen — Schuber CXXI — und den betreffenden Zeitraum eigentlich recht gut dokumentiert gefunden — nur, daß die Einträge auch nachträglich aus dem Gedächtnis geschehen sein können. Schönleben hatte den Kassenstand zwischen 1752 und 1759 von etwa 70 Talern auf etwa 246 Taler anwachsen lassen — meist durch die Pacht, die der Gärtner des Irrhains für seine Mühe noch bezahlen mußte, 1757 auch durch Abhebung von 100 Talern aus dem Kapital — und unter 1760 findet man noch eingetragen, daß die Erben des Calovius Wertsachen des Ordens an den neuen Schriftführer ausgeliefert hätten. Es wird aber kein Betrag, keine Unterschrift, keine Endsumme genannt! Erst 1774 geht es in anderer Handschrift und mit anderer Tinte weiter, und es ist offensichtlich Hartliebs Schrift. Wahrscheinlich war vor seiner Zeit als Schriftführer schon geschlampt worden. Dieser Vorwurf trifft also Reichel. Jedenfalls waren 1753 für den Irrhain nahezu 25 Taler ausgegeben worden, 1778 wieder 47 Taler, dazwischen immer mal wieder kleine Beträge. Mehr Geld verschlangen die Drucke der Trauergedichte: zwischen 1774 und 1786 über 92 Taler!

[8] Diese Papiere finden sich ebenfalls noch in Schuber LII

[9] vgl. Hermann Rusam, der Irrhain des Pegnesischen Blumenordens zu Nürnberg, Hg. Altnürnberger Landschaft e.V., Nürnberg 1983, S. 58 ff.

[10] Da die jüngsten der darin enthaltenen Texte aus dem Jahre 1784 stammen, halte ich die 9 für einen Irrtum.

[11] D. Gottlieb Christian Karl Link, Reichsstadt Nürnbergischer ordentlicher Advocat. Ein treues biographisch-karakteristisches Gemälde, im Namen des Pegnesischen Blumenordens, dessen würdiges Mitglied er war, gefertigt von einem seiner Freunde und Collegen, D. Leuchs. Nürnberg 1799, S. 8. — Die Biographien, die ich auf diesen Seiten zitiere, sind sämtlich erreichbar als beigebundene Blätter hinter der Druckausgabe der Jubiläumsrede Georg Wolfgangs Panzers, in der Stadtbibliothek Nürnberg unter Signatur Amb. 153.4°.

[12] ineinandergelegte 10 Seiten im Oktavformat und ein Zettel in Sedecim.

[13] Georg Andreas Will's [...] Nürnbergisches Gelehrten-Lexicon [...] fortgesetzt von Christian Conrad Nopitsch [...] 5. Teil oder erster Supplementband von A-G, Altdorf [...] 1802.

[14] „Abgelesen am Schluß der teutschen Privatgesellschaft, bey Hr. Sixt, den 5. May 1784, von K. Link". Doppelblatt in octavo, 3 Seiten.

[15] — Versuch eines populären Lehrbuchs zur Bildung des Geschmacks für Mädchen und Jünglinge. Nürnb. 1780.

— Philosophie der schönen Künste. Nürnb. 1784.

— Der Freund der Aufklärung und Menschenglückseligkeit. Eine Monatsschrift für denkende Leserinnen und Leser aus allen Religionen und Ständen, 2 Bände. Nürnb. 1785.86.

[16] Dem Andenken des Herrn Johann Stephan Thein, bestverdienten Pfarrers zu Henfenfeld, Mitglied des Nürnbergischen Blumenordens im Namen der Gesellschaft gewidmet von J.M.Drechßler [...] July 1793. 4.

[17] Bibliotheca Norica Williana

[18] zwei ineinandergelegte Doppelblätter in octavo

[19] zwei Doppelblätter in octavo, geheftete 6 S. in duodecimo, ein Doppelblatt 12°

[20] Schuber LII des Pegnesen-Archivs, Faszikel a, 180. Stück: zwei bedruckte, gefaltete, aber unaufgeschnittene und ungeheftete Bogen

[21] Nach Auskunft des Grimm'schen Wörterbuches trug in Nürnberg diese Amtsbezeichnung jeweils der ranghöchste Diakon an jeder der Hauptkirchen St. Lorenz und St. Sebald. Ursprünglich war dieser Titel, wie „Schaffner", darauf zurückzuführen, daß er Verwaltungsaufgaben zu erfüllen hatte.

[22] nach meiner Rechnung vierter

[23] zwei Doppelblätter 8°

[24] ein Geheft von 16 S. 8°

[25] Ovid Heroid. II. Epistel

[26] Sauber handgeheftete Blätter 8° mit 4 S. Vorsatzblatt und Vorrede und 10 S. Gedicht zu 185 Versen.

[27] in Goldpapier eingebundenes Geheft 8° von 36 S., davon 17 S. Gedicht.

[28] geheftete 12 S. 8°

[29] 13 S. gehefteter Oktavblätter

[30] gleicher Umfang wie oben

[31] 16 S.

[32] zwei ineinandergelegte Doppelblätter, ausnahmsweise 12°

[33] Geheft zu 5 S. Text

[34] zwei Doppelblätter 8°, ein Einzelblatt 16°, zwei Doppelblätter 16°, ein eingelegtes, zweiseitig beschriebenes Blatt 12° mit einer Rezension ohne Namensangabe

[35] ein Geheft von 26 S.

[36] zwei ineinandergelegte Doppelblätter 8°, wie für Link gewöhnlich

[37] nicht sehr sauber geheftete, in 8° gebrochene Bögen von zusammen 18 Seiten, halbspaltig beschrieben, wobei die rechte Hälfte der Seite jeweils der Unterbringung von Literaturverweisen dient, meist auf Garve.

[38] Einzelblatt in octavo

[39] zwei Einzelblätter in octavo

[40] Einzelblatt 12°

[41] Doppelblatt 8° mit zweieinhalb Seiten Text

[42] 2 beschriebene Einzelblätter in octavo

[43] Einzelblatt 8°

[44] ungeheftete 16 Seiten in octavo

[45] undatiert; acht ineinandergelegte Doppelblätter 16°

[46] 2 Doppelblätter 8°, wie meistens bei ihm

[47] 16°

[48] D. Gottlieb Christian Karl Link [...] Ein treues biographisch-karakteristisches Gemälde [...] von [...] Leuchs. Nürnberg 1799.

⁴⁹ Das entsprechende damalige Denkschema schreibt sich wohl von Rousseau her, bzw. von Basedow, Karl Philipp Moritz und anderen Pädagogen. Diese Art von Pädagogik als Entsprechung des Sturm- und Drang-Zeitalters hatte jedenfalls auch emanzipatorische Ziele: sie bestand nicht nur in einem Zurück-Zu.

⁵⁰ 6 Seiten 16°

⁵¹ drei Doppelblätter 16°, wohl zu bequemerem Mitnehmen

⁵² zweiseitig beschriebenes Einzelblatt 8°

⁵³ Link-übliches Format, nur diesmal geheftet. Rezensionsblatt ohne Name liegt bei.

⁵⁴ zu Oktavformat gefalteter und dann teilweise aufgeschnittener Bogen zu acht Seiten, von denen fünf beschrieben sind

⁵⁵ dreieinhalb Seiten in octavo, eingelegtes Rezensionszettelchen von Sixt

⁵⁶ Doppelblatt in octavo

⁵⁷ Geheft von 4 Doppelblättern in octavo

⁵⁸ Satyros, oder Der vergötterte Waldteufel, 1773

⁵⁹ Doppelblatt von 4 Seiten 16°

⁶⁰ zweiseitig beschriebenes Oktav-Einzelblatt; kleines Rezensionsblättchen liegt bei

⁶¹ Geheft von 16 Seiten: nach Vorrede 12 S. Gedicht und eine Nachbemerkung

⁶² vgl. Bock, a.a.O., S. 405-408.

⁶³ Er starb, neunzigjährig, erst 1844.

⁶⁴ Damals wurde die Sonettform unter Gottfried August Bürgers Vorbild wieder beliebt. Hier wäre eine Studie angebracht: Sonettpflege und Petrarkismus im Blumenorden.

⁶⁵ Panzer, Erneuertes Gedächtniß, S. 28 f.

⁶⁶ laut Wilhelm Schmidts Nachforschungen „nahm Leinker eigenmächtig 16 neue Mitglieder auf und berief eine Versammlung ein. In ihr wurde Hartlieb als das älteste Mitglied zum Vorstand gewählt [...]"

⁶⁷ Er nahm später den Ordensnamen Philalethes an, und sein Sohn wurde der auf Colmar folgende Präses.

⁶⁸ Archiv, Schuber LXXXVI

⁶⁹ Dieses und die folgenden Blätter aus dem Zusammenhang der Ordensversammlungen finden sich in Schuber CVIII des Archivs.

⁷⁰ Wilhelm Schmidt.

⁷¹ in Schuber LXXXVI

⁷² Dieser für die Stimmung im Orden aufschlußreichere, wenn auch nicht sehr deutliche Entwurf ist undatiert, und nur aus dem Umstand der Verlesung von Leinkers Gedicht, auf dessen Abschrift in Schuber LII das Datum steht, kann er überhaupt zugeordnet werden..

⁷³ Am 14. 11. 1786 war der 1776 aufgenommene Diakon von Egidien, Heinrich August Andreas Ries (Pistophilus) gestorben. Nach Auskunft des Ausgaben-Buches (Schuber CXXI) schrieb Link-Evonymus ihm das „Leichcarmen". Am 30. 1. 1787 starb Seidel-Philalethes, und „dessen Tod hat Herr Dr. Friederich (Irenander II.) in einem schönen Gedicht, welches aber die [...] Frau Wittib nicht austeilen lassen, besungen." Nur auf ihn kann sich also die Stelle beziehen.

⁷⁴ Lateinische „geschlossene Wortstellung": vera rerum natura; der Kanzleistil blüht auf Kosten des eigentlich zu pflegenden Deutschen.

⁷⁵ Schuber LXXXVI, 8. 2. 1787

⁷⁶ in Schuber CVIII

⁷⁷ Nach Auskunft der Mitgliederliste, die dem Druck der Festrede von 1794 beigeheftet ist, ist das „Herr Dr. Georg Wolfgang Franz Panzer, ordentlicher Physicus allhier".

⁷⁸ Es ist nicht zu ersehen, ob es sich um Pfarrer Erhard Christoph Bezzel von Poppenreuth handelte, Löhners Amtsnachfolger, oder um Johann Georg Bezzel, „Kauf und Handelsmann allhier".

⁷⁹ zwei geheftete Doppelblätter zu insgesamt 8 Seiten, halbspaltig beschrieben auf 5 Seiten.

⁸⁰ Da Schaffer Panzer-Theophobus und Panzer-Arethaeus jedoch erschienen waren, glaube ich an ein Versehen. Es kann sich nicht um den erst 1790 aufgenommenen Predigtamts-Kandidaten Johann Friedrich Heinrich Panzer handeln.

⁸¹ Pegnesen-Archiv, Schuber LXXXVI

[82] Dazu in aller gebotenen Kürze ein Zitat aus einer Quelle und einige Punkte aus einer Darstellung::

Johann Ferdinand Roth, Diakon an St. Sebald, verfaßte eine Geschichte des Nürnbergischen Handels, Zweyter Theil, Leipzig 1801. Auf S. 123 ff. findet sich ausführlich beschrieben, was Wilhelm Schwemmer, Die Schulden der Reichsstadt Nürnberg und ihre Übernahme durch den Bayerischen Staat, Selbstverlag der Stadtbibliothek Nürnberg, 1967, auf S. 9 in die Worte faßt: „Der Grund, weshalb gerade die Kriege des späten 17. und 18. Jahrhunderts für Nürnberg verhängnisvoll geworden sind, dürfte darin liegen, daß sie — zumal der Spanische Erbfolgekrieg 1701-15 — nicht nur mit Schlachten, sondern auch mit Handelssperren geführt wurden." Und wenn der Krieg vorbei war, erhielt der Merkantilismus als wirtschaftlicher Kalter Krieg die Zölle und Sperren aufrecht. Die Markgrafen von Ansbach-Bayreuth taten sich in der Nachbarschaft in dieser Nullsummen-Konkurrenz besonders hervor. 1794 waren die Schulden Nürnbergs auf etwa 9,3 Millionen Gulden angewachsen. Das führte auch zu innerer Unruhe. Schwemmer, S. 11: „Die Extrasteuer von 1786 mußte der Rat infolgedessen ohne die sonst übliche Genehmigung der Genannten [des Äußeren Rates] ausschreiben." — Roth, S. 130: „Die meist verarmten Bürger müssen, ohngeachtet eines nicht hinlänglichen Erwerbs und Gewinns, dennoch die nothwendigen Staats-Ausgaben bestreiten helfen. Die Theuerung der unentbehrlichsten Lebensmittel, als Brod, Fleisch, Holz, u.s.w. steigt immer höher und höher. Hiedurch werden dann dem Fabrikanten, Manufakturisten, Handwerker u.s.w. die Geldkräfte genommen, die er bey seinen Geschäften sehr wohl gebrauchen könnte."

[83] in Schuber CVIII

[84] in Schuber LXXXVI

[85] Im Schuber CVI befindet sich ein blauer Umschlag mit dem Aufkleber „Archiv der Stadt der Reichsparteitage Nürnberg". Er enthält zwei ältere Umschläge, von denen der erste den Stempel P.Bl.O. Nr. 106 e und die Aufschrift trägt: „Acta des P.Bl.O. Die Gesetze vom Jahre 1716 und deren Revision, von 1788 bis 1791/96 betreffend. 106 V." Darin wiederum ist enthalten „Unmaszgebliches Proieckt und gesammlete Materialien zur Errichtung nüzlicher und angemessener Geseze für den Pegnesischen-Blumen-Orden". Ein Bleistifteintrag identifiziert diese Blätter als 'Colmars Entwurf 1788, 106 V, a'.

[86] Schuber CVI, V

[87] s. Blatt im Schuber CVIII, Ordner c, sowie Schuber LXXXVI

[88] Er scheint mit seinem Austritt nur gedroht zu haben.

[89] s. Schuber LXXXVI

[90] s. Schuber CVI, V.

[91] vgl. Beatrix Adolphi-Gralke, Der Pegnesische Blumenorden — eine Sprachgesellschaft des 17. Jahrhunderts. Studien zur Geschichte, zur Spracharbeit und zur Rolle der Frau. Magisterarbeit Bonn 1988, Teil I, S. 130 — wo die Verfasserin auch auf Vorarbeiten von Wilhelm Schmidt verweist.

[92] vgl. Schreiben Colmars an Panzer vom 22. November 1790, die Anwesenheit Dritter auf Versammlungen betreffend, Schuber CVI, V.

[93] Die folgenden Einzelheiten übernehme ich von Wilhelm Schmidt.

[94] vgl. zu folgenden Angaben die Niederschriften im erwähnten Schuber LXXXVI.

[95] Bd. 100, 2. Stück, 1789, S. 510.

[96] laut Sitzungsbericht von diesem Datum, Schuber LXXXVI.

[97] Aus dem Einfall, man könne den Kraftshofer Pfarrer wegen der Aufsicht zum Mitglied machen, ist ein Amt geworden, das unter dem Namen „Irrhainpfleger" im Orden bis heute besteht. Der Irrhainpfleger ist der 1. Ordensrat.

[98] Was man heute Anciennität nennt: die Rangordnung nach der Dauer der Mitgliedschaft. Ersitzen eines Amtes im Orden wurde dadurch ausgeschlossen.

[99] s. Denkmal der Freundschaft dem verewigten Herrn Carl Alexander Kiener, Rektor der Schule zu St. Sebald in Nürnberg und Mitglied des Pegnesischen Blumenordens daselbst, errichtet im Namen der Gesellschaft von Johann Carl Sigmund Kiefhaber, Substitut der Klosterämter St. Clara und Pillenreuth und des Ordens Mitglied. Nürnberg, im Jänner 1801. — Kiefhaber selbst war seit 1791 Mitglied.

[100] vgl. die mit der Festrede zusammengebundene „Beschreibung der von dem Nürnbergischen Pegnesischen Blumenorden am 15. und 16. Juli 1794 begangenen einhundert und fünfzigjährigen Jubelfeyer." Aus „Materialien zur Nürnbergischen Geschichte, Bd. III, St. XVII, Nürnberg 1794", S. 275 f. [Interne Zählung S. 3.]

[101] Panzer hatte sich einen beachtlichen Namen als Münzensammler und Spezialist für alle erreichbaren Schriftarten aus allen Zeiten und Kulturen erworben. Seine Arbeiten bilden heute noch das Fundament manchen Standardwerkes.

[102] Diese Art von Toleranz war neu — katholische Mitglieder waren bisher höchstens Auswärtige gewesen — wenn auch die Enklave des Deutschen Ordens, an der Stelle der heutigen Elisabeth-Kirche, schon eine alte Einrichtung in der Stadt war.

[103] Es handelt sich um eben den Meusel, der Wills Bibliotheca Norica Williana zur Bibliographie aller auf Nürnberg bezogener oder in Nürnberg erschienener Schriften bis 1794 auszubauen half und der das Gelehrtenlexikon „Gelehrtes Teutschland" zuammenstellte — neben dem „Jöcher" jedem Germanistikstudenten noch heute ein unentbehrlicher Helfer.

[104] Er hatte die Zeichen der Zeit erkannt und war nicht mehr in Altdorf Professor geworden, sondern an der 1743 aus der Ritterakademie hervorgegangenen Erlanger Universität der Hohenzollern, die bald die einzige in der Region bleiben sollte.

[105] vgl. „Erneuertes Gedächtniß", S. 34, Fußnote v,

[106] a.a.O., S. 6.

[107] s. „Erneuertes Gedächtniß", S. 5.

[108] op. cit. S. 7.

Poesie der Pegnesen

Dritter Abschnitt: Engel und Barden

Es wäre schon ganz ungewöhnlich gewesen, wenn nicht auch Nürnberger der breiteren deutschen Öffentlichkeit zu einer Zeit bekannt zu werden versucht hätten, in der beinahe jeder Provinzler, der schreiben konnte, sich zum Original-Genie berufen fühlte. GEORG CHRISTOPH LICHTENBERGS Vorbehalte gegenüber diesem oft gehaltlosen Unwesen können, statt vieler Aufsätze, die Stelle der nüchternen Kritik vertreten: In einem 1780 zu Göttingen erschienen Aufsatz[1] beklagt er, daß junge, unerfahrene Leute nach dem Vorbild weniger wirklich origineller Köpfe genialisch zu schreiben versuchen, und macht die leichtere Erreichbarkeit von Literatur und eine gewisse Gruppen-Mentalität dafür verantwortlich: „Durch die Gewohnheit immer süße Lehre zu empfangen, erschlapft bei den meisten das Talent selbst zu suchen. [...] Man schreibt daher leichter Romane aus Romanen, Schauspiele aus Schauspielen und Gedichte aus Gedichten, ohne im Stand zu sein oder auch nur den Willen zu haben, die Zeichnung endlich einmal wieder mit der Natur zusammenzuhalten. Törigt affektierte Sonderbarkeit in dieser Methode wird das Kriterium von Originalität [...]".

LICHTENBERG mußte es wissen; sein Freund und Verleger DIETERICH gab einen der damals so beliebten poetischen Taschenkalender oder Almanache heraus, in denen Jahr für Jahr Sammlungen bisher ungedruckter und anders kaum zu druckender Gedichte und Kurztexte zu finden waren. Namhafte Verfasser und Neulinge, Männer in Amt und Würden sowie vorsichtige Ungenannte stellten sich darin dem Publikum vor und fielen auch manchmal damit durch. Ein öffentlicher Prozeß literarischer Geschmacksbildung begann in den Mittelschichten — hundert Jahre nach den entsprechenden Vorgängen in Frankreich und England. Wenn das stimmt, erscheint höchstens das eine an der Mitwirkung des einen oder anderen Pegnesen merkwürdig: daß er es nicht unter seinem Ordensnamen, ja ohne Hinweis auf den Orden tat. Es hätte wohl vorerst, vor der PANZERschen Reform, eher hinderlich gewirkt, vielleicht jede unvoreingenommene Beurteilung unmöglich gemacht. Was SCHILLER in den «Xenien» bekanntermaßen Abträgliches über den Blumenorden äußerte: zu dieser Zeit hätte er damit recht gehabt; dies bestimmte die öffentliche Meinung über den Orden. Von daher kam wohl noch SCHILLERS Fehleinschätzung. Das heißt nicht, daß die einzeln und auf eigene Verantwortung publizierenden Pegnesen um 1780 von vorneherein als schlechte Schriftsteller zu gelten hätten. Man sollte sich aus ihren Texten schon etwas ansehen.

Klopstock-Nachfolge

DAVID GOTTFRIED SCHÖBER, der Bürgermeister von Gera (jetziger Partnerstadt Nürnbergs), war unter dem Namen COELESTIN Mitglied des Ordens. Als er im Juni 1778 starb, gab der Orden, wie gewöhnlich, einen Einzeldruck[2] des Leichcarmens heraus. Verfaßt hatte es FRANK-PYLADES. Daraus entnehme ich die besonders charakteristischen Strophen:

> *O! welch ein Glück, wenn uns nach abgeschiedner Sonne*
>   *Und abgeschiednen* [sic] *lieben Tag*
> *Nie schwarzes Laster quält — wenn nichts als Seelenwonne*
>   *Uns folgt ins dunkle Schlafgemach.*
>   [...]
> *Sein aufgeflogner Geist singt an Jehovens Throne*
>   *Der Himmelssänger Jubellied,*
> *Indeß die Hülle nun, mit einer Mirthenkrone*
>   *Beschenkt, zur Mutter Erde flieht.*

Da der Vortrag den Dichter macht, spricht es nicht von vorneherein gegen eine unvoreingenommene Betrachtung, wenn erst einmal der Inhalt der Aussage auf eine kurze Form gebracht wird; um so besser ermißt man den Anteil der poetischen Überformung:

Man sollte bei einbrechender Dunkelheit ein gutes Gewissen haben.

Die Seele ist im Himmel; der Leib kehrt zur Erde zurück.

Im Sinne eines eigenständigen Einfalls ist nur die erste Aussage zu werten, denn darin liegt bereits der Kern einer Metapher: Man sollte, heißt es eigentlich, wenn die Nacht des Todes beginnt, ein gutes Gewissen, d.h. gut gelebt haben. — Und nun beginnt der dichterische Höhenflug. Diesen Ausdruck möge man bitte nicht so ironisch nehmen, wie man ihn heute üblicherweise versteht, denn nach der Einebnung der Lyrik zur mehr oder weniger witzigen, gereimten Gedankendrechselei begann man in jener Periode in vollem Ernst wieder eine besondere Sprache für die gebundene Rede zu suchen; Erhabenheit und Schwung, die nicht ohne Begeisterung zu erzielen sind, setzten solche Produkte wieder ebenso weit ab von der Prosa wie die Gedichte der ersten Pegnitzschäfer, nur daß sie nicht gekünstelt, sondern erfüllt wirken sollten. Ein Mittel hierzu waren Wort-Zusammensetzungen: 'Seelenwonne' (statt des bekannteren 'Seelenfreude' oder 'Seelenfriede'), 'Himmelssänger' (für 'Engelchöre'). BIRKEN hätte dem Verfahren gewiß seinen Beifall nicht versagt. Man mache einmal den Versuch und setze die landläufigeren Wörter anstelle der Neubildungen: Alles wird ein wenig stumpfer; man kommt von der Grundaussage nicht weit genug los, um sich noch etwas dabei zu denken, geschweige denn, etwas Ungewöhnliches zu empfinden. Und war denn dies nicht der Zweck?

Beiwörter müssen gar nicht so originell sein, um die Empfindung zu erhöhen: 'schwarz' für das Laster und 'dunkel' für das Schlafgemach überraschen nicht, aber ihre Entsprechung sowie ihre Entgegensetzung zu dem 'lieben' Tag sprechen stark für das Argument, ohne daß man sich das bewußt machen muß. Noch paßt darauf das Wort der ersten wissenschaftlichen Ästhetik (von ALEXANDER GOTTLIEB BAUMGARTEN, 1735), daß eine poetische Rede keine deutliche, aber dennoch klar sei.[3]

Was Schwung in die Aussage bringt, sind natürlich die Tätigkeitswörter. Hier erscheint glücklich gewählt der 'abgeschiedne' statt eines bloß 'vergangenen' Tags — so kommt die Assoziation mit dem Ende des Lebens zustande; 'aufgeflogen' ist der Geist, nicht 'aufgefahren in den Himmel', wie wohl nur von Christus gesagt werden dürfte; und doch ist Nähe zum 'Menschensohn' nicht unbeabsichtigt bei einem Frommen. Daß der Körper in die Grube 'flieht', könnte ein wenig zu dynamisch genannt werden. 'Mutter Erde' allerdings als Fluchtpunkt klingt schon ein wenig freundlicher.

> *Hier schlummert sie — ruht sanft im kühlen kühlen Grabe,*
> > *Ruht von der langen Arbeit aus —*
> *Auf Hofnung eingesenkt, daß sie zu erben habe*
> > *Ein lichters glanzerfülltes Haus.*

> *Heil ihr! Sie ahndet sie, die Freudenschöpfungsstunde*
> > *In ihres Grabes Finsternis.*
> *Erwacht auf Gottes Ruf — und lobt mit frohem Munde*
> > *Den Ruffer, ihres Glücks gewiß.*

> [...]
> *Wir aber, **Coelestin**, wir irren in dem Haine,*
> *der Dir o! **Lieber**, heilig war,*
> *Um Dich betrübt, herum! und unsrer Thränen keine*
> *Stellt Dich uns lebend wieder dar!*
> [...]

Was soll hierzu Lichtenbergs Kritik? Ihm paßte wohl die ganze Richtung nicht, sonst hätte er an jener Stelle auch einmal ein Wort darüber verloren, daß man keiner großen Erfahrung in der Welt der Geschäfte bedarf, um über Außerweltliches zu dichten; man muß nur Erfahrungen in der eigenen Seele gemacht haben. Daran allerdings muß sich derartige Lyrik messen lassen, und nicht nur daran, welche klopstockischen Verfahren der Verfasser gelernt hat — sonst fällt man wieder in die Auswüchse der barocken Virtuosenlyrik. Die gute Gelegenheit für angehende Dichter, die sich auf geistliche Dichtung verlegen — nämlich, nicht aus der platten Wirklichkeit etwas machen zu müssen — hat ihre Gefahr allerdings darin, daß man im Regelfall theologisch gebildet sein muß, um nicht in Schwierigkeiten mit dem Konsistorium zu geraten, und: daß man nicht über alle Gegenstände so schreiben kann, ohne über die Trennlinie zwischen dem Erhabenen und dem Lächerlichen zu stolpern. Man kann wohl Frank-Pylades abnehmen, daß er dieser Gefahr zu so traurigem Anlaß selbst in einem Gelegenheitsgedicht entgangen ist.

Die „seraphische" Richtung

Am 29. Juli 1782 starb im Alter von 31 Jahren ein weiterer Blumengenosse, den Lichtenberg unter die unerfahrenen Schwärmer gerechnet hätte: **Amarantes II.**, d.i. Konrad Christoph Oye, in den Orden aufgenommen 1776, Mittagsprediger an der Heilig-Kreuz-Kirche. Auch er wollte Gott „im Engelton besingen", wie ihm Silvius II. (Georg Ernst Waldau) in seinem Trauergedicht[4] nachsagt. Aus dem in Nürnberg erschienenen Almanach namens «Poetische Blumenlese auf 1782»[5] zitiert Sylvius-Waldau von S. 15 ein Gedicht des Verstorbenen, das geeignet scheint, auszugsweise das besonders Seraphische seiner poetischen Neigung darzutun. Dieser Ausdruck hat eine gewisse Verbreitung erlangt, weil unter den Großen, deren Namen bleibend sind, nicht nur Klopstock, Bodmer oder Jacobi Gedichte „im Engelton" gesungen haben; auch Wieland hatte seine „seraphische" Periode. Man könnte sie, samt ihrer Wirkung auf Nachahmer, geradezu als Nachhall der klopstockischen Bestrebungen in die Geniezeit hinein betrachten. Selbst Goethe und seine Schwester konnten davon als Halberwachsene bekanntlich nicht unberührt bleiben. Wie aber macht sich dieser Nachhall bei dem jünglingshaften AMARANTES II. bemerkbar?

Daß ich unsterblich bin,
   Fühl ich ganz — und ganz der Freuden Zukunft,
   Die einst schimmernder mich umstrahlen,
Wenn meine Freunde mit mir Unsterblichkeit
   Aus dem Quell der Seeligkeit trinken,
     Der den Stuhl Gottes umfleußt,
       Und wir vereint einst mit Moses und Sokrates,
       Und jedes Weltteils, jeder Religion
         Guten, fühlbarbeseelten Menschen
           Theilen der himmlischen Freundschaft Wonne
              Ewigkeiten hindurch! — —

„Hier ruht ein Dichter und — ein Christ." schließt SILVIUS. Den Christen nehme ich ihm — trotz seines Berufes — nicht ganz ab, mit dem gleichen Argument, mit dem herrnhuterisch Gesinnte den wohlmeinenden jungen GOETHE zu seiner Verblüffung darauf aufmerksam machten, daß er, streng genommen, kein Christ sei: Was hat SOKRATES in einem nach herkömmlicher Weise vorgestellten Himmel zu suchen; was hat der Gedanke an natürliche Religion mit dem guten alten Christentum zu schaffen? Es ist ein erfreuliches Zeichen für Bewußtseinserweiterung und Toleranz, daß man mit solchen Gedanken um 1780 sogar in Nürnberg bereits Beifall finden konnte, aber man sieht doch, daß die Begriffe ins Wanken geraten sind. SILVIUS hätte seinen toleranten jungen Freund besser einen philosophischen Kopf genannt. (Dann hätten Leute wie LICHTENBERG Einspruch erhoben.) Immerhin bereitet dies den Weg für die spätere Vermengung von Christentum, Antike, Kantischer Philosophie und Gesellschaftskritik in der frühromantischen Literatur. Der Pegnesische Blumenorden war frühzeitig dabei, als die problematischen Unsicherheiten noch nicht zu programmatischen Entwürfen geworden waren.

Auf den zweiten Blick kann man SILVIUS auch sein Urteil über den Dichter nicht ganz abnehmen. Der ästhetische Eindruck der obigen Verse ist einfach schwächer. Das liegt beileibe nicht am Fehlen des Reims, und mit der typographischen Anordnung könnte man sich abfinden, doch diese allein macht noch keinen Rhythmus. Ziemlich störend: 'vereint einst'. Der einzige bildliche Eindruck geht von der Aussage aus, daß der Quell der Seligkeit Gottes Stuhl umfließe; alles übrige bleibt völlig unanschauliche Beschwörung von

Gefühlen. (Welche Regel stellt der Deutschlehrer auf, wenn seine Achtklässer das Schildern lernen sollen? „Ihr sollt nicht schreiben: ‚Ich fühle, ich freue mich, ich sehe, man sieht, man hört'; sondern: ‚Dieser oder jener Gegenstand leuchtet, tönt'; und so fort. Die Welt spricht durch die Sinne zu uns, nicht wir verbreiten uns über die Welt!")

Sinnliche Rede erfordert eigentlich auch kürzere Sätze. Nun gut, diese soll übersinnlich sein; aber dennoch ist der Sinnbogen von 'mit Moses' bis 'guten [...] Menschen' zu weit gespannt; man kann kaum aufs erste Mal hören, daß sich 'mit' auch auf die 'guten Menschen' bezieht. AMARANTES II. hätte noch viel zu lernen gehabt, aber so konnte man immerhin in die Almanache kommen.

Im Rückgriff auf den ältesten Almanach, der in der Ordensbibliothek noch vorhanden ist, trifft man eine Gattung der Lyrik an, die lange im Orden wenig vertreten war. Die Liebeslyrik ganz junger Leute, verpönt von ernsthaften, gesetzten Männern, ob sie jetzt OEDER, MUNZ-PHILODECTES oder LICHTENBERG hießen, mag weitere Beispiele für das Neuerwachen poetischen Gefühls abgeben — denn der homme d'affaires, der „Mann von Geschäften", wie ihn letzterer als Leitbild aufstellt, kann zwar geistreiche Essays und Aphorismen schreiben, aber kein einziges Gedicht, das den Namen verdient, wenn er das nicht hat: poetisches Gefühl. Dies war eben der Trumpf, den die Jungen auszuspielen pflegten, und die einzige kritische Aufgabe angesichts solcher Gedichte muß sein, nachzusehen, ob sie es sich mit ihrer Gefühlserregungskunst nicht zu leicht machten.

Liebesgedichte

JOHANN FRIEDRICH DEGEN wurde erst zur 150-Jahr-Feier, am 15. Juli 1794, in den Orden aufgenommen[6], aber schon 15 Jahre zuvor war er in einem Almanach vertreten gewesen: In dem in der Weygandschen Buchhandlung zu Leipzig erschienenen «Almanach der deutschen Musen auf das Jahr 1779»[7] findet man ein Gedicht von ihm, dessen Titel zunächst an ein Schäfergedicht denken läßt, wie sie der junge GOETHE in seiner Leipziger Zeit um 1769 noch schrieb.

Amynt und Chloe

A.

Sag, Freundliche, für die mein Busen bebet,
Die meine Phantasien stets belebet:
Was floh vor meinem ersten Blick
Dein blaues Aug so schnell zurück?

So weit klingt es in der Tat nach Rokoko: konventionell verkleidete, kaum erotische Tändelei im nachgemachten Volkston, aber mit höfischer Wortwahl.

Chl.

Ich las auf deinen hochgefärbten Wangen,
O Freund, ein stilles inniges Verlangen;
Schnell schlug mein Herz, für dich entglüht —
Wie leicht, daß dies ein Blick verriet?

In Chloes Antwort wird der Vers nicht nur rhythmisch besser; der gefühlvolle Augenblick ist knapp und deutlich herausgehoben, die Wörter 'hochgefärbt' und 'entglüht' alles andere als banal, ohne gestelzt zu sein, und die kokette Frage am Schluß wirkt sehr anmutig. „Es schlug mein Herz: Geschwind zu Pferde" aus GOETHES Straßburger Zeit (1770/71) scheint ganz nahe zu liegen, ins Mädchenhafte abgewandelt.

A.

Da einst den Tisch ein buntes Spiel umkränzte,
Und mir dein Aug sanft gegenüber glänzte;
Da glimmt' in mir, ich fühlt es nie,
Das erste Fünkchen Sympathie.

Chl.

Der erste Kuß, den dir das Pfand erlaubte,
Den ich verschämt von deinen Lippen raubte, —
Sahst du nicht meine Heiterkeit? —
Gewann dir meine Zärtlichkeit.

Schon befinden wir uns bei einer Parallele zu den Erfahrungen, die GOETHE, nach der Straßburger Episode heimgekehrt, in seinem Frankfurter und Offenbacher Freundeskreis und mit LILI SCHÖNEMANN um 1773 machte: die (beinah) harmlose Kälberei, der gesellig organisierte Flirt. Pfänderspiele mit Küssen. Die einzige Gefahr: sich damit eine unüberlegte Verlobung einzuhandeln. Bürgerliche „Gemüt"-lichkeit, die sowohl in Leidenschaft als auch in

Verdruß umschlagen kann; vielleicht sogar in beides gleichzeitig — das wäre der Ansatzpunkt genialischer Behandlung. Wie steht es damit bei Amynt und Cloe?

A.

Vor dir konnt nichts mein freyes Herz besiegen,
Kein schalkhaft Aug, kein Reiz in sanften Zügen;
Kein holdes Lächeln rührte mich,
Kein Götterwuchs entzückte mich.

Amynt trägt reichlich dick auf. Dabei ist 'besiegen' doch gar zu abgebraucht. Seltsam, welcher dünne Reim die beiden letzten Verse zusammenhält; auch wenn die letzte Silbe aus einem selbständigen Wort besteht, erwartet man eine weitergehende Übereinstimmung; doch was man hier bekommt, in dem zweimaligen 'ü', ist lediglich eine Assonanz, vokalischer Gleichklang. Dies ist dem Volkslied angemessen, wurde auch in Anlehnung an den spanischen Cid-Roman von Romantikern oft nachgeahmt, paßt aber zu dem gesellig-bürgerlichen Rahmen weniger gut. Chloe antwortet:

Chl.

Vor dir war nichts, das mir gefallen konnte;
Kein Jüngling lebte unter diesem Monde,
Dem meine Brust entgegen schlug,
Wenn er gleich Gold und Purpur trug.

Mit den reinen Reimen hat es DEGEN in der Tat nicht so sehr, doch heutige Leser sind gewöhnt, bei einem Größeren ähnliche Schnitzer als absichtliche dichterische Freiheit oder persönliches Recht auf dialektale Anklänge zu entschuldigen. Hauptsache, der gemüthafte Ton stimmt. Und das tut er in diesem Gedicht ab der vorigen Strophe nicht mehr! Um diese Zeit war es eine Selbstverständlichkeit, daß Liebe nicht auf Rang und Reichtum sieht, und wer meinte, das zum überflüssigsten Male wiederholen zu müssen, lief Gefahr, daß man ihm zutraute, er habe „Gold und Purpur" noch lange zu viel Platz in seinen Gedanken eingeräumt. (Das „Besitzdenken" war in weiter fortgeschrittenen Darstellungen so raffiniert geworden, daß man bei aller ausdrücklichen Abwehr materieller Gesichtspunkte doch sehr genau den Tauschwert von Gefühlen und Tugenden erkennen konnte.) Da aber Chloe diese Worte spricht: Soll sie bloß als naiv gekennzeichnet werden? Ist es der Widerhall der Märchensprache? Wenn es das ist, hätte die Sprache des Gedichts dabei bleiben sollen. Es zerstört den Eindruck einer so leichtgewichtigen Situation, wenn die lyrischen Subjekte nicht bei einer angemessenen Perspektive bleiben und erst tändelnd, dann wissend-heiter, dann empfindsam, dann naiv, dann gar noch ernsthaft werden, und nur deshalb, weil der Dichter aus verschiedenen Konventionen wahllos aufgreift, was ihm gerade zur Fortführung eines schon überlangen Dialoges einfällt:

A.
Nun bleibt mein Herz auf ewig dir verbunden;
Dank sey dem Gott, durch den ich dich gefunden!
Der Tod selbst lächelt mir versüßt,
Wenn deine Hand mein Auge schließt.

Chl.
Ach! Keine Macht kann dir mich nun entreissen;
Für dich, o Freund, will ich die Vorsicht preisen,
Hier, da den Geist nach [sic; noch] Staub umschließt,
Dort, wo ihn Engelsglanz umfließt.

Ein süßlich lächelnder Tod, 'Staub' als Benennung dessen, was kurz zuvor noch so appetitlich rotbäckig aussah, und nichts als Geist und Vorsehung und Seraphinen als End- und Gipfelpunkt eines reizenden Vorfalls unter jungen Leuten — DEGEN gehört wahrhaftig nicht zu den Genies. Bei denen, die obige Kapitelüberschrift „Engel" nennt, ist er mit diesem Gedicht besser aufgehoben. Aber das hätte nicht sein müssen, wenn er es halb so lang gelassen hätte.

Witziges

JOHANN ANDREAS FRIEDERICH, der gewitzte Jurist, stellte sich in dieser Gedichtgattung weniger steif an, wenn er auch genausowenig ein zeitiges Ende finden konnte. Das schon erwähnte, bereits 1777 verfaßte Gedicht «An die Sterne», von dem der Blumenorden in den Akten der Altdorfer „Deutschen Privat-Gesellschaft" ein handgeschriebenes Exemplar besitzt, wurde in der «Poetischen Blumenlese für 1783» gedruckt[8], die bei ERNST CHRISTOPH GRATTENAUER in Nürnberg herauskam. Es hält durchgehend einen leichten, heiteren Ton ein, der wie eine milde Parodie auf Naturschwärmerei wirkt. Das Argument baut sich witzig bis zu einer Schlußpointe auf: Nachdem ein Knabe die Sterne als erhaben-schöne Naturerscheinung zu verehren gelernt hat, überträgt er diese Verehrung auf die zunächst ebenso unerreichbaren Mädchen; als er jedoch als junger Mann selber ein Mädchen hat, entlocken ihm weder die einen noch die anderen Sterne mehr Tränen. (Dies beschreibt freilich auch das Ende einer lyrischen Existenz.) Eine etwas freche Einlassung besteht darin, daß er von dem Wahn geheilt sei, selber ein Stern werden zu wollen. Man halte das gegen die damals beliebte Vorstellung (an der sich etwa WIELAND[9], aber auch noch HEINRICH VON KLEIST[10] erbauten), ein guter Mensch könne bei seinem Tod auf einen anderen Stern versetzt werden. Das muß manchem Orthodoxen zu antikisch oder newtonisch, rationalistischen Geistern wie FRIEDERICH schlichtweg läppisch vorgekommen sein. Die betreffenden Strophen mögen einen ersten Eindruck davon geben:

> *Da wachte oft in meiner Seel*
> *Der Wunsch, auf dieser Erden*
> *Zu seyn gehorsam, fromm und gut,*
> *Um dort auch Stern zu werden. —*
>
> *Als Jüngling zwar verschwand der Wahn*
> *Doch blieb euch meine Liebe;*
> *Ich sah euch oft, und immer wurd*
> *Mein Auge thränentrübe.*

Die Balladenstrophe, die schlichte Wortwahl, die unterschwellige Satire gegen alles Überspannte am Frommen und Guten — dies erinnert schon sehr an gewisse Verse GOTTFRIED AUGUST BÜRGERS aus derselben Zeit. Es gab eine wirklich volkstümliche Dichtung, die eben nicht vor lauter Gemüt dümmlich war. Das schätzte LICHTENBERG wohl an den Versen seines Göttinger Kollegen, und er hielt zu ihm, doch SCHILLER wertete die Ästhetik jener Produkte als plebejisch, nicht-idealisch ab und hat BÜRGER in dessen letzten, schweren Lebensjahren durch diese unfreundliche Rezension[11] noch einigen zusätzlichen Kummer gemacht. Hätte er dagegen folgende Verse höherer ästhetischer Weihen würdig befunden?

Sie stehen in eben besagtem Almanach und stammen von CHRISTIAN HEINRICH SEIDEL, im Orden **PHILALETHES I.**, Diakon bei St. Sebald, der 1743 zu Etzelwang im Sulzbachischen geboren war.[12]

An eine junge Freundin.

Wie entgegen du mir unter der wölbenden
Stirn, die reifenden Witz, reifenden Wahrheitssinn
Und die Denkerin weissagt,
Blaues, liebliches Auge, blickst!
Blickest du und verheelst deiner Empfindungen
Keine, weil zu verheelen
Keine, Rednerin, du bedarfst. [...]

Auf deutsch: ein Mädchen, das weder mit Worten noch mit Blicken aus seinem Herzen eine Mördergrube macht und dennoch schon alt genug ist, um dadurch nicht albern zu wirken. Aber muß man das so feierlich sagen? Andersherum: Wäre es SCHILLER idealisch genug gewesen, oder hätte auch er gemerkt, daß ein gutes Gedicht erst einmal als Gedicht und dann erst unter kunstphilosophischem Aspekt gut sein muß? Wenn ich ein derartiges Wesen so beschrieben finde, muß ich immer an das Bild der CORNELIA GOETHE denken und daran, welch bedauernde Worte ihr Bruder findet, um das Grausame an einer Zeitmode herauszustellen, die eine hohe Stirn bei einem ohnehin spitzig physiognomierten Kinde noch künstlich höher machte.

Bardenstrophen

SEIDEL hat allerdings, wie CORNELIA und WOLFGANG, seinen KLOPSTOCK gelesen, ja seinen BODMER, und mit deren Talenten wuchert er ungescheut. Seine Ode an letzteren[13] ist wegen ihrer tyrannenfresserischen Implikationen sogar in politischer Hinsicht lesenswert; So immerhin konnte, ohne sich Schwierigkeiten einzuhandeln, ein Nürnberger Geistlicher zur Zeit des Kaisers JOSEPH II. im Bardenkostüm loslegen:

An Bodmer

Welche glückliche Zeit, die es verdient, daß die
  Aeltern Schwestern sie neidend sehn,
Welche glückliche Zeit,[14] *immer die fruchtbare*
  Zukunft Teutschland gebähren mag,
Die es ahndet und iezt, etwa schon Embryon[15]*,*
  In dem Schoose der Mutter reift:
Dennoch würdiger Greis, freu' ich, voll Jubel mich
  Der, in welche mein Leben fiel;

Die, es klage sie an, welcher nur Flecken späht
    In der Schöne des Angesichts,
Und die Schöne nicht fühlt, sicher die Eifersucht
    Jüngrer blühender Schwestern weckt. [...][16]
Lebt nicht Joseph in ihr? Lebet nicht Friederich?[17]
    Helden, Königen Lehrer sie?
Unter ihnen erhebt mächtig der teutschen[18] *Volk,*
    Im erwachenden Selbstgefühl,
Von dem Ausland bestaunt, freudigen Stolzes voll,
    Sich zur Höhe des ersten Volks![19] *[...]*
Ha! mein Deutschland [sic], *das schon an den Bedrückern oft*
    Rächer leidender Menschheit war,[20]
Und die Fessel zerbrach, in die Gewalt und List
    Sie und heuchelnde Dummheit schloß;[21]
Es zerbricht sie auch jetzt — ganz und auf ewig — das[22]
    Weissagt, sichert die volle That.
Die schon eilend und kühn, schreckendem Donner gleich,
    Der die räubrerische[23] *Burg zerschlägt,*
Kühlt und reiniget die schwüle vergiftende
    Luft und trächtiger macht das Land;[24]
Die so furchtbar und mild[25] *über die Alpen wirkt*
    Bis zur alten Despotenstadt,
Und des Vatikans Stolz, welcher durch teutsche That
    Einst schon zitterte, niederschlägt,
Die schon über den Rhein wecket das weisere,
    Das wachsamere Nachbarvolk;
Dem betäubenden Schlaf bald auch entreissen wird
    Den zu feigen Iberier, [...]

Es sieht beinahe so aus, als bereite SEIDEL sich darauf vor, dem Illuminatenorden beizutreten statt dem Pegnesischen Blumenorden und als Untergrundkämpfer zur Beförderung von Revolutionen nach Paris und Madrid zu gehen. Sollte die klerikale Verpackung ein bewußtes Tarnen einer ganz andersgearteten radikalen Tendenz sein? Oder sind SEIDELS Verse neue (und dazu geborgte) Schläuche, in die er den alten Wein der protestantischen Papstschelte gießt? Es scheint, das Erwachen der Völker soll hier die die Befreiung von gegenreformatorischer Geheimpolitik, von Gewissenszwang und Gesinnungsschnüffelei sein; das heißt: es geht gegen Jesuiten und Beichtstuhl. Alle diejenigen Tyrannen, deren Verfehlungen gegen ihr Volk nichts mit Religion zu tun hatten, konnten sich vor den Anklagen in einem solchen Gedicht sicher fühlen. Anders etwa die unentwegte Papst- und Klerusschelte in JOHANN GOTTFRIED SEUMES berühmtem «Spaziergang nach Syrakus im Jahre 1802»: Dort liegt die Anschauung ausgeplünderter Landstriche vor, und SEUME sieht und nennt ebenfalls die feudalen Wurzeln des Mißstandes; ja, er konnte es über sich bringen, eine klerikal regierte, aber gut regierte Gegend glücklich zu preisen und im selben Buche NAPOLEON, der noch Konsul war, bereits als Tyrannen, als Rückfall der Geschichte, zu zeichnen. SEIDEL hätte einerseits die verhältnismäßig menschlich regierten geistlichen Fürstentümer Würzburg und Bamberg vor Augen gehabt, und andererseits den verhältnismäßig despotischen Regierungsstil seiner JOSEPH und FRIEDRICH durchschauen müssen. Konnte er die Verschärfung des Freiheitsstrebens nicht wagen, oder fehlte ihm in Nürnberg die Anschauung davon, wie der Absolutismus eines protestantischen Fürsten aussehen konnte? Der junge SCHILLER hat sich in «Die Räuber» schon viel weiter vorgewagt und kommt erst in «Don Carlos» (und in der Erzählung «Der Geisterseher») auf die hier angesprochene Problematik zurück. Dabei unterläuft ihm, als einem Weltbürger, allerdings keine nationalistische Überheblichkeit.

Es geht jedoch nicht um eine Herabwürdigung SEIDELs. Andere konnten leicht ähnliche Fehler begehen, leichter (und entschuldbarer) in jener Zeit, als die Überschreitungen nach der einen oder anderen Richtung noch neuartig waren. Patriotismus und Frömmigkeit, Aufklärung und Kosmopolitismus konnten bei ein- und denselben ästhetischen Vorlieben quer durch die Bildung eines Menschen hindurchgehen, vermischt, getrennt oder im Widerstreit auftreten. Wer nicht angestrengt philosophierte, konnte sich kaum dessen ganz bewußt werden, wie es um ihn gerade stand. Im Pegnesenorden setzte sich auf die Dauer eine Richtung durch, die noch zu beschreiben sein wird, aber man hätte rein nichts zu betrachten und es wäre um die Teilnahme des Ordens an den Fragen dieser Zeit schlecht bestellt gewesen, hätten nicht schon vor dem Umsturz von 1786 einzelne mit Versuchen in den verschiedensten Richtungen des Denkens und Dichtens begonnen. Man kann nicht fordern, daß allezeit nur Ausgewogenes zu Papier gebracht wird, wenn die Zeiten im Umbruch sind.

MONASTES-LEINKER feierte 1781 die Anwesenheit JOSEPHS II. in Nürnberg mit einem Gedicht[26], das er in der erwähnten Sitzung im „Rothen Hahnen", am 8. Februar 1788 — erst —, im Orden vorlas. Der Text stellt zwar nur gereimte Politik dar und ist insofern dem ästhetischen Anspruch des SEIDELschen Werkes nicht an die Seite zu stellen, dafür ist er jedoch verständlicher. Einzelne Punkte dieses Fürstenlobs erscheinen zeittypisch:

> [...] *Der Böhmens Knechten Freyheit schenkt,*
> *Der tolerant und billig denkt,*
> *Giebt sich uns gnädig hier zu kennen.*

— Aufhebung der Leibeigenschaft, Religionsfreiheit, Rechtssicherheit, Leutseligkeit. Wer wüßte nicht,

> [...] *Wie unter Ihm der Handlungspreis,*
> *Der Wißenschaften Kunst und Fleiß*
> *Zur aufgeklärten Zeit sich kehrte?*

— Gewerbefreiheit, Freiheit der Lehre und Forschung. Dies sind alles Errungenschaften, die wir heute, zumindest in unserem Land, für selbstverständlich halten. Die Bürgerlichen von damals waren uns in ihrer Lebensweise schon näher als die Kleriker oder Aristokraten. Jedenfalls hatten sie ähnliche Neigungen zur Ausbildung eines bestimmten Typs von Gesellschaft. Es muß ihnen wie der Anbruch eines Goldenen Zeitalters vorgekommen sein, als sie die ersten halbherzigen Maßnahmen wahrnehmen konnten, die von oben vorgenommen wurden, um dem zu entsprechen. Daß diese Maßnahmen aber nicht anders als halbherzig sein konnten, ohne in eine Erziehungsdiktatur umzukippen, sieht man an den folgenden Versen:

> [...] *Das Bischofsrecht komt schon empor,*
> *Doch mancher Psalter schweigt im Chor,*
> *Nachdem das Kloster aufgehoben.*
> *Der Wahn u. Aberglaube fliehn,*
> *Ein kluger Pius komt nach Wien,*
> *Sieht Anstalt und Erziehungsproben.*

Umschreibend gesagt: Zwar hat JOSEPH die Stellung seiner Bischöfe gegenüber dem Heiligen Stuhl gestärkt (und damit nichts anderes unternommen, als was der Gallikanismus der französischen Könige schon seit Jahrhunderten aus der Kirche in Frankreich gemacht hatte), doch er ging noch weiter und hob etliche Klöster auf und verbot den Jesuitenorden. Dies hatte zur Folge, daß die von diesem Orden bisher geleiteten Schulen staatlich wurden. Papst PIUS fühlte sich veranlaßt, bei einem Staatsbesuch gute Miene dazu zu machen.

Die Freiheiten, die MONASTES rühmt, sind eben diejenigen, die Don Carlos und Posa in SCHILLERS Drama den Niederlanden bescheren wollen. An den kleineren Schriftstellern und den Zeitzeugnissen aus vielen Orten ersieht man erst, wie zeitgemäß die Dichtung der Klassiker — eben auch — war. Selbst das Verfahren, dem Traditionsbewußtsein der herrschenden Schichten eine eigene Deutung der Geschichte entgegenzusetzen, um Neuerungen zu rechtfertigen, findet sich in kleinerem Maßstab in LEINKERS Gedicht: Er läßt den zitierten Versen noch viele weitere folgen, in denen er dartut, was für kultureller Segen Nürnberg schon früher aus gutem Verhältnis zu Kaisern erwachsen ist. Dahinter steht immer die schlaue Rechnung: Vielleicht bemerkt der Kaiser endlich einmal, daß es auch in seinem Interesse ist, blühende Reichsstädte zu haben. „Sire — geben Sie Gewerbefreiheit!"[27] Es sieht leider nicht sehr danach aus, daß er's bemerkt hätte. Er hätte sonst den Versuch machen müssen, den Reichsstädten außerhalb seiner Erblande eine neue Verfassung zu geben.

Zweite Generation der Empfindsamen

Weniger politisch, auch sonst nicht weltanschaulich, gibt sich ein Trauergedicht auf eine Freundin, das MARIA MANDLEITNER (LAURA) im selben Almanach untergebracht hat.[28]

An Selindens Leyer

Hängst nun einsam an Cipressen Zweigen,
Heil'ge Leyer! und sie schlummert hin;
Klage trauernd — höhere Gespielin!
Der erblasten Sängerin. [...]

Das heißt wohl: Die Leier der verstorbenen Dichterin hängt einsam an Zypressenzweigen, während diese entschlummert ist; die Leier als Freundin höherer Art möge (falls 'Klage' eine Befehlsform darstellt) um sie trauernd klagen. Freilich ermißt man nach solch prosaischer Umsetzung erst den Reiz der gebundenen Rede, der klagend abgebrochenen Ausrufe des Gedichts. Und doch wäre es möglich, poetisch über dasselbe Motiv zu schreiben, ohne am Vers-Ende immer innezuhalten und im Satzbau so undurchsichtig zu werden:

Ihr Freunde, hänget, wenn ich gestorben bin,
die kleine Harfe hinter dem Altar auf,
wo an der Wand die Totenkränze
manches verstorbenen Mädchens schimmern.

> [...]
> *„Oft", sagt er staunend, „tönen im Abendrot*
> *von selbst die Saiten leise wie Bienenton:*
> *die Kinder, hergelockt vom Kirchhof,*
> *hörtens, und sahn, wie die Kränze bebten."*

Sage keiner, die reimlose Strophe erzwinge weniger Umstellungen; eine sapphische Odenstrophe, wie sie hier vorliegt, ist etwas Kompliziertes. Aber LUDWIG HEINRICH CHRISTOPH HÖLTY, der Göttinger Haindichter, beherrschte sein Handwerk eben besser als LAURA, und nur aufgrund seines Originals — er war schon 1776 verstorben — verstehen wir erst, was SELINDENs Leier in den Zweigen überhaupt tun soll.

Wahrscheinlich bezieht sich das folgende Gedicht auf denselben Trauerfall: MAGDALIS II., KUNIGUNDE SCHERB, redet darin MARIA MANDLEITNER zu (nach einem Motto aus GELLERT):

> *An die zurückgelaßne Freundin der nun erblaßten N...*[29]
>
> *Du bist von Gram jezt hingerissen*
> *Die Freundin starb: —*
> *Du ließest bittre Thränen fließen*
> *Um ihren Sarg [...]*

Schlicht und schön, nicht wegen irgendwelcher seraphischer Vorstellungen und verquälter Wortwahl, sondern wegen des innehaltenden Rhythmus: nach vierhebiger Verszeile jeweils eine zweihebige eingefügt, die, aufgrund der Erwartung von Verslänge, die man noch im Ohr hat, dazu veranlaßt, die offengebliebenen Takte zu pausieren. Wenn dazu die Aussage paßt, wie es hier zweifellos der Fall ist, entsteht eine rührende Wirkung. Deshalb war diese Strophenform auch damals so beliebt.[30] Hat man davon allerdings 36 Strophen anläßlich eines Trauerfalls anzuhören, erfüllt dies den Tatbestand der Zumutung. Hier konnte beim besten Willen nicht mehr zitiert werden.

Während Barden stürmen, Engel säuseln, wandeln bürgerliche Freundespaare schwärmerisch Hand in Hand im Irrhain. Als LEINKER stirbt, verfaßt DIETELMAIR-ORESTES zum 28. 3. 1788 das Trauergedicht[31]. Daraus:

> *Wie, wenn in der stillen Sommerabendstunde,*
> *Freunden, kühle Lüfte Labsal wehn,*
> *Sie im sichern Blumenfelde, Mund an Munde,*
> *Hand in Hand geschlungen, einher gehn,*

> *Ihres Bunds sich freuen, der so süsse Freuden,*
>   *Stolze Hofnung wonnereicher Zukunft schenkt —*
> *Wenn sie dann vergessen alle Erdenleiden,*
>   *Jeder sich so überglücklich denkt:*
>
> *Und urplötzlich, auf sonst friedevoller Haide*
>   *Mörderschuß den lieben Freund erlegt —*
> *Und dann zitternd, an des kalten Freundes Seite*
>   *Des verwaißten Herze bange schlägt;*
> *So auch wir erfreuten uns des Erdenlebens,*
>   *Als so schnell der Mörder Tod Sein Herz zerbrach —*
> *Ach! wir wähnten uns so sicher — doch vergebens —*
>   *Fühlen nun die Qualen tausendfach.*

Ich habe im März 1991 auch ein Freundespärchen „Mund an Mund" im Irrhain wandeln sehen, von denen der eine stark geschminkt und onduliert war, sodaß meine Kinder sich verwunderten. Aber so dürfen wir obige Verse nicht auffassen, und wenn sie noch so peinlich klingen. Der Freundeskult um 1800 war eine jugendliche Übersteigerung von Formen der Geselligkeit gegen eine unbefriedigende Gesellschaftsordnung, und er trat später in anderem Gewande als Burschenschaft auf. Rein männlich blieben diese Formen besetzt, solange Frauen in öffentlichen Angelegenheiten nicht mitspielen durften. Vielleicht war die Haltung vorgebildet im Freimaurertum. Als ich Kind war, wurde mir dort draußen einmal zugeraunt, der Irrhain habe irgendetwas mit den Freimaurern oder etwas ähnlichem zu tun. So hielten sich in der ungelehrten Bevölkerung unbestimmte Vorstellungen, daß der Blumenorden auch geheime Ziele haben müsse, die weiter gingen als nur auf das Sprachliche und Literarische. Beide Organisationsformen des politisch ambitionierten Freundeskultes wurden ja zeitweise nicht ganz ohne Grund verboten. Lockere Bünde wie unsere Altdorfer Privatgesellschaft hatten es leichter, gruppenweise in einflußreiche Stellungen zu sickern und von da aus den Staat mehr oder weniger merklich zu erziehen — „der Marsch durch die Institutionen", wie man um 1970 sagte.

Mir aber fällt angesichts obiger Verse immer mehr SCHILLER ein, und zwar nicht der echte, sondern der vom jungen THOMAS MANN parodierte: „Schorke, kömmt auch dir die Stunde jetzt, wo dein Blick sich am ERHABNEN letzt?" Es ist schon ein Witz, daß SCHILLER nicht wußte, wie abgrundschön er von den Pegnesen seiner Zeit parodiert wurde; sein ins Leere mäkelndes Epigramm, das den Pegnesen heute noch ärgern könnte, wenn ihm die Pegnesen von 1905 nicht passenderweise eine Bildsäule im Irrhain aufgestellt hätten, wäre sonst vielleicht unterblieben. Jene Leute von 1785 dichteten ja nicht unbedingt ihm nach, sondern hatten die Wurzeln mit ihm gemeinsam, hätten ihm sympathisch sein können. Und er war doch auch viel zu sehr theoretischer Ästhet, um jederzeit zu merken, wann die Grenze vom Erhabenen zum Lächerlichen überschritten wurde.

Erhabenes zum 150jährigen Bestehen

Mit „Erhabenem" wird der Leser von PYLADES besser versorgt als von ORESTES, wie oben schon einmal zu sehen war. JOHANN FRIEDRICH FRANK las in der Jubiläumssitzung am 15. 7. 1794 ein Gedicht zum Andenken HARSDÖRFERS vor, das unter den erhaltenen Einzeldrucken des Ordens das erste nicht gereimte ist und auch das erste, das mit einem Antiqua-Schriftsatz gedruckt wurde.[32] Es heißt darin u.a.:

>[...] *Einst blüht' ein Palmenorden auf im Schoos*
>*Germania's, durch Fürstenbeytritt groß,*
>*Doch hindern konnte Fürstengröße nicht,*
>*Daß, eh die Zeit das Seculum begrub,*
>*Das ihn gebahr, schon durch des Schicksals Sturm*
>*Der Blüthen letzte schon verwehet war.*
>
>*Oft hat ein Mißgeschick auch ihm gedroht,*
>*Dem Werke, das von Deinen Händen stammt,*
>*Doch immer blieb des Unglücks härtster Schlag,*
>*Vernichtung, abgekehrt von ihm, wenn schon —*
>*Vielleicht Ermattung seiner Pfleger selbst —*
>*Den schönen Fortwuchs schlummernd hat gehemmt:*
>
>[...]
>
>*Noch ein Gelübd! Wir weihen's, Sel'ger, Dir*
>*Noch ehe dieses Tages Glanz verlischt,*
>*Der uns zu froher Rückerinnrung stimmt,*
>*Auf Dich, und unsers Bundes Ursprung führt!*
>*Noch ein Gelübd! Wir weihen's, Sel'ger, Dir —*
>*Und Du, vernimms auf Deinem Sternensitz!*
>*Nie soll in uns der Trieb ersterben, der*
>*Dich, Unvergeßlicher, zuerst beseelt!*

Nie unser Fleiß ermüden, das zu thun,
Was Ordnung und Gesetz[33] *von uns erheischt!*
Und unsrer Sitzungen so ernstes Ziel,
Nach Zeitbedürfnis nützlich stets zu seyn,
Werd nie von uns verfehlt, vergessen nie —

    Dann, Strephon, grünt auch Dein Gedächtnis[34] *neu,*
Dann nennen wonnetrunken wir noch oft
Dich Freudengeber, segnen Dein Gebein,
Und weihen Deinem Namen dort ein Lied
Im heilgen Dunkel unsers Musenhains: [...]

Es ist eine Freude zu sehen, welche Fortschritte das Deutsche als Literatursprache von HARSDÖRFER bis auf 1794 gemacht hat, und wie der Orden diesen Fortschritt mittrug. Zwar nicht ohne Vorbilder von außerhalb (KLOPSTOCK und SCHILLER, selbstverständlich!), doch auch früh genug, um nicht nur Nachahmer, sondern Weggenossen zu sein, dichten die Pegnesen jener Jahre auf jener mittleren Höhe, deren Klima zu einer Pflanzschule des guten Geschmacks geeignet ist, und sie erfüllen in ihrer Stadt ihre kulturelle Aufgabe als Vermittler des Verständnisses für Dichtung an die breitere Öffentlichkeit. Es kann keine Genies geben über einer Wüste von Unbildung. Nürnberg trägt nicht die Fackel voran, aber der göttliche Funke glimmt auch hier. (So werden es die Zeitgenossen empfunden haben, und in diesen Ausdrücken wohl auch gedacht haben.) „Von Verdiensten, die wir zu schätzen wissen, haben wir den Keim in uns" — dieser Satz aus GOETHES 1771 entworfener Rede «Zum Shäkespeares Tag» steht als tröstliches Motto über allen unreifen Bemühungen der Geniezeit. Es ist aber, wie zu sehen war, nicht etwa so, daß erst nach den Umwälzungen von 1786 im Orden zeitgemäß zu dichten begonnen worden wäre, oder daß nur die oben zitierten Autoren, oder diese vor allem, jenen rettenden Umsturz herbeigeführt hätten. Das eine bedingte auf vielfältige Weise das andere, und eine bloße Wiederspiegelung des „Unterbaus" im „Oberbau" oder, anders gewendet, ein Triumph der Kunst über das Leben kann nach der erkennbaren Lage der Dinge nicht behauptet werden. Man wird in einer Fortführung dieses Buches noch sehen, wie der Kreis der Ordensmitglieder sogar mitbeteiligt war an Bestrebungen, die letztlich zum erneuten Aufschwung Nürnbergs durch Industrialisierung führten, und doch den Bereich der Dichtung als etwas Abgesondertes bewahrte.

Anmerkungen:

[1] Vorschlag zu einem Orbis Pictus für deutsche dramatische Schriftsteller, Romanen-Dichter und Schauspieler; zit. nach: Georg Christoph Lichtenberg, Aphorismen, Schriften, Briefe, hg. von Wolfgang Promies, Lizenzausgabe für Europäische Bildungsgemeinschaft Verlags-GmbH Stuttgart, o.J., S. 308 ff.

[2] Pegnesenarchiv Fasz. LII a, Nr. 175.

[3] „§13. Dunkle Vorstellungen enthalten nicht so viele Vorstellungen von Merkmalen als erforderlich sind, um das Vorgestellte wieder zu erkennen und von anderen Vorstellungen zu unterscheiden. [...] Klare Vorstellungen sind also poetischer als dunkle. [...] §14. Begrifflich deutliche, vollständige, adäquate und bis in die tiefsten Tiefen dringende Vorstellungen sind nicht sensitiv und daher auch nicht poetisch." — Zit. nach: Dichtungstheorien der Aufklärung, Hg. Henning Boetius, Tübingen, Niemeyer, 1971, S. 32 f.

[4] Fasz. LIIa, Nr. 166, bedrucktes Doppelblatt

[5] vgl. im vorigen Kapitel: Hg. König, Verleger Grattenauer

[6] Fußnote v.) auf der Seite 34 der Festrede Georg Wolfgang Panzers nennt ihn als „Director, Professor und Inspector der Königl. Preußischen Fürstenschule zu Neustadt an der Aisch" — ein Hinweis, daß der letzte Ansbacher Markgraf sein Land damals bereits an die brandenburgische Verwandtschaft verkauft hatte. Zuvor war Degen in Ansbach tätig gewesen, als Lehrer am Karl Alexandrinum. Er war aus Trumsdorf nahe Bayreuth gebürtig. (Diese Daten gibt er selbst über sich, und zwar im Schriftstellerverzeichnis des von ihm selber 1785 in Nürnberg bei Grattenauer herausgegebenen „Fränkische[n] Musenalmanach".)

[7] Seite 274 f. — Das im Germanischen National-Museum verwahrte Exemplar aus der Ordensbibliothek trägt auf dem Titelblatt den Vermerk: „gekauft von Weigel, 4/6.97"

[8] S. 45 bis 48

[9] schon 1753, in „Briefe von Verstorbenen an hinterlassene Freunde", Erster Brief, Alexis an Dion, Vers 255 ff.

[10] Brief an die Verlobte Wilhelmine von Zenge, 22. 3. 1801: „Ich hatte schon als Knabe (mich dünkt am Rhein durch eine Schrift von Wieland) mir den Gedanken angeeignet, daß die Vervollkommnung der Zweck der Schöpfung wäre. Ich glaubte, daß wir einst nach dem Tode von der Stufe der Vervollkommnung, die wir auf diesem Sterne erreichten, auf einem andern weiter fortschreiten würden, [...]"

[11] Rezension der 1789 erschienen zweiten Ausgabe von Bürgers Gedichten durch Schiller — anonym — in der „Jenaischen Allgemeinen Literaturzeitung", Januar 1791.

[12] nach Wilhelm Schmidt war er das Mitglied Nr. 190, Bruder von Seidel-Philophron (Nr. 218), Vater von Emanuel Seidel, (Nr. 266), der nach Colmar Präses wurde.

[13] Poetische Blumenlese für 1783, S. 75 ff.

[14] Nachdrückliche Wiederholungen gehören zum begeisterten Ausdruck. Seidel macht reichlicher Gebrauch davon, als vorliegender Textausschnitt zu erkennen gibt.

[15] Es war Mode, auch solche Bilder aus der bis dahin in der Dichtung eher verschwiegenen Natur hereinzunehmen, um nur ja recht naturnah zu sein; die erste Fassung von Goethes „Auf dem See" von 1774 enthält das Wort „Nabelschnur". An dessen bild-heraufrufender Kraft muß er später gezweifelt haben. Es ist eher eine medizinische Kälte darin. Wir mögen an der grünlichen Poesie unserer Tage noch ähnliche Beobachtungen machen.

[16] „Ich freue mich, daß ich heutzutage lebe, auch wenn noch andere glückliche Zeiten kommen werden; und wer nur die Nachteile der Gegenwart bemerkt, übersieht, daß sie auch etwas hat, worüber die Zukunft neidisch werden kann." — Seidels Periodenbau läßt eine Hymne Hölderlins durchsichtig erscheinen. Es ist freilich besser für das ästhetische Erleben, wenn die Schwierigkeit darin liegt, die Symbole zu vergegenwärtigen, also den inneren Blick empor zu richten, als horizontale, rein grammatische Bezüge innerhalb eines verdorbenen Satzbaus aufzuspüren.

[17] Man ist kaum darauf gefaßt, die Rolle der „aufgeklärten absoluten Herrscher" beim Zustandekommen des bürgerlichen Freiheitsstrebens und des nationalen Bewußtseins derart deutlich vorgeführt zu bekommen wie in diesem Gedicht. Die in diese Herrscher gesetzten Erwartungen waren gewiß zu hoch, aber in der Politik wie in der Geistesgeschichte wirkt eher das, was geglaubt wird, als das, was tatsächlich getan wurde — siehe Nord-Irland.

[18] Wahrscheinlich Druckfehler: um in den Satz zu passen, müßte „Teutschen" groß geschrieben sein.

[19] In seltener Deutlichkeit auch die berüchtigte Kehrseite des deutschen Minderwertigkeitskomplexes.

[20] Ganz verblüfft frage ich mich, wann vor 1783 derartiges geschehen sein kann; oder rechnet Diakon Seidel die Reformation und ihre Folgen zu den Befreiungskriegen der Menschheit?

[21] Nicht die Menschheit und die Dummheit waren gemeinsam in Fesseln, sondern Gewalt, List und Dummheit, sollen wir verstehen, hielten die Menschheit in Fesseln. — Ein Rückfall des Satzbaus hinter die von Omeis geäußerte Empfehlung! Mir erscheint fraglich, und ich gebe die Frage an Barockforscher weiter, ob man sich vor Omeis im Blumenorden jemals einen derartigen Satzbau geleistet hat.

[22] Dieses Enjambement hat nichts mehr mit lebendigem Versbau zu tun; es ist sinnstörend.

[23] sic; der Setzer scheint allmählich überfordert gewesen zu sein.

[24] Infolge eines Geschichtsunterrichts, wie ich ihn genossen habe, vermag ich in diesen Phrasen nur noch die Aufrufe zum ersten Weltkrieg zu erblicken. Ob Seidel kriegerische Verwicklungen im Auge hatte, ist unklar, doch er muß sich mit Georg Büchner sagen lassen: „Geht einmal euren Phrasen nach!" (Dantons Tod)

[25] „fruchtbar und mild"? Setzfehler? In beiden Fällen ist der Sinn zweifelhaft.

[26] Pegnesen-Archiv, Schuber LI b,

[27] Ur-alter Germanistenwitz, ich weiß.

[28] Poetische Blumenlese für 1783, S. 113 f.

[29] Archiv, LI b,

[30] Ewald von Kleist und Gleim hatten diese Strophenform schon für „volkstümliche" Gegenstände angewandt; auch zum Ausdruck der Liebessehnsucht schien sie passend (Friederike Brun, darauf Goethe: Ich denke dein) — vgl. Wolfgang Kayser, Geschichte des deutschen Verses, Bern u. München 1960, S. 68; mit Bezug auf: Herman Meyer, Vom Leben der Strophe in der neueren deutschen Lyrik, in DVjS 1951.

[31] ebenfalls als Einzeldruck in LI b,. — Es dürfte das letzte vor dem Biographienschwall gewesen sein.

[32] Für Wielands Gesamtausgabe hatte Göschen zunächst von einem Typographen eine besonders elegante Antiqua schneiden lassen. Man wollte in dieser Zeit offenbar von der Besonderheit deutscher Druckgestalt fort zu einer Angleichung an europäische Modernität, fand wohl auch das klassizistische Erscheinungsbild dem Anlehnen an antike Vorbilder gemäßer. Schon seit jeher waren lateinische Autoren nicht in Fraktur, sondern, wie der Name sagt, in einer aus der römischen Lapidarschrift entwickelten Type gedruckt worden.

[33] d.h. die Satzung des Ordens

[34] das Gedenken an Dich

-A-

ABRAHAM À SANCTA CLARA 18; 59

ALBANIE
— s. von Weißenfeld, Anna Maria 24

ALCANDER
— s. von Holzschuher, Carl Sigmund 123; 125; 126; 128; 131; 134; 157; 233

AMARANTES I.
— s. Herdegen 5; 20; 21; 23; 25; 34; 36; 38; 41; 42; 47; 53; 118; 122; 123; 127; 226; 235

AMARANTES II.
— s. Oye 256-258

ANGERER 190; 197

ANTON ULRICH, Herzog von Braunschweig-Wolfenbüttel 32; 34

ARETHAEUS
— s. Panzer, Dr. Georg 218; 249

ARNOLD, GOTTFRIED 118

ASTERIO I.
— s. Burger 2; 4; 22-24; 43; 108

ASTERIO II.
— s. Stoy, Johann Friedrich 128

ASTERIO III.
— s. Stoy, Johann Sigmund 131; 213

-B-

BALBACH 190; 192; 197

BAUMGARTEN 120

BAURIEDEL
— s. Philarethes 137; 138; 142; 143

BAYLE, Pierre 117

BEZZEL
— Erhard Christoph 178; 187
— Johann Georg 53; 187; 224

BIRKEN
— s. Floridan 4; 5; 8; 9; 17; 25; 29; 32; 36; 38; 40; 45; 48; 56; 57; 67; 102; 108; 136; 145; 153; 188; 207; 255

BISCHOFF, THEODOR 6; 32; 53; 54; 56; 60

BODMER 140; 202; 256; 263

BROCKES 20; 118

BURGER
— s. Asterio I. 2; 10; 23; 45; 108

BÜRGER, GOTTFRIED AUGUST 248; 262

BÜTTEL, DAVID
— s. Silvano 23

-C-

CALOVIUS
— s. Schönleben 125; 131; 134; 156; 180; 245

CASTIGLIONE 28

CELADON
— s. Negelein, Christoph Adam 17; 48

CHELANDER
— s. Will 137

CHELYSON
— s. Geiger, Gottfried Engelhard 41

CHERISON 4; 5

CHIRON I.
— s. Wittwer, Johann Konrad 126; 157; 159; 161; 164; 165; 167-172; 174; 187; 235

i

CHIRON II.
— s. Wittwer, Philipp Ludwig 235; 238

CLARINDE 122; 157; 161; 165; 167-169; 181

CLEANDER II.
— s. Golling, Johann Wilhelm 118

CLEANDER III.
— s. Schedel 126

COELESTIN
— s. Schöber 254; 256

COLMAR
— s. Themisander 189; 190; 196-201; 203; 209-212; 218; 224- 227; 229; 231; 232; 234-236; 239; 248; 250; 251; 273

CORNEILLE 35; 89; 93; 113

CRAMER
— s. Irenander 139; 140; 144; 176; 177; 185; 187; 188; 215; 245

-D-

DAMON
— s. Omeis 2; 4; 9; 17; 20; 22; 46; 64

DAPHNIS III.
— s. Pernauer 24

DEGEN, JOHANN FRIEDRICH 258; 260; 261

DIETELMAIR, JOHANN AUGUSTIN
— s. Irenäus I. 120; 122, 125; 130-132; 185-188; 193; 197; 203; 211; 219

DIETELMAIR, PAUL AUGUST
— s. Orestes 211; 218; 224; 268

DRECHßLER 191

DURANDO
— s. Hartmann 22; 117

-E-

EBELING, JOHANN JUSTUS
— s. Uranophilus 127

EBNER VON ESCHENBACH, KARL 189; 201

ERGASTO
— s. Reusch 32-34; 46; 229

ETTLINGER 137

EUSEBIUS
— s. Reichel 131; 139; 147; 150; 153; 174; 185

EVANDER
— s. Zahn 218; 221

EVONYMUS
— s. Link, Karl 234; 249

-F-

FABER, JOHANN LUDWIG
— s. Ferrando I. 18; 104

FABER, SAMUEL
— s. Ferrando II. 18

FABRICIUS
— s. Ferrando III. 120; 121

FAULWETTER 196; 211; 218; 220; 222; 229-232; 239

FERRANDO I.
—s. Faber, Johann Ludwig 18; 104

FERRANDO II.
— s. Faber, Samuel 17

FERRANDO III.
s. Fabritius 120

FLORANDO
— s. Negelein, Joachim 119; 157

FLORINDO

— s. von Scheurl, Johann Carl 123; 131

FONTANO I.

— s. Schottel 32

FRANKE, AUGUST HERMANN 120

FRANK

— s. Pylades 141; 142; 177; 184; 192; 202; 211- 213; 218; 224; 254; 256; 270

FRIEDERICH

— s. Irenäus II. 190; 194-196; 199; 211; 212; 215; 217-220; 222; 224; 228; 232; 234; 237; 243; 249; 261; 262

FÜRER VON HAIMENDORF, ANTON ULRICH

— s. Lilidor II. 123; 129; 134; 138; 234

FÜRER VON HAIMENDORF, CHRISTOPH VII.

— s. Lilidor I. 23-27; 34-37; 40; 41; 44; 45; 47; 49; 51; 56; 62; 70; 71; 75-77; 81; 82; 84; 85; 89; 93; 95; 97-100; 107; 111-113; 118; 136; 153

-G-

GASSENDI 108

GOETHE 29; 31; 40; 59; 76; 95; 98; 174; 177; 183; 194; 195; 197; 209; 244; 256-259; 263; 271; 273; 274

GOEZ 190; 198; 199; 203

GOLLING, JOHANN WILHELM

— s. Cleander II. 118; 122

GOTTSCHED 8; 29; 31; 35; 62; 120; 137; 175; 178; 184; 205

GRATTENAUER 191; 261; 272

GRÜBEL 237; 243

GÜNTHER, JOHANN CHRISTIAN 165

-H-

VON HALLER, ALBRECHT 161; 163; 164; 168-171

HARSDÖRFER 6; 9; 11; 20; 26-29; 31; 32; 34; 36; 38; 42; 46; 51; 52; 54; 56; 58; 60; 64; 67; 106; 127; 153; 188; 200; 204; 270; 271

HARTLIEB

— s. Sclerophilus 136; 138; 187; 206; 212-217; 219; 221; 222; 224; 227; 228; 233; 235; 245; 248

HÄSSLEIN 218; 235

HELIANTHUS

— s. Volckamer, Johann Georg 106

HELMES 190

HERDEGEN, JOHANN

— s. Amarantes I. 22; 32; 53; 117-119; 126; 127; 136

HIAZYNTHE (Jungfer Herdegen) 122; 235

HODEVON

— s. Schmidbauer 174; 176; 184; 212; 220; 222-224; 232

HÖLTY, LUDWIG HEINRICH CHRISTOPH 268

VON HOLZSCHUHER, CARL SIGMUND

— s. Alcander 123; 125-133; 134; 188

VON HOLZSCHUHER, SIGMUND JACOB

— s. Rosamor 119

HORAZ 99; 151; 197; 198

HUNOLD

— s. Menantes 11; 29-31; 54; 76; 100

-I-

INGOLSTÄDTER oder INGOLSTÄTTER, REGINA

— s. Regilis 23

INGOLSTÄTTER, ANDREAS

— s. Poliander 1; 25; 29; 31; 40; 45

IRENANDER

— s. Cramer 139; 177; 188; 249

IRENÄUS I.

— s. Dietelmair, Johann Augustin 176; 185; 212

IRENÄUS II.

— s. Friederich 219

IRENIAN

— s. Wegleiter 4; 22; 35

IRIFLOR

—s. Riederer, Johann 41

ISMENIAN

— s. Limburger, Konrad Martin 21; 22

-J-

JANTKE

— s. Resilis 128; 142; 144; 171; 234

-K-

KIEFHABER 137; 143; 236; 251

VON KLEIST, EWALD 149; 150; 274

VON KLEIST, HEINRICH 111; 195; 262

KLENK 190; 191

KLOPSTOCK 31; 50; 155; 156; 202; 254; 256; 263; 271

KÖNIG, JOHANN ULRICH 35

KÖNIG, JUSTUS CHRISTIAN GOTTLIEB 191

-L-

LAURA

— s. Mandleitner 211; 267; 268

LEIBNIZ 43; 47

LEINKER

— s. Monastes 139; 144; 187; 211-213; 217-222; 225; 232; 235; 248; 249; 265; 267; 268

LESSING 103; 107; 156; 173; 201; 203; 207

LEUCHS 189; 190; 193; 194; 196; 199; 206; 211; 212; 218; 220; 232; 246; 247

LEUCORINUS

— s. Löhner 131; 134; 176

LICHTENBERG,, GEORG CHRISTOPH 136; 253; 256-258; 262; 272

LILIDOR I.

— s. Fürer von Haimendorf, Christoph VII. 23-25; 35; 36; 37; 38; 40; 41; 44; 46; 52; 64; 71; 118; 168; 199; 222

LILIDOR II.

— s. Fürer von Haimendorf, Anton Ulrich 131; 132; 133; 134; 138; 176

LINK, JOHANN PHILIPP

— s. Xenophilus 211; 218

LINK, KARL

— s. Evonymus 189; 190; 194; 198; 199; 201-209; 211; 212; 218; 224; 232; 234

LINK, LEONHARD STEPHAN 212; 214; 220; 225

LÖHNER

— s. Leucorinus 125; 131; 134; 176; 177; 249

LYCIDAS

— s. Schweyher 21

-M-

MACCHIAVELLI 6

MACHENAU
— s. Pallantes 122; 123; 142

MAGDALIS II.
— s. Scherb, Kunigunde 186; 187; 268

MANDLEITNER, MARIA
— s. Laura 211; 267; 268

MANNERT 190; 203; 204; 207- 209

MEIERLEIN 177; 184

MEINTEL, CONRAD STEPHAN 136

MEINTEL, JOHANN GEORG
— s. Melintes 135; 136

MELANDER
— s. Schwarz 41; 123; 125; 126; 129; 132; 133; 154; 157; 171; 174

MELINTES
s. Meintel, Johann Georg 135; 136

MENANTES
— s. Hunold 8; 11; 29; 54

MEUSEL 143; 193; 243; 252

MILTON 155

MOLIERE 45; 97; 111; 113

MONASTES
— s. Leinker 139; 267

MOSCHEROSCH 7

MUNZ
— s. Philodectes 100-108; 114; 137; 258

-N-

NEGELEIN, CHRISTOPH ADAM
— s. Celadon 17; 24; 30

NEGELEIN, CLARA MARIA
— s. Clarinde 122

NEGELEIN, JOACHIM
— s. Florando 37; 122; 123

NERRETER
— s. Philemon 21

NEUKIRCH 37; 62

NEUMEISTER 23; 54; 57; 61; 118

NEWTON 97

-O-

OEDER 100; 101; 109; 114; 258

OENUS
— s. Vogel 218

OMEIS
— s. Damon II. 2; 3; 8-11; 21- 24; 30; 32; 36; 38; 40; 41; 55; 61; 62; 68-70; 75; 125; 132; 145; 153; 184; 274

ORESTES
— s. Dietelmair, Paul August 211; 268; 270

OßWALD, PHILIPP JAKOB
— Freiherr von Ochsenstein 24

-P-

PALLANTES
— s. Machenau 122

PANZER, GEORG WOLFGANG
— s. Theophobus 139; 165; 196; 211; 212; 216; 219; 224; 232; 234; 236; 237; 244

DR. PANZER, GEORG
s. Arethäus 218; 220; 235

PANZER, ROSINA

— s. Jantke 171

PETERSEN 24

PHILALETHES I.

— s. Seidel, Christian Heinrich 248; 249; 262

PHILEMON

— s. Nerreter 21; 69

PHILODECTES

— s. Munz 101; 137; 177; 258

POLEMIAN

— s. Lang, Johann Michael 20; 22; 24

POLIANDER

— s. Ingolstätter 1; 4; 22; 23; 25-27; 58; 62; 125

PYLADES

— s. Frank 212; 270

-R-

REHBERGER

— s. Uranio 143; 174; 180

REICHEL

— s. Eusebius 131; 139; 140; 147; 149-152; 154; 155; 174; 176; 179; 180; 185-187; 233; 234; 245

RESILIS

— s. Panzer, Rosina 165; 171

REUSCH

s. Ergasto 32; 33; 35; 42; 61; 153

RIEDERER, GEORG ANDREAS 190; 192; 208

RIEDERER, JOHANN

— s. Iriflor 18; 41; 50; 51; 100

RIEGEL 53; 126; 127

RIST, JOHANN 7

ROSAMOR

— s. von Holzschuher, Sigmund Jacob 119; 142

-S-

SCHERB, KUNIGUNDE

— s. Magdalis II. 186; 235; 268

SCHEURL VON DEFERSDORF 56; 123; 131; 142; 190; 192; 199; 201; 209

SCHILLER 59; 194; 201; 207; 208; 211; 238; 244; 254; 262; 263; 265; 267; 269; 271; 273

SCHMIDBAUER

— s. Hodevon 174; 176; 212- 216; 218; 219; 221-225; 227; 228; 233

SCHMIDT, WILHELM 3; 16; 24; 32; 48; 53; 55; 56; 60; 139; 144; 193; 212; 216; 223; 245; 248; 249; 251; 273

SCHÖNER 192; 218

SCHÖNLEBEN

— s. Calovius 125-135; 143; 156; 174; 176; 180; 245

SCHOTTEL

— s. Fontano I. 7; 31; 32; 46; 64

SCHUNTER, GEORG PHILIPP

— s. Myrtillus III. 131; 134

SCHUNTHER, JOHANN ANDREAS 190; 201; 202

SCHWARZ

— s. Melander 41; 122-126; 128; 132; 134; 137; 154; 156

SCHWEYHER

— s. Lycidas 21

SCLEROPHILUS
— s. Hartlieb 137; 138; 187; 206; 220; 221; 228; 233

SEIDEL, CHRISTIAN HEINRICH
— s. Philalethes I. 212; 249; 262-265

SIEBENKEES 143; 190; 203; 204; 209; 236

SILVANO
— s. Büttel 22

SILVIUS II.
— s. Waldau 256; 257

SIXT, JOHANN ANDREAS 190; 192; 212; 213; 246; 248

SPENER 4; 5

STOY, JOHANN FRIEDRICH
— s. Asterio II. 131-134

STOY, JOHANN SIGMUND
— s. Asterio III. 213; 214; 220

-T-

TAUBER, ANDREAS 22; 56

THEMISANDER II.
— s. Colmar 227; 234

THEMISON
— s. von Werner, Adam Balthasar 5; 21

THEOPHOBUS
— s. Panzer, Georg Wolfgang 212; 221; 232; 234; 249

TREU, CHRISTOPH JACOB 106

-U-

URANIO
— s. Rehberger 133; 174; 180

URANOPHILUS
— s. Ebeling 127

-V-

VOGEL
— s. Oenus 173; 182; 183; 218; 224; 236

VOLCKAMER, JOHANN CHRISTOPH 106

VOLCKAMER, JOHANN GEORG
— s. Helianthus 106

VON SCHEURL, GOTTLIEB CHRISTOPH WILHELM 192; 199; 209

VON SCHEURL, JOHANN CARL
— s. Florindo 123

VON WEISSENFELD, ANNA MARIA
— s. Albanie 24

-W-

WALDAU
— s. Silvius 187; 218; 224; 232; 256

WEGLEITER
— s. Irenian 4; 44; 63; 153

WEIGEL, CHRISTOPH 18

WEIGEL, ERHARD 44

WEISE, CHRISTIAN 60

VON WERNER, ADAM BALTHASAR
— s. Themison 5; 22

WIELAND 31; 59; 112; 122; 140; 146; 179; 195; 210; 256; 262; 272; 274

WILL, GEORG ANDREAS
— s. Chelander 119; 135-138; 141; 143; 175; 178; 184; 185; 189-193; 197; 203; 204; 211; 236; 245; 246; 252

WINKLER VON MOHRENFELS

— Johann Joseph Paul 192; 202

— Johann Paul Jacob 190

WITTWER, JOHANN KONRAD

— s. Chiron I. 126; 157; 158; 160; 164; 165; 167-171; 183; 187

WITTWER, PHILIPP LUDWIG

— s. Chiron II. 182; 235

WOLFF, CHRISTIAN 16; 43; 97; 108; 119-121; 137; 141; 176

-Z-

ZAHN

— s. Evander 212-214; 218; 221; 222; 224; 225; 228; 232; 234

-A-

Adel 24; 27; 29; 33; 51; 58; 59; 140; 144; 191

Ästhetik 120; 255; 262

Alexandriner 38; 68; 85; 169; 170; 186

Almanach 192; 196; 253; 256; 258; 262; 267

Altdorf 1; 2; 4-6; 8; 9; 12; 15; 16; 18; 20-24; 32; 36; 43; 46; 55; 57; 58; 68; 106; 108; 119; 121; 125; 126; 132; 136; 137; 142; 143; 175; 177; 178; 182; 184; 185; 189-194; 197; 199; 201-205; 207; 208; 210-212; 218; 244; 246; 252; 261; 269

Anatomie 106

Antithese 75; 111; 113

Archiv 2; 37; 41; 56; 104; 114; 122; 132; 137; 142; 144; 165; 170; 176; 179; 189; 219; 233; 240; 242; 245; 246; 248- 250; 274

Astronomie 1

Aufklärung 11; 60; 101; 107; 108; 110; 115; 119; 145; 150; 151; 166; 169; 174; 179; 204; 209; 241; 246; 265; 272

Aufnahmegebühr 14; 16; 127

-B-

Bayern 64; 197

Besitzdenken 60; 158; 175; 260

Biedermann 242

Biographie 50; 60; 137; 178; 241; 246; 274

Blume 13; 32; 38; 122; 126; 138; 213; 229; 234; 235

bürgerlich 15; 29; 34; 46; 50; 59; 101; 158; 160; 165; 168; 189; 199; 201; 205; 225; 260; 268; 273

-C-

Comes Palatinus 4; 146

Concetto 76; 111

Consiliarius
— s. Consulent 4; 15

Consulent
— s. Ordensrat 194; 228; 239; 240

-D-

Denkschrift 24; 25; 29; 32; 41; 44; 58; 60; 234

deutsche Gesellschaft 176; 177; 217

deutsche Privat-Gesellschaft 201

Devise 5; 9; 38; 40; 47; 100; 122

Dialekt 10; 114; 181; 260

Dichtkunst 1; 7; 17; 34; 55; 129; 132; 145; 146; 196; 232; 240

Dichtung 7; 8; 11; 15; 21; 31; 34; 40; 43; 47; 50; 67; 68; 99; 109; 111; 128; 139; 151; 155; 156; 159; 164; 166; 170; 178; 216; 220; 241; 244; 256; 262; 267; 271; 272; 273

-E-

Einsamkeit 35; 62; 93; 99; 150

empfindsam 145; 149; 160; 169; 173-175; 177; 190; 210; 261; 267

erhaben 149; 255; 256; 261; 270

erotisch 12; 84; 112; 209; 259

-F-

Festschrift 6; 47; 53; 64; 113; 119; 126; 144; 245

Fortschritt 44; 119; 136; 190; 196; 211; 222; 238

Sachregister

Frauen 126; 211; 234; 269

Freimaurer 269

Fremdwörter 7; 10; 63; 98

Freundeskult 269

frivol 49; 85

-G-

galant 8; 11; 27; 29; 41; 49; 59; 63; 100; 118; 125; 156

Gattung 18; 61; 70; 99; 100; 146; 155; 157; 200; 258

Gegenreformation 151

Gelegenheitsgedicht 13; 21; 49; 103; 106; 146; 180; 186; 193; 256

Genie 21; 31; 68; 208; 253; 256; 261; 271

Gesangbuch 47; 48; 64; 205

Geschichte 34; 42; 127; 201; 236; 237

-H-

Hesperidengärten 52; 106; 144

Hirtennamen
— s. Ordensnamen 13; 16; 51; 71; 122

Humanismus 42; 200

-I-

Idylle 149

Illuminatenorden 264

Industrie 139; 144; 205; 243

Intrige 218

Irrhain 1-5; 13; 16-18; 21-23; 25; 26; 35; 37; 40; 48; 51; 52; 64; 68; 106; 122; 125; 128; 176; 178; 187; 188; 216; 217; 221; 235; 237-239; 242; 243; 245; 251; 268-270

-J-

Jahresbeitrag 2; 14; 133; 240

Jakobinismus 238

Josephinismus 238

Jubiläum 53; 122; 139; 147; 187; 237; 238; 270

-K-

Kantate 102; 105

Katholiken 24; 48; 100

Kavaliersreise 23

Kunstwörter
— s. Neologismen 7

-L-

Latein 5; 17; 18; 22; 38; 43; 46; 61; 68; 70; 97; 98; 100; 121; 134; 136; 141; 143; 156; 184; 199; 200; 203; 204; 206; 217; 274

Literaturpreis 35

Losunger 51

lyrisches Ich 68; 160

-M-

Manierismus 65

Mathematik 2; 20; 43; 118; 119; 191

Medizin 20; 97; 107; 167; 211

Mikroskopie 159

Monument 188; 235

Moralische Wochenschrift 137

mythologisch 75; 86; 87

-N-

Natur 1; 20; 27; 30; 50; 68; 103; 108; 114; 118; 122; 159; 207; 219; 226; 253; 261; 273

Neologismen
— s. Kunstwörter 10

Niederschrift
— s. Protokoll 5; 21; 53; 215; 221; 225; 251

-O-

Ordensband 13; 16; 53

Ordensbänder 22; 51; 126

Ordensbibliothek 16; 258; 272

Ordensnamen
— s. Hirtennamen 11; 13; 14; 51; 53; 138; 178; 180; 214; 215; 234; 235; 248; 253

Ordensrat
— s. Consiliarius 1; 2; 4; 5; 20; 22; 23; 130; 157; 187; 196; 211; 212; 226; 230; 232; 251

Originalität 12; 200; 253

Orthodoxie 38; 40; 118; 202

Orthographie
— s. Rechtschreibung 42; 45

-P-

Patriot 177; 193; 201; 211; 222

Patriziat 23; 24; 40; 56; 101; 107; 133; 188; 201

Physikotheologie 118

Pietismus 5; 8; 20; 24; 30; 38; 40

PLC
— s. poeta laureatus caesareus 20; 24

Poesie 4; 8; 9; 11; 30; 34; 40; 100; 109; 115; 221

Poeta Laureatus Caesareus
— s. PLC 4; 186

poetisch 47; 68; 84; 93; 145-147; 152; 155; 156; 176; 254; 255; 258

politisch 6; 37; 102; 145; 150; 201; 207; 225; 238; 263; 269

Post-mortem-Barock 155

Präses 2-4; 15; 16; 21; 23; 25; 36; 38; 41; 42; 44; 51; 55; 98; 118-120; 122; 123; 125; 126; 128-130; 132; 134; 138; 139; 142; 144; 154; 165; 179; 185; 187; 188; 196; 201; 211-216; 218- 222; 225; 227; 228; 230-241; 244; 248

Protokoll
— s. Niederschrift 2; 16; 17; 19; 58; 220; 222; 223; 230; 234

Provinzialismen 76

Puritanismus 40

-Q-

Quérelle des Anciens et des Modernes 97; 108; 154

-R-

Rationalismus 75; 244

Realismus 210; 241

Rechtschreibung
— s. Orthographie 15; 31; 60; 81; 121; 182; 184

Rede-Oratorien 102

Reimlosigkeit 156

Renaissance 28; 42; 46; 236

Revolution 190; 212; 226; 264

Rhetorik 65; 75; 103; 125; 156

Rolle 2; 70; 75; 93; 96; 104; 146; 160; 161; 169

Roman 9; 32; 34; 109; 241; 253

Royal Society 43; 44; 63; 64

-S-

Satire 35; 48; 49; 78; 96; 180; 209; 262

Satz vom zureichenden Grund 97

Satzbau 11; 46; 50; 154; 267; 273; 274

Satzung 2-8; 11; 16; 22; 27; 29; 33; 36; 47-49; 51-53; 59; 64; 65; 126; 130; 132; 140; 143; 156; 190; 199; 200; 213; 214; 216; 225; 226; 229; 230; 234; 238; 242; 274

Schäferpoesie 24

Scholarch 23; 32; 51; 61; 125; 227; 230; 231; 244

Schreibart 15; 60; 118; 235

Schreibweise 11; 31; 42; 60; 180; 191

Schriftführer
— s. Secretair 2; 15; 16; 123; 125; 126; 174; 187; 207; 212; 216; 218-221; 223; 225; 226; 230; 232; 233; 240; 242; 245

Schwulst 8; 105

Secretair
— s. Schriftführer 212; 239

Seelenkunde 40

Sentenz 75

seraphisch 256; 268

Sitzung 1; 2; 5; 17; 22; 44; 46; 53; 58; 68; 132; 212; 214; 215; 217-222; 225; 227; 228; 232; 235; 236; 240; 251; 265

Sprachgesellschaft 7; 8; 10; 29; 46; 64; 121; 251

Sprachpflege 3; 7; 17; 32; 33; 43; 46; 50; 68; 76; 101; 121; 156; 198

Stilebene 10; 77

Sturm und Drang 165

Subjekt 146; 241; 261

-T-

Theologen 24; 44; 47; 99; 107; 108; 119; 136

Tugend 6; 28; 49; 62; 73; 76; 81; 101; 102; 110; 150; 154; 168; 180; 206; 208; 237; 260

-U-

Übersetzung 35; 50; 68; 89; 93; 141; 197; 207

Universität 1; 2; 12; 16; 17; 68; 132; 136; 141; 143; 164; 183; 191; 192; 200; 202; 203; 210; 252

-W-

Weltschmerz 150

-Z-

Zensur 15; 26; 29; 51; 133-135; 177; 192

Quellen

Almanach der deutschen Musen auf das Jahr 1779, Weygandsche Buchhandlung zu Leipzig.

Corneille, Théâtre, préface de Jean Schlumberger, Notes de Gilbert Sigaux, Tome I, Gallimard 1964.

Denkmal der Freundschaft [...für] Johann Daniel Lugenheim [...] von Johann Friedrich **Frank**, *Diakon [...] Nürnberg, im Dezember 1789.*

Vermischter Gedichte-Kranz/ bey Muß- und Neben-Stunden/ aus Lust zusammgebunden von dem Pegnesischen Blumgenossen LILIDOR.[Christoph **Fürer**] *Nürnberg/ In Verlegung Georg Scheuerers Kunst-Händlers. Gedruckt daselbst bey Andreas Knorzen. Im Jahr Christi 1682.*

Christliche Vesta und Irrdische Flora. Oder Verschiedene theils aus fremden Sprachen übersetzte theils selbsterfundene Geist-und Weltliche Teutsche Gedichte eines Mitglieds der Pegnesischen Blumen-Gesellschaft. [Christoph **Fürer**, Nürnberg] *Anno 1702.*

Pomona, Oder Aufgesammlete Früchte der Einsamkeit, von verschiedenen Poëtischen/ Teutschen auch andern Gedanken und Erfindungen. [Christoph **Fürer**] *Nürnberg/ zufinden bey Johann Friederich Rüdiger. Gedruckt bey Lorenz Bieling/ 1726.*

Georg Philipp **Harsdörfer**: *Monsieur DU REFUGE Kluger Hofmann: Das ist/ Nachsinnige Vorstellung deß untadelichen HofLebens [...] Gedruckt zu Franckfurt/ In Verlegung Johann Naumanns Buchhändlers in Hamburg MCDLXVII* [1667].

Historische Nachricht von deß löblichen Hirten- und Blumen-Ordens an der Pegnitz Anfang und Fortgang biß auf das durch Göttl. Güte erreichte Hunderste[!] *Jahr/*[...] Amarantes [Johann **Herdegen**], *Nürnberg, bey Christoph Riegel, Buch- und Kunsthändler unter der Vesten, 1744.*

Kurtze Fragen aus der Oratoria, Zu Erleichterung der Information abgefasset von Johann **Hübner***n, Rect. Gymn. Martisb.* [...] *Leipzig* [...] *1701.*

Die Allerneueste Art, Zur Reinen und Galanten Poesie zu gelangen. Allen Edlen und dieser Wissenschaft geneigten Gemüthern, Zum Vollkommenen Unterricht, Mit Überaus deutlichen Regeln, und angenehmen Exempeln ans Licht gestellet von Menantes [Christian **Hunold**]. *Hamburg, Bey Joh. Wolffg. Fickweiler, im Dom, 1722.*

Denkmal der Freundschaft dem verewigten Herrn Carl Alexander Kiener, Rektor der Schule zu St. Sebald in Nürnberg und Mitglied des Pegnesischen Blumenordens daselbst, errichtet im Namen der Gesellschaft von Johann Carl Sigmund **Kiefhaber**, *Substitut der Klosterämter St. Clara und Pillenreuth und des Ordens Mitglied. Nürnberg, im Jänner 1801.*

D. Gottlieb Christian Karl Link, Reichsstadt Nürnbergischer ordentlicher Advocat. Ein treues biographisch-karaktistisches Gemälde, im Namen des Pegnesischen Blumenordens, dessen würdiges Mitglied er war, gefertiget von einem seiner Freunde und Collegen, D. **Leuchs**. *Nürnberg 1799.*

D. Johann Andreas Friederich, Reichsstadt Nürnbergischer ordentlicher Advokat. Eine treue biographisch karakteristische Schilderung, im Namen des Pegnesischen Blumenordens, dessen würdiges Mitglied und thätiger zweiter Consulent er war, gefertiget von einem seiner Freunde und Kollegen, D. **Leuchs**. *Nürnberg, 1802.*

Vorschlag zu einem Orbis Pictus für deutsche dramatische Schriftsteller, Romanen-Dichter und Schauspieler; zit. nach: Georg Christoph **Lichtenberg**, Aphorismen, Schriften, Briefe, hg. von Wolfgang Promies, Lizenzausgabe für Europäische Bildungsgemeinschaft Verlags-GmbH Stuttgart, o.J.

Lyrik des 18. Jahrhunderts, Hg. Karl Otto Conrady, in: Rowohlts Klassiker der Literatur und der Wissenschaft, Bd. 21, März 1968.

Die in den Leiden JESU geoffenbarte Liebe. In einem Teutschen Redner-Auftritt gezeiget von Georg Christoph **Munzen**/ *Nürnberg, gedruckt mit Felßeckerschen Schrifften, An. 1735.*

Specimen dissertationis Historico-Criticae de Poëtis Germanicis hujus seculi praecipuis, In Academia quadam celeberrima publice ventilatum a M.E.N. [Erdmann **Neumeister**], [Leipzig] *Anno 1706.*

Georg Ludwig **Oeder**, *Poesie der Franken, Erste Sammlung, Peter Conrad Monath zu Frankfurt und Leipzig 1730.*

Gründliche Anleitung Zur Teutschen accuraten Reim- und Dicht-Kunst/ [...] *Welches alles zu Nutzen und Ergetzen der Liebhaber T. Poësie verfasset Magnus Daniel* **Omeis**/ *Comes Palat. Cæs. Moral. Orator. und Poës. Prof. P. zu Altdorff/ der im Pegnesischen Blumen-Orden so benannte Damon. Andere Auflage. Nürnberg/ in Verlegung Wolfgang Michahelles/ Buchhändl. Gedruckt bey Joh. Michael Spörlins seel. Wittib. 1712.*

Erneuertes Gedächtniß des vor hundert und funfzig Jahren gestifteten Pegnesischen Blumenordens in einer feyerlichen Versammlung der gegenwärtigen Ordensmitglieder am 15. Julius 1794 gehaltenen Rede von dem Vorsteher des Ordens Georg Wolfgang **Panzer**, *Schaffer an der Hauptkirche zu St. Sebald in Nürnberg. Nürnberg, gedruckt mit Stiebner'schen Schriften, 1794.*

Poetische Blumenlese *für 1783,* bei Ernst Christoph Grattenauer in Nürnberg.

Johann Friedrich **Riederer**: *Leichen- Hochzeit- Vermischt und Geistliche Getichte. Nürnberg/ In Verlegung Johann Hofmanns und Engelbert Strecks Seel. Wittiben. Anno 1711.*

Johann Ferdinand **Roth**, [Diakon an St. Sebald] *Geschichte des Nürnbergischen Handels, Zweyter Theil,* Leipzig 1801.

Christian **Thomasius**, *Kurtzer Entwurff der Politischen Klugheit,* Frankfurt und Leipzig 1710.

Denkmal der Freundschaft dem verewigten Herrn D. Philipp Ludwig Wittwer, ordentlichem Physicus in Nürnberg, und Mitgliede des Blumenordens daselbst, errichtet im Namen der Gesellschaft von Paul Joachim Sigmund **Vogel**, *der Theologie ordentlichem Lehrer in Altdorf. Nürnberg, im December 1793.*

Georg Andreas **Will**: *Bibliotheca Norica Williana* (1794).

Georg Andreas **Will**'s [...] *Nürnbergisches Gelehrten-Lexicon* [...] 4. Teil [mit Supplementen] Altdorf 1758.

Georg Andreas **Will**'s [...] *Nürnbergisches Gelehrten-Lexicon* [...] fortgesetzt von Christian Conrad **Nopitsch** [...] *5. Teil oder erster Supplementband von A-G, Altdorf* [...] *1802.*

Julius Wilhelm **Zincgref**, *Teutscher Nation klug ausgesprochene Weißheit,* Frankfurt und Leipzig 1683, Reclams Universal-Bibliothek Band 922.

Darstellungen

Sammelwerke

Altes und Neues aus dem Pegnesischen Blumenorden, Bd. III, Nürnberg 1894.

Festschrift zur 250jährigen Jubelfeier des Pegnesischen Blumenordens [...], Herausgegeben im Auftrage des Ordens von Th. **Bischoff** und Aug. **Schmidt**, Nürnberg, Johann Leonhard Schrag, 1894.

Dichtungstheorien der Aufklärung, Hg. Henning Boetius, Tübingen, Niemeyer-Verlag, 1971.

Curt von **Faber du Faur**, German Baroque Literature, a Catalogue of the Collection in the Yale University Library, Vol. I, Yale University Press, 1958.

Genealogisches Handbuch des Adels, Freiherrliche Häuser B, Band III, Limburg (Lahn) 1963.

Pegnesischer Blumenorden in Nürnberg — Festschrift zum 350jährigen Jubiläum. [Hg. Werner **Kügel**] Wilhelm Tümmels Verlag, Nürnberg 1994.

John Roger **Paas** [Hg.], „'Der Franken Rom': Nürnbergs Blütezeit in der zweiten Hälfte des 17. Jahrhunderts", Bd. II, Harrassowitz-Verlag, Wiesbaden 1994.

Mitteilungen des **Vereins für Geschichte der Stadt Nürnberg**, Nürnberg 1880 ff.

Utopieforschung. Interdisziplinäre Studien zur neuzeitlichen Utopie, Bd. 2, Hg. Wilhelm **Voßkamp**, Frankfurt a. M. 1985.

Übersichten

Karl **Biedermann**, Deutschland im Achtzehnten Jahrhundert, 1. Band: Politische, materielle und sociale Zustände, Leipzig 1854.

Norbert **Elias**, Die höfische Gesellschaft, Neuwied und Berlin 1969.

Gustav René **Hocke**, Manierismus in der Literatur, Reinbek bei Hamburg 1969.

Wolfgang **Kayser**, Geschichte des deutschen Verses, Bern u. München 1960.

Herbert **Maas**, NÜRNBERG — Geschichte und Geschichten für jung und alt, Nürnberg ^{4}1985.

George **Saintsbury**, A History of English Prosody, Vol. II, From Shakespeare to Crabbe, London 1908.

Marian **Szyrocki**, Die deutsche Literatur des Barock, Reinbek bei Hamburg 1968.

Georg **Witkowski**, Geschichte des literarischen Lebens in Leipzig, Leipzig und Berlin 1909.

Einzeldarstellungen

Beatrix **Adolphi-Gralke**, Der Pegnesische Blumenorden — eine Sprachgesellschaft des 17. Jahrhunderts. Studien zur Geschichte, zur Spracharbeit und zur Rolle der Frau. Magisterarbeit Bonn 1988.

J. **Beier**s Buch über die Altdorfer Universität, Stadtbibliothek Nürnberg, Signatur Mel.Nor.24.

Eric Albert **Blackall**, Die Entwicklung des Deutschen zur Literatursprache, 1700-1775, Stuttgart 1966.

J. G. **Gruber**, C. M. Wielands Leben, Dritter Theil, Sechstes Buch, S. 241 f., in der kleinen Göschen-Ausgabe, Leipzig 1827, repr. Greno, Hamburg 1984.

Renate **Jürgensen**, „Utile cum dulci — Die Blütezeit des Pegnesischen Blumenordens in Nürnberg 1644 bis 1744", Harrassowitz-Verlag Wiesbaden 1994.

Werner **Kügel**, Besitzdenken in der Frühzeit der deutschen Aufklärung, Eine Untersuchung an belehrenden Texten und Komödien, Erlanger Beiträge zur Sprach- und Kunstwissenschaft Band 66, Verlag Hans Carl, Nürnberg 1980.

Wolfgang **Martens**, Die Botschaft der Tugend, Die Aufklärung im Spiegel der deutschen Moralischen Wochenschriften, Berlin 1968, Stuttgart 1971.

Hermann **Rusam**, Der Irrhain des Pegnesischen Blumenordens zu Nürnberg, Nürnberg, Korn & Berg, 1983.

Andreas **Selling**, Deutsche Gelehrten-Reisen nach England 1660-1714, in: Münsteraner Monographien zur englischen Literatur, Bd. 3, Frankfurt a. M., Bern, New York, Paris, Lang-Verlag, 1990.

Erika **Vogt**, Die gegenhöfische Strömung in der deutschen Barockliteratur, Leipzig 1932.

Aufsätze

Friedrich **Beissner**, Deutsche Barocklyrik, in: Formkräfte der deutschen Dichtung vom Barock bis zur Gegenwart, Hg. Hans Steffen, Göttingen, 2. Auflage 1967.

Friedrich **Bock**, Georg Andreas Will. Ein Lebensbild aus der Spätzeit der Universität Altdorf; in: Mitteilungen des Vereins für Geschichte der Stadt Nürnberg, Bd. 41, Kommissionsverlag "Die Egge", Nürnberg 1950.

Theodor **Hampe**, Die Entwicklung des Theaterwesens in Nürnberg von der zweiten Hälfte des 15. Jahrhunderts bis 1806, in: Mitteilungen des Vereins für Geschichte der Stadt Nürnberg, 12. Heft, 1896.

Gottfried Wilhelm **Leibniz**, *Unvorgreiffliche Gedanken betreffend die Ausübung und Verbesserung der Teutschen Sprache*, geschrieben zwischen 1696 und 1709, gedruckt 1717.

Werner **Krauss**, Studien zur deutschen und französischen Aufklärung, in: Neue Beiträge zur Literaturwissenschaft Bd. 16, Akademie-Verlag Berlin 1963.

Georg Adolf **Narciss**, Studien zu den Frauenzimmergesprächspielen Georg Philipp Harsdörfers (1607-1658), Ein Beitrag zur deutschen Literaturgeschichte des 17. Jahrhunderts, Diss. Greifswald, in: Form und Geist, Heft 5, Leipzig 1928.

Max **Reinhart**, Historical, poetic and ideal representation in Hellwig's prose eclogue „*Die Nymphe Noris*", in: DAPHNIS, Zs. f. Mittl. Dt. Lit., Bd. 19, Heft 1, 1990, S. 57 f.

Max **Reinhart**, Poets and Politics: The transgressive turn of history in seventeenth-century Nürnberg, in: DAPHNIS, Zs. für Mittlere Deutsche Literatur, Amsterdam, Bd. 20, Heft 1, 1991.

Karl **Schornbaum**, Das Eindringen der Wolffschen Philosophie in Nürnberg, in: Mitteilungen des Vereins für Geschichte der Stadt Nürnberg, Bd. 39, Schrag, Nürnberg 1944.

Wilhelm **Schwemmer**, Die Schulden der Reichsstadt Nürnberg und ihre Übernahme durch den Bayerischen Staat, Selbstverlag der Stadtbibliothek Nürnberg, 1967.

Helge **Weingärtner:** „Wir hören eine Stimm aus ihren Steinen brechen..." — Zur Ikonographie der Karlsbrücke in Nürnberg, in: Blumenorden-Festschrift 1994, S. 45-56.

Plan der Fortführung

Zweites Buch: 1794 bis 1894

Kriminalgeschichtlicher Einschub: Waldau, Faulwetter

Teil IV: Von den Biedermännern zum Biedermeier

Vierter Abschnitt: Historiker und Klassizisten

Teil V: Zwiespalt der Bürgerkultur

Fünfter Abschnitt: Butzenscheibenromantik

Teil VI: Die enge und die weite Welt

Sechster Abschnitt: Neue literarische Verbindungen

Teil VII: Entfaltete Bürgerlichkeit

Siebter Abschnitt: Patriotische Nachklänge

Drittes Buch: 1894 bis 1994

Teil VIII: Nürnberg lebt

Achter Abschnitt: Modern oder nicht?

Teil IX: Die unwissentliche Abdankung

Neunter Abschnitt: Christen und Faschisten

Teil X: Wiederaufbau und Wiederanschub

Zehnter Abschnitt: Mundartdichter und andere